Kai-Uwe Hugger

Junge Migranten online

Medienbildung und Gesellschaft
Band 9

Herausgegeben von

Winfried Marotzki
Norbert Meder
Dorothee M. Meister
Uwe Sander
Johannes Fromme

Kai-Uwe Hugger

Junge Migranten online

Suche nach sozialer Anerkennung
und Vergewisserung
von Zugehörigkeit

VS VERLAG FÜR SOZIALWISSENSCHAFTEN

Bibliografische Information der Deutschen Nationalbibliothek
Die Deutsche Nationalbibliothek verzeichnet diese Publikation in der
Deutschen Nationalbibliografie; detaillierte bibliografische Daten sind im Internet über
<http://dnb.d-nb.de> abrufbar.

1. Auflage 2009

Alle Rechte vorbehalten
© VS Verlag für Sozialwissenschaften | GWV Fachverlage GmbH, Wiesbaden 2009

Lektorat: Stefanie Laux

VS Verlag für Sozialwissenschaften ist Teil der Fachverlagsgruppe
Springer Science+Business Media.
www.vs-verlag.de

Umschlaggestaltung: KünkelLopka Medienentwicklung, Heidelberg
Druck und buchbinderische Verarbeitung: Krips b.v., Meppel
Gedruckt auf säurefreiem und chlorfrei gebleichtem Papier
Printed in the Netherlands

ISBN 978-3-531-16151-8

Inhaltsverzeichnis

Einleitung

Das Phänomen, das den empirischen Ausgangspunkt dieses Werkes liefert, sind die in den letzten Jahren entstandenen Online-Communities bzw. virtuellen Gemeinschaften, die sich speziell an junge Migranten in Deutschland richten, z.B. Turkdunya.de, Kesmeseker.de, Bizimalem.de für türkischstämmige, Asiazone.de vor allem für chinesisch-, japanisch-, vietnamesisch- und koreanischstämmige sowie Greex.net für griechischstämmige Jugendliche, um nur ein paar von ihnen zu nennen. Diese Sozialräume, bestehend aus Diskussionsforen, Informations- und Shoppingangeboten sowie unterschiedlichen Selbstdarstellungsmöglichkeiten, scheinen für viele Jugendliche vor allem wegen des kommunikativen Austausches interessant zu sein. Ein Beispiel zur Illustration des kommunikativen Geschehens ist das Diskussionsforum „Türkin in Pornofilm?" bei Vaybee.de, das im Jahr 2004 den nicht nur in der türkischen Internet-Community stark beachteten Spielfilm „Gegen die Wand" (Regie: Fatih Akin)[1] teils heftig und kontrovers debattierte. Im Forum ging es insbesondere um die biografische Vergangenheit der türkischen Hauptdarstellerin Sibel Kekilli als Pornofilmdarstellerin. Es wurden Fragen diskutiert, wie z.B.: Wie wird das Bekanntwerden von Kekillis Pornofilm-Vergangenheit für die Familienehre eingeschätzt? Beschmutzt sie damit das türkische Ehrgefühl? Was ist das eigentlich? Identifiziere ich mich mit ihr und ihrem Lebensweg bzw. ihrer Rolle im Film? Welche Werte sollten überhaupt für Türken in Deutschland gelten? Alleine zwischen März und Mai 2004 wurden zu diesem Thema über 4.700 Postings verfasst. Da wird Sibel Kekilli als selbstbewusste Persönlichkeit bewundert, die sich auch gegen viele öffentliche Beschimpfungen behauptet – es komme nicht darauf an, was man tue (Pornofilmdarstellerin), sondern wer man im Kern sei. Andere sind wegen solcher Postings überrascht und verärgert, weil Sibel Kekilli doch ihre eigene Ehre und ihren Stolz mit Füßen trete und ihre türkische Identität verrate. Viele vermuten seelische Schmerzen der Eltern und Geschwister, die unter Kekillis Vergangenheit und der öffentlichen Berichterstattung darüber leiden. Einige junge Türken fragen provokant, was denn überhaupt Türkin-Sein grundsätzlich, Türkin-Sein in Deutschland und in der Türkei ausmache – in Deutschland sei man Ausländer, aber auch in der Türkei werde man als Fremder angesehen.

---

1 Der Film hat auf den Internationalen Filmfestspielen 2004 in Berlin den „Goldenen Bären" gewonnen.

Meine Untersuchung handelt von der Frage, wie es jungen Migranten der zweiten und dritten Einwanderergeneration in Deutschland gelingt, sich solche Online-Communities zunutze zu machen, um dort soziale Anerkennung zu finden und sich ihrer national-ethnisch-kulturellen Zugehörigkeit zu vergewissern. In systematischer Hinsicht verweist diese Fragestellung auf *drei* zentrale theoretische Diskussionsstränge, die erst in Verbindung miteinander gebracht werden müssen, um das empirische Phänomen, welches zu beobachten ist, deutbar zu machen. Ich möchte sie an dieser Stelle nur anreißen.

1) Der erste Diskussionsstrang kann als „Dialektik globaler Medienkommunikation" bezeichnet werden. Übereinstimmung herrscht in der Debatte zur globalen Medienkommunikation, dass das Bild einer *eindimensionalen und homogenen* Globalisierung, welches mit der bloßen Vorstellung stärkerer Verbreitung von Medienbotschaften, eines größeren Wirkungsgrades angestammter medialer Autoritäten oder größerer Nähe durch Auflösung von kommunikativen, nationalstaatlichen, ökonomischen Grenzziehungen operiert, kaum mehr haltbar ist. Wie auch in der allgemeinen soziologischen Globalisierungsdebatte zeigt sich, dass Medienkommunikation im globalen Kontext erst dann genauer zu verstehen ist, wenn sie in ihrer Komplexität und Differenziertheit betrachtet wird. Der Begriff „Dialektik" soll zum Ausdruck bringen, dass ein „Paradigmenwechsel" in der Globalisierungsdiskussion stattgefunden hat und sich die aktuelle Diskussion von den klassischen Ansätzen der Homogenisierung abgrenzt, insofern in stärkerem Maße das Widersprüchliche, Netzwerkartige und Zwischenkategoriale als Charakteristikum globaler Medienkultur in den Mittelpunkt von Erklärungsmodellen geschoben wird. Die Medien spielen in dieser gesellschaftlichen Konstellation insofern eine zentrale Rolle, weil sie (neue) „dialektische Räume" der Medienkommunikation entstehen lassen, die die gegenwärtige globale Medienkultur mit strukturieren. Als Beispiele für solche dialektischen Gefüge gilt etwa das audiovisuelle TV-Sendeformat „World Report" im Programm des Nachrichtensenders CNN, das nicht nur die „westliche" Sichtweise auf Ereignisse beinhaltet, sondern auch die „lokale" von Journalisten sog. Entwicklungsländer einzubeziehen ermöglicht (vgl. Volkmer 2002). Ein anderes Beispiel ist der Mediengebrauch von Migranten in neuen Formen von Diaspora-Gruppen, durch den die Bildung einer spezifischen Form von Identität unterstützt wird, und zwar durch die gleichzeitigen Aktivitäten von Aufrechterhaltung und Aushandlung der Heimatkultur und der neuen Zielkultur. Damit ist der Aspekt der „hybriden" (diasporischen) Identität angesprochen, der den zweiten Diskussionsstrang beinhaltet.

2) Diesen Diskussionsstrang bezeichne ich als „Dezentrierung von Identität". Der Abschied vom „Homogenisierungs-Szenario" (Hannerz 1991) der globa-

len Kommunikation korrespondiert mit der Debatte in der Identitätsforschung, dass aufgrund von gesellschaftlichen Individualisierungs-, Pluralisierungs- und Entstandardisierungs-, aber eben auch Globalisierungsprozessen zunehmend weniger von einem Identitätsbildungsprozess gesprochen werden kann, der mit den Begriffen Einheit, Kontinuität und Vorhersagbarkeit zu beschreiben ist. Vielmehr muss die Entwicklung des „postmodernen" oder „dezentrierten" Selbst als kontinuierliches und offenes Aushandlungsprojekt begriffen werden, in dem verstärkt Gegensätzliches zur Wirkung kommt und ausgehalten werden muss. Dabei werden von den Individuen angestammte soziale Zugehörigkeiten und Traditionen als weniger verbindlich erlebt; diese schwächen sich in ihrer identitätsbildenden Kraft ab. Stattdessen erhält der einzelne Mensch zunehmend selbst die Verantwortung für seine Identitätsentwicklung. Soziale Zugehörigkeiten verlieren für das Individuum zwar nicht grundsätzlich an Bedeutung, jedoch können sie von ihm auf neue Art und Weise verstanden und erfahren werden. Dies zeigt sich am Beispiel von *Migrationsphänomenen* recht deutlich, worauf insbesondere die sozialwissenschaftliche Postkolonialismusdebatte hinweist. Wenn etwa Stuart Hall (1992) als eine wesentliche Auswirkung der Globalisierung auf kulturelle Identitätsbildung von der Entstehung „neuer Identitäten" spricht, dann zielt er auf diejenigen Menschen, die über eine „Hybrididentität" verfügen. Er meint vor allem Migranten, die einerseits starke Bindungen zu den Orten und Traditionen ihrer Herkunftskultur aufweisen, andererseits jedoch nicht unbedingt in ihr Herkunftsland zurückkehren wollen. Einerseits sind sie dazu gezwungen, sich in der Ankunftskultur einzuleben, andererseits assimilieren sie sich nicht vollständig. Auf diese Weise haben sie gelernt, sich mindestens zwei Identitäten anzueignen und diese miteinander auszuhandeln, ohne dass sie noch historisch fest verankerten Identitätsmustern folgen können. Es sind diese „im Prinzip Unentscheidbaren" (Bauman 2005), die mich in dieser Schrift im Hinblick auf die zweite und dritte Generation von Migranten in Deutschland interessieren. Die Kennzeichnung ihres spezifischen Identitätsbildungsprozesses ist Thema des dritten Diskussionsstranges, in dem sich die ersten beiden quasi bündeln.

3) Der dritte Diskussionsstrang beschäftigt sich einerseits mit der Entwicklung von *Transmigration* als neuem Typus internationaler Migration, andererseits mit dem Zusammenhang von sozialer Zugehörigkeit und Anerkennung, der der Hybrididentität von Migrantenjugendlichen Spezifität verleiht. In der jüngeren Migrationsforschung herrscht weitgehend Übereinstimmung darüber, dass die über zwei oder mehrere ethnisch-kulturelle Kontexte aufgespannten Alltagserfahrungen und Identitätskonstellationen junger Migranten *erstens* nicht mehr als in erster Linie krisenhafte Zustände des „Hin- und Hergerissenseins" zu begreifen sind, mit der Folge entstehender Persönlichkeitsstörungen.

Im Zuge eines Paradigmenwechsels, der in den gesamten Sozialwissenschaften zu beobachten ist, werden Migranten heute vielmehr als deutende und handelnde Individuen betrachtet, die produktiv in der Lage zur Selbst- und Welterschließung sind. *Zweitens* können die über zwei oder mehrere ethnisch-kulturelle Kontexte aufgespannten Alltagserfahrungen und Identitätskonstellationen kaum noch mit den in der Migrationsforschung bisher bekannten drei klassischen Idealtypen internationaler Migration erklärt werden, nämlich Emigration/Immigration, Rückkehr-Wanderung und klassische Diaspora-Wanderung. Im Zusammenhang mit Globalisierungsprozessen und der hybriden Lebensorientierung von Migrantenjugendlichen bekommt ein *vierter* Typ internationaler Migration zunehmend Bedeutung, der als *Transmigration* zu bezeichnen ist. Transmigranten *pendeln* zwischen zwei oder mehreren national-ethnisch-kulturellen Kontexten hin und her. Die Erfahrung des Wechsels selbst, „das faktisch-imaginative Bewegen zwischen Zugehörigkeitsformen" (Mecheril 2004, 73) wird für sie zur Daseinsform. Junge Migranten aus der Transmigrationsperspektive zu betrachten, bedeutet meines Erachtens, *zwei* zentrale Aspekte in den Mittelpunkt zu stellen: *Erstens* scheint die Lebenswelt von Migrantenjugendlichen (in Deutschland) mit dem verbunden zu sein, was Paul Mecheril (2003) als „prekäre natio-ethno-kulturelle Zugehörigkeit" bezeichnet. Für die Mitglieder von Migrationsfolgegenerationen ist ihr Verhältnis zu mehreren natio-ethno-kulturellen Kontexten problematisch geworden. Die Zugehörigkeit von Migrantenjugendlichen ist deshalb als prekär zu kennzeichnen, weil sie erst aufgrund von gesellschaftlich vorherrschenden Zugehörigkeitskonzepten entstehen kann, die die Einwertigkeit von Zugehörigkeitsverhältnissen zum Maßstab haben, mithin die Mehrfachzugehörigkeit der Jugendlichen allenfalls als identitätsdiffuse Entwicklungsphase billigen. Die natio-ethno-kulturelle Mehrfachzugehörigkeit von jungen Migranten steht, *zweitens*, mit der Frage der Anerkennung in einem konzeptionellen wie empirischen Zusammenhang: Denn mit der Mehrfachzugehörigkeit sind für Migrantenjugendliche Schwierigkeiten solcher Art verbunden, dass sie sich wegen ihres mehrwertigen Zugehörigkeitsverständnisses nicht in die Einwertigkeit der vorherrschenden Zugehörigkeitsordnung einpassen lassen. Weder im Hinblick auf den einen Zugehörigkeitskontext (z.B. Türkei) noch auf den anderen (z.B. Deutschland) machen sie die Erfahrung, eindeutig zugehörig, also umstandslos akzeptiert zu sein. Den einwertigen Anderen im jeweiligen Zugehörigkeitskontext erscheinen sie als fragwürdig und nicht vollwertig. Durch das „Prekäre" ihrer Zugehörigkeit kann ein Mangel an persönlicher Anerkennung entstehen.

In dieser Schrift ist für mich die Frage relevant, ob es „Orte" gibt, an denen sich der „prekäre" Identitätsstatus von jungen Migranten als solcher Geltung verschaffen kann. Denn obwohl junge Migranten *natio-ethno-kulturell ortlos* sind und sie „zunächst keine öffentlichen Orte der Darstellung ihres natio-ethno-kulturellen Status und ihrer natio-ethno-kulturellen Ortlosigkeit" vorzufinden scheinen (ebd., 314), ist es doch grundsätzlich so, wie Hall (1995, 181) betont, dass wir unseren (kulturellen) Identitäten eine geografische Rahmung geben: „We give it a background, we put it in a frame, in order to make sense of it". Vor dem Hintergrund der angerissenen Diskussionsstränge frage ich also: *Welche sozialräumliche Rahmung geben sich junge Migranten, die es ihnen ermöglicht, ihre „prekäre" Zugehörigkeit und die damit verbundenen Anerkennungsprobleme zu verarbeiten bzw. diese in die eine oder andere Richtung auszuhandeln?*

Mein Ansatz ist, die Sozialräume des Internets bzw. Online-Communities, die sich speziell an Migrantenjugendliche in Deutschland richten, als solche Orte zu betrachten und deshalb deren Mitglieder im Hinblick auf ihren spezifischen Identitätsbildungsprozess empirisch zu untersuchen. In theoretischer Hinsicht ist dies zunächst dadurch begründet, so meine ich, dass die Rahmung des sozialen Miteinanders von jungen Migranten im Internet mit den bereits angedeuteten zentralen Prozessen globaler Medienkommunikation erklärt werden kann. Es ist der mehrdimensionale und teils widersprüchliche Charakter von gesellschaftlichen Globalisierungsprozessen – zu beschreiben als Vernetzung, Konnektivität und Deterritorialisierung –, der dem Internet eine zentrale Rolle bei der *Ermöglichung* dialektisch grundierter sozial-räumlicher Gefüge (für Migrantenjugendliche) einräumt. In dessen Zentrum steht die Entwicklung von Identität. Was allerdings Online-Communities als solche dialektischen, sozial-räumlichen Gefüge für junge Migranten konkret ermöglichen, ob bzw. wie sie als Möglichkeitsraum für die Vergewisserung von Zugehörigkeit und Suche nach Anerkennung wahrgenommen werden, kann zum jetzigen Zeitpunkt nur *empirisch* sinnvoll bearbeitet werden, weil der Untersuchungsgegenstand in diesem Zuschnitt – auch international – weitgehend Neuland darstellt.

Aus diesem Grund kam für mich als Untersuchungsdesign nur ein qualitativ-exploratives Verfahren in Betracht. Die Untersuchung habe ich im Jahr 2005 mit der Face-to-Face-Befragung von 20 jungen Türken der zweiten und dritten Migrantengeneration in Deutschland begonnen. Bei diesen handelt es sich um Mitglieder der Online-Communities Vaybee.de, Bizimalem.de und Aleviler.de, die sich dort aktiv am kommunikativen Austausch in den asynchronen Diskussionsforen beteiligt haben. 5 von diesen 20 habe ich in diese Schrift als *Fallrekonstruktionen* einbezogen. Ich habe beispielhaft junge Menschen der größten Migrantengruppe in Deutschland untersucht, weil für sie das zugleich differenzierteste Angebot an speziellen Online-Communities zu beobachten ist (vgl. die Übersicht S. 318 sowie die Aufzählung am Beginn der Einleitung auf S. 9).

Es ist mir wichtig, bereits an dieser Stelle darauf hinzuweisen, dass die Kapitelfolge des vorliegenden Werkes nicht mit der Chronologie der empirischen Untersuchung übereinstimmt. So sind meine theoretisch-konzeptionellen Ausführungen in Kapitel 1 teils erst Ergebnis des im Verlauf der Forschungsarbeit stattgefundenen Wechselspiels von Datenanalyse und theoretischer Interpretation. So hat sich insbesondere der bereits skizzierte Zusammenhang, in dem die Mehrfachzugehörigkeit von jungen Migranten mit ihrer Suche nach Anerkennung in den natio-ethno-kulturellen Hybridumgebungen des Internets steht, erst im Zuge der Datenauswertung herausgestellt. Zu Beginn der Untersuchung stand also nicht etwa die Fokussierung auf die Konzepte von Zugehörigkeit und Anerkennung im Zentrum bzw. die recht konkrete Überlegung, welche sozialräumliche Rahmung sich türkische Migrantenjugendliche im Internet geben, die es ihnen ermöglicht, ihre „prekäre" Zugehörigkeit und die damit verbundenen Anerkennungsprobleme zu verarbeiten. Vielmehr hatte ich mich zunächst auf die deutlich abstraktere Frage konzentriert, wie sich türkische Migrantenjugendliche Online-Communities für ihren Identitätsbildungsprozess erschließen.

Kapitel 1 beinhaltet den *theoretischen* Rahmen meiner Untersuchung. Es dient dazu, die grundlegenden Theoriebezüge meiner Argumentation aufzuzeigen und zu diskutieren, sodass der Weg zum theoretischen Verständnis aller weiteren Darstellungsschritte geebnet wird. In diesem Sinne führt dieser Teil die hier bereits angerissenen Diskussionsstränge detailliert aus, erweitert sie und bündelt sie in systematischer Weise, um das Thema nicht zuletzt für den sozial-kulturellen Internetkontext fruchtbar zu machen. Die theoretische Einbettung spannt einen Bogen von der Debatte über die Dialektik der Globalisierung und die Dezentrierung von Identität über den Zusammenhang von globaler Medienkommunikation und Identität bis hin zum Verhältnis von Migration, Identität und Internet im Spiegel der (internationalen) empirischen Forschung sowie zur Koppelung des Untersuchungsgegenstandes mit Ansätzen und Überlegungen im Rahmen der sozialwissenschaftlichen Internetforschung, insbesondere zur Offline-online-Hybridität, zur Frage des Vertrauens in Online-Sozialräumen und zum begrifflichen Verständnis von Online-Communities. Im Kern meiner Argumentation steht der Aufbau eines interdisziplinären theoretischen Rahmens für die zwei zentralen Untersuchungsfoki meines Forschungsdesigns „soziale Zugehörigkeit" und „Anerkennung".

Kapitel 2 liegt die Annahme zugrunde, dass sich auch diejenigen Online-Communities, die sich speziell an junge türkische Migranten in Deutschland richten, anhand von übergreifenden Kennzeichen virtueller Gemeinschaften strukturieren lassen und sich somit zumindest implizit vergleichen lassen. In diesem Sinne beschäftigt sich dieser Abschnitt in erster Linie mit der *sozio-technischen* Seite meines Themas, indem ich die Ergebnisse meiner online-ethnografischen Analyse (vgl. Marotzki 2003b) der Online-Communities Vaybee.de, Aleviler.de und Bizimalem.de darstelle. Aus diesen Communities habe ich zugleich die Befragten meiner qualitativen Erhebung rekrutiert. Die Auswahl der Websites folgte dem Kriterium der *Kontrastierung*. Meine Absicht war, Community-Fälle in den Blick zu nehmen, die einerseits Gemeinsamkeiten aufweisen, sodass es gerechtfertigt ist, sie der Gruppe der Online-Communities zuzurechnen, andererseits, dass sie von ihrer inhaltlichen Ausrichtung wie sozio-technischen Machart Unterschiede aufweisen, sodass ein Vergleich möglich wird. Die vorgestellten Ergebnisse verfolgen vor allem den Zweck, die sozio-technischen Bedingungen der Online-Welt meiner in die „Fallrekonstruktionen" einbezogenen Fälle zu erläutern und diese somit plastischer zu machen.

Kapitel 3 enthält die Darstellung und Begründung meines *Untersuchungsdesigns*. Um meiner zwar durch theoretische Vorannahmen beeinflussten, aber insgesamt offenen Fragestellung mit explorativem Anspruch in methodischer Hinsicht gerecht werden zu können, musste das Untersuchungsdesign im Hinblick auf Stichprobenauswahl, Erhebungsmethode und Auswertungsmethode entsprechend zugeschnitten sein. Aus diesem Grund habe ich mich bei der Stichprobenauswahl dafür entschieden, eine Reihe von Basismerkmalen für die Auswahl der Stichprobe zu bestimmen, die sich aus theoretischen Vorüberlegungen ergeben. Dies begründet sich aus dem Kriterium der Fallkontrastierung. Im Hinblick auf die Erhebungsmethode fiel meine Wahl auf „episodische Interviews" (Flick 1996), um auf der einen Seite die Vorteile des narrativen Interviews sowie des Leitfaden-Interviews miteinander zu verbinden, ohne andererseits die Nachteile der beiden Verfahren in Kauf nehmen zu müssen. Bei der Auswertung habe ich mich – mit Ausnahme eines „theoretischen Samplings" – an das Verfahren des „theoretischen Kodierens" der Grounded Theory angelehnt.

Kapitel 4 stellt das Herzstück meiner Argumentation dar, insofern ich hier die Ergebnisse meines Auswertungsprozesses in Form von *Fallrekonstruktionen* detailliert darstelle. Wie bereits erwähnt, haben sich erst im Lauf dieses Prozesses die beiden zentralen Kategorien „Zugehörigkeit" und „Anerkennung" aus den Selbsterzählungen der Befragten herauskristallisiert. Zwar erschien mir in der fortgeschrittenen Analyse bzw. im Prozess des selektiven Kodierens „Anerkennung" das hervorstechendere der beiden Phänomene zu sein, welches in den Daten deutlich wird. Dadurch wäre „Zugehörigkeit" – neben den anderen Kategorien – formal zur Subkategorie geworden. In der Darstellung der Fälle wird eine solche Hierarchie aber nicht deutlich. Insgesamt stelle ich fünf (von 20), teils kontrastierende Fälle vor, die auf der Grundlage des vorliegenden

Datenmaterials die in dieser Untersuchung aufzuzeigenden Zusammenhänge am prägnantesten aufzuzeigen vermögen.

Kapitel 5 stellt die zentralen Ergebnisse im *Vergleich* dar. Bei allen Unterschieden, die im Zuge der Fallrekonstruktionen deutlich geworden sind, werden zwischen den einzelnen Fällen zentrale *Dimensionen* der Verarbeitung natioethno-kultureller Hybrididentität deutlich, die die Identitätsarbeit der jungen Türken in den an sie gerichteten Online-Communities – im Verlauf dieser Schrift präzisiere ich sie als natio-ethno-kulturelle Hybridumgebungen des Internets – übergreifend strukturieren. Dabei handelt es sich insbesondere um die Vergewisserung von „prekärer" Zugehörigkeit, die Suche nach Anerkennung, die Bedeutung der Anderen in der Community sowie die Offline-online-Hybridität. Dieses Kapitel ist also dazu gedacht, diese Dimensionen im Vergleich der einzelnen Fälle herauszustellen.

Kapitel 6 stellt die Ergebnisse einer Verdichtung der Ergebnisse mithilfe einer *Typenbildung* dar. Damit fokussiere ich die Analyse der einzelnen Fälle nicht nur zum Zwecke der besseren Überschaubarkeit, sondern vor allem, um die charakteristischen Kennzeichen des Untersuchungsobjekts hervorzuheben. Auf diese Weise sollen sowohl wichtige Gemeinsamkeiten wie Ähnlichkeiten als auch Unterschiede im Datenmaterial sichtbar werden. Durch diese Typenbildung sollen insbesondere auf der Grundlage der detaillierten Fallrekonstruktionen und des Vergleichs der zentralen Dimensionen die hervorstechenden Sinnzusammenhänge zwischen den gefundenen Kategorien bzw. Merkmalen noch einmal *pointiert werden*. Aus dem Datenmaterial heraus konnte ich vier Typen rekonstruieren: den „erfüllt entdeckenden", den „unerfüllt suchenden", den „konsolidiert sendungsbewussten" und den „reflexiv achtsam expertisierenden" Typ.

In *Kapitel 7* fasse ich in fokussierender Weise die Ergebnisse meiner Untersuchung zusammen und mache auf wichtige *Desiderate* und *Perspektiven* zukünftiger Forschung aufmerksam. Diese führe ich in drei Überlegungen aus: 1) Überlegungen zu einer global und digital sensiblen Jugend(medien)forschung, 2) Überlegungen zu einer medialen Transmigrationsforschung und 3) Überlegungen zu einer bildungstheoretisch inspirierten Medienpädagogik im Online- und Migrationskontext.

1. Theoretischer Rahmen

1.1 Dialektik der Globalisierung und Dezentralisierung von Identität im Migrationskontext

1.1.1 Abschied vom „Homogenisierungs-Szenario"

Jenseits einer polaren Diskussion zwischen euphorisierten Globalisierungsbefür-wortern und ebenso „radikalen" Skeptikern, die die Irrelevanz des „G-Wortes" (für die Pädagogik) behaupten, wird eine versachlichte Globalisierungsdebatte in den Sozialwissenschaften deutlich, die komplex, facettenreich und mit teils stark einander widersprechenden Argumenten geführt wird. Internationale und transnationale Kräfte der gesellschaftlichen Entwicklung – dazu gehören auch die Medien – sind bereits seit längerem Thema der wissenschaftlichen Auseinan-dersetzung. Eine Unterteilung, die an dieser Stelle nur grob ausfallen kann und die Verästelungen der Diskussion nicht berücksichtigt, kann zwischen klassi-schen Ansätzen und einer „neuen" Debatte differenzieren, die seit etwa Anfang der 1990er Jahre zu beobachten ist.

Zu ersteren Ansätzen gehören *Theorien der Weltzivilisation*. Sie versuchen, „regions of civilization" zu markieren, die durch die Grenzen der modernen Nationalstaaten hindurch gehen oder die schon vor diesen existiert haben. In historischer Sicht wird die Bedeutung des Nationalstaates durch langfristigere religiöse, kulturelle und politische Entwicklungen relativiert. So entwirft Nelson (1973) das Bild von durchlässigen „civilization complexes" als generellen kultu-rellen Muster, die über klar bestimmbare und separierbare politische Gesell-schaftsformationen hinausgehen. Dagegen geht Huntington (1993) eher von der Bestimmbarkeit unterschiedlicher Zivilisationen aus und befürchtet ein „clash of civilizations". Innerhalb der Zivilisationen differenziert er jedoch kaum. Kritisch ist darüber hinaus anzumerken, dass er sich in seiner Analyse zu wenig den überlappenden Konstellationen oder sozialen Mischverhältnissen widmet. Zu den klassischen Ansätzen können auch *Theorien des Weltsystems* gezählt werden. Sie richten sich ausdrücklich gegen die Vorstellung von sozialen Räumen als gegeneinander abgrenzbare geografisch-räumliche „Container". Der einfluss-reichste Ansatz in diese Richtung wird von Wallerstein (1987) vertreten. Er entwirft das Gegenbild *eines* „modernen kapitalistischen Weltsystems", in das sich alle unterschiedlichen Gesellschaften und ihre Kulturen in einer allumfas-senden Arbeitsteilung integrieren müssen. Ausgehend vom Europa des 16. Jahr-hunderts setze sich dieses eine Weltsystem in dynamischer Weise immer mehr durch. Kulturelle Differenzen und politische Konjunkturen seien erst im Rahmen der kapitalistischen Weltökonomie erklärbar. Wallerstein vertritt eine monokausale und ökonomistische Argumentationslinie. Globalisierung versteht er vor allem als Institutionalisierung des Weltmarktes. Dieser Ansatz ist in mehrfacher Hinsicht zu kritisieren: So handelt es sich um eine funktionalistisch verkürzte Herangehensweise, die jedes Ereignis mit der allumfassenden Struktur des Weltsystems in Verbindung bringt. Darüber hinaus vernachlässigt diese Analyse kulturelle und politische Faktoren sowie das Handeln von Einzelnen und Gruppen. Außerdem ist die eher eurozentrische bzw. nordatlantische Perspektive des Weltsystems zu bemängeln. Ein alternativer Blickwinkel, der etwa vom chinesischen oder Hindu-Reich ausgeht, wird nicht in Erwägung gezogen (vgl. Lewis/Wigen 1997).

In der „neuen" soziologischen Globalisierungsdebatte wird das eher statische und eindimensionale Verständnis von Globalisierung, wie es in den klassischen Ansätzen zum Ausdruck kommt, durch eine *dynamische, dialektische und mehrdimensionale Prozess-Vorstellung* ersetzt (Featherstone 1990). Als besonders einflussreiche Vertreter gelten Giddens (1990, 1991) und Robertson (1992). Für Giddens ist Globalisierung eine Konsequenz der Moderne. Deren Globalisierungsdynamik beruht auf drei komplementären Prozessen: 1) *time-space distanciation*, mit der eine grundlegende Reorganisation von Raum und Zeit, vor allem im Kontext der neuen Informations- und Kommunikationstechnologien, gemeint ist. Dieser Prozess ermöglicht 2) *disembedding/reembedding*: Damit wird die Herauslösung sozialer Beziehungen aus lokalen Interaktionseinheiten und ihre Restrukturierung über raum-zeitliche Distanzen hinweg angesprochen. Ein Beispiel ist die Frage, wie freundschaftliche Beziehungen zwischen Kontinenten, etwa über das Internet, gepflegt werden. Die dritte Globalisierungstendenz der Moderne beschreibt Giddens schließlich als *(institutional) reflexivity*, verstanden als die Anforderung, soziale Praxis ständig hinterfragen und auch verändern zu müssen, mit anderen Worten: „das eigene Leben selbst bestimmen zu müssen" (Beck/Giddens/Lash 1996, S. 322), etwa aufgrund von (unsicheren) Informationen über lebensbedrohliche Risiken, wie Aids oder BSE.

Robertson (1992) kritisiert Giddens vor allem deshalb, weil dessen Ansatz behauptet, Globalisierung sei eine unmittelbare Folge der Moderne. Dadurch aber – so Robertson – verwische Giddens wichtige Unterschiede, sodass die Komplexität des gegenwärtigen Globalisierungsprozesses nicht in vollem Umfang erfasst werden könne. Er plädiert dagegen für ein analytisches Herangehen, das es ermöglicht, *Modernität und Globalität* in ihrer je unabhängigen Bedeutung anzuerkennen. In Abgrenzung zu Giddens' Analyse entwickelt Robertson sein Modell des „global field", in dem das Zusammenspiel von vier – mehr oder weniger autonomen – Elementen bzw. Akteuren den Globalisierungsprozess erfassen soll: a) das individuelle Selbst, b) die nationalen Gesellschaften, c) das internationale System von Gesellschaften und d) die Menschheit. Die heutige Welt als ganze, so Robertson (1998, S. 208), habe sich „aus wechselnden Beziehungen zwischen unterschiedlichen Betonungen auf und oft widerstreitenden Interpretationen von diesen Aspekten des menschlichen Daseins" entwickelt. Globalisierung ist vor diesem Hintergrund kein alleiniges Phänomen unserer heutigen Gesellschaft, sondern kann über viele Jahrhunderte hinweg in unterschiedlichen *Formen* beobachtet werden. Unsere heutige Form der Globalisierung enthält das, was Robertson „Glokalisierung" nennt. Kurz gesagt, ist damit die widersprüchliche Einheit von Lokalem und Globalem gemeint. Das Lokale ist kein Gegenspieler des Globalen mehr, so wie es in vielen anderen Ansätzen der Globalisierungsdebatte gerne definiert wird, sondern ein Aspekt von Globalisierung. Zugleich wird so eine „methodisch-pragmatische Wende" (Beck 1997) in der Globalisierungsforschung vollzogen, indem der Blick auf das Globale im Lokalen, Konkreten, im alltäglichen Leben gelenkt wird. Die zentrale Auseinandersetzung um *globale Homogenisierung contra Heterogenisierung* wird als überholt verabschiedet. Globalisierung kann ebenso wenig mit homogenisierenden Trends gleichgesetzt werden wie Lokalität mit Widerstand gegen das hegemoniale Globale. Beide Strukturen durchdringen sich bzw. stehen zueinander in wechselseitiger Beziehung.

Insgesamt ist mit der Analyse globaler Kultur in *dialektischen* Prozesskategorien ein *Paradigmenwechsel* in der soziologischen Globalisierungsdiskussion eingeläutet worden, der sich von den „klassischen" Ansätzen abgrenzt, deren Analyse vor allem Kategorien geschlossener und begrenzter Räume von Nationalstaaten und ihren Nationalgesellschaften zugrunde gelegt werden. Der *nationale* Blick auf die gesellschaftliche Entwicklung wird in Frage gestellt und kritisiert, weil er in homogenen Erklärungseinheiten des Sozialen verhaftet bleibt. Zudem ist er zu unpräzise, um die zunehmend zu beobachtenden *transnationalen* sozialen Verbindungen auf den Begriff zu bringen. Die Gestalt globaler Kultur scheint sich heute in Form netzwerkartiger, widerspruchsvoller, zwischenkategorialer, glokaler, fluider wie pluri-lokaler Strukturen widerzuspiegeln. Um also heute die Frage zu beantworten, was das Globale in unserem Leben – auf unser spezielles Thema fokussiert: in sozialen Lebenszusammenhängen von jungen türkischen Migranten im Internet – ausmacht, hilft das Denken in kulturell-homogenisierten Strukturen kaum mehr weiter. Wenngleich derzeit Uneinigkeit vorherrscht, wie das neue Paradigma genau zu denken ist, ob eher in Termini „moderner" (vgl. Beck 2002; Giddens 1990) oder post-moderner Globalisierung (vgl. Castells 2001; Appadurai 1998), besteht in der Debatte kaum Zweifel darüber, dass eine *Globalisierung unserer Lebenswelten* stattfindet. Gleichwohl befindet sich deren sozialwissenschaftliche Deutung erst am Anfang. Der analytische Blick muss sich für *zwischenkategoriale, hybride Lebensformen* öffnen (vgl. Canclini 2001; Nederveen-Pieterse 1998), die im Kontext von Globalisierungsprozessen entstehen und die eine zunehmende Bedeutung in unserer Gesellschaft erlangen.

1.1.2 Dezentralisierung von Identität

Stuart Hall (1992) hat in seinem Aufsatz „The Question of Cultural Identity" die Auswirkungen der Globalisierung auf die kulturelle Identitätsbildung herausgearbeitet. Hall zeigt, dass sich im Zuge der Globalisierung in der Spätmoderne nationale kulturelle Identitäten zunehmend „zerstreuen", mit Folgen in dreifacher Hinsicht: 1) Aufgrund kultureller Homogenisierung erodieren nationale Identitäten. 2) Lokale Identitäten werden gestärkt, und zwar als Widerstand gegen die Globalisierung. Identitätsbildung unter gegenwärtigen Globalisierungsbedingungen folge aber einem verkürzten Verständnis, würde darunter nur die Auflösung von Differenzen (Stichwort: Universalisierung) oder fundamentalistische Bewegungen (Stichwort: Partikularisierung) verstanden. Deshalb sei eine dritte mögliche Folge ebenfalls denkbar: Jenseits von nationalen Identitäten, die sich im Niedergang befinden, entstünden „neue Identitäten". Sie können auch als Mischbzw. *Hybrididentitäten* bezeichnet werden.

Identitätstheoretisch können hybride Identitäten in die Debatte um die Entstehung des *postmodernen wie hochmodernen, reflexiven Subjekts* eingeordnet werden (vgl. Reckwitz 2001). Abzugrenzen ist einerseits das *Subjekt der Aufklärung*, das am treffendsten mit den Begriffen *Autonomie, Einheit* und *Zentrum* zu beschreiben ist. In dieser Perspektive wird das Individuum mit einer Kernidentität geboren, die auch im weiteren Lebensverlauf eins mit sich selbst und kohärent bleibt. Abzugrenzen ist andererseits das Konzept des *modernen Subjekts*, das die zunehmend komplexer werdende Gesellschaft in die Auffassung von Identitätsentwicklung einbezieht. Das Individuum wird nicht mehr autonom, sondern in Auseinandersetzung mit sozialen, kulturellen und ökonomischen Umwelten betrachtet. Sowohl die Arbeiten von E.H. Erikson als auch diejenigen von G.H. Mead betonen in dieser Denkrichtung jeweils auf ihre Weise die Probleme des „modernen Menschen", in einer Zeit verloren gehender Traditionen und zunehmender Optionenvielfalt, Identität in Passung zu bringen. Identität bleibt dabei eine stabile Basis, die es versteht, die persönlichen Entwürfe und sozial-kulturellen Kontexte – wenn auch krisenhaft – zu integrieren. Erst die Debatte um das *postmoderne Subjekt* einerseits und das hochmoderne, reflexive Subjekt andererseits zieht in den letzten Jahren immer mehr in Zweifel, dass sich Identitätsentwicklung auf diese Weise vollzieht. Beiden Strängen der

Debatte ist gemein, dass sie die klassische Vorstellung der Identitätstheorie in Frage stellen, wonach das Subjekt in seiner biografischen Entwicklung Konstanz zeigt und mit sich selbst identisch ist. Das Subjekt wird als fragmentiert und pluralisiert betrachtet. Heiner Keupp (1989) wählt dafür die Metapher des Patchworks, Hitzler und Honer (1994) entwerfen das Modell der „Bastelexistenz", zu erwähnen ist auch Richard Sennetts (1998) Modell des „flexiblen Menschen" und Zygmunt Baumans (1997) Beschreibung „postmoderner Lebensstrategien". Gemein ist diesen Modellen, dass das Subjekt seine Identitätsbildung heute im Rahmen tief greifender gesellschaftlicher Wandlungsdynamiken des Sozialen vollziehen muss, zu denen Individualisierungs-, Pluralisierungs- und Entstandardisierungs-, aber eben auch Globalisierungsprozesse gehören (vgl. Beck/Bonß/ Lau 2001). Ehemals vorgegebene biografische Entwürfe und Muster werden erodiert und sie verlieren für das Individuum ihre Prägekraft. Die als widersprüchlich und zerlegt erfahrene Alltagswelt erfordert vom Subjekt eine Haltung, die nicht mehr vom „Identitätszwang" beherrscht wird, sondern Gegensätzliches nebeneinander stehen zu lassen imstande ist. Als Ergebnis der jüngeren Identitätsforschung kann deshalb festgehalten werden: Der Identitätsprozess ist nicht mehr ausschließlich ein Instrument, das dafür sorgt – erfolgreiche Anwendung vorausgesetzt –, am Ende der Adoleszenz ein gesichertes Identitätsniveau zu erreichen. Vielmehr wird er als Antrieb lebenslanger Entwicklung konzeptualisiert. Zu einer in sich geschlossenen, eindeutigen Identitätstheorie hat die gegenwärtige Identitätsforschung freilich bisher nicht geführt. Mit Andreas Reckwitz (2001, 34) kann aber festgehalten werden, dass sie „einen Raum für neuartige Fragestellungen und Analyseformen geschaffen (hat, K.U.H), die der gegenwärtigen Form der Identitätsprobleme adäquater zu sein scheint".

Die Art und Weise, wie Identitätsbildung unter den gegenwärtigen gesellschaftlichen Wandlungsdynamiken vorstellbar ist, ist eng mit der Möglichkeit des Individuums verbunden, sich als handlungsfähiger Mensch in einem auf der einen Seite chancenreichen, auf der anderen Seite aber durchaus belastenden und spannungsreichen Prozess sozial zu verorten, insbesondere dem, was Keupp u.a. (1999) in der Perspektive des hochmodernen, reflexiven Selbst als „Identitätsarbeit" bezeichnen und breit angelegt empirisch untersucht haben. Identitätsarbeit besteht auf zwei Grundvoraussetzungen: *Erstens* auf einer permanenten „Verknüpfung" von

a) *zeitlichen* Dimensionen. Das Vergangene wird mit Gegenwärtigem und Zukünftigem in einen sinnhaften Zusammenhang gebracht,
b) *lebensweltlichen* Aspekten, indem das Individuum Erfahrungen in verschiedenen Rollen und Handlungsfeldern miteinander verbindet und
c) ähnlichen und widersprüchlichen Selbsterfahrungen.

Zweitens besteht Identitätsarbeit aus einem „Passungsprozess von Innen und Außen" (ebd., 191), was bedeutet, dass Identitätsentwicklung immer auch als Aushandlung zwischen Subjekt und sozialer Umwelt zu betrachten ist. Die Ergebnisse der Forschergruppe verdeutlichen, dass Identitätsarbeit in der Spätmoderne drei wichtige „Syntheseleistungen" umfasst: Die *erste Syntheseleistung* besteht für das Subjekt in der Herstellung von *Kohärenz*. Dahinter steht die klassische Identitätsfrage, wie angesichts pluraler sozialer Lebensentwürfe und erodierender gesellschaftlicher Gewissheiten noch eine ‚stabile' Identitätsentwicklung vorstellbar ist. Wie gelingt es dem Subjekt also, trotz Optionenvielfalt stimmige Identitätsentwürfe zu entwickeln und sich als kohärent zu erleben? Obwohl gegenwärtig kein Zwang mehr zur Bildung einer stabilen Identität zu bestehen scheint, bleibt für den Einzelnen dennoch das „Gefühl für Kohärenz" wichtig. Kohärenz, so Keupp (1989, 65), entstehe nicht nur dann, „wenn ich auf ein fixes Koordinatensystem von Normen und Sinnorientierungen zurückgreifen kann". Kohärenz ohne Identitätszwang ist ein „kreativer Prozess von Selbstorganisation". Dies bedeutet, sich von dem klassischen, auf Harmonie, Geschlossenheit und Einheit zielenden Begriff von Kohärenz zu verabschieden zugunsten eines Blickwinkels, der erkennt, dass Kohärenz für die einzelnen Menschen eine durchaus offene, widersprüchliche und kontingente Struktur bedeuten kann. Entscheidend sei nicht etwa, ein auf Dauerhaftigkeit angelegtes Identitätsfundament anzulegen. Vielmehr müsse die individuell hergestellte Verknüpfung von Erfahrungen für das Subjekt selbst authentisch sein und soziale Wertschätzung durch andere erfahren. Zur Realisierung eines für das Subjekt stimmigen Identitätsprozesses und damit für das Kohärenzerleben des Subjekts ist das entscheidend, was Keupp u.a. (ebd., 227) in Anlehnung an Antonovsky (1998) als die Herstellung des *Kohärenzgefühls* bezeichnen. Dieses ist dann erreicht, wenn es dem Individuum nicht nur gelingt, a) aufgrund der Übersetzung von Identitätszielen in Entwürfe und Projekte Selbstwertschätzung zu erzeugen, wodurch der Eindruck von *Sinnhaftigkeit* entsteht; b) neue Identitätsprojekte als eigenständig realisierte Entwürfe umzusetzen, womit das Gefühl von *Machbarkeit* verbunden ist, sondern auch c) zu reflektieren, dass die Prozesse der Übersetzung von Identitätszielen in Entwürfe und Projekte selbstbestimmt sind, wodurch sich ein Gefühl von *Verstehbarkeit* entwickelt. Die *zweite Syntheseleistung* bezieht sich auf die Frage, wie es Menschen unter den gegenwärtigen gesellschaftlichen Bedingungen schaffen, für das, was sie leisten, *Anerkennung* von anderen zu erhalten. Anerkennung entfaltet sich für den Einzelnen dann vollständig, wenn drei Elemente gegeben sind: a) *Aufmerksamkeit von anderen* zu erhalten, b) *positiv von anderen bewertet* zu werden und c) *Selbstanerkennung* entwickeln zu können. Fehlt dem Subjekt eines dieser Elemente kann es zu Gefährdungen der Anerkennung zu kommen. Die *dritte* Syntheseleistung besteht für das Subjekt darin, die Ambivalenzen und Widersprüche, mit denen es in seiner Identitätsentwicklung konfrontiert ist, im Zuge seiner Identitätsarbeit in ein „stimmiges" Verhältnis zu bringen. Identitätsarbeit bedeutet demnach nicht unbedingt, scheinbar unvereinbares auflösen zu müssen. Vielmehr kann sie auch darin bestehen, Widersprüche und Ambivalenzen in einem spannungsreichen Zustand offen zu halten. Für den Eindruck gelingender bzw. stimmiger Identitätsarbeit ist somit entscheidend, dass das Subjekt die unterschiedlichen Elemente des Identitätsbildungsprozesses für sich sinnvoll miteinander in Verbindung bringen kann. Keupp u.a versuchen dies mit dem Begriff der „Authentizität" zu fassen.

Festzuhalten ist: Die Identitätsbildung des postmodernen oder dezentrierten Subjekts lässt sich kaum noch angemessen mit den Begriffen Einheit, Kontinuität und Vorhersagbarkeit beschreiben. Identität im Kontext der gegenwärtig zu beobachtenden gesellschaftlichen Wandlungsprozesse, zu denen verstärkt die Globalisierung gehört, wird nicht mehr von einem zentralen Ich bestimmt. Der Identitätsbildungsprozess ist als kontinuierliches und offenes Aushandlungsprojekt zu begreifen, in dem verstärkt Gegensätzliches zur Wirkung kommt und ausgehalten werden muss. Dabei werden von den Individuen angestammte soziale Zugehörigkeiten und Traditionen als weniger verbindlich erlebt, sie schwächen sich in ihrer identitätsbildenden Kraft ab. Dagegen erhält der einzelne Mensch zunehmend die Verantwortung über seinen Identitätsbildungsprozess. Soziale Zugehörigkeiten verlieren für das Individuum nicht grundsätzlich an Bedeutung, jedoch können sie von ihm auf neue Art und Weise verstanden und erfahren werden.

1.1.3 Dezentrierung von Identität und Migration

Die Entstehung solch neuer ambivalenter Identitätsformationen will ich am Beispiel von Migrationsphänomenen aufzeigen. So hat vor allem die sozialwissenschaftliche Postkolonialismusdebatte (vgl. etwa Bhabha 1994; Hall 1994; literarisch: Rushdie 1997) darauf aufmerksam gemacht, dass die Subjektkonstitution derjenigen Menschen, deren Biografie durch Entwurzelungserfahrungen im Rahmen von Migrationsprozessen geprägt ist, nicht mehr in „moderner" Form beschrieben werden kann. Bhabha (1994) verdeutlicht dies anhand der vielschichtigen Beziehungen zwischen Kolonisierten und Kolonisatoren: Eine klassische, binäre Gegenüberstellung zwischen machtvollen Kolonisatoren und machtlosen Kolonisierten mache blind für Räume des Widerstandes und der Verhandlung – „third spaces" oder „Räume des Dazwischen" –, die über die koloniale Grenze hinweg funktionieren. Menschen jedoch, die sich in solchen

dritten Handlungsräumen bewegten, überbrücken Dualitäten und erhalten
dadurch eine subversive Kraft, indem sie dominante koloniale Symbole und
Bilder verfremden. Dies meint der Begriff Hybridisierung, der allerdings nicht
als harmonische und ästhetische Form „kultureller Vermischung" zu denken ist,
so Ha (2005, 87f.), sondern eine Möglichkeit bezeichnet, „das kulturelle Feld
gegen hegemoniale Kräfte für Marginalisierte zu instrumentalisieren, wodurch
der koloniale Rahmen überschritten und neue Assoziationen und Bedeutungen
geschaffen werden, die Eindeutigkeit in Zwiespalt verwandelt". In Bhabhas
Verständnis kann die Hybridität von Migranten also nicht angemessen analysiert
werden, ohne zugleich auch die gesellschaftlichen Machtverhältnisse zu berücksichtigen, durch die sie mit Diskriminierung und Ausgrenzung konfrontiert
werden. Auch Hall (1994) argumentiert in die Richtung neuer mehrdeutiger
Identitätsformationen, wenn er die Menschen, die „Kulturen der Hybridität"
angehören, als „Übersetzer" bezeichnet. Er meint diejenigen Migranten, die
einerseits starke Bindungen zu den Orten und Traditionen ihrer Herkunftskultur
aufweisen, andererseits jedoch nicht unbedingt in ihr Heimatland zurückkehren
wollen. Einerseits sind sie dazu gezwungen, sich in der Ankunftskultur einzuleben, andererseits assimilieren sie sich nicht vollständig. Auf diese Weise
haben sie gelernt, sich mindestens zwei Identitäten anzueignen und diese
miteinander auszuhandeln, ohne dass sie noch historisch fest verankerten
Identitätsmustern folgen könnten. Hybride sind nicht etwa diejenigen, die sich
noch nicht, für die eine oder andere Identität entschieden haben. Sie sind das,
was Zygmunt Bauman (2005, 100f.) die „im Prinzip Unentscheidbaren" nennt.
„Sie sind die Vorahnung jenes ‚dritten Elements', das nicht sein sollte. Sie sind
die wahren Hybriden, die Monster, nicht einfach unklassifiziert, sondern unklas-
sifizierbar. Sie stellen nicht einfach diese eine Opposition hier und jetzt in Frage:
Sie stellen Oppositionen überhaupt in Frage, das Prinzip der Opposition selbst,
die Plausibilität der Dichotomie, die es suggeriert, und die Möglichkeit der Trennung, die es fordert. Sie demaskieren die brüchige Künstlichkeit der Trennung.
Sie zerstören die Welt. Sie verwandeln das zeitweilige Unbehagen des ‚nicht
mehr Weiterwissens' in eine endgültige Paralyse. Sie müssen tabuisiert, entwaff-
net, unterdrückt, physisch oder geistig exiliert werden – oder die Welt könnte
zugrunde gehen".

Hybrididentität versucht also, diese Gemengelage von Ambivalenzen,
Brüchen und Komplexitäten für die Subjektkonstitution von Migranten unter
kulturellen Globalisierungsbedingungen auf den Begriff zu bringen. Sie bricht
mit den Entweder-oder-Zuordnungen des modernen Subjekts und tauscht diese
für ein Sowohl-als-auch ein. Galt noch im modernen Paradigma der Identitätsforschung Einzigartigkeit und Ganzheit als Zielpunkt der Persönlichkeitsentwicklung, wird diese essenzialistische Sichtweise von den (postmodernen) Hybrid-

modellen abgelehnt. Im Gegenzug wird das Uneinheitliche, Mehrdeutige, Differente und Ambivalente positiv anerkannt (kritisch dazu: Ha 2005; Castro Varela/Dhawan 2005). In Frage stehen damit zum einen Begriffe fester Einheiten wie Nation, Ethnie oder Geschlechter, zum anderen die homogenisierenden Vorstellungen von identisch und authentisch definierten kulturellen Wurzeln oder Traditionen.

Freilich sollte Zurückhaltung gegenüber einem vorschnellen *Feiern von Hybridität* geübt werden. Letzteres kommt ansatzweise etwa bei Helga Bilden (1997, 246) zum Ausdruck, wenn sie ihr Konzept einer neuen dynamischen Subjektivität „vielfältiger Selbste" entwirft: Es handelt sich dabei um Subjekte, „die sich in der Pluralisierung der Gesellschaft, der Lebensmöglichkeiten, der Wertsysteme, in zum Teil sprunghaften Veränderungsprozessen bewegen können, ohne zerrissen zu werden. Es geht um Subjekte, die in ihren Lebenspraxen die gesellschaftliche Dynamik aktiv und bewusst im Sinne ihrer Wünsche und Bedürfnisse mitzubewegen versuchen". Bilden sieht neue Subjektivitätsformen in Entwicklung, die sich vom essenzialistischen Identitätszwang und von der zwanghaften Identitätssuche nunmehr befreit haben und ihr Leben trotz einer zunehmenden Pluralität von Lebensformen, Werten und Kulturen sowie erhöhten Geschwindigkeit gesellschaftlicher Veränderungen zu meistern imstande sind. Diesem Entwurf will ich nicht grundsätzlich widersprechen, er greift aber zu kurz, wenn damit gemeint ist, dass Hybrididentität *per se* die Antwort auf die Folgen kultureller Globalisierungsprozesse darstellen soll. Insbesondere die deutsche Rezeption von „Hybridität" scheint die ursprünglich in dem Konzept mit berücksichtigten Probleme und Leiden, die für Migranten mit mehrwertigem Identitätsstatus verbunden sein können, oftmals zu übersehen. So meint Ha (2005) in seinem Buch „Hype um Hybridität", dass im deutschen Kontext ein Hybriditätsverständnis vorherrsche, welches das „Lob der kulturellen Vermischung" in den Mittelpunkt stelle (etwa Wagner 2001). Dabei würden gesellschaftliche Machtverhältnisse ausgeblendet zugunsten der Betonung ästhetischer und konsumptiver Aspekte kultureller Hybridisierung. Was er damit meint, ist, dass es einen Unterschied ausmacht, ob Hybridität als Identitätsstatus rassistisch marginalisierter Migranten spezifiziert wird oder ob sie als *universale* Subjektivitätsform Erweiterung erfährt, die auch den Nicht-Migranten der Mehrheitsgesellschaft erlaubt, sich als hybrid zu entdecken, z.B. bei einem „Multikulti-Gartenfest" (Bronfen/Marius 1997), bei dem das folkloristische Ambiente dazu dient, Hybridität zu inszenieren, um sich damit gegenseitig politische Korrektheit zu signalisieren. Im Gegensatz zur Position der mehrwertigen Migranten stellten Formen universaler Hybridität eher „einen wähl- wie abwählbaren Lebensstil dar", meint Ha (2005, 96), der auf der Entscheidungsfreiheit beruhe, die Differenz oder die Gemeinsamkeit gegenüber der Mehrheit der Gesellschaft betonen

zu können. Diese Kritik stellt den *einen von zwei Gründen* dar, warum mit der
allzu leichtfertigen Verwendung des Hybriditätsbegriffs Probleme verbunden
sind: Die alltagsweltlichen Bedingungen der gesellschaftlichen Handlungsfähigkeit von Migranten können leicht übersehen werden. In diese Richtung argumentiert auch Jonathan Friedman aus einer marxistischen Perspektive. Er meint,
im Hybriditätskonzept elitäre Züge erkennen zu können. Hybridität sei zwar in
dem postkolonialen Grenzgängertum von Intellektuellen und Künstlern wiederzufinden, allerdings vermisst er die Hybridität in den ethnisch segmentierten
Gettos, in denen er eher die Entwicklung von ethnisch-kulturell einwertigen
Identitäten und „Klassenidentitäten" beobachtet. Auch Slavoj Žižek schränkt die
Bedeutung von Hybridisierungsprozessen im Hinblick auf gesellschaftliche Teil-
habemöglichkeiten ein, weil sie seines Erachtens für bestimmte Migrantengruppen irrelevant sind:

> Es sei leicht, „die Hybridität des postmodernen Migrantensubjekts zu preisen, des
> ‚Nomaden', der keine besonderen ethnischen Bindungen mehr hat, frei zwischen
> unterschiedlichen Kulturkreisen flottiert usw. usf. Leider werden dabei zwei ganz
> verschiedene soziopolitische Ebenen verdichtet: einerseits der kosmopolitische Aka-
> demiker aus der Oberschicht oder der gehobenen Mittelklasse, der stets mit dem
> richtigen Visum ohne Probleme die Grenzen überquert, um seinen (finanziellen oder
> akademischen) Geschäften in unterschiedlichen Ländern nachzugehen und sich
> dabei der Differenzen erfreut; auf der anderen Seite der arme Arbeits(im)migrant,
> den Armut oder (ethnische, religiöse) Gewalt aus seiner Heimat vertrieben haben
> und für den die gelobte ‚Hybridität' die sehr spürbare, traumatische Erfahrung
> bezeichnet, sich nie richtig niederlassen und seinen Status legalisieren zu können"
> Žižek (1999, 155).

Schließlich ist auf die Kritik von Nora Räthzel (1999, 213) am Hybriditätskonzept einzugehen, weil auch sie die Möglichkeiten der gesellschaftlichen
Partizipation von hybriden Migranten in Frage stellt, basierend auf Ergebnissen
eines Forschungsprojekts über Jugendliche in einer englischen und einer
deutschen Großstadt. Den jungen Türken in ihrer Untersuchung werde etwa
vorgeworfen, sie sprächen weder richtig Deutsch noch Türkisch. Sie lebten in
„vermischten Lebensformen", seien „doppelte Halbsprachler". Ein elementarer
Unterschied zwischen den hybriden Intellektuellen, die in den Werken der
Postkolonialismus-Theoretiker ob ihrer kreativen, synkretistischen Fähigkeiten
immer wieder beispielhaft erwähnt werden, und den hybriden Jugendlichen, bestehe nun darin, schreibt sie, „dass die Produkte der einen (…) gepriesen werden
und Anerkennung finden", während die Produkte der anderen als unzureichend
zurückgewiesen werden. Aber, fragt sie kritisch, „wäre es damit getan, dieses
gemischte Sprechen anzuerkennen, damit sich widerständige und kreative

Persönlichkeiten entwickeln können, statt solche, die an den Rand der Gesellschaft gedrängt werden, weil sie die Dinge nicht richtig können?" Neben der Frage nach den Möglichkeiten der gesellschaftlichen Partizipation von Hybriden ist ein *zweiter Grund* anzuführen, der Zweifel schürt, dass Hybridität von selbst die Antwort auf die Folgen dialektischer Globalisierung sein kann. So ist zu fragen, ob nicht auch das Hybriditätskonzept an klassische Differenzmuster anschließt und sie lediglich auf neue Art und Weise reproduziert (vgl. Mecheril 2003, 332). In diesem Sinne stellt selbst der Hall'sche „Übersetzer" eine Bestätigung dafür dar, dass unterschiedliche Identitäten existieren; sie sind gewissermaßen Voraussetzung, damit überhaupt übersetzt werden kann. Hybridität setzt Differenz also keineswegs außer Kraft.

Die kritische Auseinandersetzung mit dem Hybriditätskonzept macht deutlich, dass bei der Untersuchung der Identitätsbildung von hybriden Migranten die Schwierigkeiten, die sie mit ihrem Identitätsstatus haben, nicht außer Acht gelassen werden dürfen. Die Kritik des Hybridmodells an essenzialistischen Ansätzen der Identität muss berücksichtigen, wie es Mecheril (ebd., 334) formuliert, „dass die relationalen Identifizierungen der Anderen materialisieren, zu ‚Substanzen' im Sinne von habitualisierten (Un-)Vermögen werden". Hybridität ist also nicht mit einem postmodernen Gesamtkunstwerk zu verwechseln, mit dessen Hilfe der Alltag per se kreativ und souverän gemeistert werden kann; vielmehr muss auch bedacht werden, dass Mehrwertigkeit dort zum Problem wird, wo sie von anderen nicht anerkannt wird. Und von dieser fehlenden Anerkennung ihres Identitätsstatus sind hybride Migranten betroffen, wie ich in der vorliegenden Arbeit im Hinblick auf Jugendliche noch deutlicher machen will.

1.1.4 Hybridität bei jungen Migranten.
Soziale Zugehörigkeit und Anerkennung als Analysefoki

Beispiele für Hybridisierungsprozesse sind in der Identitätsbildung von Migrantenjugendlichen zu finden, die (nicht nur) in der deutschsprachigen erziehungswissenschaftlichen Debatte freilich sehr unterschiedlich wahrgenommen wird. Noch bis zum Ende der 1980er Jahre wurde der in Deutschland lebenden zweiten Migrantengeneration gemeinhin „Identitätsdiffusion" aufgrund eines „Kulturkonflikts" diagnostiziert. In dieser defizitzuschreibenden Perspektive ging man davon aus, dass die jungen Migranten mit (mindestens) zwei widersprechenden Kulturen konfrontiert sind: zum einen die, die durch die Eltern oder durch die im Herkunftsland verbrachte Kindheitsphase, zum anderen jene, die sich in „fremdethnischen Verhaltens- und Handlungsstandards" (Hill 1990) zeigt, und die durch Ausbildung, Peers und Medien des Ankunftslandes vermittelt wird.

Die Folge dieser Konfliktsituation seien, so die vorherrschende Auffassung, „Persönlichkeitsstörungen" oder krisenhafte Zustände des „Hin- und Hergerissenseins" zwischen unterschiedlichen kulturellen Orientierungen. Erst ab den 1990er Jahren zeichnet sich ein Paradigmenwechsel ab.

> „Migranten werden nun „als deutende und handelnde Subjekte entdeckt, die in der Lage sind, sich in Handlungsräumen, die auch durch ihren rechtlichen und/oder sichtbaren Migrantenstatus konstituiert sind, sinn-voll auf Andere und sich selbst zu beziehen. Anstelle des behaupteten Kulturkonflikts (…) rücken (…) soziale und identitäre Aspekte des praktischen und symbolischen Hantierens mit ethnischen, nationalen und kulturellen Kategorien in den Vordergrund, welches als ein kreatives Grenzgängertum bezeichnet und verstanden wird" (Mecheril 2003, 18).

Die hybride Identitätslage von Migrantenjugendlichen der zweiten und dritten Generation in Deutschland wird mit Hilfe einer Reihe von Metaphern zu umschreiben versucht, denen in der Migrationsforschung eine durchaus breite empirische Fundierung zu Grunde liegt – eine Auswahl: In Tarek Badawias Untersuchung bildungserfolgreicher Migranten (2002) stellt sich die Identitätslage als „dritter Stuhl" dar, der für den Einzelnen eine alternative Orientierungsperspektive jenseits des konfliktreichen „Zwischen den Kulturen" bedeutet. Berrin Özlem Otyakmaz (1995) zeigt in einer Studie zum Selbstverständnis junger türkischer Migrantinnen ebenfalls, dass deren Identitäten nicht zwischen den Kulturen zu zerbrechen drohen, vielmehr würden die Frauen „auf allen Stühlen" sitzen. Das Leben mit unterschiedlichen kulturellen Ressourcen sei für sie bereichernd, ja sogar wünschenswert. İlhamy Atabay (1998) beschreibt die Identitätskonstruktionen von türkischen Migranten der zweiten Generation als Suche nach kultureller Identität in einer „Zwischenwelt". Auch andere Autoren sehen vergleichbare Konstellationen der Identitätsaushandlung entstehen (vgl. etwa Nieke 1998; Nohl 2001). Die über zwei oder mehrere ethnisch-kulturelle Kontexte aufgespannten Erfahrungen und Identitätskonstellationen junger Migranten können freilich kaum noch mit den in der Migrationsforschung bisher bekannten drei klassischen Idealtypen internationaler Migration erklärt werden (vgl. im Folgenden Gogolin/Pries 2004). Diese sind

1) Emigration/Immigration: Hier kann von einem definitiven und auf Dauer gestellten Wechsel aus einem Herkunftsland bzw. einer spezifischen Herkunftsregion in eine neue Ankunftsgesellschaft gesprochen werden. Die Personen pflegen zwar noch – mehr oder weniger starke – Kontakte zu Verwandten oder Freunden aus dem Herkunftsland, nach und nach assimilieren sie sich aber in die Ankunftsgesellschaft, möglicherweise auch über Generationen hinweg (vgl. Esser 2000).

2) Rückkehr-Wanderung: Diesem Modell entspricht das, was in herkömmlicher Weise mit dem Begriff des ‚Gastarbeiters' gemeint ist, nämlich der zeitlich befristete Aufenthalt in einem anderen Land, vor allem aufgrund der dort besseren finanziellen Erwerbsmöglichkeiten. Nach einer längeren oder kürzeren Aufenthaltsdauer kehren die Menschen in ihr Herkunftsland zurück.

3) Diaspora-Wanderung: Während sich Immigranten und Re-Migranten – früher oder später – an ihrem geografischen Wohnort auch sozialkulturell verorten, zeichnet sich die Diaspora dadurch aus, dass sich ihre Mitglieder zwar physisch-räumlich wie ökonomisch im Ankunftsland einrichten, aber sozialkulturell dies dort nur bis zu einen gewissen Grad tun. Zugleich behält der Diaspora-Migrant dauerhaft starke soziale und kulturelle Bindungen zu seinem Herkunftsland aufrecht. Seine Wanderung ist nicht in erster Linie ökonomisch motiviert (Arbeitswanderung), sondern häufig durch Flucht, Vertreibung oder moralisch-wertegestützte Entscheidungen gekennzeichnet.

Im Zusammenhang mit Globalisierungsprozessen und der hybriden Lebensorientierung von Migrantenjugendlichen bekommt nun ein *vierter* Typ internationaler Migration zunehmend Bedeutung, der nicht mehr allein mit den traditionellen Denkansätzen erklärt werden kann: die *Transmigration*. Es geht um diejenigen Migranten, für die die Wanderung nicht mehr der in erster Linie einmalige und zeitlich eng begrenzte Übergang zwischen verschiedenen, örtlich eindeutig fixierten Lebenszusammenhängen ist, so Ludger Pries.

> Vielmehr werde „Wanderung selbst (…) zu einer Daseinsform. Der Lebensraum, innerhalb dessen die individuelle und kollektive Selbstverortung, die soziale Differenzierung und Integration stattfindet, wird durch pluri-lokale Sozialräume gebildet, die sich über verschiedene Nationalgesellschaften oder gar Kontinente erstrecken können. Diese pluri-lokalen Sozialräume werden durch die Lebenspraxis von Transmigranten konstituiert" (Pries 2001, 9).

Sie *pendeln* zwischen zwei oder mehreren national-ethnisch-kulturellen Kontexten hin und her, wie etwa Glick Schiller, Basch und Blanc-Szanton (1992, 1f.) zum Ausdruck bringen: „Transmigrants take actions, make decisions, and feel concerns, and develop identities within social networks that connect them to two or more societies simultaneously". Während im klassischen Modell von Emigration/Immigration der Wechsel von Daseinsformen charakteristisch ist, wird also in Prozessen der Transmigration die Erfahrung des Wechsels selbst, „das faktisch-imaginative Bewegen zwischen Zugehörigkeitsformen", (Mecheril 2004, 73) zur Daseinsform. Durch die Lebenspraxis von Transmigranten kann das entstehen, was Pries (1998) *transnationale soziale Räume* nennt. Diese können nach Einschätzung von Pries in vier analytischen Dimensionen untersucht wer-

den: Politisch-legaler Rahmen, materiale Infrastruktur, soziale Strukturen und
Institutionen sowie Identitäten und Lebensprojekte (ebd., 76ff.). Die Idee der
„transnationalen sozialen Räume" will ich jedoch für unser Thema nicht als
konkrete empirische Untersuchungsstrategie verstanden wissen. Es geht mir
grundsätzlicher darum, dass Transnationalität auf ein *neues Forschungsparadigma* verweist. Transnational weist darauf hin, dass im Rahmen von Migration
etwas Drittes entsteht: qualitativ neue soziale und subjektive Lebenszusammenhänge jenseits der traditionellen nationalen Einheiten von Herkunfts- und An-
kunftsregion. Geht es um die Lebenspraxis von jugendlichen Transmigranten in
Deutschland, erachte ich zwei Untersuchungsfoki als zentral, die ich im Folgenden vorstellen und erläutern werde: Soziale Zugehörigkeit und soziale
Anerkennung.

1.1.4.1 Soziale Zugehörigkeit

Das, was mittlerweile nicht nur in der Migrationsforschung, sondern auch in
anderen sozialwissenschaftlichen Disziplinen *Transnationalität* genannt wird,
stellt einen besonderen Blickwinkel auf Migrationsphänomene dar, der sich von
der Eindimensionalität klassischer Migrationsansätze abhebt (vgl. auch Vertovec
1999). Das transnationale Paradigma ist meines Erachtens vor allem mit dem
verbunden, was Paul Mecheril (2003) als „natio-ethno-kulturelle Mehrfachzugehörigkeit" bezeichnet. Mecherils Ansatz zeigt die Wichtigkeit von „Zugehörigkeitsverhältnissen" bei der Untersuchung der hybriden Identitätsbildungsprozesse von jungen Migranten in Deutschland auf. Mecheril thematisiert in zu-
gehörigkeitstheoretischer Perspektive, dass für die Mitglieder von Migrationsfolgegenerationen ihr Verhältnis zu mehreren natio-ethno-kulturellen Kontexten
problematisch geworden ist. Für die Untersuchung solcher neuer Zugehörigkeits-
konstellationen sind alltägliche Bezeichnungen und geläufige Unterscheidungs-
praxen wie „türkisch", „deutsch" oder „italienisch" wenig praktikabel, weil sie
diffus und wenig trennscharf sind. Die Bezeichnung „natio-ethno-kulturell" soll
dies zum Ausdruck bringen. Sie rufe in Erinnerung, „dass die sozialen Zugehörigkeitsordnungen, für die Phänomene der Migration bedeutsam sind, von einer
unbestimmten ‚Wir'-Einheit strukturiert sind" (Mecheril/Hoffarth 2006, 230). Da
die Begriffe „Nation", „Ethnizität" und „Kultur" miteinander verschwimmen,
Nationalstaaten im Hinblick auf das ethnische Selbstverständnis ihrer Bevölkerung sowie deren kulturelle Praktiken und Traditionen nicht einheitlich sind,
Nationalstaaten aber dennoch durch Dominanzverhältnisse (Rommelspacher
1995) gekennzeichnet sind, stellten *natio-ethno-kulturelle Zugehörigkeitskontexte* aus der Perspektive des Subjekts „faktische und imaginäre Räume" zugleich

dar (Mecheril 2003, 25). Diese Kontexte seien dem Einzelnen nicht einfach gegenübergestellt. Vielmehr seien sie so verstehen, dass die Menschen in ihnen „ein handlungsrelevantes Verständnis ihrer selbst erlernen und praktizieren". Mecherils Begriff der natio-ethno-kulturellen Zugehörigkeitskontexte kann somit analog zu Stuart Halls Verständnis nationaler Kultur als *Diskurs* verstanden werden, mit dem dieser die Art und Weise bezeichnet, „Bedeutungen zu konstruieren, die sowohl unsere Handlungen als auch unsere Auffassungen von uns selbst beeinflusst und organisiert" (vgl. Hall 1994, 201). Im Rahmen von natio-ethnokulturellen „Zugehörigkeitserfahrungen", so Mecheril, werden die Individuen in ein Verhältnis zu diesen Kontexten bzw. Diskursen gesetzt bzw. setzen sich die Individuen selbst in ein Verhältnis zu diesen Kontexten bzw. Diskursen, z.B. durch die Feststellung, dem türkischen und/oder deutschen Kontext zugehörig zu sein oder auch nicht. Auf der Basis der Zugehörigkeitserfahrungen einer Person konstituieren sich „Zugehörigkeitsverständnisse" aus, d.h. „übergeordnete Strukturen der Kenntnis, des Handelns und Befindens (...), in denen der und die Einzelne ihren kontextspezifischen Zugehörigkeitsstatus versteht" (Mecheril 2003, 132). Zugehörigkeitsverständnisse sind somit Bestandteil des Selbstverständnisses einer Person. Da im Jugendalter die Suche nach und Aushandlung von sozialer Zugehörigkeit eine zentrale Rolle spielt, bilden sich gerade bei Jugendlichen aus Erfahrungen von Zugehörigkeit bzw. Nicht-Zugehörigkeit Zugehörigkeitsverständnisse aus (vgl. Riegel/Geisen 2007), die freilich jenseits von angestammten Herkünften verortet sein können (vgl. Baacke 1999). Mecheril fragt nun in seiner Untersuchung, unter welchen idealtypischen Bedingungen, sich Menschen einem natio-ethno-kulturellen Kontext als „fraglos zugehörig" beschreiben. Sie tun dies, „wenn sie sich selbst als symbolisches Mitglied des Kontextes erkennen und von bedeutsamen Anderen als Mitglied erkannt werden, wenn sie in dem Kontext in einer ihnen gemäßen Weise habituell wirksam sein können und schließlich an den Kontext lebensgeschichtlich gebunden sind" (Mecheril 2003, 28). Junge Migranten verfügen über eine „prekäre natio-ethno-kulturelle Zugehörigkeit", die von dem Idealtyp fragloser Zugehörigkeit abweicht. Mecheril (2003) verdeutlicht dies am Beispiel von Rava Mahabi, dessen Eltern aus Indien stammen, und der in Deutschland aufgewachsen ist. In Deutschland bezeichnet Rava sich als Inder, weil dies den Erwartungen vieler Deutscher, die er neu kennen lernt, entspreche. Auf diese Weise ist es für ihn weniger wahrscheinlich, dass er in identitätsrelevante Herkunfts- und Legitimationsdialoge verwickelt wird und sich darin erklären muss. Im Prinzip – so äußert sich Rava – kann er aber auch sagen, er ist Deutscher, wenngleich dies für viele schwieriger zu verstehen ist:

„Ravas nationales, aber auch kulturelles Selbstverständnis ist somit doppelwertig. Denn er ist Indien verbunden, und Deutschland bezeichnet alltägliche Normalität.

Deutschland und Indien sind jene Zugehörigkeitsfelder und jene Teile seiner selbst, denen er sich verpflichtet sieht, die für ihn identitätsrelevante Bedeutung haben, die in Selbst- und Fremdzuschreibungen strukturierende Momente seiner Biografie darstellen" (Mecheril 2004, 75f.).

Die Prekarität der Zugehörigkeit von Migrantenjugendlichen ist deshalb als prekär zu kennzeichnen, weil sie erst aufgrund von gesellschaftlich vorherrschenden Zugehörigkeitskonzepten entstehen kann, die die Einwertigkeit von Zugehörigkeitsverhältnissen zum Maßstab haben. Fraglos zugehörig zu sein, bleibt eine Art Referenzpunkt derjenigen, die hybrid sind, ob nun konkret ausgesprochen, implizit in der Vorstellungswelt des Einzelnen oder unbewusst. Dies bedeutet jedoch nicht, dass für diejenigen, die sich zwei oder mehr Zugehörigkeitskontexten verbunden fühlen, die fraglose Zugehörigkeit eine sinnvolle Ziel- oder Entwicklungsperspektive darstellte, und zwar deshalb nicht, weil diese von ihnen verlangt, „sich der Exklusivitätslogik des Entweder-oder zu beugen, die ihre Mehrfachzugehörigkeit bestenfalls als irrelevantes (,symbolisches') Relikt einer identitätsdiffusen Phase" (Mecheril 2003, 303) akzeptiert. Freilich kann nicht bei jeder Person, die als nicht-fraglos zugehörig zu bezeichnen ist, zugleich von prekärer Zugehörigkeit gesprochen werden. Mecheril schlägt deshalb vor, dies erst dann zu tun, wenn das Vorläufige, das Rücknehmbare und die „Einstweiligkeit" der natio-ethno-kulturellen Zugehörigkeit mit dem eigenen, mehrwertigen Zugehörigkeitsstatus in Verbindung zu bringen ist und von der einzelnen Person auch so verstanden wird. Bei jungen, hybriden Migranten der zweiten und dritten Generation ist dies der Fall.

Mit dem Begriff und Konzept der „natio-ethno-kulturellen Mehrfachzugehörigkeit", zusammen mit dem der Hybridität eröffnet sich eine erweiterte Sichtweise auf die Frage der Identitätsbildung von jugendlichen Migranten: Im Vordergrund der Forschung steht nicht die Frage nach *Defiziten*, die die Jugendlichen im Vergleich zur Mehrheitsgesellschaft aufweisen und die sich in Form psychischer Belastungen aufgrund eines diagnostizierten Kulturkonflikts zwischen Herkunfts- und Ankunftskultur niederschlagen. Auch steht die Frage nach *Differenzen* nicht im Mittelpunkt, bei der „das als kulturell-negativ beurteilte Defizit (…) in eine kulturell-positiv bewertete Differenz" (Geisen 2007, 33) umgewandelt wird (Stichwort ,Multikulturalität'). Mit der Perspektivenerweiterung, die durch das Konzept der natio-ethno-kulturellen Mehrfachzugehörigkeit möglich wird, können die empirisch mehrwertigen und teils widersprüchlich erscheinenden Zugehörigkeitsverhältnisse als Untersuchungsperspektive konzeptionell fruchtbar gemacht werden. Zugleich werden damit die natio-ethno-kulturell einwertigen und homogenen gesellschaftlichen Zugehörigkeitskonzepte hinterfragt.

1.1.4.2 Soziale Anerkennung

Charles Taylor (1997) weist darauf hin, dass in unserer „modernen" Gesell-schaftsformation die Frage der sozialen Anerkennung zum Problem geworden ist. In vormoderner Zeit sei von Identität und Anerkennung nicht etwa deshalb keine Rede gewesen, weil die Menschen keine Identität besessen hätten oder auf Anerkennung nicht angewiesen wären, sondern weil Anerkennung als Teil gesellschaftlich abgeleiteter Identität auf gesellschaftlichen Kategorien beruhte (z.b. Klasse, Milieu), die niemand anzweifelte. Für Taylor ist es vor allem die monologische Perspektive der modernen Philosophie, die Identität als alleine individuellen Prozess verstanden und den *dialogischen* Charakter menschlichen Daseins (vgl. Mead 1934) übersehen hat. Das Bedürfnis nach Anerkennung habe es schon immer gegeben. „Neu", sagt Taylor (ebd., 24) vor allem mit Bezug auf die Bestrebungen kultureller Minderheiten, sei vielmehr, „dass wir in Verhält-nissen leben, in denen das Streben nach Anerkennung scheitern kann". Um dar-zulegen, dass der hybride Zugehörigkeitsstatus von Migrantenjugendlichen mit der Suche nach sozialer Anerkennung in engem Zusammenhang steht, ist es zu-nächst erforderlich, den hier verwendeten Anerkennungsbegriff zu bestimmen.

Die Beschäftigung mit der Frage der Anerkennung ist im sozialwissen-schaftlichen Diskurs in den letzten Jahren insbesondere von den Arbeiten Axel Honneths angeregt worden (vor allem 1992), wenngleich das Anerkennungs-thema bereits von Johann Gottlieb Fichte (1796/1971) aufgegriffen worden ist und zunächst von Hegel (1807/1986) in seinem Werk „Phänomenologie des Geistes" weiterentwickelt wurde. Zu den Impulsgebern der Anerkennungstheorie zählen aber auch G.H. Mead (1934), in psychoanalytischer Perspektive Jessica Benjamin (1988) und im Hinblick auf die Suche nach Anerkennung kultureller Gruppen Charles Taylor 1997). Besonderen Einfluss – auch und gerade in der Erziehungswissenschaft (vgl. Prengel 2006³) – hat jedoch die sozialphilosophi-sche Anerkennungstheorie von Honneth, auf die im neuen anerkennungstheore-tischen Diskurs immer wieder Bezug genommen wird (vgl. etwa Butler 2001; Fraser 2003). Honneths Überlegungen ermöglichen vor allem, in konzeptueller Hinsicht den Zusammenhang aufzuzeigen, in dem die Anerkennung von jungen Migranten mit dem Erwerb von Selbstwertschätzung und der Verweigerung von Bestätigung steht. Honneth entwirft auf der Grundlage von Hegels Idee eines *Kampfes um Anerkennung*, Meads soziologischen und Benjamins psychoanalyti-schen Überlegungen eine Gesellschaftstheorie, die ein „intersubjektivitätstheore-tisches Personenkonzept" in den Mittelpunkt stellt. Mit dem Titel „Kampf um Anerkennung" greift er die Ideenskizze des jungen Hegel auf, „dass sich aus einem Kampf der Subjekte um die wechselseitige Anerkennung ihrer Identität ein innergesellschaftlicher Zwang zur praktisch-politischen Durchsetzung von

freiheitsverbürgenden Institutionen ergibt" (Honneth 2003a, 11). Handlungsfähige Subjekte, sagt Honneth (1990, 1048), „verdanken der Erfahrung der
wechselseitigen Anerkennung die Möglichkeit, eine positive Selbstbeziehung
auszubilden: ihr praktisches Ich ist, weil es nur aus der Perspektive der
zustimmenden Reaktionen von Interaktionspartnern sich selber zu vertrauen und
zu achten lernt, auf intersubjektive Beziehungen angewiesen, in denen es Anerkennung zu erfahren vermag". Kurz gesagt, ist mit Anerkennung also *zunächst*
die Bejahung der positiven Eigenschaften von menschlichen Subjekten und
Gruppen gemeint.[2] *Zweitens* ist mit Anerkennung eher eine „Haltung (attitude)"
(Honneth 2003a, 319) gegenüber anderen gemeint, die über bloße kommunikative Äußerungen hinausgeht, „weil erst durch die entsprechenden Verhaltensweisen die Glaubwürdigkeit erzeugt wird, die für das anerkannte Subjekt nor-
mativ von Bedeutung ist" (ebd.). *Drittens* stellen solche Akte der Anerkennung
ein „distinktes Phänomen" (ebd.) dar, das nicht mit Nebenprodukten anders
ausgerichteter Handlungen zu verwechseln ist. Man kann also erst dann von
anerkennenden Verhaltensäußerungen oder institutionellen Vorkehrungen
sprechen, wenn deren Zweck *in erster Linie* auf die Bejahung der Existenz der
anderen Person oder Gruppe zielt. Die *vierte* Prämisse ist schließlich, dass es
sich bei der Anerkennung um einen Begriff handelt, der nicht mehr als drei
Subdimensionen bzw. „Haltungen" umfasst, nämlich a) „Liebe", b) „rechtlichen
Respekt" und c) „soziale Wertschätzung". Bei diesen drei Haltungen handelt es
sich lediglich um unterschiedliche Betonungen von Anerkennung. In jeder der
Anerkennungsformen kommt empirisch die vorrangige Absicht zum Ausdruck,
dem Gegenüber auf eine bestimmte Art und Weise Zustimmung zu signalisieren
(vgl. zur Präzisierung der Anerkennungsformen aus Sicht der Theorie Sozialer
Desintegration Kaletta 2008). Sie lassen sich als die „intersubjektiven Bedingungen" (ebd., 277) verstehen, unter denen Subjekte zu jeweils neuen Formen
der positiven Selbstbeziehung kommen können. Die Korrelation zwischen
Anerkennung und Selbstbeziehung besteht freilich nicht zufällig. Sie ergibt sich
für Honneth (ebd., 277f.) aus der „intersubjektiven Struktur der persönlichen
Identität": Persönlichkeitsentwicklung erfolge nämlich alleine dadurch, dass sich
die Personen „aus der Perspektive zustimmender oder ermutigender Anderer auf
sich selbst als Wesen zu beziehen lernen, denen bestimmte Eigenschaften und
Fähigkeiten positiv zukommen". Der Umfang dieser Fähigkeiten und Eigenschaften, also auch das Ausmaß der positiven Selbstbeziehung, erhöht sich mit
jeder neuen Form von Anerkennung, die dem Menschen bekundet wird: In
diesem Sinne ist in der Erfahrung von „Liebe" die Möglichkeit angelegt,

---

2   Dies ist die erste von vier übereinstimmenden Prämissen, um von Anerkennung sprechen zu
    können; Honneth (2003, 318ff.) nennt sie im Kontext der kritischen Rezeption seiner Theorie.

„Selbstvertrauen" als grundlegende Form der Selbstbeziehung zu generieren, mithin am öffentlichen Leben autonom teilzuhaben: „nur das Gefühl, grundsätzlich in seiner besonderen Triebnatur anerkannt und bejaht zu werden, lässt in einem Subjekt überhaupt das Maß an Selbstvertrauen entstehen, das zur gleichberechtigten Partizipation an der politischen Willensbildung befähigt" (ebd., 66). In der Erfahrung „rechtlicher Anerkennung" ist die Chance angelegt, „Selbstachtung" zu erwerben. Durch die soziale Zuerkennung von Rechten kann das Subjekt sich auf sich selbst als eine „moralisch zurechnungsfähige Person" (ebd., 192) beziehen. Mithilfe der rechtlichen Anerkennung gelingt es dem (erwachsenen) Menschen, „sein Handeln als eine von allen anderen geachtete Äußerung der eigenen Autonomie begreifen zu können" (ebd.). Sowohl bereits Hegel als auch Mead erwähnen eine weitere Form der wechselseitigen Anerkennung, die Honneth in seinem theoretischen Entwurf als „soziale Wertschätzung" bezeichnet. Menschliche Subjekte bedürfen dieser *dritten* Form von Anerkennung, um sich auf ihre konkreten Eigenschaften und Fähigkeiten positiv beziehen zu können, denn erst durch die Anerkennung, die das Subjekt von anderen Gesellschaftsmitgliedern für seine individuellen Leistungen und Fähigkeiten erfährt, kann es das ausbilden, was Honneth (2003a, 209) „Selbstschätzung" nennt: „ein gefühlsmäßiges Vertrauen (…), Leistungen zu erbringen oder Fähigkeiten zu besitzen, die (…) als ‚wertvoll' anerkannt werden". Die Anerkennung einer Person ist jedoch dann gefährdet, wenn ihr im Hinblick auf die Dimensionen Liebe, rechtlicher Respekt und soziale Wertschätzung durch *Missachtung* Zustimmung versagt wird. Im Hinblick auf das Anerkennungsmuster der Liebe geht Honneth von einem Missachtungstyp aus, den er in leiblichen Misshandlungen entdeckt. Diese berühren die „Schicht der leiblichen Integrität einer Person" (ebd., 214) und zerstören auf diese Weise ihr Selbstvertrauen. Dem Anerkennungsmuster des rechtlichen Respekts ordnet er Formen persönlicher Missachtung zu, die dem Subjekt dadurch zugefügt werden, dass „es vom Besitz bestimmter Rechte innerhalb einer Gesellschaft strukturell ausgeschlossen bleibt" (ebd., 215) – mit der Folge eines Verlusts der Selbstachtung. Die letzte Art der Erniedrigung bezieht sich auf die Anerkennung durch soziale Wertschätzung, die dem Einzelnen aber dann durch Missachtung entzogen wird, wenn er eine Demütigung und Herabstufung von anderen hinsichtlich seiner Fähigkeiten und seines Lebensstils erfährt, was für ihn einen Verlust an persönlicher Selbstschätzung zur Folge hat.

    Die Suche nach Anerkennung ist in der gegenwärtigen, durch dialektische Globalisierung gekennzeichneten Gesellschaftsformation ein schwieriges Unterfangen, und zwar deshalb, weil sie offenbar immer weniger durch gesellschaftliche Normen und nationale, ethnische wie kulturelle Bezüge geregelt wird. Mit der *Individualisierung der Anerkennung* muss der Einzelne seine Leistung zwar nicht mehr „einem ganzen Kollektiv" (ebd., 209) zurechnen, vielmehr kann er sie positiv der eigenen Person gutschreiben. Da aber die Normen gesellschaftlicher Instanzen gegenwärtig weniger wirksam sind, muss das Subjekt selbst erhöhte Anstrengungen unternehmen, sich seiner Anerkennung (und auch Zugehörigkeit) zu vergewissern. Die Vermittlungsformen für Anerkennung verändern sich. Diese waren in früheren Zeiten an die *Traditionen* von Kollektiven, Gruppen oder Gemeinschaften gebunden (vgl. Hobsbawm/Ranger 1983), an Kulte, Rituale und Bräuche, die in einer „posttraditionalen Gesellschaft" (Giddens 1996) nicht mehr auf traditionelle Art und Weise bewahrt werden können. Anthony Giddens (2001, 51ff.) weist in seiner Analyse des Zusammenhangs zwischen Tradition und Globalisierung darauf hin, dass traditionelle Praxen dem Einzelnen Handlungsrahmen zur Verfügung stellen, die in hohem Maße unbezweifelt bleiben, eine Art Wahrheit darstellen, aufgrund deren auch gar nicht nach Alternativen gesucht werden muss. Unter dem Einfluss der Globalisierung komme es zu einer gesellschaftlichen Enttraditionalisierung, durch die auch unser Alltagsleben dem Einfluss der Tradition entzogen werde. Dies bedeute freilich nicht, dass die Tradition verschwunden sei, sondern, dass sie auf nicht-traditionelle Weise aufrechterhalten werden muss. Das von der traditionellen Funktion der Tradition befreite Selbst muss deshalb seine Identität – und damit auch Anerkennung – auf einer aktiveren Grundlage mit anderen, gewissermaßen *aushandelnd* finden. Mit dem Verlust angestammter, unbezweifelter Vermittlungsformen von Anerkennung werden also offene, dialogische Vermittlungsrahmen entscheidend, soll heißen: Hybride Subjekte sind viel mehr auf ihr soziales Netzwerk „mit jeweils unterschiedlichen Anerkennungsklaviaturen angewiesen. Das Spiel auf einer dermaßen individualisierten Anerkennungsklaviatur ist anspruchsvoller bzw. erfordert weit mehr beziehungsorientierte Aushandlungskompetenzen als in modernen Zeiten" (Keupp u.a. 1999, 260). Zwar haben die Individuen heute mehr Möglichkeiten, eigene Identitätsvorhaben autonom umzusetzen, zugleich stehen sie aber – nach wie vor – Schwierigkeiten beim konkreten Versuch gegenüber, Anerkennung von anderen bekundet zu bekommen. Wenn Keupp u.a. (1999) in ihrem Anerkennungskonzept davon sprechen, dass Anerkennung ein „prekäres Gut" sei (ebd., 260f.), dann meinen sie genau diesen Aspekt. Denn *erstens* haben oftmals diejenigen, denen Zustimmung von anderen schmerzlich versagt bleibt, die notwendigen sozialen Kompetenzen verloren, um die Vielfalt der Anerkennungskulturen gemäß ihren prinzipiellen Möglichkeiten für sich zu nutzen. Hinzu kommt eine *zweite* Schwierigkeit, die darin besteht, so Keupp u.a., „dass mit Veränderungen in sozialen Netzwerken nur diejenigen gut zurechtkommen, die bereits frühzeitig die gestalterischen Fähigkeiten eines Baumeisters des eigenen Netzwerks erworben haben" (ebd.). Das Anerkennungskonzept von Keupp und Mitarbeitern korrespondiert mit Honneths in wesentlichen Teilen. Mit ersterem gelingt es aber, Anerkennung *auch erfahrungswissen-schaftlich zu begründen*, sodass es das vor allem sozialphilosophische Modell Honneths sinnvoll ergänzt. Für Keupp und Mitarbeiter gehört das menschliche Verlangen nach Anerkennung – neben Kohärenz und Authentizität – zum zentralen Modus „alltäglicher Identitätsarbeit" und stellt ein Indiz für „gelungene Identität" dar. Das „Gefühl der Anerkennung" (ebd., 256f.) setzt sich für sie aus drei eng miteinander verwobenen Dimensionen zusammen: Die *erste* Dimension „Aufmerksamkeit von anderen" ist mit der Frage an uns selbst verbunden, ob wir wahrgenommen werden. Der *zweiten* Dimension „Positive Bewertung durch andere" liegt die Frage zugrunde, wie der andere bzw. die anderen mich bewertet haben. Und die *dritte* Dimension „Selbstanerkennung" ist schließlich Ergebnis der Frage, wie ich mich selbst bewerte. Von einem Gefühl der Anerkennung kann allerdings erst dann vollständig gesprochen werden, wenn für das Individuum jede der drei Dimensionen positiv ausgeprägt ist. Fehlt eines der drei Elemente, bleibe die Anerkennung unvollständig und werde vom Subjekt mit Zweifeln erlebt. Dabei können vier „Gefährdungsvarianten" (ebd.) – Honneth würde analog von Varianten der Missachtung sprechen – analytisch unterschieden werden: 1) „keine Aufmerksamkeit", 2) „erfahrene Aufmerksamkeit, aber wenig positive Bewertungen", 3) „trotz Aufmerksamkeit und erfahrener positiver Wertschätzung durch signifikante Andere wenig Selbstanerkennung" und 4) „hohe Selbstwertschätzung, die mit wenig Rückbezug auf geäußerte positive Bewertung und Aufmerksamkeit anderer gelebt wird". Keupps Anerkennungsgefühl ist der empirischen Analyse zugänglich, insofern es sich aus den „subjektiven Selbstthematisierungen" entwickelt, die der Mensch mit unterschiedlichen situationalen Erfahrungen in Verbindung bringt und die er in seinen *Selbsterzählungen* miteinander verknüpft. Das Anerkennungsgefühl konkretisiert sich also in unterschiedlich komplexen Konstruktionen, die wir uns selbst und anderen gegenüber kommunikativ darstellen.

Die natio-ethno-kulturelle Mehrfachzugehörigkeit von jungen Migranten steht mit der Frage der Anerkennung in einem konzeptionellen wie empirischen Zusammenhang (vgl. auch Stojanov 2006): Denn mit der Mehrfachzugehörigkeit sind für Migrantenjugendliche Schwierigkeiten der Art verbunden, dass sie sich wegen ihres mehrwertigen Zugehörigkeitsverständnisses nicht in die Einwertigkeit der vorherrschenden Zugehörigkeitsordnung einpassen lassen. Weder im Hinblick auf den einen Zugehörigkeitskontext (z.B. Türkei) noch auf den anderen (z.B. Deutschland) machen sie Erfahrungen, „eindeutig" zugehörig zu sein. Den einwertigen Anderen im jeweiligen Zugehörigkeitskontext erscheinen sie als fragwürdig und nicht vollwertig. Dieser Zusammenhang wird auch in Mecherils Konzept „prekärer Zugehörigkeit" deutlich. Der Anerkennungsaspekt

ist dort insofern mitgedacht, als infolge des für prekäre Andere charakteristischen „Zwischenstatus" (Mecheril 2003, 304) bei ihnen ein Mangel an persönlicher Anerkennung entstehen kann: „Staatsbürgerliche Exklusion, ethnozentris-
tisch-rassistische und kulturelle Exklusion durch eine dominante Ein- und
Ausschlusswirklichkeit" (ebd.) bilden das Missachtungspotenzial für die jungen
Migranten, mit dem sie in dem natio-ethno-kulturell einwertigen Umfeld konfrontiert sind, in dem sie aufwachsen. In Tarek Badawias Studie über die Bi-
kulturalität von bildungserfolgreichen Migrantenjugendlichen (2002, 11) konkretisiert sich dieses Missachtungspotenzial sogar in der sozialwissenschaftlichen Befragung der Jugendlichen selbst, wie der Autor in der Einleitung seines
Buches „Der dritte Stuhl" ausführt: „Warum versteht man in Deutschland nicht,
wenn man sagt: Ich bin beides?", „Was soll immer die Frage: Willst du hier
bleiben, oder lieber in deine Heimat zurück?", „Warum immer die Frage bei
jungen Menschen ‚bist du deutsch oder was anderes', man kann doch beides
sein, oder?" Deutlich wird in diesen Fragen, die die befragten Migrantenjugendlichen dem Interviewer stellten, dass sie sich in ihrem Selbst und ihrer
biografischen Leistung, scheinbar widersprüchliche natio-ethno-kulturelle Kontexte in einem hybriden Zugehörigkeitsverständnis miteinander vereinbart zu
haben und dennoch handlungsfähig zu bleiben, als missachtet verstehen: Bereits
die Entweder-oder-Perspektive der Interviewfragen ist für sie ein Beleg dafür,
dass ihnen zumindest im Kontext der Mehrheitsgesellschaft die Möglichkeit vorenthalten wird, ihren eigenen Orientierungen und Leistungen einen sozialen Wert
beizumessen und diesen intersubjektiv zum Ausdruck zu bringen.

　　Für den in meiner Untersuchung zentralen Zusammenhang von hybrider
Identitätsbildung Jugendlicher der zweiten und dritten türkischen Migrantengeneration in Deutschland und ihrer kommunikativen Teilhabe in türkischen
Online-Communities bedeutet dies, dass die Analyse der Erfahrungen, die die
Jugendlichen in der Online-Welt machen, jenseits eines euphemistischen Feierns
von Hybridität angesiedelt sein muss. In diesem Sinne gilt es, die jungen Türken
nicht nur als deutende und handelnde Subjekte anzusehen, die zwar prinzipiell in
der Lage sein können, mit verschiedenen, teils widersprüchlich anmutenden natio-ethno-kulturellen Zugehörigkeitskontexten souverän umzugehen. Gleichwohl
muss in Betracht gezogen werden, dass das Aufwachsen unter mehrfachen Zugehörigkeiten oftmals mit Schwierigkeiten verbunden ist, die sich in fehlender
oder entzogener sozialer Anerkennung für ihr hybrides Zugehörigkeitsverständnis kristallisiert.

Nun ist zu fragen, ob es „Orte" gibt, an denen sich der „prekäre" Identitätsstatus
von Migrantenjugendlichen als solcher Geltung verschaffen kann. Typisch ist für
sie, wie bereits deutlich werden sollte, dass sie sich keinem der für sie wichtigen

Zugehörigkeitskontexte eindeutig und fraglos zugehörig wissen. Sie sind *natio-ethno-kulturell ortlos* (Mecheril 2003, 314). Sie finden, so Mecheril (ebd.), „zunächst keine öffentlichen Orte der Darstellung ihres natio-ethno-kulturellen Status und ihrer natio-ethno-kulturellen Ortlosigkeit vor". Wenn Stuart Hall (1995, 181) in diesem Zusammenhang darauf hinweist, dass wir unseren (kulturellen) Identitäten eine geografische Rahmung geben: „We give it a background, we put it in a frame, in order to make sense of it", lässt sich allerdings vermuten, dass es dennoch sozial-räumliche Konstellationen gibt, in denen sich diejenigen verorten können, „die sich im Raum des Natio-ethno-Kulturellen nicht eindeutig positionieren (lassen, K.U.H) können" (Mecheril 2003, 315). Wenn dies so ist, welche sozial-räumliche Rahmung geben sich junge Migranten, die es ihnen ermöglicht, ihre „prekäre" Zugehörigkeit und die damit verbundenen Anerkennungsprobleme zu verarbeiten bzw. diese in die eine oder andere Richtung auszuhandeln?

Meines Erachtens findet dies zunehmend in der kommunikativen Welt des Internets statt, und zwar insbesondere in *Online-Communities*, wie ich in dieser Untersuchung am Fall der zweiten und dritten türkischen Migrantengeneration in Deutschland darstelle. Zunächst gilt es jedoch zu klären, in welchem Zusammenhang die Frage internationaler Migrationsbewegungen und ihrer Auswirkungen auf hybride Identitätsbildung mit dem Internet als Medium kultureller Globalisierung steht. Mit anderen Worten: In welcher Hinsicht kann die Debatte über globale Kommunikation dabei helfen, die identitäre „Verortung" von türkischen Migrantenjugendlichen in Online-Communities zu deuten?

1.2 Globale Medienkommunikation und Identität

Dass die *Medien* in kulturellen Globalisierungsprozessen eine besondere Rolle spielen und damit unser soziales Miteinander wie die Frage der Identitätsbildung einschneidend beeinflussen, wird schon durch die mittlerweile gewohnte Live-Berichterstattung des Nachrichtensenders CNN von weit entfernten Krisenherden verdeutlicht, etwa vom Beschuss Bagdads durch amerikanische Bomber im Rahmen des ersten Golfkriegs, um nur eines der Schlüsselmomente globaler Kommunikation im Fernsehen zu nennen. Bereits in den 1960er Jahren hat der kanadische Kommunikationswissenschaftler Marshall McLuhan die kulturellen wie sozialen Effekte des Verhältnisses zwischen Medien und Globalisierung analysiert und in der Idee des *global village* zugespitzt (vgl. etwa McLuhan 1964). McLuhan stellt dar, wie insbesondere das elektronische Medium *Fernsehen* eine neue historische Epoche der Menschheitsgeschichte kennzeichnet, durch die die Gutenberg-Galaxis – die Ära des Buchdrucks – abgelöst wird. Die Schnelligkeit elektronisch basierter Kommunikations- und Transportmedien führe einerseits

zur technischen Erweiterung unseres Bewusstseins, andererseits zu dem strukturellen Effekt der „Implosion", d.h. zur raumzeitlichen Komprimierung der
Welt und des menschlichen Erfahrungsraumes. Durch diese Komprimierung
werde es nun möglich, dass wir weit entfernte Ereignisse an jedem Ort der Welt
simultan miterleben können; prinzipiell könne jeder Mensch mit allen anderen
Kontakt aufnehmen. McLuhans Überlegungen müssen vor dem Hintergrund
seiner Zeit (*1911, †1980) verstanden werden, die im Fernsehbereich gekennzeichnet war durch das Aufkommen der Satellitentechnologie. Erst mit deren
Hilfe wurde es möglich, Bilder und Nachrichten von einem Punkt der Erde
weltweit zu verbreiten, sodass wir, so McLuhan, das Leben bisher fremder
Menschen, Kulturen und Gesellschaften in unser aller Leben miterfahren und
-einbeziehen können. Die neuen technischen Möglichkeiten, über die die Gesellschaft in Form der elektronischen Medien verfügt, errichten ein internationales
Netzwerk der Kommunikation, das mit dem zentralen Nervensystem des Menschen vergleichbar sei: Internationale Medien-Events und weltweit populäre
Fernsehserien – die Mondlandung oder der Kennedy-Mord in den 1960er Jahren,
die Fernsehserie „Dallas" in den 1980er Jahren – produzieren eine gemeinsame
Kommunikationssphäre, die über Kontinente hinweg besteht und uns dazu
befähigt, die Welt als Ganze sinnlich zu erfassen. McLuhans Verdienst ist es,
dass er in seinen Analysen über die Inhalte der Medien hinaus geht und erstmals
den (nicht nur) kommunikationswissenschaftlichen Blick auf die kulturelle
Bedeutung des Verhältnisses von Mensch und Medien gelenkt hat. Sein Ansatz
kann dort als übertrieben oder unzutreffend beurteilt werden, wo er das Massen-
medium Fernsehen in erster Linie als Motor kultureller *Homogenisierung* darstellt – eine These, die so kaum zu belegen ist. Nicht zuletzt muss er sich auch
den Vorwurf des *technologischen Determinismus* gefallen lassen (vgl. Burnett/
Marshall 2003), weil er die gesellschaftliche Entwicklung eindimensional auf die
Medien zurückführt; der Mensch als aktiver Produzent seiner gesellschaftlichen
und kulturellen Wirklichkeit wird jedoch zu wenig berücksichtigt. Dennoch hat
sein Begriff des *global village* bis heute für die weitere Erforschung des Zusammenhangs von Globalisierung und Medien wichtige Anstöße gegeben (vgl.
Robertson 1992).
    Während in den 1970er Jahren zunächst die Rolle der Medien als monopo-
lisierende wie manipulierende Akteure der Gesellschaft betont wurde und Herbert Schillers bekannte These vom *cultural imperialism* durch vor allem amerikanische bzw. verwestlichte Massenmedien im Vordergrund der Debatte stand
(vgl. Schiller 1970), hat sich das zentrale Paradigma kultureller Homogenisierung spätestens seit Ende der 1980er Jahre gewandelt. Vor dem Hintergrund der
jüngeren Globalisierungsdebatte (vgl. Kap. 1.1, S. 17ff.) werden auch im
Hinblick auf Medienkommunikation die „alten" Vorstellungen über globalisie-

rende Auswirkungen elektronischer Medien von differenzierteren Theorien und Konzepten zunehmend abgelöst. Das „globale Homogenisierungs-Szenario" (Hannerz 1991) des Kulturimperialismus-Ansatzes, das davon ausgeht, es setze sich lediglich *eine* Kultur durch – und zwar die westliche –, die unseren Lebensstil, unsere Selbst-Erfahrung bestimmt und zahlreiche andere, davon verschiedene Kulturen verdrängt oder auslöscht, wird als zu pessimistisch oder falsch entlarvt. Um den Einfluss der Globalisierung auf die globale Kultur adäquat deuten zu können, wird auch für das Medienthema eine eher dialektisch angelegte Perspektive vorgeschlagen, die sich nicht mehr von dem strukturellen Muster „Zentrum-Peripherie" leiten lässt, sondern von *Dezentralisierung* (vgl. Tomlinson 2002).

Zwei theoretische Denkrichtungen sind dabei besonders beachtenswert: Im Rahmen der *einen* argumentiert Manuel Castells (2001), der unsere gegenwärtige Gesellschaft zunehmend in Netzwerken organisiert sieht. Zwar habe es *Netzwerke* als Form sozialer Organisation bereits zu anderen Zeiten gegeben, das „neue informationstechnologische Paradigma" schaffe aber nun die materielle Basis dafür, dass diese Form eine durchdringende gesellschaftsstrukturelle Bedeutung gewinne – mit einschneidenden Folgen für die Identitätsbildung. Nach Castells' Einschätzung leben wir in einer „Netzwerkgesellschaft", in der die *herrschenden Funktionen* in Netzwerken organisiert sind, die dem Raum der „Ströme" angehören – anstelle eines Raumes der Orte –, der sie weltweit miteinander verbindet „und zugleich die untergeordneten Funktionen und Menschen in vielfältige Räume von Orten fragmentiert, die aus immer stärker segregierten und abgekoppelten Örtlichkeiten bestehen" (ebd., S. 535). Die materiellen Grundlagen dieser Ströme befinden sich auf drei Ebenen (ebd., S. 466ff.): *erstens* der „elektronische Kreislauf der Vermittlung" (Telekommunikation, mikroelektronische Geräte etc.); *zweitens* „Knoten und Zentren", die sich innerhalb eines Netzwerkes – z.B. die „Global City" (Sassen 1991) – als spezifische Orte darstellen; *drittens* die „räumliche Organisation der herrschenden Führungseliten". Die herrschenden Funktionen in unserer Gesellschaft werden geformt durch Inklusion in und Exklusion aus Netzwerken sowie die Gestalt der Beziehungen zwischen Netzwerken, die durch Informationstechnologien rasend schnell in Gang gesetzt werden. Das Internet spielt in Castells Trilogie des Informationszeitalters eine entscheidende Rolle, jedoch nicht ausschließlich als Technologie, sondern vor allem im Sinne der spezifischen Netzwerk*logik*, auf der gesellschaftliche Globalisierung und globale Kommunikation gegenwärtig beruhen. „Vernetzung" geht nach diesem Paradigma globaler Kommunikation über bisherige Globalisierungskonzepte des „Globalen" und „Lokalen" hinaus, weil letztere die Funktionsweise gegenwärtiger globaler Medienkommunikation in ihrer Relevanz kaum mehr adäquat erklären können. Es entstehen nämlich neue *mediale Sphären*. Mit Blick etwa auf die Entstehung einer globalen *Öffent-lichkeit* führt die gesellschaftliche Netzwerklogik zu dem, was Ingrid Volkmer (2002, 2003) „Global Sphere of Mediation" nennt, eine „supra-nationale" Sphäre, die jenseits nationalstaatlicher Grenzen angesiedelt ist: Zugleich zwingt sie, „die gewohnte kommunikationstheoretische Terminologie ins Leere zu grei-fen: ‚Zentren' und ‚Peripherien' werden obsolet, ‚Gatekeeper Modelle' ausge-hebelt, ‚Agenda Setting' und ‚Nachrichtenfaktoren' unterliegen einer neuen Dynamik, ja die Profession des Journalismus selbst beginnt sich, angesichts des Nebeneinander von neuen ‚Mediatoren' zu redefinieren" (Volkmer 2002, 826). Als Beispiel nennt Volkmer – neben dem Push-Medium Fernsehen, wo Kommu-nikationsinhalte durch Gate-Keeper vermittelt werden –, das Push-Pull-Medium Internet, wo sich die Entstehung dialektischer Kommunikationsräume dadurch charakterisieren lässt, dass sich die Vermittlung politischer Information in unter-schiedlichen „Kommunikations-Umgebungen" (ebd., 831) entfaltet (Spillover-, staatlich regulierte-, Transition-, pluralistische und dualistische Umgebung), die grundsätzlich nicht mehr an den Nationalstaat gebunden sind.

Zählt zu einer der zentralen Denkrichtungen der neueren Theorie globaler Medienkommunikation das, was in den Arbeiten im Kontext des sog. Netzwerk-Paradigmas zum Ausdruck kommt, kann eine *zweite* Denkrichtung als die der *Medienkultur* bezeichnet werden. In der Tradition der Cultural Studies stehend, versucht sie insbesondere, die medienkulturellen Aspekte der Globalisierung zu bestimmen, dabei aber nicht in erster Linie die erfolgreiche, sondern die ge-scheiterte Kommunikation in den Mittelpunkt zu stellen (Ang 2003). In diesem Sinne weist Hall (1999b) in seinem Encoding-/Decoding-Modell auf verschie-dene Lesarten von Medieninhalten hin, die dadurch zu erklären sind, dass die Übereinstimmung zwischen der medienbezogenen Bedeutungsproduktion des Senders und des Empfängers nicht unbedingt den Normalfall der Medienkom-munikation darstellt. Von den Cultural Studies inspirierte Ansätze globaler Medienkommunikation beanspruchen, den Prozess der Bedeutungsproduktion herauszustellen und dabei das Widersprüchliche zu integrieren, das zwischen Globalem und Lokalem entsteht. Seit wenigen Jahren werden die medienbezo-genen Arbeiten der Cultural Studies verstärkt im deutschsprachigen Raum rezipiert, was sich nicht zuletzt in zahlreichen Veröffentlichungen zum Thema widerspiegelt. Ich erwähne im Folgenden den Ansatz von Andreas Hepp (etwa 2002, 2004), weil dieser dazu geeignet sind, den konzeptionellen Zusammenhang von kommunikativer Konnektivität und kommunikativer Deterritorialisierung in der globalen Medienkultur aufzuzeigen. Hepp grenzt sich mit seinem Konzept der „translokalen Medienkulturen" von einem Verständnis ab, welches Me-dienkultur mit Nationalkultur gleichsetzt. Um die Komplexität medialer Kulturen angesichts der Globalisierung von Medienkommunikation zu fassen, argumentiert er (2002, 874), müssten zwei Prämissen beachtet werden: *Einerseits* sei die „Vorstellung territorial rückbezüglicher Abgeschlossenheiten kommunikativer Räume nicht mehr haltbar", *zugleich* dürfe „Lokalität als Referenzkategorie" (ebd.) nicht aufgegeben werden. Hepp strapaziert damit die Konzepte der *Konnektivität* („complex connectivity") von Tomlinson (1999) und der *Deterritorialisierung* von García Canclini (2001[4]). Wenn Tomlinson von Globalisierung von komplexer Konnektivität spricht, relativiert er die Zwangsläufigkeit, mit der einige Ansätze globale Phänomene mit der Erzeugung von Nähe gleichsetzen. Diese Nähe könne, sie müsse aber nicht die Folge von Globalisierung sein, z.B. dann, wenn „eine in einem bestimmten kulturellen Kontext produzierte Fernsehsendung (…) in einem vollkommen anderen Kontext ausgestrahlt (wird, K.U.H.) und (…) so eine diese Kontexte übergreifende semiotische Ressource" (Hepp 2002, 868f.) darstellt. Globalisierung von Medienkommunikation kann vor diesem Hintergrund als „weltweite Zunahme von Kommunikationsbeziehungen" (ebd., 869) definiert werden, mithin als zunehmende kommunikationsbezogene Konnektivität. Durch gesteigerte Konnektivität können auch kommunikative Deterritorialisierungsprozesse in Gang gebracht werden – von Néstor García Canclini (2001[4], 229) ursprünglich im physischen Sinne verstanden als „loss of the ‚natural' relation of culture to geographical and social territories" –, und zwar insofern, als weit entfernte kulturelle Kontexte lokal erfahrbar werden, z.B. durch Erzählungen, Berichte und Bilder aus dem Herkunftsland von Migranten, die über Internetseiten abrufbar sind. Aus diesem Grund löst Medienkommunikation im globalen Kontext nicht etwa das Lokale auf, vielmehr schafft sie „neue, translokale Kommunikationsbeziehungen" (Hepp 2002, 874). Dabei können sich kommunikationsbezogene Konnektivitäten „verdichten" und dann entweder mit dem Nationalen und Territorialen decken oder dies nicht tun, wenn sie als Szenen oder Lebensstil- wie Diaspora-Gemeinschaften in Erscheinung treten.

So unterschiedlich die beiden erwähnten, zentralen Denkrichtungen zur konzeptionellen Einordnung gegenwärtiger globaler Medienkommunikation auch sein mögen, stimmen sie doch in drei wichtigen Aspekten überein:

1) Das Bild einer *eindimensionalen und homogenen* Globalisierung von Medienkommunikation, welches mit der bloßen Vorstellung stärkerer Verbreitung von Medienbotschaften, größerem Wirkungsgrad angestammter medialer Autoritäten (national organisiert, seien sie öffentlich-rechtlich oder privatkommerziell gefasst) oder größerer Nähe durch Auflösung von kommunikativen, nationalstaatlichen, ökonomischen Grenzziehungen operiert, ist kaum mehr haltbar. Wie auch in der ‚allgemeinen' soziologischen Globalisierungsdebatte, zeigt sich, dass Medienkommunikation im globalen Kontext erst dann genau zu verstehen ist, wenn sie in ihrer Komplexität und Differenziertheit betrachtet wird. Volkmer – mit Bezug auf die Arbeiten von Castells – wählt dazu die

Metapher des Netzwerks, die sich für sie in dialektischen Kommunikations-
räumen globaler Öffentlichkeit konkretisiert. Auch Hepp wählt schließlich die
Netzwerkmetapher (vgl. 2004), um die zunehmende kommunikative Konnektivität und Deterritorialisierung translokaler Medienkulturen zu veranschaulichen. Anders als Volkmer lenkt Hepps Ansatz jedoch – ganz im Sinne der
Perspektive der Cultural Studies– den Blick auf die entstehenden Ungleichheiten,
die in der neuen globalen Medienkultur zu beobachten sind. Damit unterscheidet
sich Hepps Ansatz zwar von dem, den Volkmer ausarbeitet, weniger jedoch von
Castells Modell, weil dieser die strukturelle Ungleichheitsfrage in den Mittelpunkt der Netzwerksgesellschaft stellt.

2) In den Erklärungsmodellen globaler Medienkommunikation spielt das
Internet eine zentrale Rolle. Volkmer versteht das Internet als Metapher für die
Art und Weise, wie heute dialektische Kommunikationsräume im globalen Diskurs funktionieren. Die dafür als Grundlage dienende Idee der Netzwerkgesellschaft, die von Manuel Castells ausgearbeitet worden ist und in der das Internet
eine Schlüsselstellung für die gesellschaftliche Entwicklung einnimmt, bleibt
allerdings gerade vor dem Hintergrund der Funktion, die Castells der Netzwerk-
technologie zuspricht, nicht unwidersprochen. So bilanzieren Daniel Miller und
Don Slater (2000, 8): „Castell's primary distinction between ‚the Net' and ‚the
Self' appears to replicate the classical sociological distinction between structure
and agency. The result is to separate out the net as a monolithic and reified
structure (or ‚morphology') whose impact on identity is then investigated". Aus
diesem Grund müsse sich Castells' Modell den Vorwurf des Technikdeterminis-
mus gefallen lassen.

In der Cultural-Studies-Perspektive ergibt sich die Zentralität des Internets
im globalen Kontext weniger aufgrund seines metaphorischen Vorbildcharakters.
Zwar strapaziert z.B. auch Hepp das Bild der Vernetzung, indem er von „Netzwerken der Medien" spricht: Stärker als in dem Modell der „Netzwerkgesellschaft" vorgesehen, erkennt er die für das Medienkulturelle wirksamen Akteure
aber nach wie vor auch in nationalen und territorialen Einheiten, die also neben
neu auftauchenden kommunikativen „Verdichtungen" bestehen bleiben. Das Internet bekommt in der Cultural-Studies-Perspektive dadurch besondere Relevanz, dass es eine verstärkte kommunikative Konnektivität und Deterritorialisierung ermöglicht und sich dadurch die Machtfrage, wer welche Kontrollmöglich-
keiten über Zugangsmöglichkeiten zur Infrastruktur des Netzes hat, in veränderter Form stellt. Wenn Hepp (2004) die globale Medienkultur im Anschluss an
Stuart Hall anhand eines „Kreislaufs von Kultur" zu beschreiben versucht und
dabei die Analyseebenen „deterritorialisierte Medienproduktion", „Repräsentationen translokaler Medienkulturen" und „Aneignung translokaler Ressourcen"
voneinander unterscheidet, dann soll dieses Vorgehen die Aufdeckung von

Ungleichheiten im Zusammenhang des Internets gewährleisten: „Um sie zu fassen, muss man sie aber als Ungleichheiten unterschiedlicher Verdichtungen bzw. als Ungleichverteilung unterschiedlicher Lokalitäten der translokalen Kulturproduktion, als zentrale Knotenpunkte des Netzwerkes der Globalisierung von Medienkommunikation begreifen und kann sie nicht auf den kulturimperialistischen Gegensatz vom Westen und dem Rest reduzieren" (Hepp 2002, 877).

3) Auch die Identitätsfrage spielt in beiden Denkrichtungen eine zentrale Rolle. In Castells' Ausformulierung des Netzwerkparadigmas ist entscheidend, dass im Zuge gesellschaftlicher Globalisierung und „Informationalisierung" (Castells 2002) insbesondere ein Typus von Identitätsbildung wichtig wird, der Formen *kollektiven* Widerstands gegen die neue globale Ordnung aufbaut: „Religiöser Fundamentalismus, territoriale Gemeinschaften, nationalistische Selbstbestätigung oder selbst der Stolz auf die eigene Selbsterniedrigung durch die Umkehr der Terminologie des unterdrückerischen Diskurses – wie in der queer culture einiger Strömungen in der Schwulenbewegung – sind alles Ausdrucksformen dessen, was ich als den Ausschluss der Ausschließenden durch die Ausgeschlossenen bezeichne" (ebd., 11). Aus dem Widerstand gegen die Globalisierung entwickeln sich „soziale Bewegungen", die sich gegen die Logik der Schaffung von Macht im „Raum der Ströme" bzw. globalen Netzwerk richten, da sie durch diese Unterdrückung und Entrechtung erfahren. Dadurch, dass sie sich gegen die vorherrschenden gesellschaftlichen Entwicklungstendenzen richten, bieten sie eine alternative Möglichkeit zur Sinnkonstruktion. Diese sozialen Bewegungen – Castells nennt sie die „kulturellen Kommunen des Informationszeitalters" – stellen sich zu Beginn als „defensive Identitäten dar, die „als Zuflucht und Solidaritätszusammenhang operieren, um Schutz gegen eine feindselige Außenwelt zu gewähren" (ebd., 71). Zentral ist für sie die Selbst-Identifikation mithilfe bestimmter Werte-Codes wie die „Gemeinschaft der Gläubigen", die „Ikonen des Nationalismus" und „die Geografie des Ortes". Sind die vorherrschenden Machtstrukturen durch Globalisierung, Vernetzung und Flexibilität gekennzeichnet, von denen die gesellschaftlichen Eliten profitieren, versuchen die „kulturellen Kommunen", *widerständige Autonomieprozesse* in Gang zu setzen, die sich auf „umgekehrte Informationsflüsse" stützen, d.h. auf „unverbrüchliche, ewige Codes", wie Gott, Nation, Familie und Gemeinschaft. Freilich stehen die Kommunen nicht außerhalb der Netzwerkgesellschaft, sie sind ein Teil von ihr, was sich daran zeigt, dass sie sich der Kommunikationssysteme bedienen – insbesondere des Internets –, die auch die (ökonomischen) Eliten verwenden, um ihre Machtstellung zu schaffen und aufrechtzuerhalten. Die sozialen Bewegungen der Netzwerkgesellschaft, so Castells (2005, 155), „transformieren" aber das Internet, welches der Wirtschaft als organisatorisches Hilfsmittel dient, in einen „Hebel gesellschaftlicher Informa-

tion" (ebd.), und zwar mit dem Ziel, „die Macht der globalen Netzwerke zu
überwinden und so die Welt von unten nach oben zu bauen" (ebd.). Die
kulturellen Kommunen nutzen das Internet aber auch *instrumentell*, einerseits
dazu, sich als interaktives Netzwerk zu organisieren, die eigenen Anhänger zu
erreichen, wie dies z.b. bei der globalisierungskritischen Bewegung der Fall ist
(vgl. Hepp/Vogelgesang 2005) oder den teils militanten amerikanischen Milizen,
andererseits als elektronisches Solidaritätsnetzwerk: Ein Beispiel für letzteres ist
Mitte der 1990er Jahre die Zapatistenbewegung im mexikanischen Chiapas, die
es u.a. über Informationen auf Websites geschafft hat, für ihre Anliegen weltweite Unterstützung zu erhalten. Das Internet wird vonseiten der kulturellen
Kommunen aber auch als Protestinstrument benutzt, wie Castells (2005, 150f.)
mit Blick auf Hackerattacken gegen militärische und wirtschaftliche Organisa-
tionen in den USA ausführt, die auf die Unsicherheit von wichtigen Informationen im Internet aufmerksam machen sollen.

Das von Castells in der Globalisierungsforschung angestoßene Netzwerk-
Paradigma ist für die Debatte über die kulturellen Auswirkungen globaler Medienkommunikation insofern fruchtbar zu machen, als es auf die Entstehung
neuer *dialektischer Räume* aufmerksam macht, die jenseits homogener, begrenzter nationaler, kultureller und ethnischer Einheiten liegen können. Volkmer
(2002) verdeutlicht dies im Hinblick auf eine „Global Sphere of Mediation", die
die Debatte um globale politische Kommunikation in neue Koordinaten fasst.
Am Beispiel des CNN-Sendeformats „World Report" zeigt sie empirisch, wie es
nach ihrer Einschätzung gelingt, eine „dialektische" Nachrichtensendung zu
produzieren, die nicht nur die westliche Sichtweise beinhaltet, sondern „diese
‚sphere of mediation' mit lokalen und authentischen Bezügen zu ermöglichen.
So genannte Entwicklungsländer erhalten die Chance, ihre Perspektiven in
Bezug auf internationale Ereignisse bzw. die Darstellung von Ereignissen ‚vor
Ort' darzulegen, die andernfalls von ‚Parachute-Journalisten' von internationalen
Agenturen bzw. Medienanstalten anderer Länder ‚mediatisiert' werden" (ebd.,
828). „World Report" stellt für sie den Mikrokosmos einer globalen öffentlichen
Sphäre dar, ist mithin ein Beispiel für die „Global Sphere of Mediation" des
Fernsehens. Die von ihr zum Gegenstand gemachte Idee einer Dialektik der
globalen Medienkommunikation kann aber auch, so meine ich, für die Frage der
Identitätsbildung von jugendlichen Migranten im Internet fruchtbar gemacht
werden. In diesem Sinne bilden sich solche „Räume" im Internet als dialektische
Räume ab, die sich für die Jugendlichen als *natio-ethno-kulturelle Hybrid-
Umgebung* der identitären Vergewisserung konkretisieren, d.h. in der sie ihre
„prekäre" Zugehörigkeit zum Ausdruck bringen und die damit verbundenen
Anerkennungsprobleme verarbeiten können. Im Zentrum solcher dialektischer
Räume im Internet steht also in analytischer Hinsicht nicht der kommunikative

Aspekt, sondern der Identitätsstatus der Migranten. Davon zu unterscheiden sind solche Räume der Identitätsbildung im Internet, die sich für die jungen Migranten als *natio-ethno-kulturell fixierte Umgebungen* konkretisieren. Dabei handelt es sich um Internetseiten bzw. Online-Communities, die den Jugendlichen eine vor allem natio-ethno-kulturell einwertige Vergewisserung von Zugehörigkeit und Anerkennung ermöglichen bzw. die von den Jugendlichen als solche Seiten wahrgenommen werden. Dies muss sich gar nicht unbedingt auf Websites beziehen, deren sozial-räumliches Gefüge eine Dominanz der Mehrheitsgesellschaft im Ankunftsland widerspiegelt; genauso gut kann es Internetseiten betreffen, die auf die natio-ethno-kulturelle Einwertigkeit des Herkunftslandes bezogen sind, z.B. Seiten, die ausschließlich auf die Alltagswelt von Menschen abgestellt sind, die in der Türkei leben. Dies bedeutet: Durch den Bezug auf die Entstehung dialektischer Räume im Kontext globaler Medienkommunikation transzendiert der Begriff der *natio-ethno-kulturellen Umgebung identitärer Vergewisserung im Internet* zugleich die Rede von einer dualistischen Zuordnung von Internetprodukten zum Herkunfts- oder Ankunftsland. Aus der Perspektive einer dialektisch sensiblen (Netzwerk-)Theorie globaler Kommunikation geht es bei der Frage der Einordnung von Websites, die für die Identitätsbildung von jungen Migranten relevant sind, eher darum, welcher *natio-ethnokulturellen Umgebung* diese Sites zugeordnet werden können.

Die Identitätsfrage spielt auch in der Cultural-Studies-Perspektive globaler Kommunikation eine zentrale Rolle. Im Hinblick auf den Zusammenhang von internationalen Migrationsbewegungen und globalen Medien wird hier vor allem das Konzept *diasporischer Identitäten* ausgearbeitet, die sich im Rahmen von *Diaspora-Gemeinschaften* (vgl. Cohen 1996) herausbilden. Die klassische Diaspora-Gemeinschaft zeichnet sich dadurch aus, dass sich ihre Mitglieder zwar sowohl physisch-räumlich wie wirtschaftlich, aber in beiden Hinsichten nur begrenzt sozial in der Ankunftsgesellschaft einrichten. Zugleich halten sie dauerhafte und relativ starke sozial-kulturelle Bindungen zum Herkunftsland aufrecht. Die Migrationserfahrungen dieser Diaspora-Migranten sind vor allem durch Verfolgung und Vertreibung gekennzeichnet. Meist haben die Mitglieder eine gemeinsame Erinnerung an die (verlorene) Heimat oder eine Vorstellung von einem imaginierten Heimatland, das erst noch geschaffen werden muss. Dieses Konzept ist in den letzten Jahren durch kritische Kommentare von Ansätzen der Transmigration und Transnationalität erweitert worden. Der Einschätzung, dass das soziale Miteinander von Migranten in bestimmten Ausprägungen nach wie vor als Diaspora-Gemeinschaften im klassischen Verständnis zu beschreiben ist, kann demnach zwar durchaus zugestimmt werden, sie ist aber zu ungenau, wenn auch neue Formen „transnationaler" sozialer Verbindungen von Migranten einbezogen werden sollen. Bei der Verwendung des Diaspora-

Konzepts besteht nämlich die Gefahr, zu stark nach den Mechanismen zu fragen, die die Differenz zwischen zwei Kulturen aufrechterhalten und damit zu einer sozial-kulturellen Schließung führen. Die sozialen Folgen globaler Kommunikation sind aber gerade durch „neue Formen der Grenzziehung" (Pries 2001) bzw. hybrider (Medien-)Identitäten gekennzeichnet, denen *zugleich* verschiedene kulturelle Handlungs- und Erfahrungszusammenhänge sowie Zugehörigkeitskontexte zugrunde liegen. Diesen Rahmen erschließt das Konzept der Transnationalität oder Transnationalisierung, das bisher allerdings eher als Forschungs-*perspektive* und weniger als geschlossenes Theorieprogramm zu begreifen ist (vgl. Vertovec 1999). Wie bereits in Kapitel 1.1.4 (S. 27ff.) deutlich werden sollte, verstehe ich es deshalb nicht als konkrete empirische Forschungsstrategie, sondern als Ansatz, der auf ein *neues Forschungsparadigma* verweist. Dieses richtet den Blick auf soziale Formationen im Kontext internationaler Migration, die einen dauerhaften und grenzüberschreitenden Charakter haben (vgl. Portes/ Guarnizo/Landolt 1999). In den Worten von Ulrich Beck (1997, 63f.) „entstehen Lebens- und Handlungsformen, deren innere Logik sich aus dem Erfindungsreichtum erklärt, mit denen Menschen ‚entfernungslose' soziale Lebenswelten und Handlungszusammenhänge errichten und aufrechterhalten", soziales Miteinander also, welches regelmäßigen und anhaltenden sozialen Kontakt über nationalstaatliche Grenzen hinweg erfordert. Im Gegensatz zum klassischen Diaspora-Ansatz, der im Kern nach der Erhaltung von Differenz zum jeweiligen Gastland fragt (vgl. Safran 1991) und sich vor allem auf die Bildung von ethnischen Minderheiten im Einwanderungsland konzentriert, verweist das Paradigma der Transnationalität auf neue Vermischungen und multiple soziale Konstruktionen (vgl. die empirischen Belege zusammenfassend: Gogolin/Pries 2004; darüber hinaus etwa Mandaville 2001; Smith 2001). Die Form grenzüberschreitender Verbindungen ist immer weniger durch unmittelbare Migrationserfahrungen und abgesteckte territoriale Grenzen festgelegt. Für die Entstehung von „neuen" Diaspora-Gemeinschaften ist vielmehr entscheidend, dass zwischen den beteiligten Personen eine bestimmte Form gemeinsam geteilter Bewusstheit besteht, eine „imaginary coherence" (Hall 1990), die den geeigneten Rahmen für wichtige Identitätsbildungsprozesse darstellt. Robert Cohen (1996, 516) weist deshalb darauf hin: „In the age of cyberspace, a diaspora can, to some degree, be held together or re-created through the mind, through cultural artefacts and through a shared imagination".

Wenn Khachig Tölölyan (1991, 3) in seinem Editorial zur ersten Ausgabe der Zeitschrift „Diaspora" schreibt, „diasporas are the exemplary communities of the transnational moment", dann zeigt dies ein neues Verständnis von Diaspora-Migration, in dem das transnationale Paradigma berücksichtigt wird. So betonen Cunningham und Nguyen (2001), dass sich Diaspora-Gemeinschaften im Kern durch die Schaffung *hybrider diasporischer Identitäten* auszeichnen, und zwar durch die gleichzeitigen Aktivitäten von Aufrechterhaltung und Aushandlung der Heimatkultur und der neuen Zielkultur. Hybride diasporische Identitäten ermöglichen eine „neue kulturelle Handlungsfähigkeit in einem polyzentrischen Raum" (Bromley 2002, 797) und seien somit nicht mehr an die Vorstellung von einer Nation bzw. Nationalität gebunden (vgl. Anderson 1996). Ihre Entstehung findet in den letzten Jahren auch Widerhall in der Debatte um globale Medienkommunikation (etwa Cunningham/Sinclair 2001; Hepp/Löffelholz 2002). Denn es sind insbesondere die Medien, die die genannten Aushandlungsprozesse unterstützen und beeinflussen. „Neue" Diasporen sind ohne die „Unterstützung" globaler Medienkommunikation kaum denkbar, weil vor allem Internet- und Satellitentechnologie die Möglichkeit schaffen, Medieninhalte über nationalstaatliche Grenzen zugänglich zu machen. „Die Medien stellen hierfür Mittel zur Verfügung; sowohl die Medien, die von den Gemeinschaften produziert werden, als auch die Medien, die sie konsumieren, die Medien ihrer eigenen ‚Heimat'kultur und die ihrer ‚Gast'kultur. Aus diesen Prozessen entsteht etwas Neues: ein kleines Kosmopolitentum, eine veränderliche Hybridität, die in alten wie neuen Medien reflektiert und ausgedrückt wird" (Silverstone 2002, 743).

Der Zusammenhang, in dem der Mediengebrauch von Migranten mit der Bildung von Diaspora-Gruppen steht, ist empirisch bereits für unterschiedliche Gruppen untersucht worden (vgl. zusammenfassend Sinclair/Cunningham 2000). Dazu zählen vietnamesische diasporische Kulturen in Australien und Kalifornien (Cunningham/Nguyen 2001), die iranische Exilkultur in Los Angeles (Naficy 1993), Iraner in London (Sreberny 2000) oder die türkische Hip-Hop-Jugend in Berlin-Kreuzberg (Kaya 2001). Zwei Beispiele möchte ich an dieser Stelle genauer vorstellen:

1) Marie Gillespie (vor allem 1995) hat im Rahmen mehrerer Forschungsprojekte die südasiatische Diasporakultur in West-London untersucht. Insbesondere ging es ihr um die Rezeption von populären Hindi-Filmen sowie „transnationalen" Fernsehsendungen (Nachrichten, Soaps, Werbung) durch Jugendliche und junge Erwachsene. Mithilfe der Mediennutzung handeln die Jugendlichen Spannungen aus, so Gillespie, die zwischen den traditionellen Normen und Werten sowie konservativen Lebensweisen der Eltern einerseits und dem persönlichen Verlangen nach Autonomie und Unabhängigkeit andererseits entstehen. Im Mittelpunkt der Untersuchungen von Gillespie steht die Beobachtung, dass die Jugendlichen auf der Basis der Medienrezeption bzw. in den darauf folgenden Gesprächen in der Peer Group eine „neue ethnische Identität" (ebd., 206) entwickeln, die sich von der klassischen, von ihnen teils kritisierten Diaspora-Identität der Eltern und Verwandten unterscheidet. Das Nebeneinanderstellen von verschiedenen kulturellen und sozialen Praktiken wie unterschiedlichen

Lebensweisen im Fernsehen, sagt sie (2002, 627f.), „ermuntert Jugendliche in Southall, sich an transkulturellen, vergleichenden Analysen der Medienrepräsentationen zu beteiligen". Allerdings muss differenziert werden: Das Einnehmen einer solchen komparatistischen und kulturrelativistischen Perspektive bei der Interpretation verschiedener sozialer Welten neigt dazu, ein schon gut entwickeltes Verständnis des kulturellen Bewusstseins zu verstärken. Nur wer von den Migrantenjugendlichen das notwendige kulturelle Kapitel besitzt, könne problemlos zwischen den unterschiedlichen sozialen Welten, Sprachen und kulturellen Räume „übersetzen" bzw. über sie hinausgehen. Diejenigen, denen das kulturelle Kapital fehle, würden von den untersuchten Jugendlichen als dumm und rückständig beschimpft. Medial unterstützte Hybridität muss sich also nicht in jedem Fall in der Verflüssigung von sozialen Grenzen niederschlagen; paradoxerweise kann sie auch soziale Grenzen errichten. Insgesamt zeigen die Ergebnisse von Gillespie, wie sich eine hybride Form der Identität zwischen dem Indisch-, Britisch- und Asiatisch-Sein Ausdruck verschafft, die weder mit Modellen von Assimilation und Segregation noch mit einem *Clash of Cultures* erklärt werden kann. Die „transkulturellen Navigationen" (ebd., 628), die die Jugendlichen unternehmen, können kreativ und originell, gleichwohl aber auch widersprüchlich in ihren Konsequenzen sein. Dazu greifen die Jugendlichen insbesondere auf vier verschiedene mediale Repräsentationen zurück, mit denen sie in ihrem Medienalltag zu tun haben: *erstens* die der klassischen Diaspora-Welt der Eltern (z.B. Satellitenfernsehen aus Indien), *zweitens* die der globalen bzw. glokalen jugendkulturellen Programmangebote (z.B. MTV), *drittens* die des britischen Kontextes, *viertens* die der asiatischen Programmabteilung der BBC, die versucht, mit ihren TV- und Internet-Angeboten einem britisch-asiatischen Lebensstil nahe zu kommen (im Fernsehen etwa die Comedy-Serie „Goodness Gracious Me"; im Internet die Website „Asian Network", zu erreichen unter http://www.bbc.co.uk/asiannetwork/ (01.10.2008).

2) Natio-ethno-kulturelles „Pendeln" muss nicht unbedingt faktisch, z.B. in Form von Reiseverkehr erfolgen, es kann also auch symbolisch mithilfe von Medienhandeln erfolgen bzw. unterstützt werden. „Transnationales" Medienhandeln manifestiert sich dann – dies zeigt Robins (2004) am Beispiel einer qualitativen Forschungsarbeit zu den Nutzungspraktiken des Satellitenfernsehens durch türkisch-zypriotische Migranten in London (vgl. auch Robins/Aksoy 2000) – in der Erfahrung von „Mobilität", indem die betreffenden Personen in der Lage sind, „über Kulturen hinweg zu operieren, über unterschiedliche kulturelle Räume hinaus zu denken und das Hin- und Herwandern zwischen ihnen zu genießen" (Robins 2004, 128). Allerdings ist zu fragen, ob in dieser Artikulation hybrider Identität überhaupt noch eine „diasporische Bindung" festgestellt werden kann, wenn darunter die „Bindung" an eine nationale Gemeinschaft verstan-

den wird. Robins verneint dies, vielmehr werde in der *mentalen Mobilität* türkisch-zypriotischer Migranten (vgl. dagegen zum Begriff einer ,kommunikativen Mobilität': Düvel 2006, Hepp 2007), die in ihrer Nutzung von Angeboten des türkischen Satellitenfernsehens zum Ausdruck kommt, eine Distanz sowohl zur britischen als auch zur türkischen Kultur sichtbar. Erst durch diese Distanz kann sich den Subjekten das öffnen, was Robins einen „mentalen Raum" nennt, einen Raum der Reflexion also, der produktiv ist, „wenn er imaginative und intellektuelle Durchgänge unterstützt" (ebd., 129). Robins verdeutlicht dies am Beispiel von Zeyneb, die sich vor ihren ersten Erfahrungen mit türkischen Fernsehkanälen nicht als Türkin identifizieren konnte. Mit der Rezeption der ersten Sendungen im türkischen Satellitenfernsehen ändert sich dies, wie sie im Hinblick auf türkische Popmusik äußert: „Wie ich schon sagte, wusste ich, bevor diese Fernsehsache auftauchte, nicht, wer ich war. Und ich erkannte: ,Uh! Meine Musik ist in Ordnung! Meine Leute sind so! Nicht schlecht eigentlich!' Es war eine Offenbarung. Es hat so vieles gebracht" (ebd., 128). Zeynebs mentale Mobilität – dies macht sie in dieser Passage ihrer Selbsterzählung deutlich – eröffnet ihr neue Sinnperspektiven und Handlungsmöglichkeiten, die über ihr bisheriges, festgefügtes natio-ethno-kulturelles Selbstverständnis hinausgehen. Die neue Fernsehkultur, meint Robins (ebd.), „hat ihr eine andere kulturelle Ordnung offenbart, in der sie eine kosmopolitischere Form des Türkischseins erkennt, ein globalisiertes und weltstädtisches Türkischsein". Und als Folge jenes neu gefundenen Zugangs zur Welt des Türkischen könne sich in der britischen Gesellschaft wohler fühlen.

Welche Relevanz hat die neuere Theorie globaler Medienkommunikation für den Zusammenhang, in dem die hybride Identitätsbildung bei (türkischen) Migrantenjugendlichen mit dem Internet steht? Auf Basis der Darstellung der gemeinsamen Kernelemente von „Netzwerk-Paradigma" und Cultural-Studies-Perspektive zeigt sich: Das soziale Miteinander von jungen Migranten im Internet kann in theoretisch-konzeptioneller Hinsicht mit einem Effekt von Prozessen globaler Medienkommunikation erklärt werden. In dessen Zentrum steht die Entwicklung von Identität. Es ist der mehrdimensionale und teils widersprüchliche Charakter von gesellschaftlichen Globalisierungsprozessen – beschrieben als Vernetzung, Konnektivität und Deterritorialisierung –, der dem Internet eine zentrale Rolle bei der *Ermöglichung* dialektisch grundierter sozial-räumlicher Gefüge einräumt. Wenn in diesem Sinne einerseits von „Global Sphere of Mediation", andererseits von „neuen" Diaspora-Gemeinschaften gesprochen wird, dann kann die Dialektik, die beiden Modellen zugrunde liegt, so meine ich, auch für die Deutung dessen fruchtbar herangezogen werden, was in Online-Communities von jungen (türkischen) Migranten *möglich* ist. Das bedeutet: Was Online-Communities als dialektische, sozial-räumliche Gefüge im Netz ermöglichen, ist, so nehme ich an, dass sie tatsächlich *natio-ethno-kulturelle Hybrid-Umgebungen der Identitätskonstruktion* für junge Migranten schaffen oder zumindest solche Umgebungen, die von den Jugendlichen als solche wahrgenommen werden. Diese identitären Umgebungen unterscheiden sich von solchen im Internet, die (in der Wahrnehmung der Jugendlichen) eher einer *natio-ethno-kulturellen Fixierung* von Identität förderlich sind. Wenn sie als solche für die Jugendlichen funktionieren, können natio-ethno-kulturelle Hybrid-Umgebungen dazu verhelfen, die natio-ethno-kulturelle „Ortlosigkeit" der Migrantenjugendlichen zu „verorten", d.h. deren „prekäre" Zugehörigkeit und die damit verbundenen Anerkennungsprobleme zu verarbeiten bzw. diese in die eine oder andere Richtung auszuhandeln.

Die Rezeption der neueren Theorie globaler Medienkommunikation zeigt jedoch auch, dass gerade im Hinblick auf die Frage, was in den neuen dialektischen Räumen des Internets aus der Perspektive der Jugendlichen passiert, *Desiderate* bestehen. *Erstens*: Die hier ins Zentrum gerückten Ansätze globaler Kommunikation scheinen dort ihre Grenze zu erfahren, wo es um die personalen Verarbeitungsweisen hybrider Identität geht. Hybride Identitätskonstellationen interessieren bisher vor allem als gruppenbezogene, kollektive Identitäten. Während Stuart Hall (1999a, 435) von „Kulturen der Hybridität" spricht, Manuel Castells (2002, 14) „Widerstandsidentität" als wichtigste Form der „Konstruktion kollektiver Identität" bezeichnet, bezieht Roger Bromley (2002, 798) – um nur einige Autoren der Debatte zu nennen – „diasporische Identität" in erster Linie auf die Diaspora-*Gemeinschaft*. Dieser Fokus alleine ermöglicht es meines Erachtens jedoch nicht hinreichend, die Verarbeitungsweisen hybrider Identität im Internet zu erfassen, die von den türkischen Jugendlichen der zweiten Migrantengeneration in Deutschland zum Ausdruck gebracht werden. Nationalität, Ethnie und Kultur stellen zwar grundständige Ressourcen der Identitätskonstruktion dar und müssen in Prozessen der Kommunikation dargestellt, zugeschrieben oder wahrgenommen werden. Mit Friedrich Krotz (2003, 44) bin ich aber der Meinung, dass „kollektive Eigenschaften (...) dementsprechend nur in einem interaktiven Rahmen (...) als Ressourcen der Präsentation oder der Zuschreibung von *personaler* Identität auftreten und (...) auch so verstanden werden" müssen. Bei der Untersuchung von (hybriden) Identitätsbildungsprozessen von jungen Migranten in Online-Communities darf deshalb der Blick nicht nur auf die Frage gelenkt werden, ob sich eine Person als Türke, Deutscher oder „Mischling" betrachtet, vielmehr müssen individuelle Besonderheiten eines Menschen in biografischer und gegenwärtiger Perspektive fokussiert werden. Ins Zentrum der Betrachtung rücken also die *persönlichen* Verarbeitungsweisen von hybrider Identität, die im Kontext der Teilhabe am sozialen Miteinander in türkischen Online-Communities zum Ausdruck kommen. Ein *zweites Desiderat* betrifft die

Empirie globaler Medienkommunikation. Obwohl kaum Zweifel darüber bestehen, dass eine Globalisierung unserer Lebenswelten stattfindet (vgl. etwa Appadurai 1998; Canclini 1995), befindet sich deren empirische Erforschung erst am Anfang. Zwar ist unbestritten, dass sich durch die neuen Informations- und Kommunikationstechnologien die globale Kommunikation im Wandel befindet – mit einschneidenden Folgen für die Identitätskonstruktion von Subjekten. Bisher gibt es aber erst wenige Ansätze, die sich mit dem auch empirisch beobachtbaren Zusammenhang zwischen Identitätsbildungsprozessen und globaler Medienkommunikation tiefergehend auseinandergesetzt haben. Dieses Urteil muss auch für die Frage getroffen werden, die im Mittelpunkt dieser Untersuchung steht: Wie bereits deutlich werden sollte, gibt es eine Reihe von empirischen Forschungsarbeiten zur Aushandlung und zu Verarbeitungsweisen hybrider Identitäten von jungen Migrantenjugendlichen (in Deutschland). Inwiefern jedoch diese durch die *Online-Welt* beeinflusst werden, ist bisher kaum empirisch untersucht worden (vgl. Volkmer 2007). Ein *drittes Desiderat* schließlich zeigt sich darin, dass es in den theoretischen wie empirischen Arbeiten zu den kulturellen Auswirkungen globaler Medienkommunikation kaum Hinweise auf jugendspezifische Ausdrucksformen gibt. Gerade weil es so ist, dass Jugendliche heute verstärkt selbst darüber entscheiden (müssen), welche symbolischen Gebrauchsmuster sie für sich erwerben und wie sie diese in ihr Leben integrieren (vgl. Baacke 2000), ist zu klären, was dies in medial globalisierten Lebenszusammenhängen bedeutet, die das Jugendalter heute zunehmend prägen (vgl. Ganguin/Sander 2007; Livingstone/Bovill 2001). Aber bereits die allgemeine Frage, wie sich die Globalisierung auf das Jugendalter auswirkt, hat bisher kaum Eingang in die deutsche Jugendforschung gefunden, wenngleich schon seit dem ausgehenden 19. Jahrhundert „spezifische Varianten und Ausprägungen der (alltags-)kulturellen Globalisierung" (Ferchhoff 2007, 25) von Jugendkulturen (in Deutschland) zu beobachten sind. Es wird somit ein *Globalisierungsdefizit* der deutschen Jugendforschung sichtbar, welches für das Migrationsthema sogar doppelt ins Gewicht fällt: Wenn Leonie Herwartz-Emden (1997) feststellt, dass die in den 1980er und 90er Jahren stark von der Individualisierungsdebatte beeinflusste deutsche Jugendforschung von den Lebenswelten junger Migranten kaum Notiz genommen hat, wenngleich letztere, wie Herwartz-Emden (ebd., 909) meint, Individualisierung und Pluralisierung „im historischen Zeitraffer" durchlebt haben, dann verweist dies auf die theoretische wie empirische Notwendigkeit, sich zukünftig stärker mit dem Aufwachsen von Migrantenjugendlichen zu beschäftigen (vgl. King/Koller 2006), erst Recht vor dem Hintergrund der sozialwissenschaftlichen Globalisierungsdebatte.

1.3 Migration, Identität und Internet im Spiegel der empirischen Forschung

Die empirische Erforschung der Aushandlung und Verarbeitung hybrider Identitäten von jungen Migranten in der Online-Welt habe ich im vorigen Kapitel als Desiderat gekennzeichnet, wohl wissend, dass es erste Ansätze zur Ausfüllung dieser Leerstelle gibt. Im Folgenden gebe ich deshalb einen Überblick über diejenigen Forschungsarbeiten, die sich in den letzten Jahren mit dem Zusammenhang von Migration bzw. Migranten und Internet beschäftigt haben. Dabei unterscheide ich Forschungsarbeiten,

a) die Internetnutzung von Migranten als Versuch betrachten, mithilfe von On-line-Communities, Mailinglisten oder Newsletters Formen (alternativer) politischer Öffentlichkeit herzustellen, um auf diese Weise die Zustände im Herkunftsland zu verändern;

b) die den spezifischen Gebrauch des Internets durch Migranten in erster Linie als Versuch deuten, ein Gefühl des sozialen Zusammenhangs (wieder-)herzustellen, das auf der Vorstellung gemeinschaftlicher Wurzeln im Herkunftsland beruht und

c) die a) und b) zum Teil durchaus einbeziehen, aber zugleich bzw. in stärkerem Maße die hybriden Identitätskonstruktionen von Migranten in einem mehrwertigen Zugehörigkeitskontext betonen.

Zu a) In diesen Untersuchungen steht die Frage im Mittelpunkt, ob durch Internetseiten von Migranten (Online-Communities, elektronische Kommunikationsforen etc.) neue transnationale bzw. diasporische *politische Öffentlichkeiten* erst ermöglicht werden, die im Herkunftsland unterdrückt werden (z.B. Georgiou 2002; Smith 2002; Stubbs 1999; Yang 2002; zur Ergänzung der deutschen Öffentlichkeit durch die deutsch-türkische Onlinesphäre: Kissau 2008). Im Hinblick auf Identitätsentwicklung kann die Schaffung solcher Öffentlichkeiten im Netz mit Manuel Castells (2002) als Aufbau von „Widerstandsidentitäten" verstanden werden. In diesem Zusammenhang untersucht etwa Yang (2002) chinesischsprachige Websites, die sich an Personen innerhalb und außerhalb Chinas richten. Sein Ergebnis ist: Es entsteht eine „virtual Chinese cultural sphere", die sich in drei Mechanismen ausdrückt. Sie stellt Räume bereit, in denen 1) zugleich personale, lokale und globale Probleme artikuliert werden, 2) disperse Individuen und Gruppen zusammenkommen und miteinander interagieren sowie 3) zu politischen Aktivitäten mobilisiert werden können. Die „virtual Chinese cultural sphere" bezeichnet er als „transnational", weil einerseits die Migrantengruppen Online-Räume ihres Heimatlandes betreten können, während zugleich Menschen im Heimatland Zugang zum Onlineraum haben, der durch die Diaspora bereitgestellt wird. Ein anderes Beispiel ist die ethno-grafische Untersuchung von Birgit Bräuchler (2005) über den Molukkenkonflikt im Internet. Bräuchler betrachtet das Internet als „Sozialraum", der zur Präsenta-tion und Austragung von Konflikten genutzt werden kann. Dabei werden kollek-tive Identitäten konstruiert, und zwar im Zuge des Aufbaus „online imaginierter Gemeinschaften" (ebd., 3), vergleichbar mit solchen sozialen Gefügen, die Bene-dict Anderson (1998) „imagined communities" und Arjun Appadurai (1996) „imagined worlds" nennt. Bräuchler untersucht anhand teilnehmender Beobach-tung und einer (Online-)Diskursanalyse der Postings die drei wichtigsten „Cyberakteure", die in dem gewaltsamen Konflikt zwischen Christen und Mus-limen in den Molukken zwischen 1999 und 2003 aktiv waren: die protestantische „Masariku"-Mailingliste, den katholischen Newsletter des „Crisis Centre of the Diocese of Ambon" (CCDA) und das muslimische Kommunikationsforum „Kommunikasi Ahlus Sunnah wal Jama'ah" (FKAWJ). Mithilfe dieser Internet-angebote konnte insgesamt, so Bräuchler (ebd., 336), „eine Gegenöffentlichkeit zu den nationalen Medien hergestellt werden, eine Art alternativer öffentlicher Raum". Für die Molukker der Diaspora (vor allem in den Niederlanden) war bei der Schaffung einer alternativen Öffentlichkeit insbesondere die in die Unter-suchung einbezogene Mailingliste relevant. Dies zeigt sich auch daran, dass viele Mitglieder Berichte über den Konflikt in ihre eigenen Websites integriert haben.

Zu b) Grundsätzlich gehen auch diese Studien davon aus, dass die Globali-sierung der Kommunikation durch das Internet die soziale Vernetzung von Migranten verstärkt (vgl. Haines 1999). Silverstone (2002) geht etwa davon aus, dass die „sozialen Netzwerke" von Migranten – Punjabis in Southall, marokkani-sche Juden in Bordeaux oder Türken in Berlin – zunehmend mithilfe der Neuen Medien funktionieren. In ähnlicher Weise betont Pries (1996): „Transnationale soziale Räume" zeichnen sich durch die Präsenz und Bedeutung der Neuen Medien aus, weil sie für einen schnellen und dauerhaften Informationsaustausch zwischen den Herkunfts- und Ankunftsregionen von Migranten sorgen. War dieser Diskussionsrahmen bisher vor allem von der Frage nach der Bedeutung von Satellitenfernsehen und Videos/ DVDs aus dem Herkunftsland geprägt, wird in jüngster Zeit versucht, spezifischere Hinweise zur Bedeutung von *Online-medien* für Migranten zu finden, freilich ohne immer genau zwischen „alten" und „neuen" Diaspora migranten zu unterscheiden; diese Migrationstypen werden meist synonym verwendet. Schwerpunkt der „neuen" Debatte ist die Annahme, durch das Netz könne die *virtuelle Wiedervereinigung* geografisch-global ver-streuter Diaspora-Mitglieder verwirklicht werden, um solche sozialen Bezie-hungen und kulturellen Wissensbestände, die noch vor der Migration bestanden haben, nun zu re-konstituieren (vgl. Karim 2002; Teubener/Schmidt/Zurawski 2005). In der Folge könne eine gemeinsame diasporische Identität entstehen. Die

Abgrenzung von Nationalstaaten aufgrund ihrer Territorialität wird dadurch in Frage gestellt; das Internet liefert einen zusätzlichen Beitrag zur Kohäsion und Aufrechterhaltung der kulturellen Gruppe sowie zur Integration ihrer Mitglieder. Dies wird bereits in Ananda Mitras Untersuchung von Postings der indischen Usenet Group soc.culture.indian (sci) im Jahr 1995 deutlich. Wenn sie zu dem Schluss kommt, dass die Mitglieder der indischen Diaspora das Internet zunehmend benutzen, „to re-create a sense of virtual community through a rediscovery of their commonality" (Mitra 1997, 58), dann weist sie zwar darauf hin, dass die sci-group-Mitglieder ein Gemeinschaftsgefühl zum Ausdruck bringen, das auf ihrer Bewusstheit eines gemeinsamen Herkunftslandes Indien basiert. Allerdings ist dies das Ergebnis eines kontinuierlichen Prozesses, der keineswegs auf der Homogenität von Meinungen und Erfahrungswissen über Indien beruht und somit harmonisch verliefe, denn „the centrifugal forces generated by the variety of discourses that image India always expose the differences between the members of the community and can often lead to the disruption of the community" (ebd., 73). Auch die Forschungsarbeit von Henrike Schmidt, Katy Teubener und Nils Zurawski (2005) über die Identitätsbildung im russischsprachigen Internet lässt sich von der Frage leiten, ob die Nutzung des Internets durch Russen in der Diaspora zu einer „virtual (re)unification" führt. Auf der Basis einer Befragung von Website-Anbietern gelangen sie jedoch zu einem differenzierteren Ergebnis. Das „Internet in Russland" oder „russische Internet" führte weniger in Richtung einer virtuellen Wiedervereinigung als zur Formung einer „complex matrix of overlapping areas and distinct segments producing constant fractions" (ebd., 130). Dies zeigt, warum das Konzept der virtuellen Wiedervereinigung empirisch bisher als nur unzureichend belegt angesehen werden muss.

Zu c) Hierzu zähle ich Forschungsarbeiten, die stärker als in den beiden anderen Kategorien *die Frage der hybriden Identitätsbildung in Bezug auf einen mehrwertigen Zugehörigkeitskontext* thematisieren oder in den Mittelpunkt stellen. Weniger im Hinblick auf den Aspekt des doppel- oder mehrwertigen Kontextes als auf den der Entwicklung eines „neuen" Selbst-Verständnisses mithilfe des Internets hebt die ethnografische Untersuchung von Daniel Miller und Don Slater (2000) über die Kultur der Menschen in Trinidad und ihrer Diasporagruppen ab. Miller und Slater fragen nach der Bedeutung, die das Internet bei der Konstruktion und Präsentation dessen hat, was sie als „Trini"-Identität bezeichnen: Trinidad selbst bietet nach Einschätzung der „Trinis" nicht genügend ökonomische Ressourcen und Freiheiten, um das für sie charakteristische und erstrebenswerte Trini-Selbst zu entwickeln, verstanden im Sinne kosmopolitischer und unternehmerischer Eigenschaften. Eine zunächst paradox erscheinende Folge ist deshalb: „you could only become really Trini by going abroad" (ebd., 12). Es ist das Internet – z.B. Websites von Zeitungen aus Trinidad, Chats oder Kommunikationsdienste wie ICQ –, das den Trinis erst die Möglichkeiten zur Verfügung stellt „Trini zu sein", sowohl denjenigen, die in Trinidad leben, als auch den Diaspora-Trinis. „Being Trini" und „representing Trini" sind die Erfahrungen, die Miller und Slater in fast jeder ihrer über Interviews oder mittels teilnehmender Beobachtung erhobenen Erfahrungen ausmachen konnten. Wird das Internet dazu benutzt, das zu werden, was eine Person gerne sein will, sprechen die Autoren von „expansive realisation", d.h. Trinis gebrauchen das Internet „to make a Trini place" (ebd., 85), einen Ort zu erschaffen, wo die Menschen Trini „sein" können und sich als solche auch ausleben können. Bei den Trinis, die außerhalb von Trinidad leben, kommt dies vor allem darin zum Ausdruck, dass sie mit anderen Trinis über das Internet in Kontakt zu treten versuchen, sich über den Trini-Alltag und Aspekte des Trini-Seins unterhalten wollen sowie „also do Trini things online – to lime, banter, talk music, food, drink and sex" (ebd.). Im Gegensatz zum „being Trini" basiert die Erfahrung des „representing Trini" auf der erhöhten Aufmerksamkeit von Trinis darauf, aufgrund ihrer verstärkten Teilhabe an der Online-Öffentlichkeit verantwortlich dafür zu sein, Trinidad gegenüber Anderen angemessen zu repräsentieren. Insbesondere im Hinblick auf die Erfahrung des „being Trini" kann die mithilfe des Internets ausgearbeitete Trini-Identität – im Gegensatz zu Identitätsannahmen in Forschungsarbeiten der zweiten Kategorie – also nicht mehr alleine aus einer Hinwendung zur Herkunftskultur erklärt werden. Es entsteht etwas Neues, Nicht-Homogenes, eine *Mischidentität*, die in einem Set unterschiedlicher nationaler, ethnischer und kultureller Faktoren zu verorten ist. Auf dem theoretischen Untersuchungskonzept von Miller und Slater beruht Urmila Goels (2007) Forschungsarbeit über die deutsch-indische Online-Community www.theinder.net. Auf der Grundlage „aktiver" teilnehmender Beobachtung und narrativer Interviews mit Redakteuren der Seite sowie mit jungen indischen Nutzern der zweiten Migrantengeneration kommt sie zu dem Ergebnis, dass das Forum vor allem „dem (Aus)Leben ‚ethnischer' Identität" dient: „Hier treffen sich ‚InderInnen der zweiten Generation', hier sind sie weitgehend unter sich, unterhalten sich, hängen zusammen ab, sie ‚sind' einfach (…). Im Indernet können die NutzerInnen das werden, was sie denken, das sie wirklich sind, auch wenn sie es möglicherweise nie waren: ‚InderInnen' (der zweiten Generation in Deutschland)" (ebd., 167). Bei der Untersuchung von Goel handelt es sich somit um eine der wenigen Arbeiten, die die Frage der Identitätsbildung bei Migranten im Internet nicht mehr auf die Hybridität der Elterngeneration beziehen, sondern auf die „prekäre" Zugehörigkeitskonstellation von Einwandererkindern. Nur auf diese Weise gelingt es ihr, das Indernet als einen „Raum" zu kennzeichnen, der jenseits des Bestrebens virtueller Wiedervereinigung und des Aufbaus einer Widerstandsidentität angesiedelt ist. Die Ergebnisse von Goel deuten eher darauf

hin, dass den indischen Jugendlichen die Online-Community als *Zufluchtsort*
dient, an dem sie nicht mehr – wie in den Räumen der Mehrheitsgesellschaft –
als Abweichung vom natio-ethno-kulturellen „Normalfall" angesehen werden
können, sondern das Privileg genießen, „unmarkiert zu sein, nicht aufgrund von
zugeschriebener Herkunft aufzufallen, Individuum zu sein" (ebd., 179). Als
letztes Beispiel für diese Kategorie von empirischen Forschungsarbeiten möchte
ich die im sprachwissenschaftlichen Kontext angesiedelten Arbeiten von Jannis
Androutsopoulos (z.b. 2005, 2006) nennen, weil sie zeigen, wie gut der
Gegenstand durch interdisziplinäre Bezüge fruchtbar gemacht werden kann.
Ebenso wie Goel setzt auch Androutsopoulos an der Diskussion über die Entstehung von („kulturellen") Hybrididentitäten an, deren Präsentation in den
„ethnischen Foren Deutschlands" seiner Ansicht nach auch für die Interpretation
von Mehrsprachigkeit relevant sind. So stellt er in der explorativen Untersuchung je einer griechischen, iranischen, indischen, russischen und türkischen
Online-Community fest (2005, 306): Die Forendiskussionen weisen drei
Positionen auf, am häufigsten „Mittelmeinungen". Während die erste Position –
im Folgenden am Beispiel einer iranischen Community verdeutlicht – die
kulturelle Differenz zu „den Deutschen" maximiere, hebe die zweite Position die
„individuelle Integration und interethnischen Gemeinsamkeiten" hervor. Deren
Autoren sind Mitglieder, „die sich als ‚glücklich' in der Diaspora einstufen und
das Leben in Deutschland als sicherer, leichter und beruflich ertragreicher
bewerten oder einfach ihre emotionale Bindung an Deutschland und speziell an
ihre Heimatstadt beteuern: ‚Ich liebe Deutschland, und noch mehr liebe ich
Karlsruhe!'" (ebd.). Die Mittelmeinung nun, so Androutsopoulos, ergänze diese
integrative Haltung „durch die Liebe für Traditionen der alten Heimat und den
Hinweis, dass diese ‚einen unendlich höheren Stellenwert'" (ebd.) besitze. Im
Verlauf der Online-Diskussionen werde immer wieder das Bemühen sichtbar,
den positiven Bezug zur Herkunftskultur herzustellen und zu verhindern, dass
die Zufriedenheit in der neuen Heimat als Aufgabe der ethnischen Identität
gedeutet wird. Dies bedeutet: eine homogene migrantische Identität ist – gerade
unter Jugendlichen – kaum (mehr) auszumachen. Vielmehr ist die in den
Sprachwissenschaften klassische Unterscheidung zwischen „we code" und „they
code" als eine „kontextempfindliche Diskursfunktion" (Androutsopoulos 2006,
191) aufzufassen. Bei der Interpretation von Mehrsprachigkeit (im Internet) ist
dann nicht mehr von festen, von außen auf die Subjekte einwirkenden Identitäten
auszugehen, sondern es gilt zu überprüfen, „welche Sprachwahlen in jenen
Momenten getroffen werden, wo die Beteiligten sich selbst und anderen soziale
Kategorien zuordnen" (ebd.).

1.4 Folgerungen für die Untersuchung von Identitätskonstruktionen junger türkischer Migranten in Online-Communities

Das Aufwachsen von jungen Migranten der zweiten (und dritten) Einwanderergeneration in Deutschland ist durch die Entstehung hybrider Identitäten gekennzeichnet bzw. durch das, was im Anschluss an die Überlegungen von Mecheril (2003) als „prekäre" Zugehörigkeit bezeichnet werden kann. Auf der Basis zentraler theoretischer Ansätze, die sich mit dem Zusammenhang globaler Medienkommunikation und Identitätsbildung auseinandersetzen, sowie der bisherigen empirischen Forschungsarbeiten zum Verhältnis von Migration, Identität und Internet wird deutlich, dass die Online-Welt für die Identitätskonstruktionen von Migrantenjugendlichen eine zunehmend wichtige Rolle spielt: Meine zunächst theoretisch-konzeptionelle Annahme, dass sich im Internet dialektische, sozial-räumliche Einheiten bilden, die sich für die Jugendlichen als *natio-ethno-kulturelle Hybrid-Umgebungen* der Identitätskonstruktion konkretisieren, findet durch solche empirischen Untersuchungsergebnisse Bestätigung, die ich im vorigen Kapitel der dritten Kategorie zugeordnet habe, die also die Frage der hybriden Identitätsbildung in Bezug auf einen mehrwertigen Zugehörigkeitskontext thematisieren oder in den Mittelpunkt stellen. Insbesondere die Arbeit von Urmila Goel (2007) liefert hier interessante Hinweise, die freilich zur Beantwortung der Fragestellung, die in meiner Untersuchung zentral ist, nicht ausreichen. Dies hat vor allem zwei Gründe: *Erstens* scheint es mir für die Analyse des Zusammenhangs, in dem die sozial-räumliche „Verortung" von jungen Migranten mit dem Internet steht, nicht auszureichen, alleine die Frage der Mehrfachzugehörigkeit in den Blick zu nehmen. Wie meine Darstellung in Kapitel 1.1.4 (S. 27ff.) deutlich machen sollte, steht die natio-ethno-kulturelle Mehrfachzugehörigkeit von Migrantenjugendlichen mit der erfahrenen *Anerkennung* in einem bedeutsamen konzeptionellen wie empirischen Verhältnis, was sich in einem entsprechenden Untersuchungsdesign systematisch abbilden sollte. *Zweitens* kann Goel zwar zeigen, *dass* theinder.net als eine Art *natio-ethno-kultureller Zufluchtsort* gegenüber der deutschen Mehrheitsgesellschaft funktioniert. Allerdings ist dabei unklar,

a) ob es individuelle Unterschiede zwischen den Personen gibt, aus welchen Gründen sie diesen Ort aufsuchen. Dies verweist auf die Notwendigkeit einer differenzierten Analyse der *individuellen Besonderheiten* eines Menschen in biografischer und gegenwärtiger Perspektive, jenseits einer Untersuchung der Motive einer Gruppe, der das Individuum angehört;
b) wie diese unterschiedlichen biografischen und gegenwärtigen Perspektiven von den Personen umgesetzt werden. Dies verweist auf die Frage nach den

verschiedenen *Verarbeitungsformen* sowohl ihrer „prekären" Zugehörigkeit
als auch der damit möglicherweise verbundenen Anerkennungsprobleme;
c) ob theinder.net immer und für jede Person als natio-ethno-kultureller Zufluchtsort funktioniert. Dies verweist auf die Frage, ob es individuelle *Gegenbewegungen* gibt, die jenseits von Goels recht positiver Kennzeichnung auf
Modelle der Ablehnung oder Abwendung (von) der Online-Community
hindeuten.

Die Fragestellung meiner Untersuchung, *welche sozial-räumliche Rahmung sich
junge türkische Migranten im Internet geben, die es ihnen ermöglicht, ihre
„prekäre" Zugehörigkeit und die damit verbundenen Anerkennungsprobleme zu
verarbeiten bzw. diese in die eine oder andere Richtung auszuhandeln,* ist also
mithilfe der Fragen nach individuellen Besonderheiten, Verarbeitungsformen wie
Gegenbewegungen zu verfeinern.

Hinzu kommt, dass das Untersuchungskonzept nicht unabhängig von Überlegungen entwickelt werden kann, die sich mit dem Gegenstand aus der Perspektive der „sozialwissenschaftlichen Internetforschung" beschäftigen: Nachdem
das Internet seit Mitte der 1990er Jahre vor allem in seiner Funktion als Lern-
mittel und -ort betrachtet worden ist, entdeckt die Internetforschung die Online-
Welt zunehmend als Kultur-, Identitäts- und Sozialraum (vgl. Jones 1997, 1998;
Döring 2003[2]; Marotzki 2003b; Hipfl/Hug 2006; Thiedeke 2000, 2004; Smith/
Kollock 2000). Bei genauer Betrachtung der Debatte zeigt sich zwar, dass das
Verhältnis von Migration, Identität und Internet bisher von einigen wenigen
Arbeiten beleuchtet wird, die das Thema mehr oder weniger aus der Erforschung
der kulturellen, identitären und sozialen Entwicklung des Mediums heraus angehen – dies sollte in meiner bisherigen Darstellung, nicht zuletzt im Hinblick
auf die Stärken und Schwächen dieser Arbeiten, bereits deutlich geworden sein –,
allerdings bezieht sich meine Feststellung nicht auf die Herleitung des Untersuchungsgegenstandes aus dem Zusammenhang von sozialer Zugehörigkeit
und Anerkennung, unter der Prämisse, dass beide Aspekte als sozialwissen-
schaftlich reflektierte Termini behandelt werden (vgl. Kollock 1999). An dieser
Stelle betritt die Untersuchung weitgehend Neuland. Gleichwohl überrascht dies,
weil gerade jener Zusammenhang für *jugendliche* Migranten und deren Internetnutzung hohen Erklärungswert besitzt.

Unabhängig vom Migrations- und Jugendthema ist es das Verdienst von
Winfried Marotzki (1999, 2007), die Bedeutung beider Begriffe in einem
integrierten Konzept für die Erforschung des Internets fruchtbar gemacht zu
haben. Marotzkis bildungstheoretischer Ausgangspunkt ist ein Verständnis von
„Bildung" bzw. „Medienbildung", welches „Orientierung" und „Reflexion" des
Menschen in den Mittelpunkt stellt. Eine „orientierende Reflexion", so Marotzki

(2007, 93), sei für die Identität des Subjekts entscheidend. Sie lässt sich in zwei Dimensionen entfalten: *„Synchrone"* und *„diachrone"* Orientierungsformate: „Diachrone sind solche, die den Einzelnen aus seiner individuellen, gemeinschaftlichen, gesellschaftlichen und nationalen Traditionslinie heraus verstehen. Synchrone Orientierungsformate sind solche, die den Einzelnen aus den zum gegenwärtigen Zeitpunkt bestehenden Zugehörigkeits- und Anerkennungsverhältnissen verstehen" (ebd.) Beide Formate gehörten zusammen, bedingten sich gegenseitig, könnten aber analytisch voneinander getrennt werden. Zudem sei der Ort der Orientierung – und damit der Identitätskonstruktion – heute nicht mehr nur die Offline- sondern in zunehmendem Maße auch die Online-Welt. Marotzkis Überlegungen unterstützen mein bisher dargelegtes Untersuchungskonzept, weil sie den Schwerpunkt der Betrachtung ebenfalls auf die Frage von Zugehörigkeits- und Anerkennungsverhältnissen von Individuen im Internet legen. Zugleich erweitern sie das Untersuchungskonzept in sinnvoller Weise dadurch, dass neben die Frage nach der Identitätsbildung von jungen Migranten im Hier und Jetzt (synchrone Perspektive) die des *historischen* Sinnbildungsprozesses tritt (diachrone Perspektive), in dessen Rahmen sich der Einzelne zum einen seiner individuellen, biografischen und zum anderen seiner gruppenorientierten Wurzeln vergewissert. Letzteres ist dann der Fall, wenn das Individuum darüber reflektiert, „aus welchen Zugehörigkeiten er sich zu dem entwickelt hat, der er jetzt ist" (ebd., 96). Nun drängt sich allerdings die Frage auf, ob es nicht einen Unterschied macht, wenn sich Zugehörigkeits- und Anerkennungsverhältnisse nicht in der Offline-Welt, sondern in der Online-Welt entwickeln. Diese Frage zielt auf den Zusammenhang, in dem das Reale mit dem Virtuellen steht. Folgt man Sybille Krämer (2000, 107), können Personen im Internet nur dann handeln, wenn „sie sich dabei in symbolische Ausdrücke verwandeln". In der Online-Kommunikation werde aus einer Person zwangläufig das, was in der Begrifflichkeit der Internetforschung üblicherweise als „Persona" verstanden wird, eine Maskierung also, mit anderen Worten: die *Konstruktion* einer dahinterstehenden Person. Diese Persona, die wir als Agierende in der Online-Welt näher bestimmen müssen – sei es alleine durch den Nickname, sei es durch Charaktereigenschaften im Identitätsprofil einer Online-Community (z.B. blond, blauäugig, gut aussehend) – kann mit den Offline-Eigenschaften identisch sein oder auch von ihnen abweichen. Prinzipiell bleibt sie aber eine Konstruktion. Krämer stellt in geradezu unumstößlicher Weise fest: „Die Identitäten, welche die Nutzer annehmen, sind (…) inszenierte, theatrale Identitäten" (ebd., 109). Interaktionen, die im Netz möglich sind, beruhten darauf, dass sich die „Personen" in „symbolische Repräsentationen verwandelt haben, Repräsentationen allerdings, denen kein natürlicher Referent mehr entspricht bzw. entsprechen muss" (ebd.). Krämers Einschätzung ist grundsätzlich kaum zu widersprechen,

jedoch meine ich, dass sie sich ihre Verallgemeinerung des Simulationsaspekts
damit „erkauft", blind für die konkreten Alltagserfahrungen der Agierenden im
Netz zu werden. Die empirische Bedeutung von Chats für Jugendliche zeigt
etwa, dass Chatter über eine Vielzahl unterschiedlicher Teil-Identitäten (Schule,
Freizeit, Familie etc.) verfügen, die gesellschaftlich geprägt sind und durchaus in
ihre Identitätskonstruktionen online einfließen (Scherer/Wirth 2002). Dies
bedeutet: Der Agierende im Netz ist zunächst einmal „ganz er selbst" (ebd.). Das
Subjekt kann auf die Realisierung einer für sich stimmigen Identität on- wie
offline und in Beziehung zueinander nicht verzichten. Das Spiel mit der Identitätskonstruktion im Netz steht nur vordergründig für alleinige Simulation und
Inkohärenz. Zwar ermöglicht das Internet durch Anonymität und Simulation das
Verbergen „wirklicher" bzw. die Konstruktion fiktiver Identitäten. Für Jugendliche bleibt Identitätsentwicklung jedoch eine „Kohärenzleistung" (Keupp u.a.
1999; Krappmann 1997), die sie offline wie online bewältigen müssen. Aus
diesem Grund scheint es mir für die empirische Analyse wenig zielführend zu
sein, die Erfahrungen von Jugendlichen im Netz ausschließlich mit dem Thea-
tralen und Inszenierten in Verbindung zu bringen. Obwohl es in der sozialwissenschaftlichen Internetforschung unterschiedliche Erklärungsmodelle für die
Identitätsentwicklung im Internet gibt (vgl. Döring 2003), herrscht mittlerweile
auch grundsätzliche Übereinstimmung darüber, dass die Offline-Lebenswelten
nicht mehr von Online-Lebenswelten zu trennen sind. Das Netz bietet den Jugendlichen heute einen immer gewichtiger werdenden Teil derjenigen Ressourcen, die sie für ihr soziales Miteinander und das Aushandeln eines authentischen Bildes von sich selbst benötigen. Das gilt selbstverständlich auch für
Migrantenjugendliche. Die Online-Erfahrungen (nicht nur) junger Migranten
sind somit – analog zum Thema der Mehrfachzugehörigkeit von jungen Migranten – ebenfalls durch *Hybridität*[3] gekennzeichnet. Sie offenbaren ein Durch-

---

3 Auch im Hinblick auf die Betrachtung des Verhältnisses Mensch und Internet bzw. Mensch und
   Technik wird oftmals eine Dualität vorausgesetzt. Während die herkömmliche Sicht des Verhältnisses eine klare Differenz unterstellt – die Technik ist dem Subjekt äußerlich – und meint, dass
   das Individuum ein Objekt (hier: das Internet) selbstverständlich als Instrument gebrauchen
   könnte, um ein bestimmtes Ziel in der Außenwelt zu erreichen, so ist diese Auffassung fraglich
   geworden. Der Techniksoziologe Werner Rammert (1998, 304f.) fragt denn auch zu Recht in seinem
   Aufsatz über eine pragmatische Techniktheorie: „Ist es vernünftig, voraussetzungslos von einem
   Subjekt zu sprechen, wenn die technischen Instrumente den Status der Subjektivität verändern?"
   Für eine gegenwartsadäquate Bestimmung des Selbst ist diese Frage zu verneinen, weil sich die
   ehemals scharfen Grenzen zwischen Subjekt und Objekt zunehmend zu verwischen scheinen.
   Was dies bedeutet, arbeitet Bruno Latour (1998) in seiner Aktor-Netzwerk-Theorie mit besonde-
   rer Prägnanz heraus. Darin lässt er den in herkömmlichen handlungstheoretischen Modellen
   gemachten Unterschied zwischen menschlichen und nicht-menschlichen Wesen bzw. zwischen
   Subjekten und Objekten nicht mehr gelten. Als handelnd sollen auch diejenigen Wesen in einem
   Beziehungsnetzwerk verstanden werden – Latour spricht hier genauer gesagt von „Aktanten" –,

dringungsverhältnis von „Virtuellem" und „Realem" (vgl. Welsch 2000). Winfried Marotzki (2003a) bezeichnet dies als „Virtualitätslagerung", d.h. ein sich immer weiter ausprägendes *Komplementärverhältnis* zwischen Offline- und Online-Lebenswelt, woraus seiner Meinung nach ein Möglichkeitsraum entstehen kann, „wie Menschen online Erfahrungen machen, ihre Identität entwerfen und damit ihr Offline-Leben erweitern" (ebd., 136).

Vor diesem Hintergrund lohnt es sich, die unterschiedlichen Bedingungen des Handelns in nicht-medialen Umgebungen und in der Online-Kommunikation in den Blick zu nehmen, unter denen sich die Identitätskonstruktion einer Person gestaltet. Jörg Zirfas und Benjamin Jörissen (2007) gelingt es, diesen Aspekt im Zusammenhang mit der Suche nach Anerkennung zu verdeutlichen. Im Kern argumentieren sie, dass sich unter den kommunikativen Bedingungen des Internets, die „Struktur der Anerkennungsverhältnisse" (ebd., 183) verändert, und zwar deshalb, weil sich das Bild, welches sich andere von einer „Person" machen, alleine auf die Konstruktion der Persona beziehen kann, d.h. „*was* also Anerkennung finden kann, ist immer nur dieses symbolische Konstrukt, dieses durch die eigene Selbstwahrnehmung gefilterte Bild" (ebd.). Nun ist es aber so, dass auch diejenigen, die Anerkennung bekunden, ausschließlich als Personae handeln. Da die Personen in diesem Anerkennungsverhältnis keine direkten Rückschlüsse auf die Person hinter der Persona ziehen können, also die, die im eigentlichen Sinne erst in der Lage wäre, sich gegenseitig Anerkennung zuteil werden zu lassen, sind die Personen auf die Imaginationen angewiesen, die sie im Hinblick auf den Wert des jeweils anderen entwickeln. Während diese Form des Anerkennungsverhältnisses in kulturkritischer Perspektive beklagt oder im „theoretizistischen" (Sandbothe 2001, 12) Fokus der Simulation vor allem als „Verlustphänomen" (vgl. Krämer 2000) gekennzeichnet wird, scheint es mir auf der Basis der bisherigen Argumentation naheliegender zu sein, danach zu fragen, wie es das Individuum eigentlich schafft, die in der Online-Welt gesammelten

---

denen Handlungspotenzial übertragen worden ist. Übertragen auf Online-Communities bedeutet dies: Handelnd ist nicht ausschließlich das Community-Mitglied, das ein Posting verschickt, sondern auch die Community-Software, weil ihr die Handlungsfähigkeit, Nachrichten zu senden, übertragen wurde. Auf diese Weise verwirft Latour die gewohnte Auffassung, dass wir den Computer bzw. das Internet lediglich instrumentell „nutzen". Vielmehr ist das Handeln von Menschen und ihren Techniken konzeptionell nur als *gemeinsames* Produkt zu verstehen. Es entsteht ein „Hybrid" aus verschiedenen Aktanten.
Für meine Argumentation sind Latours Überlegungen vor allem deshalb interessant, weil sie auf eine prinzipielle theoretische Einsicht hinweisen. Während die klassischen Modellvorstellungen der Identitätstheorie von einer Subjekt-Medientechnologie-Trennung ausgehen, legen Hybridisierungsprozesse in unserer Gesellschaft eine neue Auffassung nahe: *Da Medien einen Quasisubjektstatus gewinnen,* wird die Beziehung zwischen Mensch und Medium als eine soziale Beziehung denkbar, die gleichsam Identitätsrelevanz besitzt. Zugleich wird damit ein theoretisch-konzeptioneller Anschluss von Identitäts- und Medienforschung möglich.

Anerkennungserfahrungen in sein hybrides Selbst zu integrieren – oder eben auch nicht. Zirfas/Jörissen weisen dazu auf die Überlegungen von Norbert Groeben (2002) zum „Medialitätsbewusstsein" hin. Diese Basis-Fähigkeit eines Menschen, die er zur Entwicklung von Medienkompetenz benötigt, besteht für Groeben darin, über ein Bewusstsein für die Unterscheidung zwischen Realität und Medialität bzw. Virtualität zu verfügen. Für den Gegenstand der veränderten Anerkennungsstruktur im Netz bedeutet dies, davon auszugehen, dass der Agierende als prinzipiell dazu in der Lage angesehen wird, sich über das *Risiko* einer Anerkennungsbekundung in der Online-Welt bewusst zu sein. Dieses Risiko besteht darin, nicht genau wissen zu können, wer sich hinter dem Anerkennenden verbirgt. Da grundsätzlich nur Annahmen darüber getroffen werden können, ob es die Person hinter der Persona mit ihrer bestätigenden (oder auch missachtenden) Geste ernst meint, besteht im Vergleich zur Offline-Welt ein erhöhtes Enttäuschungspotenzial für den Handelnden. Das Risiko für eine Person, mit Blick auf die Frage der Anerkennung im Internet enttäuscht zu werden, führt zu einem letzten Punkt, den ich nennen will, um meine Fragestellung mithilfe von Diskussionssträngen der Internetforschung zu fokussieren. Er betrifft den Begriff der *Online-Community*, den ich in dieser Untersuchung verwende. Das Risiko einer Anerkennungsbekundung, so könnte angenommen werden, nimmt dann ab, wenn das Subjekt davon ausgehen kann, dass es sich bei den „Personen", mit denen es in der Online-Welt zu tun hat, um Mitglieder einer homogenen Gruppe handelt, sodass es diese im Hinblick auf ihre „persönlichen" Eigenschaften schon einmal besser einschätzen kann, um auf diese Weise die Erwartung an deren Anerkennungshandeln zu regulieren. Eine solche Homogenität sozialer Einheiten im Netz wird im Internetkontext häufig den Online-Communities zugerechnet. So könnte die Person aufgrund der Mitgliedschaft in einer Online-Community, die sich beispielsweise an alevitische Jugendliche in Deutschland richtet, davon ausgehen, dass sie es hier mit anderen zu tun hat, die ihr im natio-ethno-kulturellen Sinne wohlgesonnen sind, sodass sich für die Person das Risiko einer Anerkennungsbekundung reduziert. Udo Thiedeke (2007, 198) weist allerdings auf das Risiko der Erwartung von Gemeinsamkeiten in Online-Communities hin. Gemeinschaften homogenisierten zwar die Heterogenität persönlicher Individualität. In der Individualität der beteiligten Personen liege aber immer auch das Potenzial zentrifugaler Erwartungen. Dies gelte insbesondere für die Vergemeinschaftung online, weil die beteiligten Personen „nur" virtuell präsent sind. Für den Bestand einer Online-Community als Gemeinschaft sei deshalb entscheidend, *Vertrauen* in die Personae herstellen zu können, damit Gemeinsamkeiten überprüft und Personen ggf. in die Gemeinschaft integriert werden können. Grundsätzlich ist es aber ein schwieriges Unterfangen, wie gezeigt, von den Merkmalen der Persona auf die dahinter stehende Person zu schließen, weil die Informationen zur Person nur indirekt zugänglich sind. Um als Online-Community die gemeinsamen Interessen der Mitglieder bereits im Vorfeld der Entscheidung für eine etwaige Mitgliedschaft zu selektieren, gibt es Versuche von einigen Online-Gemeinschaften, so Thiedeke (ebd., 205), „eine kulturelle oder sogar ethnische Identifikation zur ‚Vorfilterung' der Mitglieder" zu organisieren. Ob diese tatsächlich funktioniert und Treffgenauigkeit hervorruft, ist aber aus dem genannten Grund zentrifugaler Erwartungen fraglich. Dies gilt auch für die Beurteilung des möglichen Anerkennungshandelns von anderen Communitymitgliedern durch die einzelne Person. Das Risiko der Anerkennungsbekundung bleibt auch in vermeintlich homogenen Online-Communities bestehen.

Was meine ich nun, wenn ich in dieser Untersuchung von Online-Communities spreche? Seit Anfang der 1990er Jahre werden Gruppenphänomene im Internet mit der Entstehung von Online-Communities bzw. virtuellen Gemeinschaften in Zusammenhang gebracht und empirisch wie theoretisch untersucht (vgl. Döring 2003; Jones 1997, 1998; Smith/Kollock 2000; Thiedeke 2000, 2004). Übereinstimmung besteht darin – so bilanzieren Winfried Marotzki und Arnd-Michael Nohl (2004, 338) die derzeitige Forschungslage –, dass es sich auf jeden Fall um Formen sozialer Ordnung handelt, die sich im Cyberspace etablieren. Uneinigkeit gebe es allerdings darüber, in welchem Ausmaß sie als neu betrachtet werden können. Jan Fernback (1999, 217) fragt vor diesem Hintergrund „so what *is* cybercommunity?" und kommt zu dem gegenwärtig immer noch gültigen Schluss: „It is an entity and a process that emerges from the wisdom of our repository of cultural knowledge about the concept of community and from our observation of its manifestation in cyberspace. It is an arena in which passions are inflamed, problems are solved, social bonds are formed, tyranny is exercised, love and death are braved, legacies are born, factions are splintered, and alliances dissolved." Auf der Grundlage dieser vielsilbigen, aber dennoch unzureichenden Forschungslage, scheint es mir ratsam, ein „Arbeitsverständnis" zu formulieren, welches zum einen die Offenheit des Diskurses erfasst, zum anderen die wichtigsten Eckpunkte des Phänomens zu integrieren in der Lage ist. Hinzu kommt, dass dieses Arbeitsverständnis mit der Fragestellung dieser Untersuchung in Einklang zu bringen ist. Deshalb verstehe ich Online-Communities in Anlehnung an eine Kennzeichnung des kanadischen Netzwerkforschers Barry Wellman (2001) als *soziale Gefüge, die die Suche nach Geselligkeit und Informationen sowie ein Gefühl der Zugehörigkeit und Identität* ermöglichen.

Dieses Verständnis grenzt sich von solchen Vorstellungen ab, die in den Communities ein ausschließlich durch gegenseitige Hilfe und soziale Nähe gekennzeichnetes soziales Miteinander vorherrschen sehen, das in der modernen Gesellschaft schon längst verloren geglaubt wurde. In diesem Sinne muss Howard

Rheingold (1993) verstanden werden, der als einer der ersten und entschiedensten Verfechter für die Entstehung einer neuen Form von Gemeinschaft im
Netz gilt. Virtuelle Gemeinschaften sind für ihn die Folge eines wachsenden Bedürfnisses nach Gemeinschaft, das die Menschen weltweit entwickeln, weil in
der ,wirklichen Welt' die Räume für ungezwungenes soziales Miteinander
immer mehr verschwinden. Die Online Communities sieht er als Brücke zu
fremden Kulturen an, die jetzt nicht mehr unbedingt von Angesicht zu Angesicht
besucht werden müssen, damit man sie kennen lernt. Auch eine virtuelle Begegnung könne dies jetzt ermöglichen, wenngleich Face-to-Face-Treffen dadurch
nicht ersetzt würden. Folgt man diesem Gedanken weiter, würde dies bedeuten,
dass durch die virtuell geknüpften Bekanntschaften und die spezifische Art und
Weise, in der man sich über computervermittelte Kommunikation (CvK) miteinander austauscht, völlig neue Erfahrungshorizonte erschlossen werden könnten,
die sich von den bisherigen Wirklichkeitserfahrungen – medial vor allem durch
Fernsehen und Telefon beeinflusst – unterscheiden. Rheingold (1993) definiert
virtuelle Gemeinschaften als elektronische Netzwerke interaktiver Kommunikation, die von einem gemeinsam geteilten Interesse oder einem gemeinsamen
Zweck bestimmt werden. Dabei kann auch die Kommunikation selbst zum Ziel
werden. Deutlich wird aber, dass zahlreiche Thesen zur Entstehung von Online-
Communities – Rheingolds eingeschlossen – ein häufig idyllisches Bild von
Gemeinschaft als dichte, abgegrenzte und dorfähnliche Formen des sozialen
Miteinanders vertreten, geprägt durch Nähe, Unterstützung und Zugehörigkeit.
Die Existenz solcher sozialer Formationen ist aber wohl selbst für Agrargesellschaften zu bezweifeln. Nicht zuletzt spiegelt sich auf diese Weise noch das klassische Verständnis des sozialen Miteinanders als „Gemeinschaft" (in Abgrenzung zu „Gesellschaft") wider wie es vor allem im soziologischen Theorieansatz
von Ferdinand Tönnies (1887) deutlich wurde. Es bleibt aber festzuhalten: Die
Verwendung des traditionellen Gemeinschaftsbegriffs für soziale Prozesse im
Netz ist kritisch zu hinterfragen, weil er ortsgebundene bzw. nationalstaatliche
bzw. kulturell fest abgesteckte Räume betont, die sich aber aufgrund von
Globalisierungsprozessen heute immer mehr *entgrenzt* darstellen. Zudem ist es
so – dies macht Nicola Döring (2003, 501ff.) deutlich –, dass eine Kennzeichnung, wie sie Rheingold formuliert, zwar vielleicht für die ersten Online-Communities noch zutreffen mag, weil sich die Mitglieder der von ihm beschriebenen
Community „The Well" nicht nur online, sondern auch face-to-face getroffen
sowie mit ihren Realnames ausgetauscht haben. Allerdings ist die Debatte über
virtuelle Gemeinschaften durch verschiedene Diskursphasen geprägt („Computer-Pessimismus", „Internet-Hype", „Internet-Ernüchterung/E-Crash", „Professionalisierung/ Kommerzialisierung"), die Rheingolds Definition aus heutiger
Sicht als viel zu euphorisch erscheinen lassen.

Das von mir favorisierte Arbeitsverständnis von Online-Communities ist zugleich offen für alternative Zugänge zur Charakterisierung von Sozialräumen im Internet, wie sie in den letzten Jahren, ausgehend von der angloamerikanischen Internetforschung, verstärkt mithilfe des Netzwerkkonzepts versucht worden sind. Auf das Internet angewendet, reagiert letzteres auf den Umstand, dass der Begriff der Gemeinschaft für die Kennzeichnung von Online-Communities problematisch geworden ist. So kritisiert der kanadische Soziologe Barry Wellman in einer Reihe von theoretischen und empirischen Arbeiten zur Entwicklung von virtuellen Gemeinschaften insbesondere die Gruppensoziologie und regt an, Gemeinschaft nicht mehr als hierarchisch strukturierte, relativ homogene und dicht verbundene Gruppe zu definieren, sondern besser als soziales Netzwerk interpersoneller Beziehungen (vgl. etwa Wellman/Gulia 1999). Im deutschen Sprachraum hat sich insbesondere Christian Stegbauer (2001) mit der Analyse der Kommunikation in Online-Communities aus Perspektive der Netzwerkforschung beschäftigt (vgl. auch Götzenbrucker 2001). Mithilfe netzwerkanalytischer Konzepte ließen sich Gruppen oder Subgruppen im kommunikativen Raum des Internets präziser analysieren. Nicht nur die Bezüge zwischen den einzelnen Gruppenmitgliedern könnten in die Betrachtung einbezogen werden, so Stegbauer (ebd., 91), darüber hinaus sei es auf einer höheren Analysestufe möglich, Beziehungen bzw. ihr Fehlen zwischen den Gruppen oder Subgruppen in den Blick zu nehmen. Gegenüber den Überlegungen in der Gruppensoziologie (vgl. Döring 2003) stellen sich Netzwerkkonzepte somit als weit offener dar, weil sie ermöglichen, sowohl die heterogene Teilnehmerstruktur in internetbasierten Diskussionsgruppen als auch die spezifischen sozialen Verbindungen in ihnen genauer zu erfassen.

Mein Arbeitsverständnis von Online-Communities hat nicht zuletzt für diese Untersuchung den Vorteil, dass es eine begriffliche Basis für eine Sichtweise von Communities als Sozialräume darstellt, von der aus zentrale Elemente des Internethandelns von jungen türkischen Migranten als Vergewisserung „prekärer" Zugehörigkeit und als eine mit dieser Zugehörigkeit verbundene Verarbeitung von Anerkennungsproblemen analysierbar werden. Die Frage ist also: Finden türkische Jugendliche der zweiten Migrantengeneration in Deutschland Zugehörigkeit und Anerkennung gerade in solchen Sozialräumen im Internet, die bisher in der Internetforschung als diasporische Online-Communities (Mitra 2003) oder Ethnoportale bezeichnet werden?

2. Das Feld der Online-Communities für junge Türken in Deutschland

2.1 Quantitative Aspekte der Bedeutung des Internets für junge Türken in Deutschland

Diese Untersuchung ist auf die Frage ausgerichtet, welche sozial-räumliche Rahmung sich junge türkische Migranten im Internet geben, die es ihnen ermöglicht, ihre „prekäre" Zugehörigkeit und die damit verbundenen Anerkennungsprobleme zu verarbeiten. Für junge Türken in Deutschland ist das Internet in den letzten Jahren zunehmend zu einem selbstverständlichen Bestandteil ihrer Medienwelten geworden, womit sich zunächst einmal zeigt, dass sie ebenso wie Nicht-Migranten in die durch die Einführung des Internets mit beeinflussten sozialen Wandlungsprozesse in unserer Mediengesellschaft eingebunden sind. In empirisch-quantitativer Hinsicht wird die wachsende Bedeutung der Online-Welt für türkische Heranwachsende in Deutschland besonders durch die Ergebnisse von zwei zentralen, neueren Nutzungsstudien belegt (vgl. bereits Fritzsche 2000):

1) Die Nutzung „heimat- und deutschsprachiger Medien" bei sechs Migrantengruppen hat die Repräsentativstudie der ARD/ZDF-Medienkommission „Migranten und Medien 2007" untersucht (vgl. Simon 2007). Neben klassischen Medien Fernsehen, Radio und Tageszeitung wurde auch das Internet in den Blick genommen. Dabei haben die Forscher aus den Daten die Anzahl der sog. „Stammnutzer" berechnet, der Personen also, die an mindestens vier Tagen pro Woche ein bestimmtes Medien- oder Programmangebot nutzten. In den Ergebnissen wird deutlich, dass sich unter den Jugendlichen mit türkischem Migrationshintergrund (14-29 Jahre) 62 % Stammnutzer des Internets befinden. Nimmt man als Maßstab die *gelegentliche* Nutzung des Internets hinzu – diese wird in der Studie nicht eigens ausgewiesen –, ist also anzunehmen, dass der Anteil der Internetnutzer unter den jungen Türken sogar weitaus höher ist und sich vermutlich dem Anteil der Gesamtnutzerschaft der Jugendlichen in Deutschland annähert. Dieser liegt nach Angaben der ARD/ZDF-Online-Studie 2007 (vgl. van Eimeren/Frees 2007) bei etwa 95 % (14-19 Jahre: 95,8 %; 20-29 Jahre: 94,3 %), was nahezu einer Vollversorgung entspricht[4]. Während also die Studie „Migranten und Medien 2007" zur gelegent-

---

4   Dies wird durch die Ergebnisse einer Sonderauswertung zum „(N)Onliner Atlas 2008" bestätigt, die sich mit dem Zusammenhang von Internetnutzung und Migrationshintergrund beschäftigt. Die

lichen Nutzung des Internets nur implizit Angaben darstellt, liefert sie interessante Ergebnisse zur sprachspezifischen Nutzung von Internetseiten. Demnach besuchen die jugendlichen Stammnutzer mit türkischem Migrationshintergrund vor allem „nur deutschsprachige" Internetseiten (42 %), an zweiter Stelle sowohl „deutschsprachige" als auch „türkischsprachige" Internetseiten (16 %) und an dritter Stelle „nur heimatsprachige" Websites (4 %).

2) Die zweite relevante Untersuchung ist in der Markt- und Meinungsforschung angesiedelt, was sich aus dem zunehmenden Interesse von Unternehmen am „Ethno-Marketing" erklären lässt. So stellt Joachim Schulte (2003) in einer Studie des Markt- und Meinungsforschungsinstituts „Data 4U" zur Internetnutzung von Türken in Deutschland fest – befragt wurden insgesamt 1.027 Personen ab 14 Jahren, mittels Telefoninterviews –, dass von 2001 bis 2003 der Anteil der 14-29-jährigen (mindestens gelegentlichen) türkischen User von 40 % auf etwa 53 % gestiegen ist. Aus den Data 4U-Ergebnissen geht darüber hinaus hervor, dass es 2003 vor allem jüngere, männliche Personen aus Haushalten mit einem gehobenen Einkommen sind, die den Kern der türkischen Online-User darstellen. Bei den genutzten Onlineanwendungen dominieren die kommunikativen Funktionen E-Mail und Chat/Newsgroups. Nachgeordnet rangiert die Suche nach Informationen und Nachrichten.

Obwohl beide Studien zwar die grundsätzlich immer größer werdende Relevanz der Online-Welt bei den türkischen Jugendlichen in Deutschland belegen können, ist die Aussagekraft ihrer Ergebnisse für die Fragestellung dieser Untersuchung doch eher beschränkt: *Erstens*, weil die quantitativen Daten kaum eine Antwort auf das Warum der Mediennutzung liefern. Dazu ist die Verwendung qualitativer Verfahren notwendig, so wie es in der vorliegenden Studie geschieht. *Zweitens* liefert vor allem die ARD/ZDF-Untersuchung keinerlei Ergebnisse zu denjenigen Online-Angeboten, die bei den Jugendlichen zwischen 14 und 29 Jahren besonders große Aufmerksamkeit hervorrufen, d.h. die Sozialräume im Internet (vgl. allgemein zu deren Nutzung durch Jugendliche: van Eimeren/Frees 2007), die in dieser Untersuchung im Mittelpunkt stehen: Online-Communities, die sich speziell an junge türkische Migranten in Deutschland richten, von einigen Autoren auch „Ethnoportale" oder „Multikulti-Portale" (Azrak 2002)

Studie der Initiative D21, durchgeführt von TNS Infratest, kommt zum Resultat, dass bei den 14 bis 29-jährigen Personen mit und ohne Migrationshintergrund der Unterschied bei der Internetnutzung gering ist: Während der Anteil der Internetnutzer bei den jungen Menschen „ohne Migrationshintergrund" 92,7 % beträgt, liegt dieser Anteil bei den Personen dieser Altersgruppe, deren Eltern über eine Migrationserfahrung verfügen, bei 90,4 %. Der Migrationshintergrund alleine, so die Autoren der Untersuchung, sei deshalb kein Merkmal digitaler Spaltung. Alter – und darüber hinaus Bildungsabschluss sowie Einkommen – würde in ähnlicher Weise auf die Nutzung des Internets wirken wie bei der Bevölkerung ohne Migrationshintergrund (Initiative D21 2008).

genannt. Ich habe bereits sichtbar zu machen versucht, dass sich diese Portale meines Erachtens für die Jugendlichen als ‚natio-ethno-kulturelle Hybridumgebungen' konkretisieren. Nach den Marktforschungsdaten der Data 4U-Erhebung werden solche Online-Communities von fast 60 % aller deutsch-türkischen Onliner genutzt, insbesondere den Jugendlichen. Allerdings unterlaufen diese Angebote die Klassifizierung der ARD/ZDF-Studie, die ausschließlich nach einem deutsch- und heimatsprachigen Internet unterteilt. Wie sich auf den folgenden Seiten noch detaillierter zeigen soll, ist diese Trennung sowohl aus der Perspektive der Angebots- wie der Nutzerseite problematisch: Auf der Angebotsseite zeigt sich etwa bei Vaybee.de, dass die redaktionellen Inhalte teils in deutscher, teils in türkischer Sprache präsentiert werden. Der User hat hier sogar die Möglichkeit, seine favorisierte Sprache auszuwählen. Aber auch im Hinblick auf einen weiteren Aspekt scheint mir die Trennung von deutsch- und heimatsprachigem Internet wenig zielführend zu sein, um auf dieser Basis geeignete Schlüsse für das Integrationspotenzial des Internets zu ziehen, so wie es die Studie versucht. Denn schaut man auf die Kommunikation der jungen Türken untereinander, also die Inhalte, die die Mitglieder der Online-Community eigenständig veröffentlichen, zeigt sich, dass diese oft durch *Sprachwechsel*, also dem Wechsel zwischen dem Türkischen und dem Deutschen gekennzeichnet ist (vgl. Androutsopoulos 2006). Eine Unterteilung zwischen deutsch- und heimatsprachigen Websites bleibt auch hier unangemessen, weil sie das Angebot nicht treffsicher zu erfassen vermag.

Dieser eindimensional verengte Blick auf Internetangebote bzw. Sozialräume im Internet für Jugendliche mit (nicht nur) *türkischem* Migrationshintergrund, zeigt beispielhaft, dass in der (empirischen) Medienforschung in Deutschland der Zusammenhang von transnationaler Migration, hybrider Identität und Internet bisher noch zu wenig fruchtbar gemacht wird. Dies gilt freilich nicht nur für die Medien- sondern in anderer Weise auch für die Migrationsforschung, die, wenn sie die Mediennutzung (junger) Türken untersucht, vor allem die Massenmedien Fernsehen, Radio und Print berücksichtigt, die zunehmende Bedeutung des Internets jedoch noch weitgehend unberücksichtigt lässt (vgl. Hafez 2003, 2005; Geißler/Pöttker 2006; Sauer/Goldberg 2006; Halm 2007).

2.2 Strukturmerkmale von Online-Communities für junge Türken in Deutschland

Wie kann das Feld der Online-Communities für junge Türken in Deutschland sozio-technisch gekennzeichnet werden? Um welche Gemeinsamkeiten und Unterschiede geht es, wenn ich von Online-Communities spreche? Eine Antwort auf diese Fragen werde ich im Folgenden vor allem in deskriptiv-analytischer

Hinsicht geben. Zu diesem Zweck habe ich drei Online-Communities ausgewählt – Vaybee.de, Aleviler.de und Bizimalem.de –, aus deren Mitgliedschaft ich zugleich die Fälle für meine qualitative Erhebung rekrutiert habe (vgl. allgemein zur Internetlandschaft für junge Türken in Deutschland die Übersicht im Anhang, S. 318f.). Die Auswahl der Seiten folgte dem Kriterium der *Kontrastierung*. Meine Absicht war, solche Community-Fälle in den Blick zu nehmen, die einerseits Gemeinsamkeiten aufweisen, sodass es gerechtfertigt ist, sie der Gruppe der Online-Communities zuzurechnen, andererseits, dass sie von ihrer inhaltlichen Ausrichtung wie sozio-technischen Machart Unterschiede aufweisen, sodass ein Vergleich möglich wird. Meine Darstellung ist an den online-ethnografisch inspirierten Vorschlag von Winfried Marotzki (2003, 156ff.) angelehnt, Online-Communities nach acht Merkmalen zu strukturieren:

1. „Leitmetapher": Nach Ansicht von Marotzki muss eine Community im Internet ein bestimmtes Erscheinungsbild haben, welches einer Leitmetapher folgt, wie z.B. ein Haus, in dem sich Zimmer befinden, die unterschiedlich genutzt werden. So dient das Wohnzimmer als Chatroom, die Küche als Forum und die anderen Zimmer als themenspezifische Räume, beispielsweise ein Raum für Nutzer, die gerne Flirten wollen, ein anderer Raum für politische Themen und Meinungen usw.

2. „Regelwerk": Darunter sind Regeln zu verstehen, die teils von den Betreibern vorgegeben sind, teils von den Mitgliedern ausgehandelt werden können, also Zugangs- und Verhaltensregeln (z.B. Nickname und Passwort und die jeweilige Netiquette), ein System der Belohnung für Aktivitäten der Mitglieder innerhalb des Sozialraums (Gratifikationssystem) sowie ein Sanktionssystem, das bei Regelverstößen etwa Rechte entzieht oder Zugangssperren auferlegt.

3. „Soziografische Struktur", d.h. „das System der Über- und Unterordnung sozialer Positionen durch Kompetenzen, Zu- oder Aberkennung von Rechten und Pflichten oder durch Anerkennung" (ebd., 157).

4. „Kommunikationsstruktur": Dabei geht es um die Möglichkeiten, über die Mitglieder innerhalb der Community verfügen können, miteinander zu kommunizieren, z.B. Chat, E-Mail, Foren, Instant Messenger.

5. „Informationsstruktur": Hiermit ist die Art und Weise gemeint, wie und durch wen Informationen zur Verfügung gestellt werden, z.B. in Datenbanken oder durch Linksammlungen.

6. „Präsentationsstruktur": Darunter ist sowohl das „Identitätsmanagement" (z.B. das Identitätsprofil einer Persona) zu verstehen als auch eine eigene Homepage, die das Mitglied gestalten kann, sowie „halböffentliche" Bereiche, beispielsweise das Gästebuch eines Mitglieds.

7. „Partizipationsstruktur": Diese regelt, wie viele Mitbestimmungsmöglichkeiten den Usern bei der Gestaltung des Community-Lebens eingeräumt werden.
8. „Verhältnis online-offline": Dabei kann es sich einerseits um strukturelle Vorkehrungen handeln, die es dem einzelnen ermöglichen (sollen), online aufgebaute Beziehungen auch offline weiterzuführen, z.b. durch Mails, die an Adressen außerhalb der Community verschickt werden können. Dabei kann es sich aber auch um eine „Servicestruktur" handeln, die etwa Links zu Offline-Organisationen (z.b. Behörden) bereithält.

Im Unterschied zu Marotzkis Vorschlag habe ich mich bei der Auswahl der Websites nicht auf solche Sozialräume im Internet beschränkt, die einer Leitmetapher folgen, weil letztere meines Erachtens zur Charakterisierung von Online-Communities nicht zwingend ist. Da die online-ethnografische Analyse vor allem den Zweck verfolgen soll, die sozio-technischen Bedingungen der Online-Welt der in die Fallrekonstruktionen einbezogenen Fälle zu erläutern, sie mithin also nicht im Mittelpunkt meiner Untersuchung steht, habe ich mich bei der Darstellung der Strukturmerkmale für eine *fokussierte* Herangehensweise entschieden. Dies bedeutet etwa, dass ich mich bei der Kennzeichnung der Informationsstruktur auf die Vorstellung der Eingangsseite beschränke, auf die Beschreibung der von dort aus verlinkten Seiten also verzichte. Zwar geht dies zu Lasten eines tiefer gehenden Einblicks in die Community-Struktur. Dies ist aber vor dem Hintergrund vertretbar, dass den (potenziellen) Mitgliedern in der Regel bereits auf der Eingangsseite die Pfade zu den wesentlichen Angeboten und Diensten der Seite aufgezeigt werden, um ihnen eine schnelle und komprimierte Orientierung zu ermöglichen.

Eine Bemerkung zum Zeitpunkt der Beobachtung bzw. der vorgenommenen Analyse: Sie hat im Kern während der Erhebung, also von Juli bis Oktober 2005 stattgefunden. Veränderungen an der Struktur der Seiten habe ich allerdings bis Oktober 2008 berücksichtigt. Wenn URLs genannt werden, beziehen sie sich alle auf den 01.10.2008. Aleviler.de ist seit Juli 2007 offline. Die Betreiber stellen auf ihrer Website einen Relaunch in Aussicht, der jedoch bis Oktober 2008 noch nicht erfolgt ist.

2.2.1 *www.vaybee.de*

Vaybee.de ist eine Online-Community, die im Jahr 2000 von vier jungen Türken in Deutschland gegründet wurde. Die Community – ein Angebot der *Vaybee! GmbH* - richtet sich speziell an die jungen türkischen Migranten, die in Deutschland und anderen Teilen Europas, vor allem der Schweiz und Österreich leben. Noch bis zu ihrem Relaunch im Sommer 2008, im Zuge dessen das On-line-Angebot vor allem durch eine Reihe von Social-Web-Anwendungen ergänzt wurde (z.b. „Gruppen" einrichten, „Freundesnetzwerk" durchsuchen), formuliert die Betreiber auf den Seiten der Online-Community eine „Mission", nach der Vaybee.de „der neuen Generation in Deutschland und Europa lebender Türken und türkischer Unternehmer eine Plattform für Kommunikation, Information, Unterhaltung sowie Bildung von Netzwerken" bereitstellen soll. Nach dem Relaunch fehlt zwar diese ethnospezifische Formulierung – im Hilfe-Menü heißt es lediglich allgemein „Vaybee! ist eine Online Gemeinschaft, die Menschen über ein Netzwerk von vertrauenswürdigen Freunden miteinander verbindet". Die soziale Zugehörigkeit der Nutzer sowie die Ausrichtung der kommunikativen Inhalte zeigen aber zweifellos, dass es sich bei der Community um einen zentralen Treffpunkt für junge türkische Migranten im Internet handelt. Sie hat nach eigenen Angaben ca. 1,45 Millionen registrierte Mitglieder, von denen ca. 60 % männlich und 40 % weiblich sind. Aus dieser Perspektive ist Vaybee die erfolgreichste Community dieser Art in Deutschland.

Vaybee bietet ein breites Themenspektrum, welches speziell für junge türkische Migranten zusammengestellt wird. So werden Informationen zum Wehr-dienst in der Türkei oder die doppelte Staatsbürgerschaft dargeboten. Vaybee bietet einen Mix aus Nachrichten, die den Alltag in der Türkei wie auch in Deutschland betreffen, sowie sehr unterschiedliche Lifestyle-Angebote, die z.b. Partys, Konzerte, Mitgliedertreffs etc. beinhalten (s. Abb. 1, S. 75).

Vaybee.de folgt keiner Leitmetapher im Sinne einer Stadt, Wohnung, Bibliothek. Nach dem Relaunch 2008 kann auch nicht mehr alleine der Name der Community im Logo als leitend verstanden werden (vgl. Abb. 2). So heißt „Vaybee!" übersetzt ins Deutsche soviel wie: „Wow!" Der Zusatz „Yeni nesilin sitesi" (dt. für: „Die Webseite der neuen Generation"), der noch in der früheren Version der Website zu sehen war (vgl. Abb. 3, S. 75), und mit dem ein hohes symbolisches Identifikations- und Zugehörigkeitspotenzial erzeugt werden sollte, findet sich gegenwärtig nicht mehr. Sollten sich mithilfe der alten Logo-Version insbesondere die jungen Türken der zweiten und dritten Migrantengeneration angesprochen fühlen und in die Community eintreten, wollen die Betreiber heute eine Fokussierung auf eine Teilgruppe der türkischen Migranten in Deutschland vermeiden. Die Community will dem User zwar immer noch die Vorstellung vermitteln, hier verstanden zu werden, ohne sich erklären zu müssen. Die Gewinnorientierung des Unternehmens Vaybee! GmbH macht es aber offenbar notwendig, einen größeren Nutzerkreis als bisher anzusprechen.

Abbildung 1: Einstiegsseite www.vaybee.de

Abbildung 2: Logo von www.vaybee.de

Abbildung 3: Logo von www.vaybee.de vor dem Relaunch im Sommer 2008

2.2.1.1 Regelwerk

Das Regelwerk wird von den Betreibern des Portals vorgegeben. Der Zugang wird über die Eingabe des Nicknames und Passwörtern geregelt. Die Registrierung ist kostenlos und wird per E-Mail bestätigt. Die Verhaltensregeln basieren auf einer „Netiquette", die bei Vaybee.de unter dem Paragrafen „Pflichten der Mitglieder" in den „Allgemeinen Geschäftsbedingungen für die Nutzung des Online-Angebots der Vaybee! GmbH" verborgen ist. In diesen allgemeinen Maßgaben zum Umgang mit anderen Nutzern wird die Verbreitung diffamierenden, anstößigen oder belästigenden wie virusbefallenden Materials etc. verboten. Darüber hinaus existieren Verhaltensregeln für die Benutzung der Foren sowie insbesondere der verschiedenen Chaträume. Für letztere sind diese in einer „Chatiquette" niedergeschrieben sind. Aufgeführt sind hier Regeln zu den Stichworten „Freundlichkeit und Respekt", „Anwesende provozieren", „Höflichkeit", „Anonymität", „Flooding", „Chatter faken" etc.

Über ein systematisch aufgebautes Gratifikationssystem, durch das Mitglieder durch Vergabe von Punkten mehr Rechte in bestimmten Bereichen zugewiesen bekommen, verfügt die Community nicht. Allerdings können dem User bei vorbildlichem Verhalten „Agenten-Rechte" oder „Superuser-Rechte" zugewiesen werden. Auf der Website heißt es: „Agent wird, wer dem Vaybee!-Team positiv auffällt. Das sind Vaybee!-Mitglieder, die regelmäßig und über einen längeren Zeitraum hinweg anwesend sind, einiges an Erfahrung aufweisen, eine positive Einstellung im Umgang mit den anderen haben – z.B. von anderen Agents oder Mitgliedern vorgeschlagen werden". Solche „Agents" werden ausschließlich durch den Betreiber der Community bestimmt.

Sanktionen können gegen ein Mitglied dann verhängt werden, wenn es andere Mitglieder durch Drohungen oder andere verbale Attacken angreift, im Chatbereich die Kommunikation von anderen Chatteilnehmern durch so genanntes „flooding"[5] (engl. für: überfluten) stört oder wenn es gesetzwidrige Inhalte bzw. Links in seinem Gästebuch veröffentlicht. In diesen Fällen wird die Person/Persona zunächst ermahnt. Bei wiederholtem Auftreten des normwidrigen Verhaltens droht dem Nutzer aber Kündigung seiner Mitgliedschaft.

2.2.1.2 Soziografische Struktur

Es wird eine hierarchische Struktur sozialer Positionen durch Zu- und Aberkennung von Rechten sichtbar:

---

5 Wiederholtes Einfügen großer Textmengen im Chat, sodass der Lesefluss gestört wird.

1) Die oberste Position nehmen die Administratoren und Support-Mitarbeiter ein. Sie besitzen die Rechte, in alle „Privaten Chats" zu schauen, die Kommunikation mitzuverfolgen und Forenbeiträge zu löschen. Zudem können sie auf der einen Seite – als Sanktionierungsmaßnahme – Mitglieder aus der Community ausschließen und Identitätsprofile löschen, auf der anderen Seite sind sie in der Lage – als Maßnahme der Gratifikation –, Normalusern die Rechte von „Agents" bzw. „Superusern" zu verleihen.

2) „Agents" sind Mitglieder, die regelmäßig und über einen längeren Zeitraum in der Community anwesend sind und eine „positive Einstellung im Umgang mit anderen" haben (vgl. www.vaybee.de). Deshalb wird die Verleihung der Agentenrechte als Anerkennung innerhalb der Community verstanden. Agents haben in der Gemeinschaft primär die Aufgabe, anderen Mitgliedern zu helfen und darauf zu achten, dass die Verhaltensregeln, die Netiquette eingehalten werden. Der Agent-Status kann auch für den Chat-Bereich gelten. Agents besitzen im Chat die Rechte, regelwidrig handelnde Mitglieder zu ermahnen, oder aber aus dem Chat zu verstoßen. Agents besitzen auch das Recht, anderen Mitgliedern „Superuser-Rechte" zu verleihen oder wieder zu entziehen.

3) „Superuser" haben zwar das Recht, regelwidrige Nutzer zu ermahnen. Sie sind aber nicht in der Lage, andere Mitglieder aus dem Chat zu verweisen.

4) Auf der gleichen Stufe wie die Superuser stehen die „Moderatoren" im Forum. Sie haben die Aufgabe, die Diskussionen im Forum mitzuverfolgen, teils zu motivieren und dabei missachtende verbale Ausdrucksweisen der Diskussionsteilnehmer zu ahnden. Dabei haben sie das Recht, regelwidrige Beiträge zu löschen und die Mitglieder im Streitfall zur Mäßigung anzuhalten.

2.2.1.3 Kommunikationsstruktur

Vaybee stellt dem Mitglied sowohl a) asynchrone als auch b) synchrone Kommunikationsdienste bereit.

Zu a) Asynchrone Kommunikationsdienste – sie ermöglichen die interpersonelle, zeitversetzte computervermittelte Kommunikation mit Anderen in der Community – sind „E-Mail", „Gruppen", „Forum" und „Gästebuch-Nachrichten":

• *E-Mail*-Dienst: Jedes Mitglied erhält nach erfolgreicher Registrierung eine E-Mail-Adresse (nickname@vaybee.de), mit der die Möglichkeit verbunden ist, einerseits anderen Mitgliedern wie Nicht-Mitgliedern außerhalb der Community Nachrichten zuzusenden. Andererseits können auch Nachrichten von außen empfangen werden. Jede empfangene E-Mail wird nach Erhalt 30 Tage aufbewahrt und dann automatisch gelöscht.

- *Gruppen*: Die registrierten Nutzer haben die Möglichkeit, ihre jeweils eigenen themenspezifischen Bereiche in der Online-Community einzurichten, indem sie eine Gruppe eröffnen. Zudem können sie einer bereits bestehenden Gruppe beitreten bzw. die Mitgliedschaft zu dieser jederzeit wieder aufkündigen. Die Themenkategorien der Gruppen reichen von Fan-Clubs über Haustiere bis hin zu Partnerschaften & Liebe. Im Kern hat die Gruppe die Funktionalität eines themenbezogenen Online-Diskussionsforums und ist somit vergleichbar mit den Newsgroups (im Usenet), für deren Nutzung man hier allerdings kein gesondertes Programm benötigt.
- Das *Forum*, in dem die Mitglieder ihre Gedanken, Meinungen, Erlebnisse, Stellungnahmen, etc. äußern können, ist in 14 thematisch unterschiedliche Kategorien unterteilt (vgl. Abb. 4), etwa „Aktuelles", „Lifestyle", „Entertain-

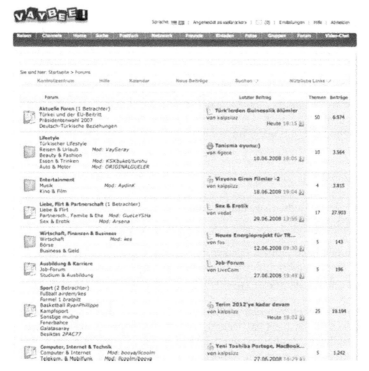

Abbildung 4:   Ausschnitt Forum-Überblick www.vaybee.de

ment – Musik – Kino", „Liebe, Flirt & Partnerschaft" oder „Gesellschaft & Soziales". Das Forum „Vaybee! City" ist darüber hinaus in Unter-Kategorien
aufgeteilt, die nach verschiedenen deutschen Großstädten benannt sind.

• *Gästebuch-Nachrichten* stellen persönliche Nachrichten dar, die in Gästebüchern (auch ID-Card oder Visitenkarte genannt) anderer Mitglieder hinterlassen werden können. Der Empfänger sieht dann diese Nachricht mit dem
entsprechenden Nickname und genauer Uhrzeit. Zudem kann der Gästebuch-
Eigentümer spezielle Statusmeldungen hinterlassen wie, z.B. „bin auf der
Arbeit", „bin in der Uni" o.ä.

Zu b) Als synchronen Kommunikationsdienst, der die zeitgleiche Kommunikation mit anderen Mitgliedern in der Community ermöglicht, stellt Vaybee.de
einen Chat mit integrierter Video- und Audio-Funktion zur Verfügung, d.h.,
neben dem üblichen „Textchat" wird den Mitgliedern in bestimmten Räumen die
Möglichkeit geboten, sich während des Chattens zu sehen und zu hören.
   Insgesamt bietet die Community 14 Chaträume, die in vier Kategorien bzw.
Unterkategorien aufgeteilt sind:

1. „Chat Haupträume": „Vaybee-Talk", „Cafe" und „LakLak" (türk. für: Quassel
   Quassel)
2. „Themen Chaträume": „Flirt", „Dedikodu" (türk. für: Klatsch und Tratsch)
   und „30-plus"
3. „Regionale Chaträume": „Berlin", „Frankfurt", „Hamburg", „Köln", „München" und „Stuttgart"
4. „Internationale Chaträume": „Istanbul", „Schweiz", „Österreich" und „Hol-
   land"

Innerhalb dieser Chaträume besitzt jedes Mitglied die Möglichkeit, eigene, „private Chats" zu eröffnen, in denen mit einem anderen Mitglied, das zuvor eingela-
den wurde, nicht-öffentlich geplaudert werden kann. Der entscheidende Unterschied zum öffentlichen Chatten ist, dass die Unterhaltung nicht auf dem
Bildschirm der anderen Teilnehmer erscheint.

2.2.1.4 Informationsstruktur

Zur besseren Veranschaulichung der großen Informationsdichte und des Themen-
spektrums der Vaybee.de-Community habe ich die Eingangsseite in zwei ‚Framebereiche' und sieben Boxen (M1-M7) aufgeteilt (s. Abb. 5, S. 80):

1) Top-Framebereich
Hier werden außer den Links „Mitglied werden", „Sprache", „Hilfe" sowie „Login" folgende Rubriken als Tap-Links[6] dargestellt: Reisen, Channel, Home, Suche, Postfach, Netzwerk, Schulen, Fotos, Forum und Video-Chat.

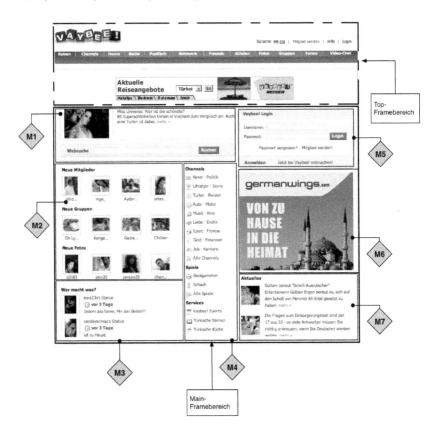

Abbildung 5:   Ausschnitt der Einstiegsseite von www.vaybee.de mit Definition von Framebereichen und Boxen

---

6   Tap-Links sind über den gesamten Navigationsprozess hinweg für den Nutzer direkt erreichbar.

2) Main-Framebereich

M1: Besonders augenfällig ist die *Schlagzeile* im oberen Drittel des Main-Framebereichs (hier: „Miss Universe: Wer ist die schönste?"). Sie wird regelmäßig erneuert und erhebt aufgrund ihrer Platzierung den Anspruch, für jeden Besucher der Seite von besonderem Interesse zu sein. In der Regel handelt es sich um ein Thema aus den Bereichen Entertainment und Lifestyle, gerichtet auf die Gruppe der jungen Türken der zweiten und dritten Migrantengeneration in Deutschland.

M2: An dieser Stelle der Einstiegsseite werden Links zu neuen Mitglieder mit Foto und Nickname vorgestellt, darüber hinaus neue Gruppen sowie Fotos von bereits seit längerem angemeldeten Mitgliedern.

M3: Die Rubrik: „Wer macht was..." zeigt Statusmeldungen von zufällig ausgewählten Mitgliedern an, z.B. „...ist zu Hause.

M4: Hier werden drei Rubriken vorgestellt, die wiederum in Unterressorts aufgeteilt sind. „Channels" beinhaltet Nachrichten und Informationen aus Deutschland und der Türkei, und zwar zu den Themen:

News – Politik,
Lifestyle – Szene,
Türkei – Reisen,
Auto – Motor,
Musik – Kino,
Liebe – Erotik,
Sport – Fitness,
Geld – Finanzen sowie
Job – Karriere.

Die hinter diesen Links verborgenen Inhalte werden teils regelmäßig, teils auch nur selten redaktionell aktualisiert. Sie sind sowohl in türkischer als in deutscher Sprache verfasst und entsprechend der Sprachauswahl lesbar. Zielgruppe der Berichte stellen primär die in Deutschland lebenden türkischen Migrantenjugendlichen dar, weniger die Türken, die in der Türkei leben. Deutlich wird dies an der Kontextualisierung der angebotenen Berichte, die spezifische nationale, ethnische und kulturelle Interessen (vgl. Abb. 6, S. 82) oder Wissensbestände (z.B. „Grüne prüfen Anzeige gegen Pro NRW", Schlagzeile vom 27.11.2007) beim Mitglied voraussetzt. Bereits an der inhaltlichen Ausrichtung der Nachrichten und Berichte, wird sichtbar, dass die Betreiber dem spezifisch mehrfachzugehörigen Hintergrund der vor allem in Deutschland lebenden Mitglieder entgegenkommen, womit natürlich nicht zuletzt versucht wird, eine Homogenisierung des (potenziellen) Mitgliederkreises zu erreichen. Denjenigen, die sich durch diese inhaltliche Ausrichtung angesprochen fühlen, suggeriert die Community zugleich, dass sie ihre Bedürfnisse versteht und wertschätzt.

Ein türkischer "Gastarbeiter" in Hollywood Der deutsch-türkische Filmemacher Mellan Yappo hat einen Thriller mit Sandra Bullock in der Hauptrolle gedreht. mehr »

Abbildung 6:   Nachrichtenschlagzeile bei www.vaybee.de

Die Rubrik „Services" enthält vor allem Informationen, die die Organisation des Alltags erleichtern sollen, aufgeteilt nach „Vaybee!-Events", „Türkische Namen", „Türkische Küche", Türkei-"Reiseführer", Türkei-"Städteführer" und „Hotelinfo-Türkei". Das Ressort „Marktplatz" beinhaltet teils kommerzielle Angebote. Die letzte Rubrik in dieser Box stellt Computer-"Spiele" zur Verfügung.

M5: In diesem Bereich ist das Anmeldefenster platziert.

M6: In diesem Teil der Eingangsseite ist ein Werbebanner verankert.

M7: Weitere Schlagzeilen zu Nachrichten aus Deutschland und der Türkei werden unter „Aktuelles" präsentiert. Dabei handelt es sich um Inhalte, die in den „Channels" wiederzufinden sind.

2.2.1.5 Präsentationsstruktur

Für das „Identitätsmanagement" steht dem Mitglied vor allem das für jeden anderen in der Online-Community einsehbare „Gästebuch" bzw. „Profil" zur Verfügung,[7] welches nach der erfolgreichen Registrierung mit Inhalt versehen werden kann.

---

7   Zur besseren Veranschaulichung der Funktionalität habe ich die Profil-/Gästebuchseite (Nickname geändert) in sieben Boxen (G1-G7) aufgeteilt (s. Abb. 7).

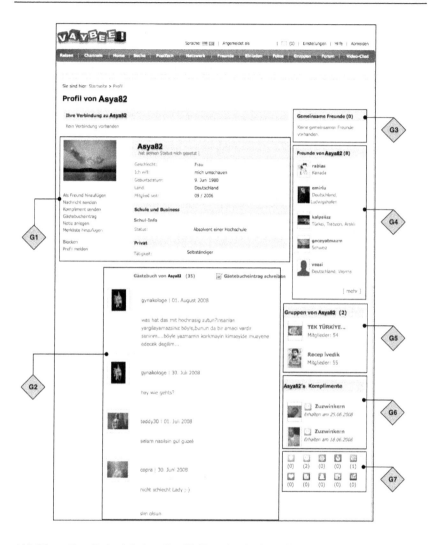

Abbildung 7:   Beispiel einer Profil-/Gästebuchseite bei www.vaybee.de

G1:

Unterhalb des Nicknames kann das Communitymitglied persönliche Statusmeldungen hinterlegen, wie z.B. „Ich bin auf der Arbeit", „Ich bin zu Hause",

„Ich bin im Urlaub". Diese Meldungen sind für alle Besucher des Gästebuchs sichtbar. Darüber hinaus können einerseits soziodemografische (Geschlecht, Ausbildung, Beruf, Wohnort), andererseits lebensstilbezogene Angaben gemacht werden (z.b. Hobbys, Musikrichtung, Lieblingsmusik- und -film, Lebensmotto). Zudem wird die Möglichkeit geboten, ein persönliches Foto zu präsentieren. Bestimmte, vom Mitglied angegebene Schlagwörter werden automatisch mit einem Link versehen, sodass das potenziell das eigene Freundenetzwerk weiter ausgebaut werden kann. Beispiel: Gibt der Nutzer an, dass er gerne Rockmusik hört, so wird dies als Schlagwort „Rock" verlinkt. Klickt er auf dieses Schlagwort, werden andere Community-Mitglieder mit gleichen Interessen in einer Liste angezeigt und die Möglichkeit geboten, Kontakt mit diesen aufzunehmen.

Unterhalb des Fotos besteht die Möglichkeit, Freundschaftsanfragen sowie sonstige Nachrichten an die interne E-Mail-Adresse der Communitymitglieder zu versenden, außerdem können für andere Nutzer nicht einsehbare Notizen und eine „Merkliste" für eventuell zukünftige Freundschaftsanfragen angelegt werden. Durch die Nutzung der Funktion „Blocken" kann ein kommunikativer Kontakt zu anderen Mitgliedern untersagt werden. „Profil melden" gestattet es, solche Nutzer den Administratoren zu melden, die gegen die Community-Regeln verstoßen haben, mit der möglichen Folge, dass die gemeldete Persona aus der Community ausgeschlossen wird.

G2:
In diesem Bereich werden dem Profilinhaber persönliche Nachrichten von anderen Mitgliedern angezeigt, versehen mit dem entsprechenden Nickname und Absendezeit.

G3:
In diesem Feld sind die (verlinkten) Nicknames gemeinsam geteilter Freunde zu sehen.

G4:
Hier werden diejenigen Communitymitglieder mit jeweils Profilbild, Land und Stadt aufgelistet, die der Profilinhaber zum persönlichen Freunde-Netzwerk zählt.

G5:
In diesem Bereich werden die Mitgliedschaften des Profilinhabers zu Gruppen angezeigt. Diese Gruppenmitgliedschaften geben Rückschlüsse auf Vorlieben, Interessen und persönliche Eigenschaften des Communitymitglieds. Sie ergänzen die persönlichen Angaben und geben Aufschluss über das soziale Netzwerk in der Community.

G6 und **G7**:

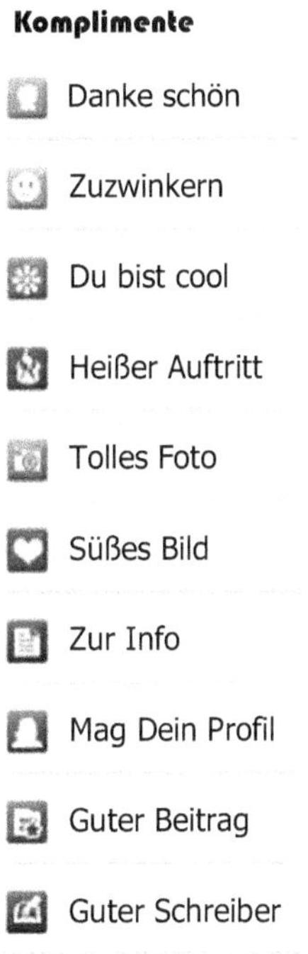

Komplimente

Danke schön

Zuzwinkern

Du bist cool

Heißer Auftritt

Tolles Foto

Süßes Bild

Zur Info

Mag Dein Profil

Guter Beitrag

Guter Schreiber

Abbildung 8:   Liste möglicher Komplimente, die an andere Mitglieder
verschickt werden können

Sind solche Komplimente in der Profilansicht des Communitymitglieds eingegangen, sind sie auch für jeden Besucher des Profils sichtbar. Wird das
verlinkte Kompliment angeklickt, werden Informationen über den jeweiligen
Versender (Nickname etc.) offenbart.

2.2.1.6 Partizipationsstruktur

Vaybee.de weist eine „schwache" Partizipationsstruktur auf, d.h. die Mitglieder
haben deutlich eingeschränkte Mitgestaltungsmöglichkeiten. Den Betreibern
bzw. Administratoren können sie lediglich im Forum Anregungen geben und
Vorschläge machen. Es ist jedoch ungewiss, ob diese auch umgesetzt werden.

2.2.1.7 Verhältnis online-offline

Im Hinblick auf dieses Strukturelement verfügt Vaybee.de über die Rubrik „Events" (Main-Framebereich), in der dem Mitglied die Möglichkeit geboten wird, Partys und Veranstaltungen anzumelden bzw. näher zu beschreiben, verbunden mit der Chance, Online-Bekanntschaften nun auch auf diesen Events der Offline-Welt zu treffen. Um Enttäuschungen und Missverständnisse beim Gegenüber zu vermeiden, setzt dies freilich ein wahrheitsgemäßes Identitätsmanagement voraus.

2.2.2 www.aleviler.de

Im Gegensatz zu den Vaybee.de und Bizimalem.de, die sich grundsätzlich an alle deutsch-türkischen Jugendlichen richten, handelt es sich bei Aleviler.de – „the

Abbildung 9:   Ausschnitt der Einstiegsseite www.aleviler.de

alevi community" – um ein Special Interest-Angebot für Jugendliche mit alevitischer Glaubenszugehörigkeit in Deutschland. Das Alevitentum versteht sich als eine naturverbundene, tolerante, weltoffene, Nächstenliebe ausstrahlende Konfession des Islam. Aleviten treten für Religionsfreiheit, Menschenrechte, Gleichberechtigung der Frau und Trennung von Staat und Religion ein (vgl. Massicard 2001). Die Online-Community, gegründet im Jahr 2002, hat zurzeit ca 20.000 Mitglieder. Nach den eigenen Erhebungen der Betreiber ist etwa jeder zweite Nutzer (51%) zwischen 21 und 30 Jahren; knapp 40% sind in der Altersgruppe zwischen 11 und 20 Jahren. Das Angebot wird von mehreren (befreundeten) Privatpersonen betrieben, die sich zum Ziel gesetzt haben, einen online-gestützten Kommunikations-, Informations- und Bildungsraum für gleichgesinnte junge Aleviten in Deutschland zu schaffen, um Glauben und Kultur des Alevitentums zu erhalten und weiterzugeben.

Aleviler.de folgt genauso wie Vaybee.de keiner Leitmetapher im Sinne von Marotzki (2003), die sich in der Gestaltung der Website widerspiegelt. *Leitend* ist vielmehr die Namensgebung der Community:

Abbildung 10: Das Logo von www.aleviler.de

Das Logo von Aleviler.de zeigt zunächst den Buchstaben ‚A' in Form eines brennenden Bogens, unter dem ein Krummschwert schwebt. Das Feuer stellt eines der vier heiligen Elemente (Feuer, Wasser, Erde, Luft) im alevitischen Glauben dar. In das Schwert ist „Hz. Ali" eingraviert (türk. für: Heiliger/Prophet Ali). Dadurch soll die Verbundenheit zum Propheten Ali – im Alevitentum der direkte Nachfolger des Propheten Muhammad – symbolisiert werden. Zudem ist eine weiße Taube zu sehen, die einen Ölzweig im Schnabel hält. Dies symbolisiert die Begriffe Frieden, Freundschaft und Toleranz, die ebenfalls für die Glaubensrichtung und die Gebetsrituale der Aleviten grundlegend sind.

Mithilfe ihres Logos positioniert sich diese Online-Community eindeutig im Kontext des Alevitentums und versucht somit auch, eine klar definierte Zielgruppe potenzieller Mitglieder zu definieren wie unmissverständlich anzusprechen. Das Logo soll die Homogenität und den sozialen Zusammenhalt einerseits der Glaubensgemeinschaft, und – daraus abgeleitet – der Mitglieder zum Ausdruck bringen, eine Homogenität, die die Community auf der einen Seite gegenüber anderen Sozialräume im Internet (mit unterschiedlichen religiösen und kulturellen Werten) abgrenzt. Auf der anderen Seite soll durch das Logo die religiöse und weltanschauliche Gemeinsamkeit der Mitglieder unterstrichen werden.

2.2.2.1 Regelwerk

Bei Aleviler.de kann prinzipiell jede Person Mitglied werden, unabhängig vom alevitischen Glaubenshintergrund der Seite. Formale Voraussetzung ist, dass die Person der Nutzungsvereinbarung bzw. der Netiquette (vgl. S. 315) zustimmt. Darin heißt es u.a.: „Aleviler.de behält sich das Recht vor, Inhalte, die auf irgendeine Art diese Nutzungsvereinbarung verletzen oder in sonstiger Weise inakzeptabel sind, zu löschen oder zu bearbeiten". Welche Inhalte für die Betreiber „inakzeptabel" sind, regelt ein umfangreicher, in der Netiquette enthaltener Katalog von verbotenen Beitragsinhalten (vgl. S. 315). Deutlich wird dabei der Versuch, all das an Positionen der Mitglieder in den Foren auszuschließen, was dem formulierten Verständnis als „Markt der Meinungen und der verschiedenen Ansichten" als gegenläufig betrachtet wird. Die Auswahl an Verboten ist teils sicherlich mit dem Anspruch der Online-Community zu erklären, sich an den zentralen Begriffen des alevitischen Glaubensverständnisses – Frieden, Freundschaft und Toleranz – zu orientieren. Teils wirkt die Liste aber auch recht beliebig und scheint vor allem an die subjektive Einschätzung der Administratoren gebunden zu sein, was sich nicht zuletzt in dem Satz ausdrückt: „Der Administrator und die Moderatoren behalten sich vor, auch Beiträge zu löschen, die nicht explizit in dieser Liste enthalten sind". Während somit die Seite einem – mehr oder weniger – klaren Sanktionssystem unterliegt, welches im Hinblick auf die Anzahl der Verbotsthemen eindeutig schärfer als das von Vaybee.de ausgeprägt ist, gibt es kein explizites Gratifikationssystem, um die Aktivitäten der Mitglieder zu belohnen.

2.2.2.2 Soziografische Struktur

Ebenso wie Vaybee.de basiert Aleviler.de auf einer soziografischen Struktur der Über- und Unterordnung sozialer Positionen. An der Spitze der „Hierarchie" stehen die Administratoren, die teilweise zugleich verantwortliche Betreiber des Portals sind. Sie besitzen das Recht, sich regelwidrig verhaltende Mitglieder aus der Community auszuschließen sowie Forumseinträge und Identitätsprofile zu löschen. Darüber hinaus gibt es die Moderatoren, die im Forenbereich die Diskussionen der Mitglieder verfolgen bzw. dazu in Form von eigenen Beiträgen/Postings motivieren. Sie besitzen zwar nicht das Recht der Administratoren, Mitglieder der Community oder des Forums zu verweisen, aber sie können die entsprechende Sanktionierung bei den Administratoren anregen. Darüber hinaus engagieren sich freiwillig Community-Mitglieder als Online-Redakteure, um Nachrichtentexte und Berichte für die Bereiche News, Alevi-News, Musik und Kultur zu schreiben oder zu bearbeiten.

2.2.2.3 Kommunikationsstruktur

Die Kommunikationsstruktur unterteilt sich in asynchrone und synchrone Kommunikationsdienste. Die asynchronen Dienste sind vor allem E-Mail (genannt „Webm@il") und Forum:

Der E-Mail-Dienst bietet den Mitgliedern die Möglichkeit, interne Nachrichten an Mitglieder sowie externe Nachrichten an Nicht-Mitgleider außerhalb der Community zu schicken. Jedes Mitglied bekommt nach der Registrierung eine eigene E-Mail-Adresse (nickname@aleviler.de) mit einem dazugehörigen E-Mail-Postfach. Allerdings gilt hier ebenso wie bei Vaybee.de die Regel, dass die Mails maximal 30 Tage aufbewahrt und dann automatisch gelöscht werden.

Im Mittelpunkt der Kommunikationsstruktur steht die Rubrik „Forum" (vgl. Abb. 11, S. 90), bestehend aus insgesamt 19 (teilweise moderierten) Foren, z.B. „Politik", „Smalltalk, Freizeit" und „Gedichte, Zitate". Innerhalb der Foren hat jedes Mitglied wie üblich die Möglichkeit, ein neues Thema nach Wahl zu erstellen (z.B. „Ist Aleviler.de ein Partnertreff bzw. Singletreff???"). Dabei zeigt sich, dass sich die Themenauswahl der Mitglieder keineswegs am Kontext des Alevitentums orientiert. Vielmehr handelt es sich um Alltagsthemen (Rassismus, Liebe, Politik etc.), die in der Regel ebenso gut bei Vaybee.de platziert sein könnten.

Die synchronen Kommunikationsdienste sind ein Instant Messaging-System (genannt „Private Message – PM)" und der Chat. Die Messenger-Funktion ist nach erfolgreicher Anmeldung jederzeit nutzbar. Dabei hat das Mitglied die Möglichkeit, persönliche Nachrichten (i.d.R. 80 Zeichen) an andere innerhalb der Community zu verschicken, die ohne Zeitverzögerung unmittelbar auf dem Bildschirm des Gegenübers erscheinen und auch nur von diesem einsehbar sind. Darüber hinaus verfügt Aleviler.de über einen Text-Chat, in dem es allerdings keine Differenzierung nach Themen-Räumen gibt. Es besteht lediglich ein Hauptchatraum, in dem sich alle Teilnehmer versammeln.

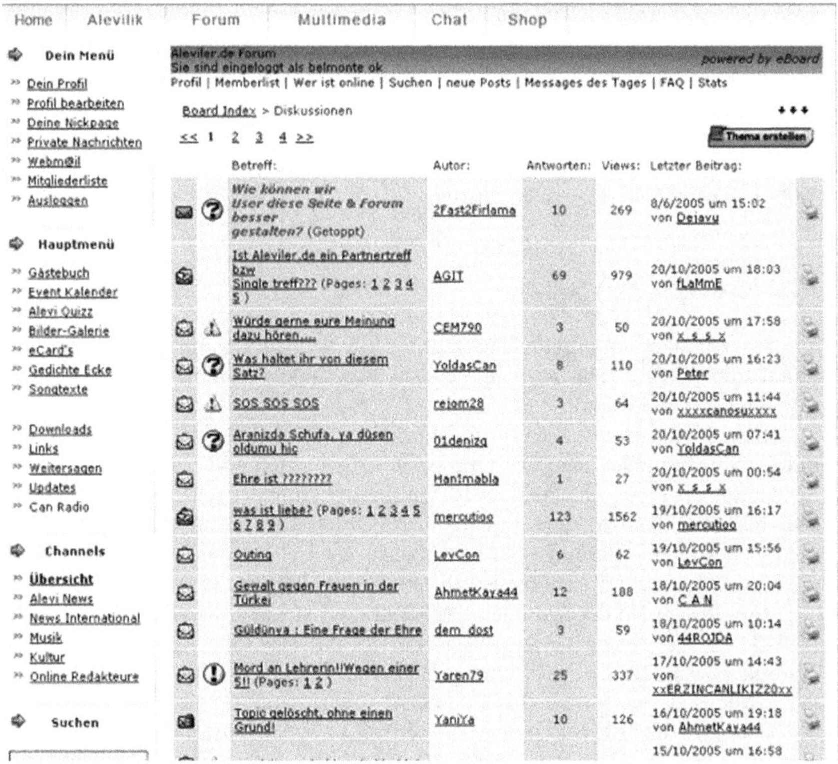

Abbildung 11: Ausschnitt aus dem Forenbereich von www.aleviler.de

2.2.2.4 Informationsstruktur

1) Top-Framebereich
Um die einzelnen Elemente der Community nutzen zu können, muss sich das Mitglied mit Benutzernamen und Kennwort anmelden, die er bei der Registrierung angegeben bzw. zugewiesen bekommen hat. Über dem „Login"-Feld ist ein Link mit dem Titel „Live.Radio" platziert, über den kostenlos Musik abgerufen werden kann, die von Aleviten und Kurden gespielt wird und einen entsprechenden kulturell-religiösen Hintergrund hat. Darüber hinaus bestehen Links zu den Hauptrubriken der Seite: „Alevilik" (Informationen zu Literatur, Musik und Kultur der Aleviten), „Forum", „Multimedia" (Links zu kostenloser Software im Netz), Chat und Shop (ohne Inhalt).

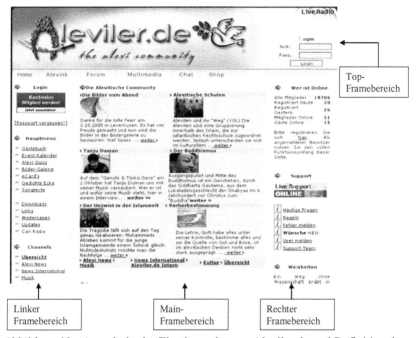

Abbildung 12: Ausschnitt der Einstiegsseite von Aleviler.de und Definition der
vier Framebereiche.

2) Linker Framebereich
Dieser Framebereich gliedert sich in zwei Teile. Der erste Teil („Hauptmenü")
enthält neben einem Link zum „Gästebuch", in dem die Mitglieder allgemeine
Anregungen und Kommentare zur Online-Community hinterlassen können, vor
allem Links zu Serviceangeboten: Eventkalender, Alevi-Quiz, Bilder-Galerie,
Gedichte Ecke, Songtexte, Downloads, Links, Weitersagen, Updates, Can-Radio.
Der zweite Teil („Channels") verlinkt insbesondere zu entweder übernommenen
oder redaktionell bearbeiteten Berichten und Informationen zu Themen aus dem
alevitischen Kontext, d.h. Alevi-News, News International, Musik, Kultur.

3) Main-Framebereich
Hier werden wichtige Inhalte aus dem Bereich „Channels" (linker Framebereich) –
Neuigkeiten und Berichte über religiöse, kulturelle und politische Themen, die
bei alevitischen Jugendlichen auf Interesse stoßen sollen – mit Hilfe von „Infor-
mationshäppchen" („Teaser") dargestellt.

4) Rechter Framebereich
Hier bekommt der User einen statistischen Überblick über die Mitglieder-
entwicklung präsentiert, z.b. wie viele Mitglieder die Community insgesamt hat
und wie viele im Moment online sind. Darüber hinaus existiert ein „Support"-
Bereich, der auf häufig gestellte Fragen eingeht, Regeln erläutert, Veränderungs-
wünsche und Regelverstöße von anderen Mitgliedern („User melden") entgegen-
nimmt sowie Kontaktadressen der Administratoren zur Verfügung stellt. Unter
diesen Support-Links wird ein – täglich wechselndes – Feld eingeblendet, das
„Weisheiten" von berühmten alevitischen Denkern und Dichtern enthält.

Redaktionelle Inhalte
Die Informations- und Nachrichten-Angebote des Portals gliedern sich in vier Bereiche: Alevi-News, News International, Musik und Kultur. Diese Bereiche sind
über den linken Framebereich jederzeit zu erreichen. Zudem werden aktuelle Informationen und Nachrichten in Form von Teasern im Main-Framebereich präsentiert.
Die Artikel sind ausschließlich in deutscher Sprache verfasst und in erster Linie auf
den alevitisch-kurdischen Kontext hin ausgerichtet, verbunden mit dem Ziel der
Aufklärung, des Aufbaus und der Bewahrung von Wissensbeständen über den
alevitischen Glauben, seine Traditionen, religiöse, politische, soziale und kulturelle
Dimensionen des Alevitentums sowie Abgrenzungen zu anderen Glaubensrich-
tungen (vgl. Abb. 13). Zu diesem Zweck verfügt das Portal auch über das nach
einigen Angaben größte deutschsprachige Archiv des Alevitentums im Internet, in
dem primär Gedichte und Songtexte zu finden sind (Bereiche Musik und Kultur).

▶ Konflikt in der Islamwelt

Einer der wichtigsten Gräben, die die
türkische Gesellschaft durchziehen,
sind die der Religionszugehörigkeit.
Es ist nämlich keineswegs so, dass
sämtliche Türken sunnitischen
Glaubens wären. ... weiter_»

Abbildung 13: Berichts-Teaser im Main-Frame von www.aleviler.de

Die Berichte werden, wenn sie nicht aus anderen Quellen übernommen werden,
von einer Online-Redaktion verfasst. Die Mitglieder haben die Möglichkeit, sich
dort ehrenamtlich zu beteiligen, nachdem sie sich erfolgreich als Online-
Redakteur bei den Betreibern beworben haben.

2.2.2.5 Präsentationsstruktur

Das Identitätsmanagement wird insbesondere über die sog „Nick-Page" gehandhabt, die das Identitätsprofil des Mitglieds darstellt. Hier können – ähnlich wie im „Gästebuch" bei Vaybee.de – einerseits soziodemografische Angaben gemacht (Geschlecht, Ausbildung, Beruf, Wohnort), andererseits Angaben zum Lebensstil (Hobbys, Musikrichtung etc.). Darüber hinaus werden dem jeweiligen User dort die Nachrichten („Webm@il") sowie noch einmal die PMs angezeigt, die andere an ihn geschickt haben.

2.2.2.6 Partizipationsstruktur

Die Mitbestimmungsmöglichkeiten der Mitglieder an der Gestaltung der Online-Community sind relativ gering, sieht man einmal von der Möglichkeit ab, eigene Themen und Postings im Forum zu platzieren und ehrenamtlich als Online-Redakteur zu arbeiten. Darüber hinaus beruht die Partizipationsstruktur lediglich auf einem schlichten Vorschlagswesen, über das per E-Mail Anregungen zu strukturellen Veränderungen an die Administratoren übermittelt werden können.

2.2.2.7 Verhältnis online-offline

Aleviler.de verfolgt zwei Strategien, um Beziehungen und Freundschaften, die online eingegangen worden sind, auch offline fortführen zu können. An erster Stelle sind hier Partys zu nennen, die entweder von den Betreibern selbst oder von Community-Mitgliedern organisiert werden. Darüber hinaus werden regelmäßig Mitgliedertreffs in verschiedenen Städten in Deutschland organisiert, für die die Mitglieder aus den jeweiligen Orten Cafés oder Kneipen als Treffpunkte vorgeschlagen können (vgl. S. 317).

2.2.3 www.bizimalem.de

Bizimalem.de (türk. für: „unsere Szene") versteht sich als „European Turkish People Network" mit dem erklärten Ziel, ein türkisches Freundschaftsnetzwerk in Europa aufzubauen und Spaß zu haben, in der Diktion der Online-Community auf der der Eingangsseite vorgelagerten Begrüßungsseite: „connecting turkish people in europe", „get in touch with people from europe", „build your own friend network", „meet new people through your friend", „have fun with online games" (s. Abb. 14, S. 94).

Bizimalem.de, gegründet im Jahr 2001 und betrieben von dem Unternehmen *Smart Web Business AG*, hat nach eigenen Angaben über 480.000 Mitglieder. Mehr als die Hälfte der Nutzer gehört zu den älteren Jugendlichen im Alter zwischen 20 und 29 Jahren (60 %). Nur ein geringer Teil ist unter 20 Jahren (15 %). Jeder Fünfte ist zwischen 30 und 39 Jahren (20 %). Der weibliche Nutzeranteil (56 %) überwiegt gegenüber dem männlichen (44 %). Neben Vaybee.de handelt es sich auch bei Bizimalem.de um ein zum Teil kostenpflichtiges Angebot. „VIP-Mitglieder" bezahlten zum Zeitpunkt der Erhebung des Datenmaterials (Interviews) pro Monat 4,99 € und konnten auf diese Weise die verschiedenen Angebote uneingeschränkt nutzen und auch SMS verschicken. Dagegen durften Normal-Nutzer nur noch höchstens 12 Einträge pro Tag in das Postfach eines anderen Mitglieds posten.

Abbildung 14: Ausschnitt der Eingangsseite von www.bizimalem.de

Die Namensgebung der Online-Community (vgl. Abb. 15) liefert zugleich ihr Motto und will den (potenziellen) Mitgliedern das Gefühl vermitteln, dass sie einen ausschließlich von Türken bewohnten und definierten Sozialraum im Internet betreten und Bestandteil dieses besonderen sozialen Netzwerks sind bzw. werden könne.

EUROPEAN TURKISH PEOPLE NETWORK
Since 2001 in Europe | You are from Germany

Abbildung 15: Logo und Motto von www.bizimalem.de

2.2.3.1 Regelwerk

Die Verhaltensregeln in der Community werden vom Betreiber vorgegeben. Die Mitglieder sollen darin etwa garantieren, dass die veröffentlichten Beiträge nicht gegen gesetzliche Bestimmungen verstoßen. Es dürfen keine pornografischen, obszönen, diffamierenden, verleumderischen, beleidigenden, bedrohenden, volksverhetzenden oder rassistischen Inhalte, Informationen, Software oder anderes Material eingestellt werden. Auch sind Urheberrechte und ähnliche Schutzrechte Dritter zu beachten. Ein Verstoß gegen die Verhaltensregeln führt zu Sanktionen, und zwar dem sofortigen Ausschluss aus der Online-Community. Außerdem behält es sich der Betreiber vor, Informationen, Inhalte oder anderes Material zu löschen, die gegen die Verhaltensregeln verstoßen.

Neben diesem Sanktionssystem besitzt die Online-Community ein differenziertes „Credit-Point-System", das der „Gratifikation" der Mitglieder dienen soll. So erhält das Mitglied mit jeder seiner Anmeldungen 5 Credits auf sein virtuelles Konto gut geschrieben. Gelingt es ihm neue Mitglieder zu werben, erhält es 50 Credits und einen für einen Monat kostenfreien „VIP-Account". Zudem werden die Mitglieder durch Credit-Points belohnt, wenn sie besondere Angebote des Portals nutzen. So bekommt jedes Mitglied, das eine E-Card (elektronische Postkarte) an ein Mitglied oder Nicht-Mitglied per E-Mail verschickt, 10 Credits gut geschrieben.

2.2.3.2 Soziografische Struktur

Die soziale Ordnung basiert auf einem regelgeleiteten System der Über und Unterordnung, in dem verschiedene soziale Hierarchieebenen zu unterscheiden sind:

- Allen anderen Mitgliedern übergeordnet sind die Administratoren, Support-Mitarbeiter und Moderatoren. Sie sind befugt, Mitglieder aus der Community auszuschließen, Identitätsprofile zu löschen, helfen aber auch bei technischen Problemen und betreuen die Diskussionsforen.
- „VIP-Mitglieder" besitzen im Vergleich zu „Standard-Mitgliedern" privilegierte Rechte in Bezug auf die Nutzung der verschiedenen Community-Angebote, z.b. virtuelle Gruppen gründen, SMS verschicken.
- Im Vergleich zu VIP-Mitgliedern haben „Standard-Mitglieder" in der Community weitaus weniger Möglichkeiten zu interagieren. So haben sie nur zweimal am Tag das Recht Blogeinträge zu kommentieren, dagegen können dies VIPs uneingeschränkt tun.

Darüber hinaus hat jedes Mitglied das Recht, im Forenbereich ein Thema oder im Gruppenbereich eine Gruppe zu erstellen, an dem/der sich andere beteiligen können (vgl. Abschnitt „Kommunikationsstruktur"). Das gründende Mitglied wird automatisch zum jeweiligen Moderator dieser Einheiten und ist befugt, Teilnehmer zu ermahnen oder Beiträge von anderen Nutzern zu löschen (z.b. bei sexistischen Äußerungen).

2.2.3.3 Kommunikationsstruktur

Die Kommunikationsstruktur besteht bei Bizimalem.de ausschließlich aus asynchronen Kommunikationsdiensten, zu denen vor allem E-Mail, Forum, Gruppe, Blog und Kolumne gehören.

Mithilfe des *E-Mail*-Dienstes hat das Mitglied die Möglichkeit, elektronische Nachrichten zu empfangen, zu senden und – im Unterschied zu Vaybee.de und Aleviler.de – zu organisieren: So können empfangene E-Mail-Nachrichten in einem Archiv ohne zeitliche Begrenzung gespeichert werden, Nachrichten können an mehrere Adressaten zugleich verschickt werden, es kann ein „Mailbox-Filter" aktiviert werden, mit dem unerwünschte Absender blockiert werden können etc.

Der *Forenbereich* (vgl. Abb. 16, S. 97) ist thematisch sehr ausdifferenziert. Es existieren 25 unterschiedliche Diskussionsforen. Die thematische Spannweite reicht von „Liebe und Flirt" über „Psychologie" bis hin zu „Ausbildung und Studium". Jedes Mitglied kann hier Beiträge posten und Themen erstellen.

Durch die Gründung einer *Gruppe* (vgl. Abb. 17, S. 98) wird ein abgetrennter virtueller Kommunikationsraum geschaffen, der sich einem frei wählbaren Thema widmet, von Liebe, Freundschaften und Beziehungen bis hin zu Kultur und Computer. Jedes an einer Gruppe interessierte Mitglied von

Bizimalem.de muss sich erst um eine Mitgliedschaft beim Gruppengründer bewerben und dann den Nutzungsbedingungen der Gruppe zustimmen, die vom Gründer eigens erstellt werden. Jede Gruppe kann ein Motto für den Kommunikationsstil und die thematische Ausrichtung festlegen. Dabei können verschiedene Internet-Medien eingebunden werden, z.b. über Links zu Videos von Youtube.com, animierte Bilder oder Musik. Jede Gruppe besitzt eine Art Visitenkarte, auf der wichtige Informationen zur ihrer „Identität" dargestellt werden, z.b. das Gruppenbildungsdatum, die Mitgliederzahl, den Gründernamen der Gruppe, Anzahl der Moderatoren, verwendete Sprache (türkisch/deutsch), Zugehörigkeit zu einem Land oder einer Stadt, Nutzungsbedingungen. Ein weiteres wichtiges Merkmal von Gruppen ist die Gruppengalerie, in der Bilder und Bilder-Alben abgelegt werden können. Die Gästebücher der Gruppenmitglieder werden hierarchisch angezeigt. Als erstes ist das des Gründers zu sehen, darauf folgen die Moderatoren, die gleichzeitig auch die Gruppenadministratoren darstellen, erst dann folgen die Standard-Mitglieder der Gruppe. Die Gründer und

Abbildung 16: Ausschnitt des Foren-Bereichs von www.bizimalem.de

Gruppenadministratoren besitzen das Recht, Standard-Mitglieder aus der Gruppe auszuschließen, Bilder, Videos und Musik-Links zu löschen sowie das Aussehen der Gruppe zu bestimmen. Weiterhin verfügt jede Gruppe über ein Blog und ein Forum.

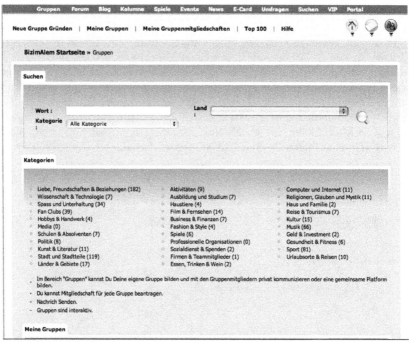

Abbildung 17: Liste der Gruppen bei www.bizimalem.de

Bizimalem.de stellt jedem Mitglied ein *Blog* (Online Tagebuch) zur Verfügung, der allerdings erst nach Anmeldung in der Community zu erreichen ist, was diese Form von herkömmlichen Weblogs im Internet unterscheidet. Die Auswahl der Blog-Themen ist frei. Beiträge in den Blogs können von den anderen Mitgliedern kommentiert und in Form von Sternen (ein bis fünf Sterne) bewertet werden. Außerdem können Videos, Bilder und Musikstücke eingefügt werden.

Kolumnen ähneln den Blogs, außer dass keine Videos, Bilder und Musikstücke integrierbar sind. Die Kolumnen werden von den Mitgliedern vor allem für die Präsentation von Witzen und Gedichten genutzt

2.2.3.4 Informationsstruktur

1) Top-Framebereich:
Im Top-Framebereich fällt neben dem Logo die relativ große Werbefläche mit Werbebanner auf. Im oberen linken Bereich ist einerseits die Anzahl aller Mitglieder zu sehen, die sich zurzeit online in der Community befinden. Diese Zahl ist zugleich verlinkt mit der Nickname-Liste der einzelnen Mitglieder. Andererseits wird die Zahl der Mitglieder angezeigt, die sich im Spielbereich befinden, ebenfalls verlinkt mit einer Nickname-Liste.

Im oberen rechten Bereich des Top-Framebereichs besteht die Möglichkeit, zwischen den Sprachen Englisch, Deutsch und Türkisch zu wählen. Türkisch ist die voreingestellte Sprache. Erst nach dem Klick auf eines der Sprachfelder verändert sich die Textanzeige.

Abbildung 18: Ausschnitt der Einstiegsseite von www.bizimalem.de und Definition der drei Framebereiche

Im unteren Teil dieses Framebereichs sind die Rubriken in Form von Tap-Links aufgelistet: Gruppen, Forum, Blog, Kolumne, Spiele, Events, News, E-Card, Umfragen, Suchen, VIP, Portal. Nach erfolgreicher Anmeldung erweitert sich der Top-Framebereich um Folgende Links:

Dashboard .	(Schaltzentrale, um Änderungen bzw. Einstellungen am Profil vorzunehmen. Darüber hinaus hat das Mitglied hier alle Angebote und Funktionen des Portals auf einen Blick aufgelistet. So kann die Anzahl der Nachrichten in seinem Postfach eingesehen, das virtuelle Konto verwaltet oder in der Profilstatistik kontrolliert werden, wie viele Mitglieder die persönliche Profilseite besucht haben und wer diese Nutzer sind.)
Mein Profil	(Einstellungen für das Profil)
Postfach	
Meine	
Fotoalben	
Freunde	
Kalender	(virtueller Terminkalender)
Mein Cash	(virtuelles Konto)

2) Linker Framebereich:
Hier besteht die Möglichkeit, sich in der Community anzumelden. Nach der Anmeldung verändert sich das Anmeldefeld in einen Bereich, in dem der Nutzer seine momentane Stimmung aus einer Liste von Stimmungsbegriffen – von ‚super' über ‚langweilig' hin zu ‚traurig' – wählen kann. Weiterhin können in einem Kalender persönliche Einträge bzw. Termine eingetragen werden. Außerdem wird über Partys und andere Events informiert. Schließlich werden hier auch Umfragen zu verschiedenen Themen der Online-Community platziert, z.B. Was soll der neue Bereich bei BizimAlem beinhalten? Video-, Musik-, Shop- oder Chatbereich.

3) Main-Framebereich
Dieser Teil gliedert sich in die fünf Rubriken: Mitglieder, Gruppen der Woche, Events, Nachrichten und Blogs.
    Im obersten Bereich sind die Bilder jener Mitglieder zu sehen, die sich neu in der Community angemeldet haben. Das angemeldete Mitglied kann diese Ansicht mithilfe einer Filter-Funktion anpassen, und zwar nach den Kriterien Geschlecht, Land, Stadt und Alter.
    Unter dem Mitgliederbereich werden zufällig ausgewählte Gruppen angezeigt, womit ein Anreiz zur dortigen Mitgliedschaft gegeben werden soll.
    Unter diesem Bereich werden virtuelle Plakate von türkischen Events in Deutschland dargestellt (z.B. Silvesterpartys, Konzerte), die in naher Zukunft stattfinden.

Anschließend werden Nachrichten präsentiert, die im Main-Framebereich in sechs Kategorien aufgeteilt sind: Türkei, Welt, Sport, Technik, Gesundheit und Mode. Nach Klick auf den Link „Nachrichten" erweitert sich die Liste. Die Nachrichten stammen aus diversen türkischen Internetquellen (z.B. www.haber3.com; www.interhaber.com; www.showhaber.com) und werden nicht ins Deutsche übersetzt. Schließlich werden zufällig ausgewählte Beiträge aus dem Blogbereich der Community dargestellt.

Redaktioneller Inhalt
Wie bereits angedeutet, stellt Bizimalem.de seinen Mitgliedern Nachrichten zur Verfügung, die vollständig über einen entsprechenden Link im Main-Framebereich aufgerufen werden können. Sie sind 13 Kategorien aufgeteilt, u.a. politische Nachrichten, Sport, Lifestyle, Technik, Bildung und Gesundheit. Die Inhalte werden nicht vom Bizimalem.de selbst verfasst und erscheinen – wie erwähnt – in ausschließlich türkischer Sprache. Sie werden unterschiedlichen türkischen Nachrichtenportalen entnommen und in der Regel entsprechend kenntlich gemacht. Dabei handelt es sich sowohl um Nachrichten über den deutschen als auch über den türkischen Kontext. Allerdings sind sie ausschließlich verfasst von Redaktionen aus der Türkei bzw. türkischer Medien.

2.2.3.5 Präsentationsstruktur

Als „Selbstdarstellungsrequisite" bietet Bizimalem.de einerseits das typische Identitätsprofil, auf dem Angaben zur Person/Persona gemacht werden können. Darüber hinaus wird jedem Mitglied angeboten, Daten zum Identitätsprofil, Fotos sowie Videos und Musik auf einer eigens dafür konzipierten *Homepage* abzulegen, die jeweils mit vorgefertigten Schablonen personalisiert werden kann. Diese Seite mit eigener URL (http://www.bizimalem.li/nickname) ist auch dann zu erreichen, wenn sich das Mitglied gerade nicht in der Community angemeldet hat. Die Präsentationsmöglichkeiten gehen weit über die Funktionen hinaus, die Vaybee.de und Aleviler.de zur Verfügung stellen, auch insofern, weil dort zusätzliche Medien eingebunden werden können, z.B. selbst gedrehte Videos und (bis zu 200) Fotos.

2.2.3.6 Partizipationsstruktur

Neben der Möglichkeit, den Betreibern bzw. Administratoren über E-Mail Anregungen und Vorschläge zu übermitteln, können sich die Mitglieder über

Umfragen zur Gestaltung und zu technischen Veränderungen der Community äußern (vgl. Abb. 19). Darüber hinaus wird jedem Mitglied die Option eröffnet, eigene Umfragen zu selbst gewählten Themen zu präsentieren. Somit verfügt Bizimalem.de im Vergleich zu den beiden anderen vorgestellten Communities über eine ausgeprägtere Partizipationsstruktur.

Abbildung 19: Umfrage zu einem neuen Bereich, der in Kürze bei Bizimalem.de entstehen soll (türk. für: Welcher neue Bereich soll demnächst bei Bizimalem entstehen? Video; Werbung; Musik; Chat; Shop).

2.2.3.7 Verhältnis offline-online

Bizimalem.de verfolgt insofern eine Strategie, Mitgliedern zu ermöglichen, online geknüpfte Bekanntschaften und Beziehungen offline weiter zu führen, als sich die Online-Community nach eigenen Angaben als professioneller Veranstalter von offline stattfindenden Community-Partys versteht. Allerdings findet sich im Erhebungszeitraum keinerlei Hinweis auf tatsächlich stattfinde Events dieser Art.

3. Untersuchungsdesign

Die Kapitelfolge des vorliegenden Werkes stimmt nicht mit der Chronologie der empirischen Untersuchung überein. Meine theoretisch-konzeptionellen Ausführungen in Kapitel 1 sind teils erst Ergebnis eines im Verlauf der Forschungsarbeit stattgefundenen Wechselspiels von Datenanalyse und theoretischer Interpretation. So ist insbesondere die Erkenntnis des Zusammenhangs, in dem die Mehrfachzugehörigkeit von jungen Migranten mit ihrer Suche nach Anerkennung in den natio-ethno-kulturellen Hybridumgebungen des Internets steht, erst im Zuge der Datenauswertung entstanden. Zu Beginn der Untersuchung stand also nicht etwa die Fokussierung auf die Konzepte von Zugehörigkeit und Anerkennung im Zentrum bzw. die recht konkrete Überlegung, welche sozialräumliche Rahmung sich junge türkische Migranten im Internet geben, die ihnen ermöglicht, ihre „prekäre" Zugehörigkeit und die damit verbundenen Anerkennungsprobleme zu verarbeiten oder diese in die eine oder andere Richtung auszuhandeln. Vielmehr habe ich mich zunächst auf die deutlich abstraktere Frage konzentriert, *wie sich türkische Migrantenjugendliche Online-Communities für ihren Identitätsbildungsprozess erschließen.* Um dieser zwar durch theoretische Vorannahmen beeinflussten, aber insgesamt ‚offenen' Fragestellung mit explorativem Anspruch in methodischer Hinsicht gerecht werden zu können – sie begründet sich nicht zuletzt durch die gegenwärtig noch schmale Forschungslage zum Thema, wie bereits deutlich werden sollte –, musste das Untersuchungsdesign auf einem Vorgehen beruhen, in dem

a) die *Stichprobenauswahl* durchaus anhand von theoretisch relevanten Merkmalskombinationen erfolgen kann, weil ja generell für die Aufwachsbedingungen von jungen (türkischen) Migranten orientierende Annahmen zur Verfügung standen und genutzt wurden,

b) durch die *Erhebungsmethode* gewährleistet wird, einen möglichst umfassenden Zugang zur Erfahrungswelt der jungen Migranten zu erhalten, mithin also die für das Identitätsthema relevante Frage beantwortet werden kann, wie das Subjekt seine Lebenswelt versteht, welche subjektiven Bedeutungskonstellationen es mit ihr verbindet,

c) die *Auswertungsmethode* jenseits der Hypothesenüberprüfung angesiedelt ist und nicht auf ein bereits bestehendes, aus der Theorie abgeleitetes Kategoriensystem zur Analyse des Datenmaterials angewiesen ist, eine Methode also, die stärker am empirischen Material ausgerichtet ist als etwa das Verfahren der qualitativen Inhaltsanalyse, welches Mayring (2000) vorschlägt.

3.1 Zur Stichprobenauswahl

Untersuchungsobjekt sind junge Türken der zweiten und dritten Migrantengeneration in Deutschland, die Mitglieder der Online-Communities Vaybee.de,
Bizimalem.de und Aleviler.de sind und dort *aktiv* den Bereich der asynchronen
Diskussionsforen nutzen. Um dem Kriterium der *Fallkontrastierung* (Kelle/Klu-
ge 1999) bei der Fallauswahl gerecht zu werden, durch das angestrebt werden
soll, für die Fragestellung der Untersuchung relevante Fälle zu berücksichtigen,
habe ich mich dafür entschieden, eine Reihe von Basismerkmalen für die Auswahl der Stichprobe zu bestimmen, die sich aus theoretischen Vorüberlegungen
ergeben. Diese Merkmale sind

a) *Herkunft der Eltern*: Mithilfe dieses Merkmals sollten türkische Jugendliche
   miteinander kontrastiert werden, deren Eltern binational und nicht-binational
   zusammengesetzt sind. In der Untersuchung sollte zugleich das Problem
   umgangen werden, nur solche Personen als ‚junge türkische Migranten' zu
   bezeichnen, die ausschließlich einen türkischen Pass besitzen. Die Staatsbürgerschaft alleine sagt noch nichts über das Zugehörigkeitsverständnis der
   jungen Migranten aus (vgl. Salentin/Wilkening 2003), insbesondere dann,
   wenn sich die Fragestellung der Untersuchung am Begriff der Hybridität
   festmacht. Deshalb wurde als relevantes Merkmal für die Auswahl von Personen die Herkunft der Eltern gewählt, d.h. mindestens ein Elternteil der Befragten sollte in der Türkei geboren sein. Auf diese Weise konnten beispielsweise auch Jugendliche einbezogen werden, die zwar einen deutschen Pass
   haben, deren Eltern aber einen binationalen Hintergrund haben (Vater:
   Grieche, Mutter: Türkin).
b) *Geschlecht*: Es sollte möglich sein, Unterschiede zwischen den Sinnbildungs-
   prozessen und Verhaltensweisen männlicher und weiblicher türkischer Jugendlicher in Online-Communities zu untersuchen.
c) *Alter*: Die Altersspanne zwischen 14 und 25 Jahren sollte den Vergleich zwischen denjenigen jungen Türken ermöglichen, die traditionell eher den ‚Jugendlichen' zugerechnet werden können (14-18 Jahre) und solchen, die eher
   als ‚junge Erwachsene' (19-25 Jahre) bezeichnet werden können (vgl. zur
   Verlängerung der Jugendphase etwa Münchmeier 2008).
d) *Schulbildung*: Dieses Merkmal sollte den Vergleich zwischen jungen Türken
   mit unterschiedlich hohen Schulabschlüssen ermöglichen.
e) *Postingfrequenz*: Auf der Basis dieses Merkmals sollten Online-Community-
   Mitglieder kontrastiert werden, deren Aktivitätsgrad unterschiedlich ist. Es
   sollten also Wenigposter (z.B. ein Posting/Beitrag pro Woche) mit Vielpostern
   (z.B. mehrere Postings/Beiträge pro Tag) miteinander verglichen werden. Nicht

berücksichtigt wurden also die ‚stillen Beobachter' in Online-Communities (Lurker), die sich nicht aktiv an den Forendiskussionen beteiligen.

f) *Online-Community*: Mithilfe dieses Merkmals sollte ein Vergleich zwischen Mitgliedern von ‚natio-ethno-kulturellen Hybridumgebungen' mit unterschiedlicher thematischer und soziotechnischer Ausrichtung ermöglicht werden (vgl. Kapitel 2). Aus diesem Grund wurde die Fallauswahl auf jungen Türken begrenzt, die Vaybee.de und/oder Bizimalem.de und/oder Aleviler.de besuchen.

Bei der realisierten Stichprobe wird deutlich, dass sich die angestrebte Kontrastierung von Merkmalen im Hinblick auf Herkunft der Eltern, Geschlecht, Postingfrequenz und Online-Community gut umsetzen ließ. In Bezug auf Alter und Schulbildung konnte dies jedoch weniger erreicht werden. So verfügen alle 20 Befragten entweder über Abitur, Fachhochschulreife oder Mittlere Reife. Demgegenüber konnte kein Interviewpartner gefunden werden, der über einen niedrigen Schulabschluss (etwa Hauptschulabschluss) verfügt. Auch hinsichtlich des Alters konnte der angestrebte Vergleich nicht erreicht werden, weil sich alle Befragten in der Gruppe befinden, die den jungen Erwachsenen zuzurechnen ist, d.h. zwischen 20 und 25 Jahre alt sind.

3.2 Erhebungsmethode

Mit der Auswahl des ‚episodischen Interviews' (Flick 1996) als Erhebungsmethode war die Absicht verbunden, auf der einen Seite die Vorteile des narrativen Interviews sowie des Leitfaden-Interviews miteinander zu verbinden, ohne andererseits die Nachteile der beiden Verfahren in Kauf nehmen zu müssen. Zwar sollte die Interviewmethode einen Weg zur Rekonstruktion narrativen Wissens in Form von Erzählungen ermöglichen – im Mittelpunkt steht hier die Schilderung von Situationsabläufen –, zugleich aber eine zweite Wissensform, das semantische, aus den Erfahrungen abstrahierte Wissen – vom Subjekt vorgenommene oder aufgezeigte Ableitungen, Generalisierungen und Zusammenhänge – nicht vernachlässigen. Für die Fragestellung dieser Untersuchung ist zudem wichtig, dass sich im Rahmen des episodischen Interviews die Erzählsituation auf Erfahrungen konzentriert, die für die Untersuchungsfragen von Interesse sind. Darüber hinaus liegt es nicht nur in der Entscheidung des Befragten, ob er beschreibt oder erzählt, sondern auch, welche Situationen er zur Darstellung kommen lässt. Ziel des episodischen Interviews ist, so Flick (2005, 160), „bereichsbezogen zu ermöglichen, Erfahrungen in allgemeinerer, vergleichender etc. Form darzustellen, und gleichzeitig, die entsprechenden Situationen und Episoden zu erzählen". Gegenüber dem narrativen Interview hat der Interviewer mehr Möglichkeiten, steuernd einzugreifen. Dadurch, meint Flick (ebd., 165), „werde die extrem einseitige und künstliche Situation des narrativen Interviews von einem Dialog abgelöst". Ein weiterer Vorteil ergibt sich aus der Methodenkombination von Erzählung und Frage-Antwort-Sequenzen: Dadurch werden triangulative Erkenntnisse ermöglicht (vgl. Denzin 1989; Treumann 1998). Zur Durchführung des Interviews wurde ein Leitfaden erstellt (vgl. Anhang, S. 311ff.), der alle Themen enthält, die zur Sprache kommen sollen. Entscheidend ist, dass der Befragte regelmäßig zum Erzählen von Situationen aufgefordert bzw. durch Nachfragen dazu motiviert wird. Im Leitfaden für diese Untersuchung spiegelt sich dies etwa in dieser Frage wider: „Wie war es für Dich, als Du das erste Mal in einem türkischen Webforum einen Beitrag geschrieben hast? Erzähl doch mal die Situation" (S. 311). Stärker auf das semantische Wissen zielen Fragen nach subjektiven Definitionen oder abstrakteren Zusammenhängen, z.B. „Welche Bedeutung hat die Türkei in Deinem Leben? Was verbindest Du mit der Türkei?" (S. 312).

3.2.1 Rekrutierung der Interviewpartner und Zugang zum Feld

Die Rekrutierung der Interviewpartner erfolgte auf *vier* Wegen und dauerte während der gesamten Erhebungsphase zum Zweck einer fortlaufenden Fallkontrastierung an. Bei letzterem handelt es sich aber nicht um „theoretisches Sampling" (Glaser/Strauss 1967/1998), weil *erstens* der Stichprobenumfang aus forschungssökonomischen Gründen von vornherein auf nicht mehr als 20 Fälle festgelegt war, und *zweitens* – wie bereits deutlich werden sollte – die Auswahlmerkmale vor der Erhebung festgelegt wurden. Außerdem, *drittens,* fand im Gegensatz zum theoretischen Sampling im Verständnis von Glaser und Strauss die Datenanalyse erst nach der Erhebung statt. Die vier Rekrutierungswege sind:

1) Die Ansprache von potenziellen Befragten *innerhalb des Forenbereichs* der drei ausgewählten Online-Communities, und zwar in Form a) eines allgemeinen Aufrufs an die Mitglieder und b) gezielter Anfragen an einzelne Mitglieder, die durch Postings auf sich aufmerksam gemacht haben bzw. für den Zweck der Fallkontrastierung besonders geeignet erschienen, z.B. Vielposter. Sowohl der allgemeine Aufruf als auch die gezielte Ansprache erfolgten in deutscher Sprache. In jedem Aufruf und jeder Ansprache war zudem ein Link zur Projekt-Homepage im Rahmen meines persönlichen Internetauftritts an der Universität Bielefeld angegeben, über den noch einmal die wichtigsten Informationen zur Befragung abrufbar waren. Zugleich sollte diese Projekt-

Homepage die Seriosität meines Anliegens zum Ausdruck bringen. Insgesamt musste ich bei dieser Form der Ansprache sehr vorsichtig vorgehen, weil Aufrufe an alle oder einzelne Community-Mitglieder, auch wenn sie wissenschaftlichen Hintergrund haben, in den Communities schnell als Spam (miss-) verstanden werden. Da die Forenbereiche der Communities tatsächlich oft als Möglichkeit der Platzierung von Werbung durch Außenstehende benutzt werden und dies von den Mitgliedern wie Betreibern als unerlaubte Störung eingeordnet wird, gibt es eine hohe Sensibilität gegenüber entsprechenden Versuchen. Deshalb gehört in allen Communities, die hier interessieren, das Verbot von Spam zum Bestandteil der Forenregeln. Bei Zuwiderhandlungen wird das Werbe-Posting entfernt und der Benutzer nach einer bestimmten Anzahl von Verwarnungen aus der Community verbannt bzw. seine Identität gelöscht. Aus diesem Grund habe ich bereits im Vorfeld nicht nur bei den Betreibern der Seiten, sondern auch bei Moderatoren verschiedener Foren die Unterstützung für eine Platzierung meiner Aufrufe eingeholt, was bei Aleviler.de sogar dazu geführt hat, dass die Betreiber den Hinweis auf den Aufruf auf ihre Startseite gestellt haben.

2) Die Ansprache von ‚Türwächtern' in den Online-Communities, die mir den Zugang zum Feld bzw. zu den Interviewpartnern eröffnen sollten. Im Zusammenhang dieser Untersuchung sind dies nicht in erster Linie die Betreiber, sondern vor allem die Moderatoren der einzelnen Foren, die über ein breites Netzwerk an sozialen Kontakten zu anderen Usern verfügen und auf diese Weise geeignete Interviewpartner nennen können bzw. als ‚Eisbrecher' dienen, um einen Kontakt herzustellen.

3) Die Nutzung des ‚Schneeballsystems'. Dies bedeutet, dass ich meine Interviewpartner darum gebeten habe, mir weitere Community-Mitglieder zu nennen, deren Befragung nicht zuletzt wegen der angezielten Merkmale der Stichprobenauswahl interessant schien.

4) Die Kontaktierung persönlicher *türkischer Informanten* im Offline-Kontext, mit denen ich vor, während und nach dem Untersuchungszeitraum intensiv zusammengearbeitet habe. Diese Informanten haben mir nicht nur hilfreiche Hinweise zum Verständnis der deutsch-türkischen Online-Welt gegeben und ich konnte mit ihnen meine Ergebnisse wie Schlussfolgerungen vor dem Hintergrund ihrer Binnenperspektive reflektieren. Sie haben auch zur Rekrutierung von Interviewpartnern beigetragen.

Alle vier Rekrutierungswege haben sich sinnvoll ergänzt, vor allem aber waren sie in ihrer wechselseitigen Ergänzung auch notwendig, um überhaupt den für mein Forschungsanliegen erforderlichen Zugang zum Feld bzw. zu den Interviewpartnern zu erhalten. Dieser Zugang hat sich als so schwierig herausgestellt,

wie ich erwartet habe. Die Skepsis, die meinem Vorhaben von vielen Community-Mitgliedern entgegengebracht wurde und die mir in zahlreichen Antwort-
postings dargelegt wurde, scheint mir insbesondere zwei Gründe zu haben:

1) Zwar sind es viele Personen/Personae in den Sozialräumen des Internets mittlerweile gewohnt, als Probanden an wissenschaftlichen Forschungsprojekten
   zu partizipieren. Allerdings beschränkt sich dies meist auf das Ausfüllen von
   Online-Fragebögen, in einigen Fällen auch auf die Teilnahme als Befragter in
   Online-Interviews, entweder asynchron (E-Mail) oder synchron (Chat). Bisher
   ungewöhnlich und jenseits der klassischen Online-Forschung angesiedelt (vgl.
   Batinic/Werner/Gräf/Bandilla 1999; Anderson/Kanuka 2003), ist die Erforschung von Phänomenen der sozialen Online-Welt mithilfe von Methoden der
   qualitativen Sozialforschung, die aus dem Offline-Kontext bekannt sind, also
   Face-to-Face-Interviews. Es verwundert wenig, dass die Teilnahme an dieser
   Art von Forschung vonseiten der potenziellen Interviewpartner mit Widerständen verbunden ist, ganz einfach aus dem Grund, weil sie die Pseudonymität
   ihres Online-Daseins aufgeben müssen, indem sie sich als Person offenbaren.
   Diese Hürden konnten bei vielen weder durch die wiederholte Zusicherung
   von Anonymität im Forschungsprozess noch – damit verbunden – durch die
   (vermeintliche) Seriosität meines universitären Hintergrundes beseitigt
   werden. Auf diese Weise ergaben sich zahlreiche Anbahnungsgespräche über
   E-Mail, Chat oder Instant Messenger, die teils erst nach Wochen des Verhan-
   delns vom Gesprächspartner plötzlich abgebrochen wurden.
2) Der zweite Grund für Skepsis lag in den oftmals mir hartnäckigst entgegen-
   gebrachten Vermutungen, meine wissenschaftlichen Absichten seien nur vorgetäuscht, etwa, es handele sich eigentlich um ein unlauteres Vorhaben der
   Kundengewinnung durch ein Unternehmen, das die Gruppe der jungen Türken als neue Zielgruppe entdeckt hat. Hinzu kam gerade bei offensichtlich
   jüngeren Community-Mitgliedern die Befürchtung, mein Anliegen sei krimi-
   neller Natur, was teils durch Anekdoten zum Ausdruck gebracht wurde, die
   die (angebliche) Vergewaltigung von Community-Mitgliedern im Rahmen
   von Offline-Treffen schilderten.

3.2.2 Erhebungssituation und -bedingungen

Der Erhebungszeitraum spannte sich von Juli bis Oktober 2005. Insgesamt habe
ich 20 Interviews durchgeführt. Das kürzeste Interview hat eine Länge von ca. 50
Minuten, das längste fast zwei Stunden. Alle Interviews wurden in deutscher
Sprache durchgeführt, bei der Rekrutierung der Interviewpartner wurde jedoch

darauf hingewiesen, dass die Möglichkeit besteht, das Interview auch in türkischer Sprache bzw. in Deutsch und Türkisch durchzuführen. In diesem Fall wäre der Interviewer ein türkischer Muttersprachler aus dem Projektteam gewesen. Von dieser Möglichkeit wurde aber kein Gebrauch gemacht. Die Befragung fand am Wohnort der jeweiligen Interviewten statt: Augsburg, Berlin, Bielefeld, Bingen, Brandenburg, Essen, Frankfurt, Hagen, Hamburg, Hannover, Köln, Nürnberg, Salzgitter und Stuttgart. Wo das Interview konkret stattfinden sollte, war den Gesprächspartnern überlassen. Nur in einem Fall wurde die häusliche Wohnung ausgewählt. Die restlichen Interviews habe ich in Cafés durchgeführt, die sich die Befragten ebenfalls frei aussuchen konnten, was meist den Nebeneffekt einer relativ ungezwungenen Gesprächsatmosphäre hatte. Die Verabredung zum jeweiligen Interviewtermin wurde per E-Mail oder/und telefonisch getroffen. Nach jedem Interview habe ich mir Notizen zur Erhebungssituation gemacht (Kommunikatives Verhalten des Interviewpartners, Mimik, Gestik, Begleitumstände etc.), wodurch die spätere Datenanalyse unterstützt werden sollte. Nach Abschluss des Gesprächs hat zusätzlich jeder Befragte einen Kurzfragebogen ausgefüllt, der insbesondere soziodemografische Merkmale abfragt. Jedes Interview ist transkribiert worden, und zwar nach dem Vorschlag von Rosenthal (1987). Die Namen der Interviewten, ebenfalls von Bezugspersonen, die im Interview genannt wurden, sowie den Wohnort habe ich anonymisiert.

3.3 Auswertungsmethode

Die Auswertung der Interviews erfolgte in Anlehnung an das von Glaser/Strauss (1967/1998) vorgestellte und u.a. von Strauss/Corbin (1996) weiterentwickelte Verfahren des „theoretischen Kodierens". Wie bereits deutlich werden sollte, handelt es sich um eine Methode, die insbesondere dann sinnvoll zum Einsatz kommen kann, wenn bisher keine genaue theoretische Rahmung des Untersuchungsgegenstandes vorliegt, was auch auf diese Untersuchung zutrifft. In diesem Sinne versteht sich theoretisches Kodieren als *Analyseprozess für Daten, die erhoben werden, um Konzepte, Zusammenhangsmodelle und Theorien erst im Zuge der Auswertung zu entwickeln*. Im Unterschied zum Vorschlag von Glaser/Strauss bzw. Strauss/ Corbin, die in ihrer Grounded Theory Datenerhebung und Datenanalyse als zeitlich eng ineinander verwobene Prozesse postulieren, die abwechselnd auftreten müssen, weil die Analyse das Sammeln der Daten anleitet, hat in meiner Untersuchung – wie bereits erwähnt – kein theoretisches Sampling stattgefunden. Zwar habe ich die Fälle zum Zweck der Fallkontrastierung erst nach und nach ausgewählt. Diese Form der Kontrastierung orientierte sich aber an den vor Erhebungsbeginn festgelegten Merkmalen, um auf diese Weise zu gewährleisten, dass bestimmte theoretisch relevante Merkmalskombinationen im Sample vertreten sind (vgl. Kelle/Kluge, 46ff.). Die Datenanalyse hat in dieser Untersuchung erst nach der Erhebung stattgefunden. Jenseits dieses Unterschiedes und im Rahmen des konkreten Auswertungsprozesses habe ich mich an dem von der Grounded Theory vorgeschlagenen dreistufigen Kodierprozess orientiert: offenes, axiales und selektives Kodieren.

3.3.1 Offenes Kodieren

Funktion des offenen Kodierens ist, die Daten ‚aufzubrechen', um ein tiefergehendes Verständnis für den Text zu gewinnen. Dazu werden Phänomene, die in den Daten identifiziert werden können, in Begriffe (Codes) gefasst, um anschließend solche Codes, die für die Fragestellung der Untersuchung relevant sind und zum selben Phänomen gehören, zu gruppieren, mithin zu kategorisieren. Die gefundenen – freilich zu diesem Zeitpunkt immer noch veränderbaren – Kategorien werden dann weiterentwickelt und näher bestimmt, indem sie *dimensionalisiert* werden, d.h. die Eigenschaften und Kennzeichen einer Kategorie werden entlang eines Kontinuums verortet (vgl. Strauss/Corbin 1996, 43ff.). Für diese Untersuchung bedeutet dies etwa, dass die Kategorie „Wahrnehmung von Anerkennung in der Online-Community" die Eigenschaften „Selbstanerkennung/Selbstbewertung", „Aufmerksamkeit von anderen Community-Mitgliedern wahrnehmen" und „Wahrnehmung der Bewertung von anderen Community-Mitgliedern" beinhaltet. Jede dieser Eigenschaften kann dimensionalisiert werden. So kann die Selbstanerkennung/Selbstbewertung von hoch bis niedrig variieren usw. Ergebnis des offenen Kodierens war eine Liste der vergebenen Kategorien und Codes. Die Zuordnung der von mir als relevant eingeschätzten Textpassagen zu den einzelnen Kategorien erfolgte mithilfe der Textanalyse-Software MAXQDA.

3.3.2 Axiales Kodieren

Dieser Verfahrensschritt dient dazu, die erarbeiteten Kategorien zu verfeinern und zu differenzieren. Axiales Kodieren fügt die Daten, die beim offenen Kodieren aufgebrochen worden sind, so Strauss/Corbin (1996, 76), „auf neue Art wieder zusammen, indem Verbindungen zwischen einer Kategorie und ihren Subkategorien ermittelt werden". Strauss/Corbin schlagen vor, diesen Prozess mithilfe des „Kodierparadigmas" zu bearbeiten (ebd., 78), das es letztlich erleichtern soll, Ordnungen zwischen Phänomen, zwischen Codes und zwischen

Kategorien herauszustellen. In dieser Untersuchung konnte ich folgende Achsen-kategorien herausarbeiten: „Anerkennung", „Zugehörigkeit", „Agieren in der Online-Community" und „Beziehungen zur türkischen Peer group".

3.3.3 Selektives Kodieren

Ziel dieses Verfahrensschritts ist die *Herausarbeitung der Kernkategorie,* was m.a.W. bedeutet, dass das axiale Kodieren auf einem höheren Abstraktions-niveau fortgesetzt wird. Hauptmerkmal der *Kernkategorie* ist ihr Integrations-potenzial, d.h. die anderen (Achsen-)kategorien müssen sich um sie herum grup-pieren lassen können. Für diese Untersuchung hatte sich die Situation ergeben, dass sich zunächst zwei zentrale Kategorien ergeben haben, und zwar „Zugehö-rigkeit" und „Anerkennung". In der Gesamtanalyse erschien mir aber „Anerken-nung" das hervorstechendere Phänomen zu sein, welches in den Daten deutlich wird. Auf diese Weise wird „Zugehörigkeit" – neben den anderen Kategorien – formal zur Subkategorie.

In welcher Form sich jenes Gefüge systematisch kennzeichnen lässt, ist bereits im Theorieteil vorbereitend gezeigt worden, soll in den nun folgenden Kapiteln jedoch ausführlich und anhand von einzelnen Fällen grundiert werden, die auf Basis des Auswertungsprozesses zu rekonstruieren waren. Insgesamt stel-le ich fünf, teils kontrastierende Fälle vor, die auf der Grundlage des vorliegen-den Datenmaterials die in dieser Untersuchung aufzuzeigenden Zusammenhänge am prägnantesten zu illustrieren vermögen. Um darüber hinaus die Unterschiede zwischen den Fällen deutlich zu machen, habe ich unabhängig vom gerade vorgestellten Verfahren der Grounded Theory, basierend auf Merkmalskombi-nationen, eine *Typenbildung* erarbeitet, die ich im Anschluss an die Fallrekon-struktionen und den Vergleich zentraler Verarbeitungsdimensionen natio-ethno-kultureller Hybrididentität vorstelle.

4. Fallrekonstruktionen

4.1 Ildiz, 24 Jahre

Ildiz ist 1981 geboren und zum Zeitpunkt des Interviews 24 Jahre alt. Seine Eltern sind beide in der Türkei, er selbst ist in Deutschland geboren und aufgewachsen. Ildiz besitzt die deutsche Staatsbürgerschaft und lebt zusammen mit seiner Ehefrau – wie er hat sie einen türkischen Migrationshintergrund – in einer mittelgroßen Stadt in Niedersachsen. Er hat einen Realschulabschluss und arbeitet als Facharbeiter in einem Industrieunternehmen, das an seinem Wohnort ansässig ist. In die Türkei reist er in der Regel einmal im Jahr. Seine bevorzugte türkische Online-Community ist Aleviler.de. Er gehört zu den Administratoren der Online-Community. Diesen Status hat er nach etwa einem Jahr „normaler" Mitgliedschaft erhalten. Der Interviewkontakt ist Ergebnis des angewendeten „Schneeballsystems" (vgl. S. 107): Ildiz wird mir von einem anderen Befragten als Interviewpartner empfohlen, und zwar von seinem Freund Canay, der der Gründer der Online-Community ist und auch in Ildiz' Selbsterzählung mehrmals erwähnt wird. Das Interview findet in Ildiz' Privatwohnung statt.

> „Aber man weiß halt, man ist ein bisschen anders, man tickt anders, man kommt aus 'nem ganz anderen Teil der Erde und man ist kulturell einfach ganz anders, und diese kulturellen Sachen versuchen wir zu schützen, dass unsere Leute auch in späteren Generationen was von ihrer Kultur haben. Weil wir haben 'ne sehr schöne Kultur, 'ne sehr menschenfreundliche und 'ne sehr anerkennende und respektvolle Kultur, ne. Auch anderen Menschen gegenüber. Und deswegen finde ich, man sollte so diese Kultur und Religion erhalten, weitergeben. Und das ist halt ein Werkzeug, dies Aleviler.de, und das ist auch meine Erfahrung, dass da das Interesse besteht, sonst hätten wir keine 17.000 Mitglieder" (Ildiz, 307-316).[8]

Die Online-Community Aleviler.de beschreibt Ildiz als „Werkzeug". Ein Werkzeug wofür? Dafür nennt er in seiner Selbsterzählung drei zentrale Kategorien, die für ihn eine zusammenhängende Bedeutung zu haben scheinen:

1) sein Zugehörigkeitsverständnis und seine Zugehörigkeitserfahrungen,
2) sein Wunsch, kulturelle und religiöse Tradition erhalten zu können, sowie

---

8 Die Zahlen hinter der Namensnennung geben die Zeilennummer im Transkript des Interviews an. Das vorliegende Zitat befindet sich also im Transkript des Interviews mit Ildiz von Zeile 307 bis Zeile 316.

3) die Erfahrung, dass er für sein Engagement bei Aleviler.de soziale Anerkennung erhält.

4.1.1 Zugehörigkeitsverständnis und Zugehörigkeitserfahrungen

Ildiz sagt „man weiß halt, man ist ein bisschen anders, man tickt anders". Aus
dem Gesprächszusammenhang zuvor wird deutlich, auf wen sich dieses „anders"
bezieht: „Also, ich kann mich hier keinem als Deutscher verkaufen, nur weil ich
deutsch sprechen kann". Obwohl Ildiz in Deutschland geboren ist und deutsch
wie ein Deutscher sprechen kann, ist es offenbar doch so, dass er in Deutschland
von „keinem" Anderen als Deutscher akzeptiert wird, und dies „weiß man" eben.
„Man" verweist darauf, dass die Erfahrung des Andersseins für diejenigen, die
sich ebenfalls „anders" fühlen – also die türkischen Jugendlichen mit Migrationshintergrund, die auch die Erfahrung machen, sich nicht „als Deutscher
verkaufen" zu können –, eine von ihnen gemeinsam geteilte Erfahrung ist, die
den Charakter der Selbstverständlichkeit hat: – „Man weiß es halt". Gleichwohl
geht dieses selbstverständliche Anderssein nicht in einem Zugehörigkeitsverhält-
nis des Entweder-oder auf. Ildiz unterscheidet nicht absolut zwischen Deutschen
und Türken. Sein Zugehörigkeitsverständnis fällt differenziert aus: Man sei
lediglich „ein bisschen anders". Ildiz selbst fühlt sich einerseits Deutschland
zugehörig:

> „Und Deutschland hat für mich dann den Wert: Ich bin Deutscher, auch offiziell, ich
> sage auch, ich bin Deutscher. Also ich habe kein Problem mit der Sprache, ich bin
> hier geboren, hier aufgewachsen, ich hab' deutsche Freunde, ich arbeite in einem
> deutschen Unternehmen, ich bin in Deutschland hier. Hier ist nur Deutschland"
> (Ildiz, 597-601).

Deutschland hat für Ildiz einen „Wert", ist also keine Nebensache. Im Gegenteil:
„Offiziell" Deutscher zu sein, bedeutet für ihn zunächst formale Zugehörigkeit.
Er besitzt die deutsche Staatsbürgerschaft und dies alleine würde prinzipiell ausreichen, sich als Deutscher bezeichnen zu können. Darüber hinaus ist er aber
auch „inoffiziell" Deutscher, d.h. er ist dies nach seinem Selbstverständnis –
nicht nur laut Personalausweis – und vertritt dies schließlich auch gegenüber
Anderen, denen er sich möglicherweise nicht als Deutscher „verkaufen" kann: Er
sagt auch, er sei Deutscher. Deutscher zu sein heißt für Ildiz, dass er auf mehrere
formale Merkmale verweisen kann, die obligatorisch zu sein scheinen: Er kann
die deutsche Sprache fehlerfrei sprechen. Er ist in Deutschland geboren. Außerdem ist er auch „hier aufgewachsen", womit er auf die im deutschen Kontext

gemachten elementaren Sozialisationserfahrungen seiner Kindheit und Jugend
verweist sowie auch darauf, dass er mit den grundlegenden Wissensbeständen
über Regeln, Pflichten und Rechte, die es zu beachten und einzuhalten gilt,
vertraut ist. Er hat „deutsche Freunde", d.h. auch solche, die keinen Migrationshintergrund haben. Er lebt also nicht in einem ethnischen Getto. Außerdem
arbeitet er in einem deutschen Unternehmen, nicht etwa in einem ausländischen.
Weil er sich in diesem Land „offiziell" wie inoffiziell als Deutscher betrachtet,
hält er seine nationale, ethnische und kulturelle Zugehörigkeit zu Deutschland
zunächst für nicht anzweifelbar. Deshalb ist für ihn hier „nur Deutschland".
Er sagt, dass hier sein „primäres Leben", sein „Hauptleben" sei und konstruiert auf
dieses Weise Deutschland als „Heimat". Allerdings benutzt er diesen Begriff an
dieser Stelle noch nicht.

> „Ich lebe hier, ich muss damit klar kommen, ich kann nicht sagen, ich gehe jetzt 10-
> mal am Tag in die Moschee und versuche, hier mein kleines Little-Istanbul zu
> gründen und hast du nicht gesehen, das gibt es ja auch in vielen Städten wie in
> Berlin. Da kannst du wohnen, ohne ein Wort deutsch zu sprechen, in Kreuzberg zum
> Beispiel" (Ildiz, 621-625).

Ildiz unterstreicht an mehreren Stellen des Interviews seine Zugehörigkeit zu
Deutschland. Gerade weil er hier aufgewachsen ist und lebt, kommt er mit dem
kulturellen Kontext in Deutschland „sehr gut klar". Dies bedeutet auch die
Absage an das Leben in einer sog. Parallelgesellschaft. Die Gründung eines
„kleinen Little-Istanbul", etwa in Kreuzberg, wo man nach seiner Einschätzung
wohnen könne, ohne ein Wort Deutsch zu sprechen, funktioniert für Ildiz schon
deshalb nicht, weil er als Deutscher mit dem hiesigen Zugehörigkeitskontext
„klar kommen *muss*". In Bezug auf seine Heimat Deutschland gibt es für ihn
selbst keine Wahlmöglichkeit, obwohl dies andere türkische Migranten anders
sehen, indem sie sich durch die Gründung eines „kleinen Istanbuls" ausgrenzen.

> „Also ich weiß, da kommen unsere Wurzeln her und wenn ich so Bilder aus unserem
> Dorf sehe, wo ich zum Beispiel noch nie war, guckst dir das an – kann ich dir gleich
> auch mal zeigen, so interessenhalber – das ist, ehm Steinzeit richtig, so richtige
> Lehmhütten und auf 'nem Berg und keine vernünftige Infrastruktur und seit kurzem
> her, also seit kurzem, 10, 20 Jahren erst Elektrizität, ne (…). Aber egal, was ich
> sehe, man hat immer so ein, obwohl ich nicht da war, ich bin da nicht aufgewachsen,
> ich habe da nichts gegessen, nichts getrunken, obwohl ich nicht da war, man hat
> immer das Gefühl, da komme ich her, das ist meine Heimat. Also das ist ganz
> paradox, ich weiß nicht, wieso das so ist, aber man hat das Gefühl, das ist meine
> Heimat, das sind meine Wurzeln, da komme ich her. Und das ist Anatolien" (Ildiz,
> 440-453).

Wenngleich Ildiz sagt, er ist Deutscher und sein „primäres Leben" spielt sich in Deutschland ab, benutzt er den Begriff „Heimat" erst, als es um den *Ort* geht, wo „unsere Wurzeln" herkommen: Dies ist Anatolien, nicht jedoch die Türkei. Mit dem Pronomen „unsere" bezieht er sich auf seine gesamte Familie, deren Mitglieder – außer ihm selbst – noch vollständig in der „Heimat" geboren sind. Freilich kennt er selbst das Dorf, in dem seine Familie früher gelebt hat, nur vermittelt durch Bilder, die ihm vor allem die ärmlichen Lebensbedingungen eines Entwicklungslandes darstellen. Ildiz macht aber deutlich, dass es ihm bei der Frage, warum er Anatolien als seine Heimat bezeichnet, keineswegs um den vorfindbaren *materiell-ökonomischen* Lebensstandard geht, wie etwa im Hinblick auf die Qualität der dortigen Infrastruktur. Obwohl seine materiellen Lebensbedingungen in seinem Primärleben Deutschland ungleich besser ausfallen, ist Anatolien seine Heimat, wenngleich dort „Steinzeit"-Bedingungen vorherrschen. Beheimatung funktioniert für ihn auf andere Art und Weise (vgl. zum Begriff der Beheimatung Mitzscherlich 1997). Vielmehr rechnet er seiner Heimat eine emotionale Werthaftigkeit zu. Er wählt eine *emotionale Beheimatungsstrategie*, sagt, mit dem Ort und den dort lebenden Menschen sei eher ein „Gefühl" verbunden, das er allerdings selbst nur schwer beschreiben kann. Es erscheint ihm widersprüchlich, denn obwohl er dort nicht aufgewachsen ist, „nichts gegessen, nichts getrunken" hat, also sich bisher selbst noch nicht unmittelbar sinnlich erfahren konnte – im Gegensatz zu dem, was er in seinem „Hauptleben" Deutschland erlebt –, hat er das Gefühl von Heimat. Seine Heimat hat für ihn auf diese Weise imaginären Charakter, den er aber mit historischem Wissen untermauert.

> „Meine Wurzeln liegen woanders, ne, und so ist es halt quasi in der Türkei auch. Ich gehöre zwar dahin, aber die Türkei, die gibt es erst seit 1923 und unsere Vorväter waren schon vorher da, bevor es überhaupt Türkei war, bevor es osmanisches Reich war, die Kurden (…) sind schon seit über 2000 Jahren schon da" (Ildiz, 463-467).

Ildiz ist Deutscher, aber seine identitären Wurzeln liegen woanders, weder in den nationalen Grenzen von Deutschland, noch in denen der Türkei. Vielmehr liegen sie dort, wo seine kurdischen „Vorväter" ansässig waren, und zwar schon seit „über 2000 Jahren". Erst seit Gründung der Türkei im Jahr 1923 gibt es eine geografische Überschneidung, die aber für Ildiz eher zufällig ist. Genauso gut – das sagt er an anderer Stelle – hätte das Dorf seiner Familie auf dem Gebiet des Iraks oder Irans liegen können (Ildiz, 467). Ildiz präsentiert in seiner Selbsterzählung sowohl Teile seiner individuellen Geschichte, indem er konkret von dem Dorf berichtet, in dem seine Familie geboren und aufgewachsen ist. Mit dem Hinweis auf die über 2000-jährige Geschichte der Kurden stellt er sich auch als Mensch mit einer kollektiven Geschichte dar, durch die sich Ildiz seiner gemeinschaftlichen Wurzeln vergewissert. Seine Selbstvergewisserung wird

dabei erst durch *mediale Repräsentationen* dingbar, denn es sind nicht etwa
Face-to-Face-Kontakte, durch die er eine Vorstellung von der Alltagswelt in
seinem Dorf in Anatolien – seiner Heimat – erhält, sondern er rekurriert alleine
auf die ihm vorliegenden „Bilder", mit deren Hilfe er die Frage nach seinem
individuellen und kollektiven historischen Sinnbildungsprozess (vgl. Marotzki
1999) zu beantworten versucht.

> „Ich bin hier geboren und du lebst hier in so einem Vakuum oft. Abgetrennt von die-
> nen Wurzeln, verstehst du, und versuchst, das krankhaft zu erhalten" (Ildiz, 561-563).

Im Unterschied zu seinem Großvater und Vater gehört Ildiz in seiner Familie zur
ersten Generation, die in Deutschland geboren ist. Er sagt, dass „du" hier oft „in
so einem Vakuum" lebst. Ein Vakuum bezeichnet einen leeren oder unausge-
füllten Raum. Für Ildiz und schließlich auch alle anderen Türken der zweiten und
dritten Migrantengeneration bedeutet dies demnach, dass die kulturellen
Verbindungen zu den Wurzeln bzw. zur Heimat verloren scheinen. Zwar konnten
noch Ildiz' Vorväter unmittelbare Lebenserfahrungen mit dem kurdisch-anatoli-
schen Kontext in der Türkei sammeln und deshalb ist dies auch in deren Biografie selbstverständlich verankert. Ildiz fehlt aber dieser fraglose biografische
Bezug. Dadurch, dass sein Primärleben in Deutschland stattfindet, weil er hier
geboren und aufgewachsen ist – „nur hier" ist –, fühlt er sich wie „abgetrennt" in
einer kulturellen Leere, die er nun wieder ausfüllen will durch „Erhaltung" der
verlorenen Wurzeln. Freilich kann nur das „erhalten" werden, was zumindest in
Teilen noch vorhanden, nicht jedoch bereits „abgetrennt" ist. Wenn das nicht
mehr zur Verfügung stehende fruchtbar gemacht werden soll, dann muss es mit
dem Ich zunächst in Beziehung gesetzt und im Hinblick auf das eigene Selbstverständnis interpretiert werden. Wenn Ildiz davon spricht, Wurzeln zu „erhalten", dann meint er deshalb eher die *Rekonstruktion* seines Ichs, für die die
Bilder der Heimat eine wichtige Ressource darstellen. Das Adjektiv „krankhaft"
deutet darauf hin, dass Ildiz diesen Rekonstruktionsprozess als existenziell notwendig und spannungsgeladen empfindet. Allerdings sind seine Wurzeln nicht
die einzig prägenden Bezugspunkte seiner Identität.

4.1.1.1 Hybridität

> „Also, ich hab' auch meinen deutschen Ausweis und ich bin auch in dieser Kultur
> hier auch aufgewachsen. Ich bin so eine Art Mischkultur. Ich hab' das, das ist
> zuhause, mein Kulturdings und draußen im Arbeitsleben bin ich genauso wie jeder
> andere auch. Man hat nun mal hier zwei Gesichter in Deutschland, das musst du dir
> auch erhalten" (Ildiz, 580-585).

Ildiz sagt nicht einfach, „ich bin Deutscher" oder, „ich bin Türke", sondern: „ich bin so eine Art Mischkultur". Zwar betont er seine Zugehörigkeit zu Deutschland (Ausweis, Aufwachsen) bzw. dass der deutsche kulturelle Kontext einen Teil seines Selbst ausmacht. Sich als „Mischkultur" zu bezeichnen, bedeutet aber, dass er sich selbst nicht als eindeutig festlegbar betrachtet. Er will sich nicht alleine einer deutschen *oder* türkischen Kultur zugeordnet wissen. Ildiz versteht sich als Mensch mit zwei konstitutiven kulturellen Komponenten, die offenbar andere an ihm nicht in jeder Situation beobachten können, weil er strikt danach trennt, wo er welche Komponente zum Ausdruck kommen lässt. Zuhause, in seiner Freizeit, ist Ildiz vor allem Alevit und Kurde, betreibt mit anderen eine alevitische Online-Community, recherchiert nach dem Dorf seiner Vorväter in der Türkei oder spielt türkische Folklore-Musik. „Draußen im Arbeitsleben" ist er so „wie jeder andere auch", was bedeutet, dass er sich wie ein Deutscher unter Deutschen verhält und seine alevitisch-kurdische Seite zurückhält. Diese *doppelte Verortung seines Ichs* im Hinblick auf Zugehörigkeitskontexte umschreibt Ildiz an verschiedenen Stellen des Interviews mit Metaphern: z.B. „zwei Gesichter" oder „auf zwei Hochzeiten tanzen" (Ildiz, 599). Sie sollen die Unterschiedlichkeit seiner Ich-Komponenten zum Ausdruck bringen und die Schwierigkeit, diese nebeneinander aufrechtzuerhalten, ohne die Kontrolle darüber zu verlieren oder zu verzweifeln, denn prinzipiell stehen „Tanzen auf zwei Hochzeiten" und „zwei Gesichter" als Sinnbilder für einen möglichen Zwiespalt. Ildiz scheint sich jedoch mit seiner „Mischkultur" abgefunden zu haben – „man hat nun mal hier zwei Gesichter". Er hat aber nicht nur jene Ambivalenz seines Zugehörigkeitsverständnisses akzeptiert und scheint dies offenbar auch als selbstverständlich für die Lebenslage junger türkischer Migranten in Deutschland insgesamt zu verstehen – darauf deutet das Pronomen „man" hin –, sondern fordert geradezu ein, dass die Gegensätzlichkeit des *hybriden* Migranten-Ichs zu erhalten ist: „Das musst du dir auch erhalten". Ildiz scheint damit das eingelöst zu haben, was die postmoderne Identitätsforschung als Anforderung an das gegenwärtige Subjekt formuliert: eine Haltung, die nicht mehr vom *Identitätszwang* beherrscht wird, sondern Gegensätzliches nebeneinander stehen zu lassen imstande ist. Gleichwohl zeigt aber die von ihm als „krankhaft" bezeichnete Rekonstruktionsarbeit seines Ichs, die sich in Form der Bewusstmachung individueller und kollektiver Geschichte darstellt, dass sein Sinnbildungsprozess nicht ohne ein „Gefühl für Kohärenz" (Keupp 1989) auskommt, jedenfalls insofern, als es für ihn selbst plausibel erscheinen muss, wie er seine gegensätzlichen Ich-Bezüge im Rahmen der Selbsterzählung integriert bzw. in einen sinnvollen Zusammenhang stellt.

4.1.1.2 Erfahrungen fehlender Anerkennung

„Also ich bin ja, ich sag' immer, ich bin dreifach angearscht hier in Deutschland. Ich bin erstmal Ausländer hier, dann bin ich auch noch Alevit, die Minderheit und dann bin ich auch noch Kurde als Minderheit" (Ildiz, 423-425).

Die „Mischkultur", als die er sich bezeichnet, geht für Ildiz mit Erfahrungen *fehlender Anerkennung* einher. Zunächst einmal ist er „Ausländer hier". *Ausländer* ist ein Distinktionsbegriff, der für Ildiz eine Rassismuserfahrung bedeutet. Paul Mecheril (2003, 70) zufolge sind Rassismuserfahrungen Folge einer Konstruktion von Differenzen, die mit naturalisierenden Vorstellungen operiert. Sie entfalten sich über körperlich-soziale Merkmale und Imaginationen, z.B. Haarfarbe, Hautfarbe, Kleidung, Sprache. Mecheril nennt verschiedene Formen der Erfahrung von Rassismus:

1) „persönlich": Die betreffende Person wird selbst als Ausländer beschimpft,
2) „identifikativ": rassistische Erfahrungen nahestehender Menschen, die die Person auch selbst betreffen,
3) „vikariell": die Beleidigung bestimmter anderer Menschen, durch die sich auch die betreffenden herabgesetzt fühlt,
4) „kategorial": dadurch, dass „die" Ausländer als Gruppe beleidigt werden, wird auch die betreffende Person beleidigt (ebd., 72).

Hier erst einmal „Ausländer" zu sein, ist vor diesem Hintergrund eine *kategoriale Rassismuserfahrung*, die für Ildiz beleidigend wirkt, weil der eine Teil seines Selbstverständnisses – wie bereits deutlich werden sollte – Deutscher ist. Dies wird aber nicht anerkannt.

„Ich sag' mal, wenn ich blonde Haare hätte, könnte ich mich sehr gut als Deutscher verkaufen, hätte keiner ein Problem mit" (Ildiz, 668-669).

„Hier" kann er sich keinem als *typischer* Deutscher darstellen, weil er von Deutschen auf sein Aussehen reduziert wird. Deutscher ist er für andere also nur *unter Vorbehalt*. Um von diesen als Deutscher akzeptiert zu werden, müsste er sich schon als solcher „verkaufen" können, d.h. über bestimmte körperliche Merkmale verfügen, z.B. blonde Haare, die ihn zu einem fraglosen national-kulturellen Mitglied machen. Da er diese nicht besitzt, ist er dauerhaft damit konfrontiert, dass Deutsche „ein Problem" mit ihm haben.

„Und diese Diskussion die habe ich ja auch auf der Arbeit oft genug. Na ja, da sind sie schon dran gewesen zu verbieten, dass wir Türkisch sprechen, weil mit dem Mahmut zusammen arbeite ich ja auch, und unter uns haben wir meistens nur

Türkisch gesprochen und dann die immer ‚ja, ihr lebt in Deutschland, passt euch doch mal an und hin und her'. Und da geht mir auch der Hals hoch, ne (...). Dann macht der dich wieder hier zum Ausländer und hier, ne, er hat das sagen und so nach dem Motto fühlt man sich dann und so redet der dann auch. Ich bin Deutscher, das ist hier mein Land und du lebst hier und möchtest hier leben, also hast du dich hier auch an unsere Regeln zu halten, so nach dem Motto, ne. Und dann fühle ich mich auch angepisst" (Ildiz, 1080-1102).

Ildiz erzählt von *persönlichen Rassismuserfahrungen* an seinem Arbeitsplatz, die für ihn keinen Einzelfall darstellen, sondern häufig vorkommen. Er spricht mit seinem türkischen Arbeitskollegen Türkisch, was die deutschen Kollegen, die vermutlich kein Wort davon verstehen, verbieten wollen. Wenn man in Deutschland lebe, dürfe nur Deutsch gesprochen werden. Dies sei eine Frage der Anpassung an die deutsche Kultur. Und da Ildiz und sein türkischer Kollege miteinander nur Türkisch sprechen, wird unterstellt, sie seien als „Ausländer" nicht bereit, sich in die deutsche Gesellschaft zu integrieren, d.h. die von den Deutschen definierten kulturellen Regeln in einer Weise so zu übernehmen, dass sie den Ansprüchen der Mehrheitsgesellschaft entspricht. Dadurch fühlt sich Ildiz immer wieder zum Ausländer „gemacht". Dem Akt des Ausländermachens ist er eher passiv ausgeliefert, weil andere mit ihm etwas „oft genug" machen können, was er nicht will und was er offenbar im Vorhinein kaum beeinflussen kann. Ihm bleibt eine emotionale und verbale Reaktion auf diese Kränkung seiner Person. Ildiz wird dabei bewusst, dass Rassismus über die Erfahrung auf individueller Ebene hinausgehen kann, denn für ihn ist er ein „Motto", eine Art rassistisches *Denkmuster:* Im Hinblick auf ethnische, kulturelle und soziale Merkmale wird vermittelt, dass er zu einer gesellschaftlichen Minderheit gehört, die sich einer machtvollen gesellschaftlichen Mehrheit unterzuordnen hat.

Ildiz sagt, er sei „dreifach angearscht hier in Deutschland". Er macht Rassismuserfahrungen in Deutschland. Darüber hinaus, sagt er, ist er aber „auch noch Alevit, die Minderheit, und dann bin ich auch noch Kurde als Minderheit". Dies bedeutet, das Phänomen, sich als Teil einer Minderheit im Hinblick auf ethnische, kulturelle und soziale Merkmale einer hegemonialen Macht unterordnen zu müssen, macht Ildiz in kategorialer Hinsicht auch im Kontext der Türkei. Viele Kurden sind zugleich Aleviten, wenngleich es auch sunnitische Kurden sowie alevitische Türken gibt. Das Alevitentum versteht sich als eine naturverbundene, tolerante, weltoffene und Nächstenliebe ausstrahlende Konfession des Islams. Aleviten treten für Religionsfreiheit, Menschenrechte, Gleichberechtigung der Frau und Trennung von Staat und Religion ein (vgl. Massicard 2001).[9]

---

9   Aleviten sind eine religiös-kulturelle Minderheit in der Türkei, die aufgrund ihrer heterodoxen Glaubensvorstellungen und religiösen Praktiken sowohl im osmanischen Reich als auch nach der

Ildiz betrachtet sich sowohl hinsichtlich seiner alevitischen als auch seiner kurdischen Teilidentität als Minderheit. Dies ist vor dem Hintergrund zu verstehen,
dass beide Gruppen in der Türkei um religiöse, kulturelle bzw. politische Gleichberechtigung kämpfen.

> „Die (Aleviten, K.U.H.) sind eigentlich schon vom Ursprung her also gleich. Dass
> der eine jetzt da lebt und der andere da, das liegt daran, dass die Türkei die Leute
> einfach verteilt hat. Damit die nicht alle auf einem Fleck sind und dann was weiß ich
> noch einen Aufstand machen oder sonst was, ne, das gehört zu deren Politik einfach.
> Aleviten findest du überall in der Türkei, von Norden bis Süden von Westen nach
> Osten, überall" (Ildiz, 1005-1010).

Im Laufe des Interviews hebt er insbesondere die alevitische Seite seines Ichs
hervor. Dass die Aleviten in der Türkei heute geografisch zerstreut sind, liegt für
ihn an der staatlichen Siedlungspolitik der Türkei, die versucht, die Anhänger der
Glaubensgemeinschaft voneinander zu trennen, um auf dieses Weise vermutete
revolutionäre Akte vonseiten der Aleviten zu verhindern. Obwohl die Aleviten
„überall in der Türkei" zu finden sind und den Anschein einer segmentären
Struktur machen, sind sie für Ildiz aber „eigentlich schon vom Ursprung her also
gleich". Für ihn können sie sich also auf eine *kollektive Identität* berufen. Nach
Massicard (2001, 156) wird eine solche freilich erst Ende der 1980er Jahre
erstmals artikuliert. Zu den wichtigsten Gründen gehörten die Entstehung einer
starken kurdischen Identitätsbewegung, die den Aleviten als Vorbild diente (und
sie gleichzeitig zu teilen drohte), sowie staatliche Islamisierungsmaßnahmen, die
von den ihrem Selbstverständnis nach eher säkularisierten Aleviten als Bedro-
hung bzw. Assimilationspolitik empfunden wurde.

Gründung der türkischen Republik teils massiv unterdrückt wurden. Bis in die 1960er Jahre war
die Gruppe der Aleviten in zahlreiche lokale Traditionen diversifiziert und segmentär strukturiert.
Die starke Migrationsbewegung in die türkischen Großstädte und nach Europa hatte seit den
1950er und 1960er Jahren für die zunächst vor allem auf dem Land lebenden Aleviten eine
Säkularisierungswelle zur Folge, durch die deren traditionelle mündliche Überlieferungsweise
und sozial-religiöse Struktur aufgeweicht wurde. Seit den 1980er Jahren wird das Alevitentum
öffentlich zunehmend auch als kollektive Identität dargestellt. Massicard (2001, 156) betont, dass
diese Renaissance des Alevitentums nicht in erster Linie von „traditionellen, hereditären
religiösen Würdenträgern, sondern von neuen, gebildeten Intellektuellen" getragen wurde, die zur
ersten Migrantengeneration gehörten und eine oft sozialistische Vergangenheit hatten. Insgesamt
zeigt sich jedoch, dass es bis heute keine Übereinstimmung darüber gibt, wie das Alevitentum
genau zu definieren ist. Es sind drei Einschätzungen zu beobachten: Es wird erstens als *religiöses*
Phänomen gekennzeichnet, d.h. als islamischer Zweig, Religion oder als Verkörperung des
Atheismus. Zweitens wird es als *politisch-kulturelles* Phänomen eingeordnet, d.h. als Befreiungs-
und Widerstandsphilosophie, als tolerante Lebensweise oder als Demokratieideal. Drittens wird
das Alevitentum als Rest einer vor-islamischen kurdischen Zivilisation gedeutet, um es auf
ethnische Aspekte zurückzuführen (vgl. Vorhoff 1995).

„Also, ich bin überall nur Minderheit, ne. Und in der Türkei ist es halt so, ich bin in
der Türkei fremd, kommst du dahin, ‚ah, da kommt der Deutsche, der ist reich, der
findet Geld auf der Straße', so denken die Leute (…) Dann kommst du dahin und du
bist der Deutsche und hin und her und wirst da auch nicht so akzeptiert, wie du
möchtest, ne. Und, also die Türkei hat insofern so einen Wert für mich, das sage ich
auch, da kommen unsere Wurzeln her" (Ildiz, 425-434).

Ildiz' Erklärung „überall nur Minderheit" zu sein, ist ein zentrales Thema seiner
Selbsterzählung. Sie verweist darauf, dass er in verschiedenen sozialen, natio-
nalen, ethnischen bzw. kulturellen Kontexten nicht als vollwertiges Mitglied
anerkannt wird, was auf ihn verletzend wirkt. Er macht Erfahrungen fehlender
Anerkennung. Dies wird ihm in Bezug auf Deutschland bewusst, weil er hier als
Ausländer betrachtet wird, und es wird ihm in Bezug auf die Türkei klar, weil er
sich dort als Alevit und Kurde marginalisiert und verfolgt empfindet. In der
Türkei erfährt er aber auch deshalb keine Wertschätzung, weil er dort als
Deutscher angesehen und missachtet wird. Er sagt, „dann kommst du dahin und
du bist der Deutsche und hin und her und wirst da auch nicht so akzeptiert, wie
du möchtest". Von den Personen in der Türkei – er meint diejenigen, die
ebenfalls einen alevitisch-kurdischen Hintergrund haben, vor allem die im Dorf
seiner Vorväter und in der anatolischen Region, in der dieses liegt – möchte er
als Mensch anerkannt werden, der zwar deutsche Bezüge hat, weil er hier geboren, aufgewachsen ist und lebt, der sich aber gleichzeitig seiner alevitisch-kurdischen Wurzeln bewusst ist und diese auch gegenüber anderen so artikulieren
will, wie er es für angemessen hält. Er will also nicht als Deutscher *oder* Kurde
oder Alevit anerkannt werden, sondern als *hybrides* Subjekt, das durch das
Ergebnis individueller Sinnverortung sich der vorschnellen nationalen, ethnischen, kulturellen Etikettierung zu entziehen in der Lage sieht. Im Interview
macht Ildiz deutlich, dass er für seine individuelle Sinnverortung den sozialen
Kontext der alevitischen Online-Community Aleviler.de benutzt.

4.1.2 Aleviler.de als Werkzeug zur Bewahrung von Tradition

Im Unterschied zu den Online-Communities Vaybee.de und Bizimalem.de, die
sich grundsätzlich an alle deutsch-türkischen Jugendlichen richten, handelt es
sich bei Aleviler.de – „the alevi community" – um ein Special Interest-Angebot
für Jugendliche mit alevitischer Glaubenszugehörigkeit in Deutschland.

„(…) Man ist kulturell einfach ganz anders, und diese kulturellen Sachen versuchen
wir zu schützen, dass unsere Leute auch in späteren Generationen was von ihrer
Kultur haben. Weil wir haben 'ne sehr schöne Kultur, 'ne sehr menschenfreundliche

und 'ne sehr anerkennende und respektvolle Kultur, ne. Auch anderen Menschen gegenüber. Und deswegen finde ich, man sollte so diese Kultur und Religion erhalten, weitergeben. Und das ist halt ein Werkzeug, dies Aleviler.de (...) (Ildiz, 308-314).

Ildiz ist kurdischer Alevit. Indem er die Pronomina „man" und „wir" benutzt, manifestiert er seine Mitgliedschaft in dieser ethnisch-religiösen Gruppe bzw. Gemeinschaft. Kurdische Aleviten sind für ihn „kulturell einfach ganz anders", weil sie über besondere Traditionen verfügen, und „diese kulturellen Sachen" versucht er zusammen mit den anderen Administratoren von Aleviler.de zu bewahren. Sprachlich geht der Begriff *Tradition* auf das lateinische Verb *tradere* zurück, mit dem gemeint ist, jemandem etwas zu „übermitteln" bzw. ihm etwas „zur Aufbewahrung zu übergeben". Ildiz hat es sich im Rahmen der Online-Community zu einer Art Aufgabe gemacht, die alevitischen Traditionen „späteren Generationen" zur Aufbewahrung weiterzugeben. Er beschreibt sie mit „menschenfreundlich", „anerkennend", „respektvoll" – Eigenschaften und Leitlinien der Glaubensgemeinschaft, die sich insbesondere auf die Achtung anderer Menschen beziehen. Es ist dieser Fokus, der für ihn die religiösen Traditionen erhaltens- und überliefernswert macht.

„Ich bedauere es sehr, dass ich kein Kurdisch sprechen kann. Da mache ich meinen Eltern jeden Tag auch Vorwürfe für. Mein Großvater, der konnte fast nur kurdisch. Dann konnten mein Vater und die Generation, die konnte dann kurdisch und türkisch, und an uns wurde es nicht weitergegeben. Eine Kultur, eine Sprache die seit über 2000 Jahren besteht, wurde in drei Generationen ausgelöscht, also. Das hat auch viel mit der Assimilationspolitik der Türkei zu tun. Führe ich auch daraufhin zurück. Und das, das ist halt so, die Erfahrung die ich gemacht habe, man versucht halt ein bisschen weiter zu leben. Ich will nicht, dass das mit dem Alevitentum passiert, ich will nicht, dass irgendwann meine Kinder sagen, ‚wir sind Türken und stolz darauf Türken zu sein', da muss er wirklich wissen, wo kommst du eigentlich wirklich her" (Ildiz, 566-576).

Ildiz bedauert es, dass er die kurdische Sprache bisher nicht erlernen konnte. Einerseits macht er dafür die Assimilationspolitik des türkischen Staates verantwortlich, da dieser die Verwendung und Weitergabe der kurdischen Sprache in der Türkei bis Anfang der 1990er Jahre verboten hatte. Andererseits macht Ildiz seine Eltern „und die Generation" verantwortlich, die es nicht verstanden hat ihre Vermittlungsaufgabe gegenüber der nächsten Generation zu erfüllen, wofür er ihnen „jeden Tag auch Vorwürfe" macht. Die Überlieferung einer über 2000-jährigen Tradition sieht er deshalb als gescheitert an. Für Ildiz hat die Tradierung kultureller Aspekte existenzielle Bedeutung, denn dadurch versucht „man halt, ein bisschen weiter zu leben". Deshalb will er verhindern, dass auch die alevitischen Traditionen unvermittelt bleiben und damit seinen eigenen Kindern – noch ist er allerdings kinderlos – das Bewusstsein über ihre alevitisch-kurdische Herkunft abhanden käme, sie sich sogar als „Türken" bezeichnen würden. Türke zu sein ist für Ildiz eine negativ besetzte Zugehörigkeitsbezeich-nung, weil er die „Türken" bzw. den türkischen Staat für die Repressionen gegen die kurdischen Aleviten verantwortlich macht. Ildiz sieht die diachrone Seite seiner Identität gefährdet, weil wichtige Traditionen einem Prozess der *Enttraditionalisierung* unterworfen sind. Enttraditionalisierung besteht für ihn darin, dass sein Alltag als ein in Deutschland geborener und aufgewachsener Jugendlicher mit türkischem – genauer: alevitisch-kurdischem – Migrations-hintergrund kaum oder gar nicht mehr von Traditionen geprägt wird. Dazu gehört für ihn das alevitische Bild menschlichen Zusammenlebens oder die kur-dische Sprache.

> „Also, Türkei ist auch so ein Land, was ich vorhin sagte, das ist ein Magazin. Du musst nicht viel können, zum Beispiel jetzt in der Musik-Branche, wenn man das nimmt, da geht es nicht drum, ob du eine gute Stimme hast oder ob du das be-herrschst, was du da machst, sondern wie viel Arsch zeigst du, wie viel Möpse zeigst du und wie viele Skandale kannst du aufbieten. Das ist diese Doppelmoral (…). Da machst du ein Videoclip und Hauptsache, sie zeigt viel Haut, sehr viel Bein, und dann wundern sie sich wiederum, andere Leute, dass die Leute viel offener werden und dann auch wieder solche Fälle rauskommen wie bei Sibel Kekilli und dann mal 'nen Pornofilm drehen und dann sind sie wieder ‚oh, das kann doch nicht sein'. Im Fernsehen ist es dann in Ordnung, wenn sie es gucken, wer mit wem, und wenn es dann vor der eigenen Haustür passiert, quasi, dann ist es wieder konservativ" (Ildiz, 907-923).

Den kulturellen Zustand der Türkei, das Land, in dem er seine historischen alevitisch-kurdischen Wurzeln verortet, vergleicht Ildiz mit einem Boulevard-magazin im Fernsehen. Bei Boulevardmagazinen handelt es sich um ein Sendeformat, das ähnlich den Boulevardzeitungen vor allem auf unterhaltende und emotionalisierende Wirkung beim Zuschauer ausgerichtet ist. Insbesondere werden persönliche Schicksale, Enthüllungen und Affären von Prominenten thematisiert. Damit steht Boulevardjournalismus im Gegensatz zu einer investi-gativen Form des Journalismus, der in kritischer Absicht beansprucht, durch umfangreiche Recherchen gesellschaftliche Missstände aufzudecken. „Türkei als Magazin" bedeutet für Ildiz, dass die kulturellen Angebote einerseits nicht (mehr) auf tiefergehende Qualität und Leistung ausgerichtet sind, andererseits von den Menschen auch nicht (mehr) nach eben solchen Kriterien bewertet werden. Ildiz sagt am Beispiel der Musik-Branche, dass nicht das tatsächliche Können der Künstler bewertet wird, vielmehr geht es darum, „wie viel Arsch zeigst du, wie viel Möpse zeigst du und wie viele Skandale kannst du aufbieten". Er kritisiert eine gesellschaftliche Verflachung, Veroberflächlichung, eine *kulturelle Leere*, die er bei den Türken (auch in Deutschland) mit einer „Doppelmoral" verbunden sieht. Auf der einen Seite, meint Ildiz, sind sie Teil der Entstehung kultureller Leere, weil sie boulevardeske Inhalte – etwa im Fernsehen – selbstverständlich und gerne rezipieren. Auf der anderen Seite empören sie sich und werden „konservativ", wenn die Verflachung „vor der eigenen Haustür passiert", d.h., wenn sie öffentlich wird. Um dies zu verdeutlichen, nennt Ildiz die Diskussion um die Hauptdarstellerin des auf den Berliner Filmfestspielen mit dem „Goldenen Bären" ausgezeichneten Spielfilms „Gegen die Wand" (Regie: Fatih Akin). Als im Zuge der Festspiele die Pornofilm-Vergangenheit der Hauptdarstellerin Sibel Kekilli in der deutschen Öffentlichkeit bekannt wurde, sei diese in der türkischen Community in Deutschland mit großer Verärgerung kritisiert worden. Die Doppelmoral besteht für ihn nun darin, dass die Rezeption von Sexdarstellungen in den Medien heute auch für Türken eine Selbstverständlichkeit ist und als „in Ordnung" beurteilt wird; zum Gegenstand eigener Kritik wird die Darstellung für viele erst dann, wenn eine *Türkin* als Pornodarstellerin öffentlich thematisiert wird.

> „Ich bin konservativ und modern in einem. Also, sage ich mal, für die türkischen Verhältnisse bin ich ziemlich modern, für die deutschen Verhältnisse bin ich schon ein bisschen gezügelt konservativ, sage ich mal. Ich bin schon so, dass ich sage ‚okay, die jungen Menschen heutzutage, das ist normal, die haben Freund, Freundin', so in dem Extrem bin ich nicht, das ist normal für mich. Wenn es dann schon anfängt, wenn aus einem Freund 10, 20 werden und dann man überhaupt keine Bindung mehr hat zu (…) seiner Kultur, ne, dann werde ich schon konservativ, sag' ich, ‚das kann doch nicht angehen'" (Ildiz, 857-865).

Kulturelle Leere und Enttraditionalisierung sind für Ildiz ein gesellschaftliches Problem, von dem er insbesondere Jugendliche mit türkischem Migrationshintergrund betroffen sieht. An den „jungen Menschen" heutzutage – er selbst zählt sich nicht mehr als Jugendlicher – kritisiert er ihre *Bindungslosigkeit.* „*Wenn aus einem Freund 10, 20 werden*", hat dies für ihn damit zu tun, dass „man überhaupt keine Bindung mehr hat zu (…) seiner Kultur, ne". Auch das meint für ihn kulturelle Leere und von dieser wendet er sich ab. Dann wird er – wie er sagt – „konservativ", weil das „doch nicht angehen kann". Mit dieser Einschätzung sieht sich Ildiz aber nicht als „extrem" konservativ. Er will nicht als Fundamentalist gelten, der keine Rücksicht auf Mehrdeutigkeiten nimmt, denn er ist weder nur „konservativ" noch nur „modern", sondern „konservativ und modern in einem". Auch an dieser Stelle des Interviews betont er die Mehrwertigkeit seines Subjektstatus. Gemäß seinem Selbstverständnis ist er nicht eindeutig festzulegen: Für die „türkischen Verhältnisse" sieht er sich als „ziemlich modern" und für die „deutschen Verhältnisse" hält er sich für „schon ein bisschen gezügelt konservativ". Dass er nicht konservativ *ist*, sondern in bestimmten Situationen *wird* – und zwar erst dann, wenn es eben „nicht angehen kann"–, macht für ihn einen wichtigen Unterschied aus und zeigt, dass er sein Verhalten als prinzipiell variabel betrachtet. Er sieht sich in der Lage, unterschiedliche Blickwinkel anzulegen. Dies bedeutet kein postmodernes ‚anything goes'. Denn er markiert eine Grenze des Normalen, des für ihn Tolerierbaren, und zwar dort, wo für ihn die Modernisierung an ihr Ende kommt, wo die Vervielfachung der Bedürfnisbefriedigung zur Veroberflächlichung des Daseins führt und wo das Selbst nicht mehr in der Lage ist, sich seiner kollektiven Geschichte und Traditionen zu vergewissern, mit der Folge, dass türkische Jugendliche in Deutschland entwurzelt sind oder werden. In zweifacher Hinsicht wendet sich Ildiz von den für ihn problematischen gesellschaftlichen Verhältnissen ab: einerseits von der Entstehung einer kulturellen Leere, die für ihn durch Bindungslosigkeit, Hedonismus und kulturelle Verflachung gekennzeichnet ist; andererseits von Orientierungen innerhalb der türkischen Bevölkerung in Deutschland, die ihm kulturell-isolationistisch bis fundamentalistisch erscheinen:

> „Das ist das, was ich sagen wollte, ehm, dass diejenigen, die hier leben, erfahrungsgemäß viel konservativer sind, wie die da in der Türkei. Die haben sich weiterentwickelt, die haben sich nach Westen orientiert. Aber die Leute, die hier in Isolation leben, die sind so geblieben, wie sie damals waren, und dann kommst du in die Türkei und dann sagt dir dort einer: ‚Mensch, ey, du bist ja ganz schön konservativ, sei doch mal moderner' und so. Also, die laufen auch schon mit Miniröcken und hin und her rum und bei uns sind sie noch alle bis hier hin und so, weißt du" (Ildiz, 590-597).

Für Ildiz haben sich die Türken in Deutschland seit der ersten Migrationswelle nach Deutschland in den 1950er Jahren kulturell nicht weiterentwickelt, d.h., „die sind so geblieben, wie sie damals waren". Diese Türken sind für ihn kulturell wie sozial *doppelt* isoliert, d.h. sowohl von der westlichen Lebensweise in Deutschland als auch von der mittlerweile „nach Westen hin orientierten" Lebensweise der Türken in der Türkei. Ildiz wird dies an der Reaktion von Türken in der Türkei deutlich, die „dir" sagen: „‚Mensch ey, du bist ja ganz schön konservativ, sei doch mal moderner' und so". Wenn man als Deutsch-Türke in die „moderne" Türkei kommt – als Beispiel nennt er an anderer Stelle Istanbul (vgl. Ildiz, 925) –, erkennt man dort den Einfluss der Modernisierung und nimmt wahr, wie sehr sich das traditionelle Bild, das sich die Migranten von ‚der' Türkei bzw. von ihrem Heimatland machen, von der Realität unterscheidet, denn „die laufen auch schon mit Miniröcken und hin und her rum und bei uns sind sie noch alle bis hier hin und so". Ildiz grenzt sich von den Türken in

Deutschland ab, die sich nicht weiterentwickelt haben, weil ihm bewusst zu sein scheint, dass er die gesellschaftlichen Modernisierungsprozesse und deren Einfluss auf seinen Alltag nicht aufhalten kann. Würde er dies trotzdem versuchen, wäre auch für ihn selbst kulturelle und soziale Isolation die Folge. Damit verweist er auf die Gefahr der Entstehung einer Parallelgesellschaft durch Migranten. Ildiz selbst wählt einen anderen Weg. Er sieht sich als Individuum, das über mehrere sozial-ethnisch-kulturelle Zugehörigkeiten *zugleich* verfügt, und er sieht sich als konservativ und modern „in einem", womit er klassische, polare Zuordnungsversuche seiner Person durch Andere unterläuft. Dies hat jedoch nichts mit Sinn-Beliebigkeit zu tun, im Gegenteil: Gerade diese kritisiert er, indem er unserer gegenwärtigen Gesellschaft kulturelle Leere attestiert. Sein eigener Weg der Identitätssuche scheint dagegen darin zu bestehen, die „konservativen" Elemente seiner Sinnbildung weder traditionalistisch zu bewahren noch gänzlich aufzugeben. Sein „Werkzeug" dafür ist Aleviler.de, bei dem es sich nicht etwa um eine traditionelle Handlungsform handelt, sondern um eine *posttraditionale* Form der Tradition (vgl. Giddens 2001, 58): Ildiz kann zwar die von ihm geschätzten Traditionen nicht in derselben Weise weiter bewahren, wie dies in früheren Generationen noch möglich schien, weil sie nicht an ihn weitergegeben worden sind: „eine Kultur, eine Sprache die seit über 2000 Jahren besteht, wurde in drei Generationen ausgelöscht" (Ildiz, 565-566). Dennoch lösen sich diese Traditionen in seiner Wahrnehmung nicht gänzlich auf; vielmehr versucht er, sie mit Hilfe seiner Online-Community auf eine eigene und *neue* Art fruchtbar zu machen, indem er sie für sich rekonstruiert und in seinen Alltag einbindet.

> „Ich nutze das nur eigentlich nur, um meine Identität da auch ein bisschen auszuleben. Das Internet, mein Kommunikationsforum, also Aleviler.de jetzt, ich hab' nicht das Interesse und nicht das Verlangen danach, irgendwie auf vaybee herum zu surfen und jemanden kennen zu lernen oder bizimalem, also, ich suche schon nach diesem kulturellen Dings. Das, was mir hier fehlt, in meinem alltäglichen Leben, sage ich mal, das versuche ich dann darüber ein bisschen auszugleichen" (Ildiz, 969-976).

Ildiz sagt, dass er Aleviler.de dazu benutzt, seine „Identität da auch ein bisschen auszuleben". Würde es ihm nur um die Suche nach Unterhaltung oder neuen Kontakten gehen, könnte er auch Vaybee.de oder Bizimalem.de besuchen. Doch diese Communities sind für ihn Ausdruck kultureller Leere oder dessen, was er an anderer Stelle als „Spaßgesellschaft" (Ildiz, 1405) bezeichnet. Das ist allerdings nicht das, was er für die Rekonstruktion seines Selbst sucht. Vielmehr sucht er durchaus, sagt er, „nach diesem kulturellen Dings", d.h. nach seiner kollektiven Geschichte, nach der Tradition, die ihm fehlt. Das ist das, was ihm sein Alltagsleben – als Deutscher in Deutschland – nicht bietet. Nur deutsch zu sein,

bedeutet für ihn einen ungleichgewichtigen Identitätsstatus, den er notwendigerweise durch *seine* Community „ausgleichen" muss. Insofern ist Aleviler.de ein
Werkzeug, dessen er sich bedient, um verloren gegangene Identitätsressourcen
fruchtbar zu machen. Er strebt eine Art Gleichgewicht zwischen seinen Teil-
Identitäten an, wenngleich er sich von einer vollständigen Identitäts*balance*
bereits verabschiedet hat. Zumindest in seiner Selbsterzählung scheint sie für ihn
kaum erreichbar zu sein, denn er sagt, dass er das Ungleichgewicht lediglich „ein
bisschen" auszugleichen versuchen könne. Ildiz *bedarf* der Tradition und ihrer
Bewahrungsform in der Community – darauf deuten seine Ausführungen in
zentraler Weise hin –, weil sie ihm für seine individuelle Sinnverortung Kontinuität und Orientierung bietet. Aleviler.de ist der Ort, an dem dies möglich wird.
Die Art und Weise, wie Ildiz seine Identität zu finden versucht, ist für ihn gesellschaftlich nicht von vornherein vorgegeben. Eine feste Tradition, die ihn
verpflichten würde, existiert nicht: Wenn er wollte, könnte er auch den Weg der
„Spaßgesellschaft" wählen. Stattdessen entscheidet er sich aber dafür, sein Selbst
über seine traditionellen Wurzeln zu rekonstruieren, und zwar so, wie es ihm für
die eigene Person passend erscheint. Die Wahl seines Lebensentwurfs steht ihm
zwar (scheinbar) frei. Andererseits muss er sich für eine der Alternativen entscheiden, weil ihm sonst der kulturelle Stillstand droht.

> „Ich bin schon auch in der Familie derjenige, der sich mit Politik und so am meisten
> auseinandersetzt, der sich so, ehm, für die Sache so einsetzt, weißt du, und das
> bemängele ich jetzt so an meinem Verwandtenkreis, dass die so dieses Standard-
> leben und das, was sie aus dem Fernsehen und, das ist nicht so mein Ding, so. Macht
> was, nach dem Motto, erhaltet was für eure Kinder! ‚Ihr habt selbst Kinder', sage ich
> zu denen, ‚bringt denen was bei, ne'. – ‚Ja, wir wissen ja nicht, was sollen wir denen
> denn beibringen'. – ‚Ja, dann versucht mal, euch ein bisschen zu engagieren, das
> verpufft dann'" (Ildiz, 1386-1394).

Ildiz sieht sich als derjenige in seiner Familie bzw. seinem „Verwandtenkreis",
der sich am meisten mit politischen Themen auseinandersetzt, „für die Sache so
einsetzt", d.h. etwa im Hinblick auf Mediennutzung, dass er die Nachrichten
über die Verfolgung von Aleviten in der Türkei nicht nur passiv konsumiert,
sondern mit anderen offline wie online in seiner Community zur Sprache bringt
und heftig diskutiert. Ildiz „setzt" Themen. Die anderen Familienmitglieder
führen für ihn lediglich „so dieses Standardleben", was er „bemängelt". Sie lassen sich von dem, was ihnen z.B. das (staatliche türkische) Fernsehen vorgau-
kelt, beeinflussen und machen nichts. Insofern sind sie auch abhängig von denjenigen, die die Medien für eigene Zwecke missbrauchen. Ildiz grenzt sich von
diesem Standardleben – gekennzeichnet durch „kulturelle Leere" – ab, weil
dieses kaum etwas mit seiner eigenen affektiv angereicherten Umwelt zu tun hat.

Deshalb schafft er sich seinen eigenen Selbstentwurf, der die gegenwärtige
Wahlfreiheit des Lebensentwurfs produktiv umsetzt und seine autonomen Handlungsmöglichkeiten zur Entfaltung bringt. Anerkennung findet er dafür bei den
übrigen Familienmitgliedern nicht. Seine Forderung an sie, ihr Standardleben zu
ändern, damit sie einen historischen Sinnbildungsprozess, der für Ildiz existenziell ist, auch bei ihren Kindern in Gang setzen können, „verpufft".

4.1.3 Aleviler.de als Werkzeug zur Gewinnung von sozialer Anerkennung

„Also, die Erfahrung, die ich gemacht habe, die für mich einigermaßen auch wichtig
ist, das ist auch deswegen die Motivation, warum ich es jederzeit auch wieder
mache, nicht, ist ja auch mit viel Arbeit verbunden. Es ist ja nicht nur so, dass wir
hier jeden Tag vorm Rechner sitzen, ne, wir versuchen ja auch, Veranstaltungen zu
machen und, für 'nen guten Zweck, und dann fahren wir auch nach Köln und versuchen 'ne Veranstaltung zu machen, und dann fahren wir auch zum Beispiel auf die
Demonstration gegen diesen Attentäter, bis nach Mannheim, weil wir ja auch repräsentativ sein wollen. Wir werden ja auch schön aufgenommen: ,Hier, das sind die
Leute, die Gründer von Aleviler.de' und dann werden wir auch ganz anders aufgenommen dann" (Ildiz, 279-288).

Ildiz ist einer der Administratoren von Aleviler.de. In seiner Selbsterzählung
stellt er dar, was ihn dazu motiviert, sich für die Community einzusetzen und
„warum er es jederzeit auch wieder" macht, obwohl dies mit einem hohen
Arbeitsaufwand verbunden ist, (den er neben seiner vollen Berufstätigkeit
bewältigen muss). Wenn er als Administrator tätig ist, bedeutet dies für ihn nicht
nur die Arbeit „vorm Rechner". Zusammen mit den übrigen Administratoren und
Betreibern organisiert er auch Offline-Veranstaltungen, und zwar „für 'nen guten
Zweck". Ein „schlechter Zweck" wäre, wenn er sich durch die Einnahmen aus
den Events – dies sind z.B. Mitgliedertreffen, für die Teilnehmergebühren
erhoben werden – materiell bereichern würde. Ildiz nimmt Mühen auf sich. So
organisiert die Administratoren-/Betreibergruppe Veranstaltungen für die Community-Mitglieder, die auch weit entfernt von seinem Wohnort stattfinden. Er
stilisiert sich damit – wie auch anderen Stellen des Interviews – als Person, die
Anstrengungen und Entbehrungen statt Bequemlichkeiten als Ausdruck seiner
Individualität schätzt, um sich auf diese Weise auch gegen konträre Selbst-
konzepte anderer Menschen und Gruppen abzugrenzen, wie z.B. denjenigen, die
sich in erster Linie zu Dating-Zwecken in Online-Communities bewegen. Zusammen mit den übrigen Administratoren/Betreibern hat er beispielsweise an
einer Demonstration gegen den mutmaßlichen Aufenthalt „dieser Attentäter" in
Deutschland teilgenommen, die 1993 in der türkischen Stadt Sivas einen Brand-

anschlag verübt haben, bei dem 37 Menschen – vor allem Aleviten – gestorben sind. Für diese Demonstration ist er sogar „bis nach Mannheim" gereist, weil „wir ja auch repräsentativ sein wollen". Ildiz sieht sich dabei als Repräsentant der einzigen alevitischen Online-Community in Deutschland für Jugendliche, die über 17.000 Mitglieder hat. Er präsentiert sich dort aber auch selbst, nämlich als einer der „Gründer von Aleviler.de" und verweist somit darauf, dass diese Stellung einen besonderen *Wert* hat. „Hier, das sind die Leute, die Gründer von Aleviler.de, und dann werden wir auch ganz anders aufgenommen dann": Ildiz (und mit ihm zusammen die übrigen Administratoren und Betreiber) erhält Wertschätzung von *anderen*, und zwar nicht weil er Alevite, Türke, Kurde oder Deutscher, sondern weil er „Gründer von Aleviler.de" ist. Erst wenn andere dies erfahren, wird er „schön" aufgenommen, d.h. dann wird die spezifische Konstruktion seines Selbst anerkannt, sein Nicht-Standardleben, das er mithilfe seiner Online-Community ausleben kann. Es wird deutlich, dass sein individueller Sinnbildungsprozess, in dem er also Verbindungen, Zusammenhänge und Übergänge zwischen seinen Subjektanteilen herzustellen versucht, nicht für sich alleine erfüllend ist. Vielmehr muss dieser auch in einen Kontext der sozialen Anerkennung bzw. Wertschätzung eingebettet sein, der ihm erst durch den kommunikativen Austausch mit anderen gewährt wird. Aleviler.de ist dafür das zentrale „Werkzeug". Hier versucht er, sein Selbst der Kommunikation in der alevitischen Online-Community zu öffnen. Ildiz durchläuft in der Interaktion mit seiner Online-Community Aleviler.de einen Prozess der sozialen Anerkennung, der unterschiedliche *Dimensionen* aufweist.

4.1.3.1 Entdeckungsphase: Anerkennung durch kulturelle Identität

„(...) Das ist jetzt so, wie soll ich es vergleichen, ich weiß nicht, bei den Deutschen ist ja eher, immer ein bisschen distanzierter, sage ich mal. Auch wenn man gute Freunde ist, aber bei uns ist dann so wie bei Brüdern und Schwestern hin und her, bei uns ist das dann so, als wenn man sich schon 20 Jahre kennt. Allein der Hintergrund, wir kommen aus derselben Gegend, oder wir sind dieselben Aleviten oder so, das schweißt schon zusammen" (Ildiz, 963-969).

Ildiz antwortet auf die Frage des Interviewers, welche Bedeutung es für ihn hat, sich mit anderen Mitgliedern seiner Online-Community auszutauschen, die einen ähnlichen natio-ethno-kulturellen Hintergrund als Migranten in Deutschland haben. Um seinen Standpunkt zu erläutern, stellt er die sozialen Beziehungen zwischen Aleviten und diejenigen zwischen Deutschen gegenüber. Möglicherweise ringt er in seiner Antwort zunächst deshalb um die genaue Wortwahl – „wie soll ich es vergleichen, ich weiß nicht" –, weil er seine Meinung einem *deutschen* Interviewer, einem Nicht-Migranten und Nicht-Aleviten besonders verständlich machen will. Die Deutschen, sagt Ildiz, sind „immer ein bisschen distanzierter" zueinander, auch wenn sie ein gutes freundschaftliches Verhältnis zueinander haben. Dagegen ist es bei „uns" so „wie bei Brüdern und Schwestern (…), so, als wenn man sich schon 20 Jahre kennt". Ildiz will mit dieser Gegenüberstellung ausdrücken, dass es für ihn einen großen Unterschied ausmacht, ob er in einer deutschen oder in einer türkischen bzw. alevitischen Online-Community Mitglied ist, denn „allein der Hintergrund, wir kommen aus derselben Gegend, oder wir sind dieselben Aleviten oder so, das schweißt schon zusammen". Die Erwartung, Anerkennung zu erhalten, erklärt, warum Ildiz Mitglied bei Aleviler.de geworden ist. Die Deutschen sind für ihn nicht wie Brüder und Schwestern, weil sie „distanzierter" sind. Durch diese von ihm wahrgenommene Distanzierung signalisieren sie ihm, dass sie nicht vorbehaltlos bereit sind, ihn als Subjekt anzuerkennen. Anerkennende Gesten, die er bei den Deutschen bzw. in deutschen Online-Communities vermisst, müssten für Ildiz mit Honneth (2003b, 24) „die motivationale Bereitschaft demonstrieren, sich gegenüber dem Anderen auf wohlwollende Handlungen zu beschränken". Demgegenüber befürchtet Ildiz aufgrund des Verhaltens der Deutschen potenzielle Missachtung und Verletzung seiner Person. Eine vorbehaltlose Wertschätzung seiner Person erfährt er bei denjenigen Menschen, die die gleichen natio-ethno-kulturellen „Wurzeln" haben, denen er sich also *zugehörig* fühlt. Es ist „allein" dieser „Hintergrund", der es für ihn selbstverständlich macht, dass wohlwollende Handlungen nur dort zu erwarten sind, wo die Konstruktion seines Selbst Achtung erfährt. Dies ist für ihn an dem Ort im Internet der Fall, wo sich auch andere alevitische Jugendliche aufhalten.

4.1.3.2 Bestätigungsphase

„ (…) so wie die Leute sich immer einem nähern, ich kriege ja immer viele PMs, kriege ich ja immer geschickt, und dann, ja, wo kommst du denn her? Dann heißt es nicht, wo kommst du aus Deutschland her, sondern da ist primär die Frage, wo kommst du aus der Türkei her. Ne, dann sage ich zum Beispiel, ich komme aus Sivas, das ist so Mittel-Anatolien, dann sagt der, oh, ich komme auch aus Sivas! Oh, wo da genau? Welches Dorf? Und hin und her und womöglich kennen sich noch unsere Eltern und hin und her, ne, und dann, dann ist die Gesprächsbasis schon ganz anders" (Ildiz, 984-991).

Ildiz beschreibt, wie sich die ihm bisher fremden Community-Mitglieder bei Aleviler.de „immer einem nähern", d.h. wie diese typischerweise versuchen, mit ihm ein Gespräch zu beginnen. In den Private Messages (PM), die Ildiz häufig

zugeschickt bekommt, wird zuerst gefragt „wo kommst du denn her?" Allerdings
ist damit in der Regel nicht der Wohnort in Deutschland gemeint – also dort, wo
Ildiz aufgewachsen ist, seine deutsche ‚Heimat' –, sondern wo seine noch in der
Türkei bzw. Anatolien geborene Familie herkommt. Ildiz sagt dann, dass er aus
Sivas, der östlichsten Provinz Zentralanatoliens, kommt. Wenn er von seinem
Gegenüber eine Bestätigung erhält, stellt sich möglicherweise heraus, dass es
noch weitere biografische Gemeinsamkeiten gibt (z.b. Herkunftsdorf, Bekanntschaft der Eltern) und dann ist die „Gesprächsbasis schon ganz anders". Obwohl
Ildiz Mitglied einer alevitischen Online-Community geworden ist, von der er
selbstverständlich *anzunehmen* scheint, dass er es hier mit „Brüdern und
Schwestern" zu tun hat, die sein Selbst anerkennen, macht seine Selbsterzählung
doch darauf aufmerksam: Beim konkreten Kennenlernen von Personen in der
virtuellen Gemeinschaft kann er sich nie absolut sicher sein, ob seine Erwartungen an das Gegenüber erfüllt werden, weil die Identität des Anderen *kontingent* ist. Kontingent ist sie im Hinblick auf diejenigen persönlichen Merkmale,
die nur IRL (In Real Life) anhand des Körpers – mehr oder weniger – unzweifelhaft erkennbar sind, IVL (In Virtual Life) jedoch nicht, z.B. Alter,
Geschlecht, ethnisch-kulturelle Zugehörigkeit. Aleviler.de bietet in technischer
Hinsicht eine Reihe von Möglichkeiten, sich als Person zu erkennen zu geben.
Dazu zählt vor allem die „Persönliche Homepage", die jedes Mitglied nach der
Anmeldung automatisch zur Verfügung gestellt bekommt. Allerdings ist es
diesem frei gestellt, ob er sie überhaupt mit Angaben zur Person füllt (Alter, Ge-
schlecht, Beruf, Wohnort, Haarfarbe, Mailadresse, ICQ etc.), ob er sie aktuell hält
und ob er seine Angaben*wahrheitsgemäß* macht. Zudem verzichtet Aleviler.de
darauf, die Sprachverwendung in den Kommunikationsforen im Hinblick auf den
türkischen Kontext vorzugeben. Im Gegenteil: die Informationsseiten sind in
Deutsch geschrieben; die Beiträge in den Kommunikationsforen werden von den
Mitgliedern sowohl in Türkisch als auch Deutsch verfasst. Wenn also Ildiz eine
PM erhält, ist sein Gegenüber für ihn zunächst einmal kontingent, weil zum
Zeitpunkt der Kontaktaufnahme die unsichere Informationslage zu dessen
Identität, beispielsweise über die vorinstallierte Homepage, nicht genau geklärt
oder durch körperliche Merkmale festgelegt werden kann. Einen Hinweis auf
anerkennendes Verhalten durch andere Personen in der Online-Community
erhält Ildiz also zunächst nur auf der Grundlage von deren Mitgliedschaft zur
Online-Community. Bereits die bloße Mitgliedschaft in der „alevi community"
ist ein Anhaltspunkt, der vermuten lässt, dass sich die entsprechende Person von
der thematischen Ausrichtung und religiös-weltanschaulichen Zielorientierung
dieser Online-Community angesprochen fühlt und deshalb im Hinblick auf
Interessen, Motivation und erwartbares Verhalten große Ähnlichkeit mit den
übrigen Mitgliedern aufweist. Für Ildiz reicht dieser Anhaltspunkt aber noch

nicht aus, um relative Erwartungs- und Enttäuschungssicherheit zu erhalten. Denn überprüfbare *Erfahrungen,* die Prognosen darüber gestatteten, wie sich das Gegenüber voraussichtlich geben wird, gibt es für ihn kaum oder gar nicht. Die typische Kennenlern-Kommunikation dient aus diesem Grund dazu, weitere Anhaltspunkte darüber zu erhalten, ob sich das Verhalten des Kommunikationspartners für ihn positiv entwickeln könnte oder nicht. Sie ist ein Versuch der *Vertrauensbildung,* um die Kontingenz im Hinblick auf die Identität des Gegenübers und seines möglichen und nur schwierig einschätzbaren Verhaltens zu reduzieren. Mithilfe von Vertrauensbildung kann „relative Unsicherheit in relative Sicherheit" (Thiedeke 2007, 190) gewandelt werden. Im Gegensatz zu Handlungssituationen im Face-to-Face-Kontakt muss sie in Online-Communities – so Udo Thiedeke – „vorsichtiger" entwickelt werden, das heißt, „trotz Virtualisierung nach Anhaltspunkten für Erwartungs- und Enttäuschungssicherheit zu suchen und sich nicht auf die Ontologie von Charakterzügen virtueller Interaktionspartner zu verlassen" (ebd., 209).

> „Ich war Aleviler.de-Mitglied. Und dann habe ich gehört, es gibt vaybee, dann habe ich mich da mal angemeldet, nur um zu gucken, wie es da ist, und hab' gesehen, das ist überhaupt nichts für mich so, wie das läuft und so" (Ildiz, 141-143).

In dieser Phase der Mitgliedschaft zu seiner Online-Community ist der Bezugspunkt für Ildiz' Anerkennungssuche seine kulturelle Identität. Dabei konstruiert er eine kulturelle Differenz zwischen Deutschen und Türken bzw. Aleviten, durch die er seine Mitgliedschaft bei Aleviler.de erklärt – „bei den Deutschen ist ja eher, immer ein bisschen distanzierter, sage ich mal" (Ildiz, 964-965). Hinzu kommt die Konstruktion einer zweiten kulturellen Differenz: Ildiz erzählt, dass er bereits Mitglied in der Aleviler.de-Community war, als er sich auch bei Vaybee.de angemeldet hat, „nur um zu gucken, wie es da ist". Allerdings hat er gesehen, „wie das läuft und so" und entschieden: „Das ist überhaupt nichts für mich so". Die Vaybee.de-Community symbolisiert für Ildiz eine geschichtslose Spaßgesellschaft, weil deren Mitglieder die Plattform vor allem ihrem Interesse nach unterhaltungsorientiertem Dating nutzen: „ich hab' nicht das Interesse und nicht das Verlangen danach, irgendwie auf vaybee herum zu surfen und jemanden kennen zu lernen" (Ildiz, 971-973). Ildiz grenzt sich – dies macht für ihn die kulturelle Differenz aus – von der Leere dieser Spaßgesellschaft ab und setzt ihr die ernsthafte Suche nach der eigenen Tradition entgegen. Nach dem Besuch von Vaybee.de wird Ildiz bewusst, dass er soziale Wertschätzung für sein Identitätsprojekt nur in der Aleviler.de-Community finden kann.

4.1.3.3 Prüfungsphase: Anerkennung durch Betonung von Individualität

„Und dann kommen sie rein und machen direkt so ein Thema auf, nicht, wo sie wissen ganz genau, das ist ne Provokation (...). Und dann schreibt der, was weiß ich, die Kurden so und so haben ein türkisches Dorf niedergemetzelt und hin und her und irgendwas aus der Luft gegriffen (...). Ich hab' zum Beispiel damals auch schon, als ich gesehen hab', es nimmt überhand, da war es halt bei mir so, dass, ich sag' mal, in unserem Administrationskreis war das so mein Fauxpas, ich hab' da ein Topic aufgemacht und hab' da geschrieben ‚Atatürks Morde', ne, und das war schon ziemlich provokant, und das als Administrator. Da sind ja viele bei den Aleviten auch sehr Atatürk-treue Bürger dabei, ne. Und dann ging das los, ja hin und her, und ich hab' dann versucht, hab' auch richtig recherchiert, auch noch Quellen angegeben, wo er gegen die Armenier und hin und her, ne, Morde betrieben hat – und, und, und –, ethnische Säuberung und so was, das habe ich dann alles gepostet, so wie es meiner Meinung nach auch ist. Ich bin da ein bisschen, auch ein bisschen wahrscheinlich zu radikal gewesen. Und dann kam auch schon Canay und hat aus dem Ausrufezeichen ein Fragezeichen gemacht und versucht, das so ein bisschen zu entschärfen, einfach nur die Morde weggemacht, einfach nur Atatürk und dann war ich da noch ein bisschen angepisst, da gab es schon Reibereien" (Ildiz, 196-226).

Ildiz erzählt von Community-Mitgliedern, die ein ausgewähltes Forum auf Aleviler.de betreten und ein Diskussionsthema beginnen, mit dem sie die anderen Mitglieder gezielt provozieren wollen, und zwar mit „irgendwas", das „aus der Luft gegriffen" ist, z.B. dass Kurden ein türkisches Dorf „niedergemetzelt" hätten. Ildiz ist nach etwa einem Jahr normaler Mitgliedschaft Administrator in der Online-Community geworden. Er blickt zurück auf den Beginn seiner Administratorentätigkeit vor drei Jahren und sagt, dass zu dieser Zeit die erwähnten Provokationen „überhand" zu nehmen drohten. Die Situation, die er nun erzählt, ist für ihn „sein Fauxpas" im Administratorkreis, ein Verstoß gegen die Art und Weise, wie sich die Administratoren in der Regel verhalten sollten: Als Reaktion auf die Provokationen eröffnet er selbst ein „topic", das er mit „Atatürks Morde" überschreibt, eine Gegen-Provokation, gerichtet an diejenigen Mitglieder im Forum, die Kurden gegenüber feindlich gestimmt sind. Diese Haltung wird für Ildiz durch Kemal Atatürk symbolisiert, der im Zuge der türkischen Staatsgründung im Jahr 1923 einem Großteil der kurdischen Siedlungsgebiete der Herrschaft der Türkei unterstellte. Mit dem Topic „Atatürks Morde" will Ildiz aber nicht nur einfach provozieren – dies erscheint für ihn schon deshalb problematisch, weil es unter den Aleviten in der Community viele „sehr Atatürk-treue Bürger" gibt, die er grundsätzlich nicht beleidigen möchte –, vielmehr hat er einen jenseits der reinen Provokation angesiedelten *aufklärerischen* Anspruch. Im Gegensatz zu vielen „Türken" möchte er eine kritische Position gegenüber den politischen Leistungen von Atatürk einnehmen, indem er

auf seine „Morde" hinweist. Dabei stilisiert er sich als unabhängiger, journalis-
tisch-investigativer Sammler von Hintergrundinformationen, die sein Statement
im Forum untermauern sollen: „(...) ich hab' dann versucht, hab' auch richtig
recherchiert, auch noch Quellen angegeben, wo er gegen die Armenier und hin
und her, ne, Morde betrieben hat – und, und, und –, ethnische Säuberung und so
was". Im Gegensatz zu den anderen, die etwas posten, was „aus der Luft gegriffen" ist, geht er den schwierigen Weg des akribischen Sammelns von Fakten
und der genauen Analyse. Indem er die Ergebnisse seiner Recherchen darstellt,
„wie es meiner Meinung nach auch ist", will er seine Fähigkeit herausstellen, den
eigenen Verstand zu benutzen und sich nicht von anderen (fehl-)leiten zu lassen.
Für diese individuelle *Leistung*, die für ihn die Differenz zu Anderen ausmacht,
erhofft er sich Anerkennung in der Online-Community. An der Reaktion der
anderen Administratoren, vor allem Canay, erkennt er aber, dass er „ein bisschen
wahrscheinlich zu radikal gewesen" ist, insbesondere in seiner Funktion als
Administrator. Die soziale Wertschätzung, die sich Ildiz erhofft hat, weil er
„richtig recherchiert, auch noch Quellen angegeben" hat, bleibt ihm versagt,
mehr noch: der Wert seiner Leistung wird dadurch beschnitten, dass Canay „aus
dem Ausrufezeichen ein Fragezeichen gemacht und versucht (hat) das so ein
bisschen zu entschärfen, einfach nur die Morde weggemacht, einfach nur
Atatürk". In der Folge ist es diese Äußerung *fehlender* Wertschätzung, die bei
ihm zur Verletzung und Demütigung geführt – „dann war ich da noch ein bisschen angepisst" –, ja sogar „Reibereien" zwischen ihm und den anderen Administratoren verursacht hat.

> „Ich sag' mal das Verhältnis, ich bin ja mit Canay ziemlich gut befreundet, dadurch
> bin ich ja überhaupt auf die Seite gekommen, also was, da gibt es keine große
> Konsequenz, dass ich da Ärger kriege oder so, es gab eine Diskussion, wir haben
> uns ein bisschen angezofft, ne, mit Canay, aber dann war das auch wieder gut, ne,
> also da haben auch viele gesagt, der muss zurücktreten, der ist doch 100 pro PKK
> hin und her – wir haben das einfach im Sande verlaufen lassen, wir haben uns dann,
> ehrlich gesagt, den Arsch drauf gesetzt" (Ildiz, 243-250).

Ildiz bezeichnet Canay – den Gründer Online-Community – als *guten Freund*,
der ihn erst motiviert habe, bei Aleviler.de Mitglied zu werden. Auf die Nach-
frage des Interviewers, welche weiteren Folgen sein „Fauxpas" für ihn gehabt
habe, antwortet Ildiz: „keine große Konsequenz". Allerdings hätten viele andere
Community-Mitglieder seinen Rücktritt als Administrator gefordert, weil sie ihn
aufgrund seiner Äußerungen als Sympathisanten der international als terroris-
tisch eingestuften kurdischen Befreiungsbewegung PKK ansehen. Zusammen
mit seinem Freund Canay schafft er es aber, seinen Fauxpas bzw. die Rücktritts-
forderungen „im Sande verlaufen (zu) lassen" – „auszusitzen". Zwar fühlt sich

Ildiz durch Canays Verhalten zunächst verletzt, allerdings ist es ihre Freundschaftsbeziehung und, damit verbunden, die Bereitschaft von Canay, das „einfach im Sande verlaufen (zu) lassen", die Ildiz als Person schließlich soziale
Wertschätzung signalisiert, obwohl er selbst eingesteht, dass sein Verhalten im
Forum „schon ziemlich provokant (war), und das als Administrator". Die psy-
chische Verarbeitung jener emotionalen *Intensitätserfahrung* wird für ihn also
dadurch positiv beeinflusst, dass Ildiz mit seinem guten Freund Canay – er hat
ihn bereits IRL kennen gelernt, wodurch ihm mehr Informationen zur Einschätzung seines Verhaltens vorliegen –bei Aleviler.de eine Person gefunden hat,
der er *persönlich vertrauen* kann, und zwar dadurch, dass beide dazu in der Lage
sind, offen aufeinander zuzugehen bzw. den jeweils eigenen Standpunkt zu
relativieren: „wir haben uns ein bisschen angezofft, ne, mit Canay, aber dann war
das auch wieder gut". Im Gegensatz zu diesem Freundschaftsverhältnis, dessen
Zuverlässigkeit sich hiermit bestätigt hat, erweist sich das Vertrauen, das Ildiz in
die übrigen Personen der Online-Community setzt, als bedeutend *risikoreicher*,
weil die Möglichkeit der Enttäuschung von Erwartungen größer ist: Alleine die
Merkmale ‚alevitischer Glaubenshintergrund' und ‚natio-ethno-kulturelle Zugehörigkeit', über die beim Kennenlernen mithilfe von PMs zumindest teilweise
Rechenschaft ablegt wird und die auf gemeinsame und positive Erwartungen
schließen lassen können, zeigen doch nur einen Ausschnitt der komplexen
Verhaltensmöglichkeiten der beteiligten Community-Mitglieder an. Sie können
sich schnell als „Konsenshalluzination" (Thiedeke 2007) erweisen, wie Ildiz im
Anschluss an seinem Fauxpas verärgert feststellen muss.

4.1.3.4 Konsolidierungsphase: Anerkennung durch Identifikation mit der Professionalität der Community

„In der Anfangszeit wo ich, ich sag' mal, so dieses Neutrale und Objektive noch
nicht so sehr hatte, bin ich da auch oft drauf eingegangen, habe dann zurück geflucht
und den einfach gelöscht und habe dann meine Macht da in dem Sinne missbraucht.
Wenn ich da nicht gegenüber ankam oder so, und er beleidigend wurde. Dann habe
ich den auch erstmal schön zurück beleidigt und dann gelöscht, ne. Aber das ist dann
auch keine Art von Professionalität. Wir wollen irgendwo auch hinkommen (…).
Und deswegen habe ich dann schon gelernt, einfach zu sagen' soll er mich doch
beleidigen, wird halt gelöscht, gar nicht darauf einzugehen'" (Ildiz, 1216-1229).

Ildiz unterteilt seine Community-Biografie bei Aleviler.de in zwei Abschnitte: In
seiner Anfangszeit als Administrator, erzählt er, sei sein Verhalten durch Emo-
tionalität, Affekte und Provokationen gegenüber anderen gekennzeichnet
gewesen, weil er sich von den Regelverstößen der Communitymitglieder – vor

allem Beschimpfungen in den Kommunikationsforen – persönlich angesprochen gefühlt hat: „Bin ich da auch oft drauf eingegangen, habe dann zurück geflucht und den einfach gelöscht und habe dann meine Macht da in dem Sinne miss- braucht". Als Administrator hat er besondere technische Eingriffsmöglichkeiten in das Communitysystem, mit deren Hilfe er Forenbeiträge von Mitgliedern löschen kann. Diese „Macht" hat er missbraucht, sagt er. In seiner Funktionsrolle hätte er eigentlich mehr emotionale Distanz wahren müssen. Im Rückblick betrachtet, besitzt für ihn sein damaliges Verhalten „keine Art von Pro- fessionalität". Ein solches professionelles Verhalten als Administrator macht die zweite, gegenwärtige Phase seiner Community-Biografie aus. Professionalität bedeutet für ihn: Neutralität und Objektivität gegenüber den Mitgliedern, mithin das genaue Gegenteil seiner emotionalen, affektiven und provokativen Phase. Ildiz erklärt seinen Wandel mit einem Lernprozess, den er erst durchmachen musste, damit sein gegenwärtiger kommunikativer Habitus möglich werden konnte. In seiner Erzählung drückt sich dies auch sprachlich aus: Während er für seine Anfangszeit das Pronomen „ich" benutzt, verwendet er für die gegen- wärtige Phase der Professionalität das „wir":

> „Wir wollen irgendwo auch hinkommen. Wir wollen, wir sind zwar vielleicht nicht so professionell wie vaybee, aber wir wollen zumindest einen professionellen Eindruck hinterlassen, damit die Seite nicht von irgendwelchen Chaoten, ich sag' mal, gelenkt wird, dass da nicht der Eindruck entsteht, dass da nur Chaoten sind und so kleine Hobby-Schüler oder so, dass wir uns auch wirklich mit der Sache beschäftigen und vernünftig angehen" (Ildiz, 1222-1228).

Im Gegensatz zur vorigen Erzählpassage betont Ildiz nun nicht mehr, sich jenseits der Administratorenregeln in der Community durchsetzen und als (autonomes) Individuum Anerkennung finden zu wollen. Angesichts seines Fauxpas und der negativen Reaktionen, die er daraufhin nicht nur von seinem Freund Canay erfahren musste, erkennt Ildiz, dass seine Möglichkeiten begrenzt bzw. für seine Funktion als Administrator nicht adäquat sind, wenngleich er deren prinzipiellen Wert für sich nicht in Frage stellt. Aufgrund der Interaktionen mit anderen Communitymitgliedern schafft er es damit, in dieser ersten Phase seiner Communitybiografie, das eigene Verhalten zu relativieren.

Die Auseinandersetzung um seinen Fauxpas, die für ihn vor allem mit negativen Erfahrungen verbunden ist, wendet er für sich konstruktiv, indem er sie als Anlass für eine wichtige Lernerfahrung deutet. Freilich gelingt ihm diese Wendung vor allem dadurch, dass er eine *Zielperspektive* seiner Community- mitgliedschaft entwickeln kann: So weist er mit seiner Aussage „Wir wollen irgendwo auch hinkommen" auf seine Motivation hin, die Community prinzipiell auch jenseits subjektiver Einzelinteressen weiterentwickeln zu wollen. Im

persönlichen Konfliktfall – sein Fauxpas ist dafür ein Beispiel – hat für ihn das
Eintreten füreinander Priorität, weil, so erzählt er bereits zu Beginn des
Interviews, „wir ja was repräsentieren als alevitische Jugend, das ist auch eine
Verantwortung halt" (Ildiz, 28-29). Was für ihn nun im Vordergrund steht, ist
seine *Identifikation* mit den Interessen, Kompetenzen, Leistungen und Zielwerten
der Administratoren-Gruppe, die die Aleviler.de-Community betreibt und
zugleich inhaltlich wie technisch verantwortet. Er räumt ein, dass Aleviler.de
zwar im Hinblick auf Technik und Management nicht so professionell gemacht
ist wie Vaybee.de – als nicht börsennotierte Aktiengesellschaft handelt es sich
bei Vaybee um ein gewinnorientiertes Unternehmen, das über weitaus größere
finanzielle Ressourcen verfügt –, aber das Ziel der Betreibergruppe sei dennoch,
„zumindest einen professionellen Eindruck (zu) hinterlassen". Die Suche nach
Anerkennung spielt für ihn also auch in dieser Phase eine zentrale Rolle. Seine
Anerkennungssuche findet nun allerdings nicht mehr in erster Linie vor dem
Hintergrund seiner Relativierungs-, sondern seiner Beziehungsleistung statt (vgl.
Baacke 1999, 253ff.), die er in Interaktion mit den anderen Communitymitgliedern erbringt. Letzteres drückt sich für ihn dadurch aus, dass er „Professionalität" als geteilten Zielwert für das gemeinsame Handeln herausstellt: Die
Community soll nicht den Eindruck erwecken, sie werde von „Chaoten" oder
„kleinen Hobby-Schülern" geleitet, sondern – im Gegenteil – von Menschen wie
ihm selbst, die sich „wirklich mit der Sache beschäftigen und vernünftig
angehen". Dass diese *Anerkennungsstrategie* funktioniert und für ihn sinnstiftend
ist, unterstreicht eine Erzählsequenz, die bereits am Anfang dieses Teilkapitels
(S. 129) in einer ersten Annäherung Erwähnung gefunden hat:

> „Wir werden ja auch schön aufgenommen: ‚Hier, das sind die Leute, die Gründer
> von Aleviler.de' und dann werden wir auch ganz anders aufgenommen dann" (Ildiz,
> 286-287).

Als Administrator von Aleviler.de hat Ildiz etwas geleistet, für das er nun von
anderen, die ihn als einen der „Gründer von Aleviler.de" wahrnehmen, Anerkennung erfährt: „Wir werden ja auch schön aufgenommen". Wenn andere sagen:
„Hier, das sind die Leute, die Gründer von Aleviler.de", dann drücken sie damit
ihre Bewunderung für die professionelle Gestaltung, Organisation und Leitung
der Community aus, die sich Ildiz zuschreibt. Dagegen musste er noch in der
ersten Phase seiner Community-Biografie erkennen, dass sein individueller Anerkennungsprozess zu scheitern droht: Für seine Fähigkeit zur genauen und
kritischen Analyse politischer Zusammenhänge erwartete er vergeblich Bestätigung durch die Communitymitglieder. Stattdessen wurde er aufgrund seiner
emotional-provokativen Strategie abgelehnt.

„Gut und seitdem habe ich mir gesagt ‚okay, ich halte mich lieber ein bisschen
zurück, immer ein bisschen objektiv', ne, immer die vermittelnde Rolle, obwohl ich
vielleicht nicht gerade seine Meinung vertrete, und dann nehme ich auch schon mal
die Leute in Schutz, die ein bisschen Scheiße schreiben, ne (…). Und dann sage ich
schon, hey passt mal auf, geht mal ein bisschen sachte an und so, ne" (Ildiz, 250-259).

Diese Situation ändert sich für ihn erst dadurch, dass er seine Kompetenzen der
Identifikation mit der Administratoren-Gruppe öffnet, die von ihm allerdings die
Fähigkeit zur „Neutralität" und „Objektivität" verlangt. Im Rahmen eines Reflexionsprozesses, der also durch die Interaktion mit den anderen Gruppenmitgliedern erst angeregt wird, wägt Ildiz zwischen den emotional-provokativen Impul-
sen seines Ichs und den Anforderungen der Gruppe bzw. der Online-Community
ab. Daraufhin kommt er zu dem Schluss, sein bisheriges kommunikatives Verhalten zu verändern: „(…) seitdem habe ich mir gesagt ‚okay, ich halte mich
lieber ein bisschen zurück, immer ein bisschen objektiv', ne, immer die
vermittelnde Rolle". Freilich fällt es ihm nicht leicht, die „vermittelnde Rolle" in
jeder Situation einzunehmen und auch durchzuhalten, denn er sagt auch, dass er
manchmal „vielleicht nicht gerade" die Meinung derjenigen Community-Mitglieder vertritt, die „ein bisschen Scheiße schreiben". Trotzdem nimmt er diese
„auch schon mal in Schutz", was darauf hindeutet, dass er seine neue Rolle zwar
nicht uneingeschränkt, aber doch allmählich zu akzeptieren beginnt.

4.1.3.5 Anerkennung durch Hilfeleistung für Andere

„Als mich immer viele Leute angeschrieben haben ‚kannst du nicht da machen,
kannst du nicht hier und mein Profil, ich kann das nicht ändern und jenes nicht
ändern', da habe ich gesagt, ‚hey Alter, das geht doch hier nicht klar, ich muss mich
mal umnennen' und dann hieß ich Dertlere-Derman, das heißt dann eigentlich,
Dertlere, heißt eigentlich die Sorge, ne, jemand der 'ne Sorge hat, und Derman ist
einfach die Lösung dafür. Also (…) übersetzt würde es heißen: die Lösung für deine
Sorgen, ne (…). Seitdem heiße ich so und so bin ich jetzt auch verschrien und da
kommen auch täglich dann irgendwelche Fragen ‚wie kannst du für meine Sorgen
auch'. Also, die nehmen mich auch schon ein bisschen auf die Schüppe, weil das
schon ein außergewöhnlicher Name ist. Und das kommt daher, durch meine Tätigkeit
als Administrator, weil ich dann immer die Probleme von den lösen muss und dem
und ‚kannst du mal mein Passwort ändern' und jenes, habe ich gesagt, ‚okay, dann bin
ich jetzt derjenige, der die Lösung für die Sorgen anderer hat'" (Ildiz, 1145-1161).

Da Ildiz als Administrator immer mehr mit Anfragen von Community-Mitgliedern zu tun hat, die seine Hilfeleistung erfordern – „kannst du nicht hier und
mein Profil, ich kann das nicht ändern und jenes nicht ändern" –, denkt er

darüber nach, sich einen neuen Nickname zuzulegen. Sein bisheriger Nickname passt seiner Ansicht nach nicht mehr zu seinem neuen „professionellen" Administratorenverhalten, und deshalb sagte er sich: „ich muss mich mal umnennen". Als neuen Nickname wählt er „Dertlere-Derman", was er dem Interviewer aus dem Türkischen als „Lösung für deine Sorgen" übersetzt. Mit diesem Namen ist er bei einigen Communitymitgliedern „verschrien", sagt er, „die nehmen mich auch schon ein bisschen auf die Schüppe, weil das schon ein außergewöhnlicher Name ist". Dass er für seinen Namen „ein bisschen auf die Schüppe" genommen wird, stört ihn aber nicht. Wenn Ildiz davon erzählt, dass er für sein gegenwärtiges Verhalten „verschrien" ist, zeigt dies sogar einen selbstironisch-spielerischen Umgang mit der teils kritischen, teils belächelnden Wahrnehmung seines Namens. Er identifiziert sich mit den Eigenschaften, die mit seinem neuen Namen verbunden sind, denn, so sagt er, „ich (bin) jetzt derjenige, der die Lösung für die Sorgen anderer hat". „Dertlere-Derman" drückt nicht nur für Ildiz selbst, sondern auch anderen gegenüber aus, dass er sich für eine neue kommunikative Haltung selbstverantwortlich entschieden hat, die seine Identität als „Provokateur" abgelöst hat. Vor allem ist sein Namenswechsel zu „Dertlere-Derman" aber als Reaktion auf die Bestätigung durch andere zu deuten, die er für seine Hilfeleistungen erhält. Anerkennung für individuelle Fähigkeiten und Identifikation mit den Interessen, Kompetenzen, Leistungen und Zielwerten der Administratoren-Gruppe stehen für ihn nun nicht (mehr) im Widerspruch, sondern erschließen sich als sinnhafter Zusammenhang. Ildiz macht in seiner Selbsterzählung deutlich, dass er über eine mehrfache natio-ethno-kulturelle Zugehörigkeit verfügt. Er sieht sich als Deutscher, Alevite und Kurde zugleich. In seiner Selbsterzählung wird deutlich, wie er es schafft, seine teils gegensätzlichen Ich-Bezüge zu integrieren bzw. in einen sinnhaften Zusammenhang zu bringen. Ildiz reflektiert sowohl die diachrone als auch die synchrone Seite seiner Identität, die er beide als gefährdet ansieht. Er versucht in einer Zeit, die für ihn das Antlitz der Enttraditionalisierung trägt, die für ihn wichtigen alevitisch-kurdischen Traditionen auf eine neue Art und Weise zu bearbeiten und überliefern, bevor sie – wie er befürchtet – in der kulturellen Leere vollends untergehen und durch geschäftiges Alltagshandeln verschüttet werden. Zugleich versucht er, soziale Wertschätzung für dieses persönliche *Identitätsprojekt* von anderen zu erhalten. Die Voraussetzung dafür schafft er sich durch sein Handeln in bzw. mit der Online-Community. Aleviler.de ist für ihn ein „Werkzeug", um Tradition zu sichern und Anerkennung zu erhalten. Anerkennung erwächst für ihn zunächst durch sein Empfinden von Zugehörigkeit zu einer virtuellen Gemeinschaft von Menschen, von denen er annimmt, dass sie seinen hybriden Subjektstatus teilen und über die gleichen ethnisch-kulturellen Wurzeln verfügen. Seine Selbsterzählung zeigt freilich, dass er für seine individuelle Sinnsuche über die erinnernde

Reflexion der gemeinschaftlichen Wurzeln hinaus auch die Anerkennung von anderen *benötigt*. Ildiz wird deutlich, dass er durch seine bloße Mitgliedschaft in der Aleviten-Community lediglich einen *Rahmen* vorfindet, in dem er seinen Weg der Anerkennung zwar öffnen kann, die soziale Anerkennung selbst muss er aber darin erst erringen. Er erzielt sie durch die Übernahme der Administratorenrolle, die für ihn zu dem Zeitpunkt sinnstiftend wird, als er sich auch mit den in der Administratorengruppe geteilten Werten von Professionalität identifizieren kann. Vor diesem Hintergrund vermittelt Ildiz den Eindruck eines *hohen Kohärenzgefühls*. Unter Kohärenzgefühl verstehen Keupp u.a. (1999) in Anlehnung an ein Konzept von Antonovsky (1998) die Einschätzung des Subjekts darüber, wie gut es ihm gelingt, sein Alltagsleben sinnhaft zu bewältigen bzw. die eigenen Identitätsprojekte zu realisieren. Es offenbart sich in drei Komponenten: Sinnhaftigkeit, Machbarkeit und Verstehbarkeit. Was bedeutet dies für den Fall Ildiz? Auf der Ebene der *Sinnhaftigkeit* ist Ildiz davon überzeugt, dass sein Versuch der Bewahrung von Tradition (nicht nur) für sein Leben existenziell ist und deshalb sinnstiftend ist. Die Tradierung der alevitisch-kurdischen Wurzeln mit Hilfe von Aleviler.de betrachtet er als seine Aufgabe, die ihn von anderen abgrenzt und die ihm das Gefühl der Zufriedenheit gibt. Auf der Ebene der *Machbarkeit* zeigt sich: Er wendet unterschiedliche kommunikative Strategien an, mit denen er sich dazu in die Lage versetzt, soziale Anerkennung für die Umsetzung seines Identitätsprojekts zu erreichen. Dabei sieht er sich zunächst durch seinen Freund Canay bestärkt und später auch durch die gesamte Administratorengruppe. Schließlich zeigt Ildiz auch auf der Ebene der *Verstehbarkeit* ein hohes Kohärenzgefühl, weil es ihm gelingt, den Prozess der Umsetzung seines Projektvorhabens zu reflektieren und produktiv zu verwerten. Dies wird bereits in dem Umstand sichtbar, dass er sich aktiv eine alevitische Online-Community zur Bewahrung von Tradition sucht und diese als Aktionsfeld benutzt; dies wird darüber hinaus dort erkennbar, wo Ildiz seine prinzipiell negative Fauxpas-Erfahrung als Beitrag für einen individuellen Lernprozess deutet, der ihm dabei hilft, in zukünftigen Situationen seine eigenen Fähigkeiten mit den Ansprüchen der Administratoren-Gruppe besser in Passung zu bringen.

4.2 Hasan, 25 Jahre

Der Interviewkontakt zu Hasan kommt aufgrund der Empfehlung einer Interviewpartnerin zustande. Hasan gehört zu ihrem Online-Freundeskreis. Er ist 1980 in der Türkei geboren. Im Alter von 4 Jahren zieht er mit seinen Eltern nach Deutschland. Hasan besitzt die türkische Staatsangehörigkeit. Er ist ledig, lebt alleine und hat die Mittlere Reife als höchsten Schulabschluss erworben.

Sein Wohnort ist Stuttgart, wo er als Angestellter in einem Versicherungsunternehmen arbeitet. In die Türkei reist er normalerweise einmal im Jahr, um dort Urlaub zu machen. Er sagt, dass er mehrmals pro Woche Beiträge in die Foren von türkischen Online-Communities schreibt. Manchmal tut er dies bei Aleviler.de. Die Community, in der er sich vor allem aufhält, ist aber Bizimalem.de. Deshalb stehen seine Erfahrungen auf dieser Site auch im Mittelpunkt seiner Selbsterzählung. Das Interview mit ihm findet in einem Bahnhofscafé statt.

4.2.1 Zugehörigkeitserfahrungen und Zugehörigkeitsverständnis: Bizimalem.de und die Reflexion biografischer und gemeinschaftlicher Wurzeln

„Die Seite hat mich mehr oder weniger back to the roots heißt es ja, dahingeführt, praktisch"

> „(Ich) hatte davor schon so Berührungsängste (…) mit Türken, Berührungsängste ist übertrieben, aber einfach, hatte keinen Bezug zu denen, weil ich mich als etwas Anderes gefühlt habe. Jetzt, wo ich nachdenke, ist schon heftig, was so eine Seite alles ausmacht, ist heftig, ne, man tut eigentlich seine ganze Philosophie ändern. Davor hat man sich gar nicht dazu, also dazugehörig gefühlt, aber jetzt, keine Ahnung, wenn ich jetzt irgendwo hingehe und Türken sehe, dann fühle ich mich ein bisschen wohler, als wenn keine Türken in dem Raum sind. Bei mir hat sich vielleicht sogar eher, so was Integration angeht, ich denke, ich war voll integriert, bin ich jetzt immer noch, natürlich, aber nicht in das Türkische, die Seite hat mich mehr oder weniger back to the roots heißt es ja, dahingeführt, praktisch" (Hasan, 284-294).

Hasan gliedert seine Erfahrungen bei Bizimalem.de in ein „davor" und „jetzt". Sie verdeutlichen einen Entwicklungsschritt, der sein natio-ethno-kulturelles Zugehörigkeitsverständnis verändert hat. Sein „davor" ist dadurch gekennzeichnet, dass er „Berührungsängste" mit Türken hatte, sogleich schränkt er aber ein: „Berührungsängste ist übertrieben". Besser müsste es heißen, er habe „keinen Bezug zu denen" gehabt. Aber auch diese Formulierung trifft für ihn nicht den Kern dessen, was er ausdrücken will. Deshalb präzisiert er schließlich: „davor hat man sich gar nicht dazu, also dazugehörig gefühlt". Es ist für ihn schwierig, die richtigen Worte zu finden, weil er sich erst selbst langsam darüber bewusst wird, welche Bedeutung sein Entwicklungsschritt biografisch genau hat. Wenn er sagt, davor habe er sich als etwas Anderes gefühlt, dann bekennt er sich dazu, zu diesem Zeitpunkt kein „Türke" gewesen zu sein bzw. sich nicht als solchen empfunden zu haben. Er macht eine Aussage zu seinem Mitgliedschaftsstatus, und zwar in der Art, dass die Lebensweise der Türken nicht diejenige ist, die er für sich präferiert hatte. Zwar ist er formal Türke, weil er die türkische Staats-

angehörigkeit besitzt, dennoch drückt er Distanz zum türkischen Zugehörigkeitskontext aus. Er weist darüber hinaus darauf hin, dass er den Türken gegenüber
nicht *verbunden* war, d.h. er sah keinerlei Gemeinsamkeiten mit „denen". Türken
stellten sich für Hasan als Gruppe dar, die ihm fremd war, zu der eine Differenz
bestand, die ihm als solche auch bewusst war. Seit er bei Bizimalem.de ist, hat
sich sein Verständnis der Zugehörigkeit allerdings verändert, denn „wenn ich
jetzt irgendwo hingehe und Türken sehe, dann fühle ich mich ein bisschen
wohler, als wenn keine Türken in dem Raum sind". In seiner jetzigen Wahrnehmung ist – im Gegensatz zu früher – sein Verhältnis zu den Türken positiv
besetzt, weil er sich „dazugehörig" fühlt. Aufgrund seiner Erfahrungen in der
Online-Community thematisiert er, dass er sich nun doch als Teil der Wir-
Gruppe der Türken betrachtet. Um dies zu verdeutlichen, führt er den Begriff
„Integration" ein, unter dem er zunächst die Angleichung an einen natio-ethno-
kulturellen Kontext versteht. Wenn er sagt „ich war voll integriert", dann meint
er seine soziale und kulturelle Identifikation mit dem deutschen Zugehörigkeitskontext, in dem er seit seinem vierten Lebensjahr lebt. In seinem „davor" sieht er
sich in „das Deutsche" integriert, nicht aber in „das Türkische". Sein Zugehörigkeitsverständnis hat sich nun jedoch insofern verändert, als er den türkischen
Kontext für sich aufwerten konnte, und dies – wie Hasan zu betonen versucht –
nicht auf Kosten seiner Voll-Integration in den deutschen Zugehörigkeitskontext.
Hasans Selbsterzählung legt nahe, dass er sich jetzt *zugleich* in das Türkische
integriert betrachtet, wodurch freilich der Begriff der Integration für die
Bezeichnung seines Selbstverständnisses fraglich wird. Ist nämlich mit dem
Begriff im klassischen Sinn die Angleichung einer Minderheit an die Mehrheitsgesellschaft gemeint, beschreibt Hasan sein jetziges Zugehörigkeitsverständnis
als *doppelte* Identifikation, sowohl mit den sozialen und kulturellen Kategorien
der Mehrheit als auch derjenigen der Minderheit.

Als Motor seines Entwicklungsschrittes nennt er seine Online-Community.
Hasan sagt, es „ist schon heftig, was so eine Seite alles ausmacht". Die Community habe ihn „back to the roots" geführt, sie habe ihn erst zum Türkischen
geleitet, d.h. ihm die türkische Seite seines Zugehörigkeitsverständnisses geöffnet. Mit der Phrase „back to the roots" bringt Hasan zum Ausdruck, dass ihm die
türkische Community dabei geholfen hat, sich seiner gemeinschaftlichen türkischen Wurzeln zu vergewissern, und zwar dadurch, dass ihn die Auseinandersetzung mit den anderen Mitgliedern in den Foren dazu angestoßen hat, über sein
Zugehörigkeitsverständnis zu *reflektieren* und dieses sogar zu verändern. Aus
diesem Grund wird verständlich, warum er erzählt, dass Bizimalem.de seine
„ganze Philosophie" beeinflusst hat. Denn ohne die Community hätte er nicht zu
diesem Erkenntnisfortschritt finden können. „Back to the roots" bedeutet für ihn
die *Wiedergewinnung von biografischer Zeit*, um auf dieser Basis Zukunfts-

perspektiven entwerfen zu können. Insofern leistet Hasan mithilfe des Internets *Erinnerungsarbeit*. Winfried Marotzki (2007, 101) leitet seine Überlegungen zur Erinnerungsarbeit im Internet aus den Arbeiten von Paul Ricoeur (2004) und Maurice Halbwachs (1985) ab. Erinnern habe die Funktion, sich unserer Vergangenheit zu vergewissern. Dadurch, dass das Vergangene durch Erinnern präsent wird, könne die Vergangenheit auf Distanz gebracht werden, und damit werde sie zugleich der Reflexion zugänglich. Erinnerung ist nicht nur ein individueller, sondern vor allem auch sozialer Prozess. Indem das Erinnerte in der Gegenwart einen sozialen Bezugsrahmen erhält, wird es nicht vergessen. Diese Einsicht kann auf die Selbsterzählung von Hasan angewendet werden. Es gelingt ihm erst mithilfe der *Anderen* in der Online-Community, seinen türkischen Wurzeln Bedeutung im Hier und Jetzt beizumessen und diesen auch individuelle Zukunftsrelevanz zu verleihen, denn er erschließt sich seine türkische Zugehörigkeitsfacette, die bereits in seinen „Berührungsängsten" oder vielleicht besser: Distanz- und Verlusterfahrungen („davor hat man sich gar nicht dazu, also dazugehörig gefühlt") verschüttet zu sein schien. Damit wird deutlich: Der soziale Bezugsrahmen des Erinnerns muss gegenwärtig nicht mehr unbedingt dem Offline-Leben verhaftet sein, damit das Subjekt seine Vergangenheit bearbeiten kann. Erinnerungsarbeit wird heute aber auch nicht zwangsläufig ins Internet verlagert. Vielmehr scheint das Individuum die Offline- und die Online-Sphäre für die Suche nach dem sozialen Bezugsrahmen des Erinnerns flexibel organisieren zu können.

> „Also ich muss dazu sagen, zur Vorgeschichte: Ich hab' mit Türken und dem
> Türkischen sehr wenig zu tun gehabt bis zu meinem 18. Lebensjahr eigentlich, weil
> ich bin schon ziemlich, ja, ,deutsch' kann man nicht sagen, aber einfach, ich wurde
> von meinen Eltern teilweise schon gezwungenermaßen integriert, das heißt, Jungs,
> ehm Junge: ,Guck, dass du deutsche Freunde hast' und so weiter und deswegen war
> auch mein türkisch ziemlich schlecht, ist es jetzt immer noch, aber ist schon besser
> als vor ein, zwei Jahren" (Hasan, 198-205).

Hasan thematisiert seine „Vorgeschichte", also die Geschichte seines „davor". Bis zu seinem 18. Lebensjahr habe er „mit Türken und dem Türkischen" sehr wenig zu tun gehabt. Seine Zugehörigkeit zum türkischen Kontext ist durch Distanz geprägt. Er macht negative Zugehörigkeitserfahrungen, weil – wie er erzählt – seine Eltern ihn „teilweise schon gezwungenermaßen" in den deutschen Zugehörigkeitskontext integriert haben. Indem sie darauf gedrungen haben, dass sich Hasan beispielsweise vor allem deutsche anstatt türkische Freunde sucht, haben sie ihm seines Erachtens den Zugang zum Türkischen verwehrt, sodass sein Lebensstil nicht von den Türken beeinflusst werden konnte, aber auch er selbst keinen Einfluss auf diese Gruppe ausüben konnte. Eigenen Einfluss konnte er schon deshalb kaum oder gar nicht ausüben, weil er durch die Absentierung von seiner türkischen Peer-Group seine türkischen Sprachkenntnisse nicht entwickeln konnte. In der Selbsterzählung über seine „Vorgeschichte" wird deutlich, dass Hasan seine Integration ins Deutsche durch seine Eltern als Akt rekonstruiert, unter dem er leiden musste. Seine Eltern haben ihn nur unter Zwang „integrieren" können, vor allem wohl deshalb, weil er aufgrund seiner Minderjährigkeit ihren Erziehungsmaßnahmen folgen musste, „bis zu meinem 18. Lebensjahr eigentlich". Der „Erfolg" dieser Maßnahme ist allerdings zweifelhaft, nimmt man den Grad seiner gegenwärtigen Identifikation mit dem Deutschen als Maßstab: Zwar sagt er „ich bin schon ziemlich, ja deutsch kann man nicht sagen". Damit erkennt er den Zugehörigkeitskontext für sich positiv an, obwohl er die Bezeichnung „deutsch" für sein Selbstverständnis als zu undifferenziert ablehnt. Gegen die Wirkungskraft der Integrationsmaßnahmen seiner Eltern spricht allerdings, dass sie die Suche nach dem Türkischen seines Selbst nicht verhindern konnten, ja vielleicht sogar die Neugier auf diese Seite seiner Zugehörigkeit bestärkt haben. Aus heutiger Sicht betrachtet Hasan seine erzwungene Deutschwerdung als Missachtung seines moralischen Rechts auf selbst bestimmte Suche nach dem eigenen Zugehörigkeitsverständnis. Damit ist eine Kränkung verbunden, die für ihn eine biografisch einschneidende Bedeutung gewonnen hat. Für ihn stellt offenbar der Zeitpunkt seiner Volljährigkeit einen Wendepunkt in der Entwicklung seines Zugehörigkeitsverständnisses dar, so dass er die – zumindest formal-rechtliche – Stellung als nunmehr Erwachsener dazu nutzen konnte, sich von der Zwangsintegration zu emanzipieren. Seitdem kann er vermehrt Erfahrungen im türkischen Zugehörigkeitskontext sammeln, was er auch an seiner fortgeschrittenen Sprachkompetenz abliest: Sein Türkisch ist zurzeit immer noch schlecht, aber es „ist schon besser als vor ein, zwei Jahren".

> „Seitdem ich jetzt bei Bizimalem war oder bin, habe ich mich auch mehr für die türkischen, also die türkische Öffentlichkeit, sei es Musik, sei es Sport, interessiert, um mitsprechen zu können. Deswegen muss ich ja auch mehr türkische Shows, mehr türkisches Fernsehen angucken, Zeitungen kaufen auf türkisch, das heißt, es hat sich schon drauf aufgebaut, ist einfach so eine Kette, das heißt, es baut sich einfach, bei mir hat viel viel auf türkisch aufgebaut. Dank, seit dem Internet habe ich jetzt auch vermehrt Bezug zu türkischen Zeitungen, türkischem Fernsehen und so weiter und so fort, davor, durch meinen Vater, der einfach mal die Hürriyet-Zeitung auf den Tisch geknallt hat, morgens am Tisch, aber sonst gar nichts. Also überhaupt, wirklich überhaupt nicht" (Hasan, 390-399).

Bizimalem.de hat für Hasan die Funktion eines *Türöffners* zum türkischen Zugehörigkeitskontext. Zu letzterem gehört für ihn auch, sich ein Bild von der

Lebensweise in der Türkei zu machen. Er thematisiert in diesem Zitat, dass sich seit seiner Mitgliedschaft zur Online-Community auch seine Nutzung von Medien aus der Türkei verändert hat. Auch hier nimmt er die Unterscheidung in „davor" und „jetzt" vor. Sie weist nicht nur darauf hin, dass er mit Hilfe der Community einen biografisch entscheidenden Entwicklungsschritt vollzogen hat. Mit der Unterscheidung davor/jetzt kann er sich und anderen zugleich vergegenwärtigen, dass sein Identitätsbildungsprozess stimmig ist bzw. *Kohärenz* aufweist (vgl. Keupp u.a. 1999, 245). Dies versucht er in seiner Selbsterzählung in dreierlei Hinsicht:

1) Er stellt die *Sinnhaftigkeit* seines „davor" und „danach" dar. Seine Erziehung zur Integration in den deutschen Kontext spielt er keineswegs gegen die selbst bestimmte Suche nach dem Türkischen seines Zugehörigkeitsverständnisses aus. Vielmehr thematisiert er den Wert beider biografischer Etappen, denn auf der Basis seiner Erfahrungen kann er nun beide Zugehörigkeitsperspektiven besser beurteilen. Gleichwohl kann erst die neue Sicht auf das Türkische im „Jetzt" die Leerstelle in seiner Sinnsuche füllen, was ihm zuvor durch die Erziehungspraxis seiner Eltern verwehrt wurde.
2) Dies verweist auf den Aspekt der *Verstehbarkeit* seines Identitätsbildungsprozesses, der in seiner Selbsterzählung dadurch zum Ausdruck kommt, dass er seine Sinnsuche in der Online-Community als notwendig und selbst bestimmt darstellt, denn erst durch sein „back to the roots" ist es ihm möglich geworden, Berührungsangst und Distanz gegenüber den Türken zu bearbeiten, sodass er sich „jetzt" mit ihnen – wenn er also mit ihnen zusammen ist – wohler fühlt.
3) Er stellt aber auch die *Machbarkeit* seines biografischen Entwicklungsschrittes heraus. In diesem Sinne ist die Suche nach dem und das Finden des Türkischen im „Jetzt" Ausdruck seiner Fähigkeit, einen Ausweg aus der unbefriedigten Identitätsbildungsphase im „Davor" *realisiert* zu haben. Hasans Erzählung über seine Zuwendung zu türkischen Medien ist in diese Kohärenzstruktur einzuordnen, denn auch bei der Frage der Mediennutzung stellt er eine stimmige Verbindung zwischen früher und heute her, die für ihn aus der Problematik seiner Suche nach dem „verlorenen" Zugehörigkeitskontext entstammt: Hat er früher allenfalls die Hürriyet zur Kenntnis genommen, die sein Vater beim Frühstück „auf den Tisch geknallt hat", hat er sich heute den Zugang zu einem breiten Ensemble türkischer Medien selbst erschlossen, um „mitsprechen zu können" (Machbarkeit). Die Entdeckung des türkischen Zugehörigkeitskontextes komplettiert und bereichert sein Selbstverständnis. Gleichzeitig machen die Gespräche mit den anderen Türken bei Bizimalem.de ein Wissen über den türkischen Kontext geradezu erforderlich, das er sich

ohne die verstärkte Rezeption von diversen türkischen Print- und audiovisuellen Medien gar nicht meint beschaffen zu können. Insofern ist es für ihn stimmig, wenn er „mehr türkische Shows, mehr türkisches Fernsehen angucken, Zeitungen kaufen" muss (Sinnhaftigkeit). Für Hasan ergibt sich sein jetziger türkischer Medienalltag logischerweise aus seinem Handeln im Internet. Deshalb sagt er, sei seine Medienzuwendung „einfach so eine Kette", eine Kette freilich, der er durch seine Sinnsuche im Internet erst geknüpft hat (Verstehbarkeit).

Online-/Offline-Hybridität: „Es gibt so einen offenen Übergang, wenn man ehrlich ist"

„Seitdem ich online auf türkischen Foren bin, habe ich, kenne ich auch mehr Türken in der Realität. Es ist ganz lustig, ne (…). Das heißt einfach, dass ich jetzt, seitdem gehe ich jetzt ja auch mehr so auf türkische Nächte, das sind so Diskotheken, wo man die Musik ja auch kennt, weil es einem ja auch gefällt, geht man mehr so in türkische Lokalitäten, lernt auch mehr Türken kennen, das heißt, ist alles so wie 'ne Kette" (Hasan, 415-422).

Ich habe darauf hingewiesen, dass Hasan seine biografische Erzählung mithilfe der davor/jetzt-Unterscheidung strukturiert (S. 142). Die Funktion dieser Unterscheidung ist, dass er sich der Kohärenz seines Identitätsbildungsprozesses vergewissern und die Stimmigkeit seiner Identitätsbildung auch anderen gegenüber vermitteln kann. Das Thema der Kohärenz taucht in seiner Selbsterzählung aber auch in einer weiteren Perspektive auf, nämlich der Unterscheidung zwischen Online- und Offline-Lebenssphäre. Er verwendet hier wiederum das Bild der „Kette" („ist alles so wie 'ne Kette" – Hasan, 422), mit dem er eine logische Folge einander bedingender Handlungen meint. So sagt er: „Seitdem ich online auf türkischen Foren bin (…), kenne ich auch mehr Türken in der Realität". Durch die Online-Community öffnet sich ihm sein türkischer Zugehörigkeitskontext, was für ihn alltagspraktisch bedeutet, dass er „jetzt" auch verstärkt türkische Partynächte besucht, auf denen schwerpunktmäßig türkische Popmusik gespielt wird. Dieser Musik steht er heute nicht mehr fremd und unverbunden gegenüber, sondern sie ist ihm mittlerweile vertraut geworden („wo man die Musik ja auch kennt") und er steht ihr sogar positiv gegenüber („weil es einem ja auch gefällt"). Insgesamt besucht er heute in zunehmendem Maße Orte in der Offline-Lebenssphäre, wo sich vor allem Türken aufhalten („türkische Lokalitäten") und wo deutsche Nicht-Migranten entweder in der Minderzahl oder gar nicht zu finden sind. Durch die Entdeckung seiner Zugehörigkeit zum türkischen Kontext erweitert Hasan seinen sozial-räumlichen Handlungsradius: Er erweitert seine Offline-Lebenssphäre durch das Betreten der türkischen Online-Lebenssphäre.[10] Als Folge dieses Prozesses findet jedoch auch eine Erweiterung des Handlungsradius in umgekehrter Richtung statt: die sozial-räumliche *Inbesitznahme* türkischer Orte „in der Realität". In seiner Selbsterzählung macht Hasan dabei keine qualitative Differenz mehr zwischen Realität und Virtualität. Beide Lebenssphären stuft er für sich als prinzipiell gleichwertig ein. Während andere seine hybride Lebenswelt von Offline- wie Online-Elementen möglicherweise als widersprüchlich ansehen, ist dies für ihn nicht so. Das genannte Zitat zeigt denn auch, dass ihm die Verknüpfung, die er zwischen seinen Erfahrungen hier wie dort herstellt, authentisch und sinnhaft bzw. kohärent erscheint. Aus diesem Grund betont er noch einmal, es ist „alles so wie 'ne Kette".

„Man hat sich mit denen auch mal getroffen, man hat sich verliebt, ehm, man, man, also zum Beispiel die Freunde, die man über Bizimalem kennen gelernt hat, die trifft man jetzt real regelmäßig, also offline regelmäßig, man trifft sich mittags, kurz vom Büro aus in Bizimalem und tut was ausmachen, man spricht über Themen, einfach, es ist, wie soll ich sagen? Dieses nur online leben und nur real gibt es nicht mehr. Dieses, diese Grenze, die Barriere, die ist irgendwann weg. Es gibt so einen offenen Übergang, wenn man ehrlich ist" (Hasan, 1013-1020).

Für Hasan ist die Verknüpfung von Online- und Offline-Lebenssphäre *alltäglich* geworden. Diejenigen Lebenserfahrungen, die er vor seiner Onlinezeit alleine dem Offline-Leben zugerechnet hat, macht er nun auch online. Beispielsweise hat er sich online „verliebt". Ein anderes Beispiel stellen für ihn die Freundschaften zu Personen dar, die in der Online-Community entstanden sind, die er aber auch „in der Realität" weiter pflegen kann: Mit ihnen finden regelmäßige Offline-Treffen statt und sie sind für ihn fest in seinen Tagesablauf integriert, wenn er sie „mittags, kurz vom Büro aus in Bizimalem" kontaktiert, dann mit ihnen Verabredungen für den Face-to-Face-Kontext trifft oder einfach mit ihnen „über Themen" online diskutiert. Die Kohärenz seiner Offline-/Online-Hybridität drückt sich für ihn darin aus, dass die „Grenze, die Barriere" zwischen beiden Sphären, die von anderen als solche vielleicht noch wahrgenommen wird, in seiner individuellen wie sozialen Erfahrungswelt zunehmend verwischt, was bedeutet, dass für ihn „dieses nur online leben und nur real" keinen Bestand mehr hat.

---

10 Für die Erweiterung des Offline- durch das Online-Leben findet sich eine Reihe von Beispielen in der wissenschaftlichen Literatur zur Identitätsbildung im Netz (vgl. Döring 2003²).

4.2.2 Bizimalem.de als Ort sozialer Anerkennung

Aus der Fallanalyse sollte bis jetzt deutlich geworden sein: Die türkische Online-Community stellt für Hasan ein sozial-räumliches Gefüge dar, welches er dazu nutzt, sich seiner gemeinschaftlichen türkischen Wurzeln zu vergewissern. Das soziale Miteinander mit anderen Türken, das ihm in seiner Vergangenheit – teils aufgrund der Erziehungspraxis seiner Eltern – verwehrt wurde – liefert ihm einen Anstoß, um über sein Zugehörigkeitsverständnis zu reflektieren. Es sollte auch deutlich geworden sein: Sein bisher einwertiges, auf den deutschen Zugehörigkeitskontext fokussiertes Zugehörigkeitsverständnis hat sich mit Beginn seiner Mitgliedschaft in der türkischen Community verändert. Er deutet bereits in den wenigen genannten Zitaten an, was im weiteren Verlauf der Fallanalyse noch genau zu zeigen sein wird: Er identifiziert sich zunehmend mit dem „Türkischen" ohne jedoch das Deutsche abzustreifen. Diese vorerst als *doppelte Identifikation* bezeichnete Zugehörigkeitskonstellation ist für ihn nur scheinbar widersprüchlich. Vielmehr vermittelt seine Selbsterzählung durch ihre davor/jetzt-Struktur ein Bild der Kohärenz. Indem er mehrfach die Metapher der „Kette" verwendet, weist er auf die aus seiner Sicht bestehende Stimmigkeit seines Identitätsbildungsprozesses hin. Hasan versucht, ein kohärentes Bild seines Selbst zu vermitteln, indem er darlegt, dass er es versteht, vermeintlich konträre Elemente für sich in ein Passungsverhältnis zu bringen. In seiner Erzählung wird dies nicht nur anhand der Thematisierung seines Zugehörigkeitsverständnisses sichtbar, sondern auch im Hinblick auf das Verhältnis seiner Erfahrungen in der Offline- wie der Online-Lebenssphäre. Hier wie dort verbindet er seine Erfahrungen zu einem derart stimmigen Bild („diese Grenze, die Barriere, die ist irgendwann weg"), dass von einer *Kohärenz seiner Offline-/Online-Hybridität* gesprochen werden kann.

Hasans diachrone Reflexionsbewegungen vermischen sich im Interview mit Selbstthematisierungen, die verstärkt seine Suche nach Anerkennung aus der Gegenwartsperspektive heraus markieren (Synchronizität). Deshalb steht diese Seite seiner Selbsterzählung im Mittelpunkt der folgenden Betrachtung.

4.2.2.1 Entdeckungsphase: „Bei Bizimalem habe ich mich viel wohler gefühlt, einfach, weil niemand sagen konnte, Scheißtürke"

„Bei Kwick.de, ich meine, gab es halt auch viele Reibungspunkte, gab es natürlich auch Rechte, so rechts denkende Menschen, ging es halt immer hin, Scheißtürken (...) und ich wollte mir das nicht antun lassen. Bei Bizimalem habe ich mich viel wohler gefühlt, einfach, weil niemand sagen konnte 'Scheißtürke'. Das war für mich sehr wichtig. Du kannst mir sagen 'hey du, du mit der großen Nase, du kannst nicht

richtig sprechen' oder ‚du hast 'nen Loch im Zahn' oder sonst was, da kann ich
sagen ‚ja das bin ich halt, ne, ich kann was dafür vielleicht sogar', aber, wenn
jemand sagt ‚du Scheißtürke', habe ich zu oft gehört, da bin ich vielleicht deswegen
ein bisschen zu empfindlich, denke ich mal. Das war eigentlich der Grund, warum
ich auch zu Bizimalem gestoßen bin" (Hasan, 230-241).

Hasan erzählt von seinen Erfahrungen in der „deutschen" Online-Community
Kwick.de, in der er Mitglied war, bevor er zu Bizimalem.de kam. Es habe dort
für ihn viele „Reibungspunkte" gegeben, womit er meint, dass er in den Foren
persönliche Rassismuserfahrungen gesammelt hat: Es gab „natürlich auch
Rechte, so rechts denkende Menschen, ging es halt immer hin ‚Scheißtürken".
Kwick.de ist für ihn eine Online-Community, in der sich vor allem Personen der
deutschen Mehrheitsgesellschaft aufhalten. Sie ist ein Teil seines deutschen
Zugehörigkeitskontextes und es ist für ihn nicht verwunderlich, ja, sogar selbstverständlich, dass er es im Rahmen des deutschen Kontextes „natürlich" mit
Menschen zu tun hat, die er als rechtsextrem einstuft. Diese Personen, sagt er,
gehen in den Foren „immer hin" und sagen „Scheißtürken" oder „du Scheißtürke", was als Beschimpfung gegenüber seiner Person und aller anderen Türken
in Deutschland nicht misszuverstehen ist. Da „Scheißtürke" in den Foren gesagt
wird, handelt es sich um eine *öffentliche* Abwertung und Erniedrigung seiner
Person, die dadurch stärker wirkt, dass sie von allen anderen, die im Forenbereich anwesend sind, ebenfalls wahrgenommen wird. Sie signalisiert ihm, er
sei dem deutschen Kontext nicht-zugehörig. Zwar ist es so, dass er formal noch
die türkische Staatsbürgerschaft besitzt – insofern wird er von anderen bereits in
formaler Hinsicht nicht als Mitglied des deutschen Zugehörigkeitskontext
angesehen –, jenseits dessen versteht er sich allerdings *selbst* als Deutscher, weil
er ab seinem vierten Lebensjahr hier aufgewachsenen ist, weil er von seinen
Eltern in den deutschen Kontext (zwangs-)integriert wurde und nicht zuletzt,
weil er hier arbeitet und auch seinen Lebensmittelpunkt in Deutschland hat. Aufgrund von äußerlichen Merkmalen, die auf seine nationale, ethnische, kulturelle
Herkunft schließen lassen, wird er aber selbst in der Online-Welt pauschal
diskriminiert. Solche Merkmale können sein: der Nickname, Hinweise im
Identitätsprofil der Persona, die Offenbarung der persönlichen Identität in einem
Posting oder die Teilnahme an einem Foren-Channel, der an Türken gerichtet ist.
Hasan wird also online von anderen der deutschen Mehrheitsgesellschaft
Anerkennung verwehrt. Hasan fühlt sich deshalb verletzt, „Scheißtürke" habe er
„zu oft" gehört, womit er auf die Alltäglichkeit solcher Rassismuserfahrungen in
seinem Leben anspielt. Deshalb sei er vielleicht auch ein „bisschen zu
empfindlich": Mit Rassismus müsse man als Türke leben, so scheint er damit
sagen zu wollen, er gehört einfach dazu, und da dies „natürlich" so sei, müsse
man auch eine Art persönlichen antirassistischen Schutzwall anlegen, damit

Missachtungen insofern abgewehrt werden, dass entsprechende erniedrigende Botschaften überhört werden können. Dann ist man auch nicht mehr so „empfindlich". Hasan vermittelt gleichwohl den Eindruck, des permanenten rassistischen Anrennens gegen seinen persönlichen Schutzwall müde zu sein. Mittlerweile ist er doch empfindlich geworden und aus diesem Grund wollte es sich das nicht mehr „antun lassen". Kritik an seiner Person, die – unabhängig von seinem natio-ethno-kulturellen Status – beispielsweise auf mögliche mangelnde Sprachkompetenz oder schlechtes Aussehen abhebt („du hast 'nen Loch im Zahn oder sonst was") kann er durchaus akzeptieren. Wenn ihm heute aber jemand aus der deutschen Mehrheitsgesellschaft sagt „du Scheißtürke", dann ist bei ihm die Grenze der Verletzbarkeit überschritten.

Hasan thematisiert in diesem Zitat nicht, dass er im Internet prinzipiell nicht sicher sein kann, wer sich eigentlich hinter der Pseudonymität einer Persona verbirgt, die „Scheißtürke" sagt. Jedoch erzählt an einer anderen Stelle des Interviews: „Da drin kann man die ein bisschen beobachten, teilweise kennt man die auch vom Sehen, weil die Bilder drin haben, ne, in ihren Profilen, hätte man nie gedacht". Hasan sagt zwar, er könne sein rassistisches Gegenüber im Netz „beobachten" und mit dem entsprechenden Identitätsprofil dieser Persona verbinden. Und er sei erstaunt darüber, dass die bloßen Bilder in den Profilen keinerlei Aufschluss über die Gesinnung geben. Was er aber nicht erwähnt, ist, dass auch das Identitätsprofil lediglich einen Anhaltspunkt geben kann, wer die Person hinter der Persona ist. Auch das Profil ist zunächst einmal ein Konstrukt. Freilich ändert dies für ihn nichts an der Wahrnehmung faktischer, rassistischer Beleidigung seiner Person als Türke. Wenn er sagt, er habe dies „zu oft gehört", er sei „deswegen ein bisschen zu empfindlich" und „ich wollte mir das nicht antun lassen", dann drückt dies aus, dass er aufgrund seiner negativen Erfahrungen in deutschen Online-Communities diesen kein *Vertrauen* mehr schenken kann und will, und zwar weil er von Anderen aufgrund seines natio-ethno-kulturellen Status Feindschaft signalisiert bekommt.

Wie reagiert Hasan auf seine wiederholten negativen Zugehörigkeitserfahrungen bei Kwick.de? Er versucht, diese Negativerfahrungen zu vermeiden, und wendet sich seinem türkischen Kontext zu, der ihm durch das soziale Miteinander bei Bizimalem.de eröffnet wird: „Bei Bizimalem habe ich mich viel wohler gefühlt, einfach weil niemand sagen konnte Scheißtürke. Das war für mich sehr wichtig". Da die Mitglieder von Bizimalem.de ebenfalls einen türkischen Migrationshintergrund haben, kann sich Hasan sicher sein, nicht mit der Beschimpfung „Scheißtürke" konfrontiert und erniedrigt zu werden. Insofern ist seine Mitgliedschaft in der türkischen Online-Community eine Reaktion auf verwehrte Anerkennung im deutschen Kontext. Die durch alltäglichen Rassismus erzwungene permanente Vergegenwärtigung, nicht fraglos dem deutschen Kon-

text zugehörig zu sein, scheint hier zu entfallen. Wie lässt sich nun seine sozial-
räumliche Verortung in der Community genauer kennzeichnen?

> „Vor ein, zwei Jahren (…) habe ich bei Bizimalem was gepostet und war unsicher,
> wie die Reaktion ist, weil man präsentiert sich ja den Leuten, ne, man ist da wie auf
> so einem Tablett, jeder darf ein Stück von dir abschneiden, aber es war ziemlich
> positiv, ich hab einfach 'nen Beitrag aus 'ner türkischen Zeitung rein kopiert (…).
> Wenn ich mich nicht täusche, ging es darum, so die Anschläge vom World Trade
> Center, dass das Ganze vielleicht sogar ein Fake sei, da ging damals das Gerücht
> rum, dass das ganze ein Fake ist etc. Da habe ich irgend einen Artikel, aber ich weiß
> nicht mehr, was genau drin stand, reinkopiert, für Politik, sogar Politik komischer-
> weise, und da kam halt wirklich, da wurde drüber rege gesprochen, was ich gut fand,
> was mir auch Mut gemacht hat, da auch weiterzumachen im Endeffekt. ‚Weiter-
> zumachen' klingt blöd, aber da hat mich niemand dumm angemacht, war für mich
> halt sehr wichtig, erstmal, ne" (Hasan, 205-218).

Ein bis zwei Jahre vor dem Interview hat Hasan seinen ersten Beitrag in der
Bizimalem-Community verfasst. Er erzählt, dass er sich an einem Thread
beteiligt hat, in dem es um die Terroranschläge auf das World Trade Center in
New York ging bzw. um die Frage, ob die Anschläge tatsächlich von al-Qaida-
Terroristen geplant und durchgeführt worden sind. Es ging damals das Gerücht
um, sagt er, dass „das ganze ein Fake ist". Hasan spielt damit auf die zahlreichen
Verschwörungstheorien zum 11. September 2001 an, die von der Annahme ausgehen, die Terroranschläge seien Ergebnis einer Verschwörung der US-Regie-
rung, der CIA oder anderer konspirativer Gruppen innerhalb des us-amerikani-
schen Staatsapparates. Weitere Thesen gehen davon aus, die westlichen Medien
wollten die tatsächlichen Hintergründe der Taten verschleiern und somit Aufdeckung deren Aufklärung verhindern. Hasans Posting bestand vor allem aus
einem Artikel, der an anderer Stelle zum Thema erschienen ist („ich weiß nicht
mehr, was genau drin stand"). Diesen hat er in sein Posting kopiert, weil er mit
seiner Hilfe die eigene Meinung besser zum Ausdruck bringen wollte. Im genannten Zitat thematisiert er, was er bei der Veröffentlichung seines Beitrags im
Politik-Forum empfunden hat und wie er die Reaktionen der anderen Community-Mitglieder auf sein Posting einschätzt. Hasan sagt, „ich (…) war unsicher,
wie die Reaktion ist". Obwohl er nun in einer *türkischen* Online-Community
Mitglied ist, kann er sich zu diesem Zeitpunkt noch nicht sicher sein, ob er von
den anderen Foren-Teilnehmern die Anerkennung erhält, die ihm in den
deutschen Communities versagt worden ist. Zwar bietet ihm der Slogan der
Community „European Turkish People Network" durch den Verweis auf den
gemeinsamen türkischen Zugehörigkeitskontext einen ersten Anhaltspunkt
dafür, dass ihm Wohlwollen entgegengebracht wird. Offenbar bedeutet dies

für ihn aber nicht, eine *Gewähr* dafür zu haben, tatsächlich Wertschätzung von Anderen erfahren zu können. Deshalb misst Hasan seinem ersten Posting besondere Bedeutung bei. Er erhofft sich einerseits Aufmerksamkeit von anderen Mitgliedern für sein Posting, andererseits positive Bewertung für die Qualität seines Statements.

Zugleich erkennt er eine Gefahr, die für ihn die Selbstpräsentation in der Community beinhaltet: „Man präsentiert sich ja den Leuten, ne, man ist da wie auf so einem Tablett, jeder darf ein Stück von dir abschneiden". Hasan präsentiert sich mit seinen Beiträgen, aber auch mit seinem Online-Profil zwar prinzipiell als Persona, die er als Person zunächst einmal konstruieren musste. In seiner Selbsterzählung markiert er jedoch keine wesentliche Differenz mehr zwischen Person und Persona. Stattdessen: Wenn er sich in der Online-Community „wie auf so einem Tablett" präsentiert sieht und jeder ein Stück von ihm „abschneiden" könne, dann weist er darauf hin, dass er sich selbst mit seiner Persona identifiziert und auch die anderen in der Community davon ausgehen können, dass eine Deckungsgleichheit mit seiner Person vorhanden ist. Umgekehrt: Wenn diese Identifikation nicht zumindest im Hinblick auf wesentliche persönliche Merkmale existieren würde, wäre er in der Online-Welt sozial resistent. Dann wäre der individuelle Schutzwall, denn Hasan um seine Person aufgebaut hat, so groß, die konstruierte Persona so verschieden vom Ich, dass ihm die Reaktion der anderen egal sein könnte. Die Maskierung seines Selbst ist aber gar nicht in seinem Interesse, und zwar vermutlich vor allem deshalb nicht, weil – wie an verschiedenen Stellen des Interviews deutlich wird – er sich die Option offen halten will, andere Mitglieder noch vertiefend in der Offline-Lebenssphäre kennen zu lernen. Würde er nun seine persönlichen Kennzeichnen mithilfe einer stark idealisierten Persona verschleiern, könnte dies bei seinen Gegenüber falsche Erwartungen wecken, mithin als Täuschung wahrgenommen werden, mit der möglichen Folge einer vorzeitigen Beendigung des sozialen Kontakts. Hinzu kommt ein weiterer zugehörigkeitsrelevanter Grund für seine Nicht-Maskierung: Sicherlich hat er nur einen Anhaltspunkt für das Wohlwollen der anderen Türken im Forum, gleichwohl ist es aber geradezu seine Ausgangsmotivation zum Betreten von Bizimalem.de, sich wegen seiner natio-ethno-kulturellen Negativerfahrungen bei Kwick.de nun nicht mehr maskieren zu müssen. Hatte er dort – im deutschen Zugehörigkeitskontext – den Eindruck, sich nicht frei als Türke darstellen zu können, ohne Gefahr zu laufen, wegen seines natio-ethno-kulturellen Hintergrundes beschimpft zu werden, hat sich der Rahmen seiner Selbstpräsentation jetzt verändert. Da er davon ausgeht, nicht mehr aus rassistischen Attacken missachtet zu werden, will er sich zum Türke-sein bekennen können.

Die Reaktion auf seinen Beitrag, erzählt Hasan, war im Forum „ziemlich positiv". Und weiter: „Da wurde drüber rege gesprochen, was ich gut fand, was mir auch Mut gemacht hat, da auch weiter zu machen". Dass über seinen Beitrag „rege gesprochen" wurde, signalisiert ihm die Aufmerksamkeit der Anderen im Forum, woraus er zugleich die positive Wertschätzung seiner Person ableitet. Das Sich-beachtet-fühlen und die Wertschätzung durch andere lassen ihn darüber hinaus zu einer erhöhten Selbstwertschätzung kommen, die er auch in seiner Selbsterzählung ausdrückt, denn er sagt, die Reaktion der anderen habe ihm Mut gemacht, sich in Zukunft mit weiteren Beiträgen in der Online-Community zu beteiligen. Wären seine Beiträge dagegen gar nicht zur Kenntnis genommen worden, wäre dies von ihm möglicherweise als negative Wertschätzung interpretiert worden mit der Folge, dass er die Sinnhaftigkeit seiner Entdeckung von Bizimalem.de in Zweifel zieht. Dass dies nicht so ist, liegt allerdings nicht nur an seiner Wahrnehmung, beachtet und positiv bewertet zu werden. Darüber hinaus ist ihm wichtig gewesen, im Zusammenhang mit seinem ersten Posting, keine Missachtungserfahrungen mehr machen zu müssen („da hat mich niemand dumm angemacht"), denn dies ist ja der Auslöser gewesen, sich von Kwick.de zu verabschieden.

4.2.2.2 Bestätigungs- und Prüfungsphase: „Dann kamen da schon die Antworten, dass es viele mitgemacht haben und man fühlt sich dann ein bisschen besser"

„Ich schreibe ab und zu persönliche Erlebnisse rein. Es ist interessant zu lesen, wie andere damit umgegangen sind oder umgehen würden. Man sieht ja im Endeffekt: Das ist alles ein Topf, jeder würde das gleiche, hätte das gleiche gemacht wie ich oder würde das gleiche machen wie ich, ne. Das heißt zum Beispiel habe ich mal (...) rein geschrieben, ehm, dass ich von Polizisten, ja, ich wurde mal von Polizisten mitgenommen aufs Revier, wurde 'ne Nacht lang festgehalten, obwohl nichts war, weil ich habe keine Vorstrafen, ich habe 'ne lupenreine Weste, ich habe keinen Schufa-Eintrag, ich habe gar nichts, also ich bin vielleicht deutscher als manch anderer Deutscher, wenn es um Korrektsein, wenn es um Unschuldigsein geht. Aber die Deutschen hatten halt ein Problem mit mir, weil ich halt ein Türke war und die einfach rein verbal fertig gemacht habe, und die einfach sich nicht zu helfen wussten, als eben mit der Gewalt sage ich mal, habe ich halt rein geschrieben, ins Bord, dass ich 'ne Nacht festgehalten worden bin, blablabla. Dann kamen da schon die Antworten, dass es viele mitgemacht haben und man fühlt sich dann ein bisschen besser (...). Im Endeffekt führt es wieder auf das Verständnis hinaus, dass man verstanden wird, man fühlt sich nicht so allein, man fühlt sich nicht mehr so aggressiv vielleicht, man kann es hinnehmen, es ist nun mal halt das Leben in Deutschland, ist nun mal so, ,schau her Hasan, es passiert nicht nur dir'" (Hasan, 934-953).

Hasan gibt auf dem Kurzfragebogen an, dass er zurzeit mehrmals pro Woche
einen Beitrag in die Kommunikationsforen von Bizimalem.de postet. Mittlerweile ist es so, dass er sich nicht mehr nur an schon bestehenden Threads beteiligt, sondern auch eigene Threads eröffnet, die seine persönlichen Erfahrungen
im Alltag thematisieren. In der zitierten Interviewsequenz erzählt er von einer
dieser Thread-Eröffnungen. In dem Posting stellt er dar, wie er eines Tages von
der Polizei auf die örtliche Wache gebracht und dort eine Nacht lang festgehalten
wurde, obwohl „nichts war". Hasan sieht sich hier als Opfer eines eher
institutionell geprägten Rassismus – im Gegensatz zu seiner Rassismuserfahrung
bei Kwick.de, die von der Handlung einer einzelnen Person/Persona bestimmt
war. Die Polizei-Situation kann seiner Einschätzung nach nur vor dem Hintergrund seines natio-ethno-kulturellen Status erklärt werden. Denn er selbst
habe sich nichts zu Schulden kommen lassen, im Gegenteil: er sei vielleicht
sogar „deutscher als manch anderer Deutscher, wenn es um Korrektsein, wenn es
um Unschuldigsein" geht. Wenn es um Gründe geht, von der deutschen Polizei
über Nacht festgehalten zu werden, gelten aber andere Regeln als die von
Schuld/Unschuld. Nach Ansicht von Hasan ist er nämlich festgehalten worden,
weil er von den Polizisten als *Ausländer* wahrgenommen worden ist, als Nicht-
Mitglied des deutschen Zugehörigkeitskontextes. Er sieht sich von ihnen
willkürlich aufgrund körperlicher und sozialer Merkmale diskriminiert. Spricht
er anfangs von den „Polizisten", die ihn mitgenommen haben, entkleidet er sie
später ihrer institutionellen Rolle, indem er sie nur noch als „die Deutschen"
bezeichnet. Damit will er auf die *strukturelle* Verankerung des Rassismusphäno-
mens in Deutschland aufmerksam machen. Dessen Wirksamkeit auf der
institutionellen Ebene der Polizei zeigt er in beispielhafter Weise auf: Es sind die
Deutschen, die „halt ein Problem mit mir (hatten, K.U.H.), weil ich halt ein
Türke war". Und weil er als Türke in Deutschland lebt, muss er immer wieder
mit der Missachtung seiner Person rechnen. Allerdings thematisiert er auch, dass
er sich die Geringschätzung der Polizisten nicht zu eigen macht. Er reagiert auf
den rassistischen Akt, indem er die Beleidigung mit einer Art Gegen-Beleidi-
gung kontert: er hat „die einfach rein verbal fertig gemacht". Die Polizei wusste
sich dann nicht mehr anders zu helfen, als „eben mit der Gewalt". Diejenigen,
die nicht anders können als Gewalt anzuwenden, wenn ihnen die Argumente ausgehen, scheinen für ihn nicht nur einen Mangel an kommunikativer Kompetenz
aufzuweisen, sondern sie scheinen auch moralisch zu verurteilen zu sein, weil
eben Gewaltanwendung kein legitimes Mittel der menschlichen Auseinandersetzung ist, erst recht, wenn er eine „lupenreine Weste" hat. Als erste Reaktion
auf die Polizei-Situation schildert er somit eine bestimmte Umgangsweise mit
der Rassismuserfahrung, durch die er seine erfahrene Nicht-Anerkennung
mithilfe der Erhöhung von Selbstwertschätzung erträglicher macht. Aber auch

die Schilderung seiner Negativerfahrung in der türkischen Online-Community selbst kann als Form seines persönlichen Umgangs mit Rassismus im deutschen Zugehörigkeitskontext angesehen werden. Nachdem er seinen Beitrag ins Forum gestellt hat, sagt er, da „kamen (...) schon die Antworten, dass es viele mitgemacht haben". Während er vermutlich in einer „deutschen" Community erst hätte erklären müssen, was denn überhaupt das rassistische Verhalten der Deutschen in Polizeiuniform und die verletzende Wirkung auf ihn ausmacht, und schließlich trotzdem keinerlei Verständnis für seine Lage erhalten hätte, ist dies in der Bizimalem.de-Community deutlich anders: Bereits die zeitliche Unmittelbarkeit des Eingangs der Antworten signalisiert ihm die Aufmerksamkeit der anderen Mitglieder. Darüber hinaus erzählt er aber auch von der positiven Wertschätzung, die er von ihnen erfahren hat: Viele von ihnen hätten ähnliches erleiden müssen und jeder „hätte das gleiche gemacht wie ich oder würde das gleiche machen wie ich". Hasan sucht soziale Bestätigung im Forum und findet sie auch, weil er sieht, dass die Anderen mit den gleichen Anerkennungsproblemen in Deutschland zu kämpfen haben und in gleicher Weise Bewältigungsstrategien zu entwickeln versuchen. Deshalb stellt er fest, im Endeffekt sei das „alles ein Topf". Aufgrund der Bestätigung, die er von den anderen türkischen Community-Mitgliedern bekommt, entwickelt er eine positive Selbstschätzung: So erzählt er, dass man sich „ein bisschen besser" fühle, wenn einem eine solche Zustimmung mitgeteilt würde. Die Erfahrung von Geringschätzung kann zwar durch die positiven Rückmeldungen der Mitglieder nicht getilgt werden, aber der entstandene Schmerz kann *sozial bearbeitet* werden. Er differenziert die Folgen dieser Bearbeitung in vier Aspekte:

1) Er sagt, dass „man verstanden" wird. Dies verweist auf den erwähnten Aspekt der Anerkennung, die er von den anderen jungen Türken in seiner Online-Lebenssphäre erhält.
2) „Man fühlt sich nicht so allein": Dieser Aspekt bringt sein Bedürfnis nach Zugehörigkeit zu einer Gruppe zum Ausdruck, die ihn als das akzeptiert, was er ist, und die das gutheißt, wie er sich verhält.
3) „Man fühlt sich nicht mehr so aggressiv": Hasan weist mit jener Aussage auf die Möglichkeit der Bearbeitung seiner erfahrenen Kränkung auch in emotionaler Hinsicht hin. Mithilfe der sozialen Einbettung seiner Negativerfahrungen wird ein kathartischer Effekt erzeugt. Durch die Diskriminierung, die er von den Deutschen erfährt, sieht er seine Aggressionsneigung erhöht; diese kann er aber mit Hilfe der positiven Bewertung durch die Anderen in der Community „vielleicht" zum Teil abführen.
4) „Man kann es hinnehmen": Dieser Aspekt verweist auf Hasans Gefühl von Authentizität, wenn man darunter versteht, dass das Subjekt dazu in der Lage

ist, sich mit seinem Identitätsprojekt so zu verorten, dass es den Eindruck hat, etwas Gelungenes geschaffen zu haben (vgl. Keupp u.a. 1999). In diesem Sinne müssen Ziele und Bedürfnisse des individuellen Handelns mit den Anforderungen, die an es gestellt werden, in Stimmigkeit gebracht werden.

Für Hasan bedeutet dies: Obwohl er in gewisser Weise resignativ feststellen muss, den permanenten Rassismus im deutschen Zugehörigkeitskontext in Form und Ausmaß kaum verändern oder gar verhindern zu können („es ist nun mal halt das Leben in Deutschland, ist nun mal so"), somit auch nur begrenzte Anerkennung in diesem Kontext zu gewinnen in der Lage ist, kann er das positive Anerkennungsumfeld bei Bizimalem.de mithilfe der Anderen dazu nutzen, einen (hybriden) Lebensstil zu entdecken und umzusetzen. Auf diese Weise findet er sich nicht mit seinen Rassismuserfahrungen ab, sondern scheint mit ihnen so leben zu lernen, dass ihre Auswirkungen sein Selbstverständnis nicht in negativer Weise dominieren können. In den Vordergrund seines Selbst tritt vielmehr das Bewusstsein, trotz Missachtung handlungsfähig zu bleiben. Insofern ist Bizimalem.de ein Instrument des *Empowerments,* das ihn in die Lage versetzt, seine Handlungsressourcen positiv zu beurteilen und für seine Zukunftsplanung einzusetzen.

„Ich habe mich teilweise schon isoliert gefühlt (…), aber jetzt (…)"
„(…) also, dass ich nicht alleine war mit meinem, mit meiner Denke, mit meiner Denkweise mit meiner Art zu leben, meiner Art zu denken. Ich habe mich teilweise schon isoliert gefühlt und, weil ich einfach nicht die Möglichkeit hatte, so viele Türken auf einmal kennen zu lernen, die die gleiche, die gleichen Gedanken haben, wie ich oder hatten wie ich, aber jetzt (…). Es gab für mich immer nur die Türken, die jetzt entweder total religiös sind, oder die, die auf Bahnhöfen Drogen verkaufen und sich schlagen und sonst was. Ich kannte wenig Türken, die so sind wie ich. Ich bin nichts Besseres, aber ich dachte, ich hab' mich voll integriert mit dem Bewusstsein, dass ich trotzdem Türke bin (…). Dann kamen Antworten von anderen Usern, die ich auch persönlich exakt genauso geschrieben hätte. Das war für mich einfach wundervoll zu sehen. Wirklich es gibt viele von meiner Sorte sage ich mal, ne, das heißt, es ist nicht verloren oder sonst was" (Hasan, 301-344).

Nachdem Hasan seine ersten Beiträge in die Online-Community gepostet hatte, stellte er fest, „dass ich nicht alleine war (…) mit meiner Denkweise". Was meint er mit „meiner Denkweise"? Wie bereits deutlich geworden sein sollte, fasst Hasan seine Selbsterzählung in eine davor/jetzt-Struktur. Davor, sagt er an anderer Stelle, hatte er „Berührungsängste" gegenüber Türken bzw. eine Distanz zum türkischen Zugehörigkeitskontext. Dies erklärt er damit, dass ihn seine Eltern dazu gedrängt haben, insbesondere an deutschen Peer-Groups zu partizipieren und das Umfeld gleichaltriger junger Türken zu meiden. Auf diese Weise konnte er sich seinen türkischen Zugehörigkeitskontext nur oberflächlich und klischeehaft erschließen. Er erzählt, es gab „für mich immer nur die Türken, die jetzt entweder total religiös sind, oder die, die auf Bahnhöfen Drogen verkaufen und sich schlagen", ein klischeehaftes Bild von Türken, das sich nicht von dem unterscheidet, das auch innerhalb der deutschen Mehrheitsgesellschaft immer wieder kursiert. Er selbst ist sich freilich bewusst, dass er ein *anderer Türke* ist. Er hat sich die wer-bin-ich-Frage der Identität gestellt und kommt zu dem Ergebnis: „ich hab' mich voll integriert mit dem Bewusstsein, dass ich trotzdem Türke bin". Dieses scheinbar widersprüchliche, aber für ihn selbst durchaus plausible Selbstverständnis bekommt für ihn jedoch nur dann einen positiven Wert, wenn er es nicht für sich alleine pflegen muss. Er braucht auch die Aufmerksamkeit von *Anderen*, um seinem Selbstverständnis die Anerkennung zuteil werden zu lassen, die er bisher vergeblich gesucht hat. Für seine Anerkennungssuche kommt der deutsche Kontext nicht in Frage, weil er hier mit dauernder Missachtung konfrontiert wird. Aus diesem Grund sagt er: „ich habe mich teilweise schon isoliert gefühlt". Zwar sucht er Gleichgesinnte mit seiner „Denke". Allerdings habe er in seinem „davor" nicht die Möglichkeit gehabt, solche Türken kennen zu lernen. „Aber jetzt" ist das anders. Erst seitdem Hasan Mitglied der Bizimalem-Community ist und die „Antworten" der User auf seine Postings in den unterschiedlichen Foren beobachten kann, die er „auch persönlich exakt genauso geschrieben hätte", sieht er sich von anderen wahrgenommen. Deshalb drückt sich auch in diesem Zitat Hasans positive Selbstwertschätzung aus, wenn er erzählt „es gibt viele von meiner Sorte, sage ich mal, ne, das heißt, es ist nicht verloren". Er hat somit nicht nur eine Gruppe gefunden, der er sich mit seinem Selbstverständnis und seiner „Denke" zugehörig fühlen kann, er stellt auch fest, dass er seinen Identität*sentwurf*, der noch bis zum Beginn seiner Zeit bei Bizimalem.de mit großer Unsicherheit ob seiner Umsetzbarkeit belegt war, offenbar doch realisieren kann.

„Man braucht beides"

> „Auch der Grund, warum ich da hängen geblieben bin, und zwar, ehm, (…) da liest man Foren, liest man Postings, in dem User, türkische User sich über den deutschen Staat beschweren und sich einmal über das Deutsche abkotzen, die Kartoffeln, eh, das deutsche, langweilige Biertrinken, Kartoffelessen, blablabla, aber am anderen Tag siehst du die gleichen User: Die Scheißtürken, ich war vor kurzem in der Türkei, das sind noch voll die Deppen, die bringen es nicht auf die Reihe, ich will zurück nach Deutschland. Das ist einfach das Komische, das heißt, dass diese Menschen wirklich (…) beides in sich drin auch haben oder nicht haben, ich weiß es nicht, wie ich es sagen soll. Das ist auch ein Grund warum ich diese Menschen

wirklich verstehe, weil ich es selber auch erlebt habe, dass ich mich auf der Heimfahrt von 'nem alten Mann habe anpöbeln lassen, weil ich halt eben nur türkisch bin,
das ist in Stuttgart wahrscheinlich noch anders als in Köln oder in Berlin, wo es
mehr Türken gibt, es hat zwar auch 'ne Menge Türken, aber hier ist es schon noch
'ne Besonderheit, wenn du in irgendein Dorf gehst und als Türke einfach in 'ne
Wirtschaft dich rein setzt, du wirst echt dumm angeguckt noch. Dann gehe ich nach
Hause und bin einfach noch sauer, sauer, dass nach 40, 50 Jahren immer noch, also
dumm angegafft wirst. Aber andersrum, wenn ich in der Türkei war und mir die
Zustände angucke und kann ich mich auch nicht mit dem identifizieren, deswegen,
es ist witzig in diesen Foren, weil (...) die Türken in Deutschland sich niemals
irgendwo festlegen werden können, niemals das geht nicht, das geht einfach nicht,
man braucht beides" (Hasan, 482-504).

Was macht Hasans Identitätsentwurf und „Denke" genau aus? Was meint er
damit, wenn er davon spricht, es gäbe viele von seiner „Sorte"? Um dies zu
verdeutlichen, thematisiert er in seiner Selbsterzählung typische Postings von
anderen Mitgliedern, die für ihn zugleich der Grund sind, so sagt er, warum er
bei Bizimalem.de „hängen geblieben" ist. Einerseits lese man dort Beiträge, in
denen die türkischen User den deutschen Staat kritisieren, sich über die so
genannte deutsche Lebensart wie Biertrinken und Kartoffelessen, kurz: „über das
Deutsche abkotzen". Andererseits könne man von denselben Mitgliedern Postings lesen, in denen sie schreiben: „Die Scheißtürken, ich war vor kurzem in der
Türkei, das sind noch voll die Deppen, die bringen es nicht auf die Reihe, ich
will zurück nach Deutschland". Diese Menschen entsprechen für Hasan nicht der
natio-ethno-kulturellen Normalitätserwartung. Normal wäre es, wenn sie sich
entweder einwertig mit dem deutschen oder türkischen Zugehörigkeitskontext
identifizieren würden. Das „komische" sei aber, dass sie stattdessen „beides in
sich drin auch haben oder nicht haben". Hasan weiß auch nicht so recht, wie er
dieses Unnormale, das „komische" dieser Menschen begrifflich genau in seiner
Selbsterzählung fassen soll („ich weiß es nicht, wie ich es sagen soll"). Und
vielleicht ist gerade dieser Umstand für ihn der Grund, warum er sagt, dass er sie
„wirklich verstehe". Denn er versteht sich selbst als Person, die sich gerade nicht
für oder gegen den einen oder anderen Zugehörigkeitskontext entscheiden kann,
um sich auf diese Weise in das Idealbild natio-ethno-kultureller Einwertigkeit
einzupassen. Hasan versteht die anderen Community-Mitglieder so gut, weil er
ähnliche Alltagserfahrungen mit ihnen teilen kann („weil ich es selber auch
erlebt habe"). Um das zu untermauern, erzählt von einer Situation mit einem
„alten Mann", die ihm selbst passiert ist: Auf einer Heimfahrt nach Stuttgart
musste er sich von einem alten Mann, der Nicht-Migrant ist, „anpöbeln" lassen.
Hasans natio-ethno-kultureller Status sei dafür der Grund –, „weil ich halt eben
nur türkisch bin". Er erzählt ein weiteres Mal von einer persönlichen Rassismus-

erfahrung, die für ihn insbesondere in Stuttgart und Umgebung, wo es weniger Migranten als in Köln oder Berlin gibt, zum Alltag gehört. Man könne sich hier als Türke nicht in eine „Wirtschaft" setzen, ohne „dumm angegafft" zu werden. Hasan sagt, dass ihn dieser alltägliche Rassismus verletzt („bin einfach noch sauer, sauer"), nicht nur deshalb, weil ihm persönliche Anerkennung entzogen wird, sondern auch, weil er erkennen muss, dass die Missachtung von Migranten in Deutschland seit „40, 50 Jahren" unverändert Bestand zu haben scheint. Aber „andersrum" muss er, wenn er sich in der Türkei aufhält und sich „die Zustände dort anschaut, feststellen: Er kann sich auch nicht mit der Türkei und den *Türkeitürken* identifizieren. Somit wird deutlich: Hasan macht Erfahrungen *doppelter Zugehörigkeit wie doppelter Nicht-Zugehörigkeit*: In seinem deutschen Zugehörigkeitskontext macht er negative Zugehörigkeitserfahrungen, weil er aufgrund alltäglichen Rassismus nicht als zugehörig anerkannt wird. Auf der anderen Seite macht er hier aber auch positive Zugehörigkeitserfahrungen, denn er erkennt sich selbst dem deutschen Kontext als zugehörig, was sich daran zeigt, dass er hier ab seinem vierten Lebensjahr aufgewachsen ist, hier arbeitet und auch insgesamt seinen Lebensmittelpunkt in Deutschland hat. Im Hinblick auf seinen türkischen Zugehörigkeitskontext sammelt er einerseits negative Zugehörigkeitserfahrungen, weil er sich – wie bereits deutlich werden sollte – nicht mit der Türkei und den Türkeitürken identifizieren kann. Gleichwohl versucht er, mithilfe seiner Mitgliedschaft bei Bizimalem.de „back to the roots" zugehen, seine gemeinschaftlichen Wurzeln im türkischen Zugehörigkeitskontext (wie-der)zuentdecken, was darauf hindeutet, dass er seine Zugehörigkeit zum türkischen Kontext doch bejaht.

Insofern verfügt Hasan über eine „prekäre" Zugehörigkeit, weil er sich aufgrund seines natio-ethno-kulturellen Status in beiden Zugehörigkeitskontexten in seinen Handlungsmöglichkeiten eingeschränkt fühlt. Deshalb kann er sich auch in keinem der beiden Kontexte in fragloser Weise einrichten. Dies würde näm-lich voraussetzen, sich nicht nur einwertig zu dem einem oder anderen Kontext zu bekennen, sondern auch, im Rahmen des einen oder anderen anerkannt zu werden. Vielmehr ist die *Entweder-oder-Zugehörigkeit* für Hasan keine sinn-stiftende Ziel- und Handlungsperspektive. Dies wird deutlich, wenn er sagt, dass sich „die Türken in Deutschland (...) niemals irgendwo festlegen werden kön-nen" (Hasan, 503-504). Täten sie dies dennoch, würden sie sich also auf den deutschen *oder* türkischen Kontext festlegen, müssten sie dafür den Preis der Nicht-Anerkennung ihrer Mehrfachzugehörigkeit bezahlen. Deshalb sagt er „das geht einfach nicht, man braucht beides".

> „Die meisten versuchen bis zu ihrem 20., 25. Lebensjahr, sich irgendwo hin zu ver-setzen. Manche Türken werden so zu richtigen Deutschen, versuchen es, aber sie

vergessen, dass sie türkisch aussehen, (...) manche Türken wollen nur türkisch sein, geht auch nicht, du lebst in Deutschland (Hasan, 454-458).

Obwohl Hasan der Überzeugung ist, dass für die jungen Türken in Deutschland das Entweder-oder keine Perspektive für die Erarbeitung ihres Zugehörigkeitsverständnisses ist, ist er zugleich der Meinung, dass sie weit davon entfernt sind, den Spagat zwischen türkischer und deutscher Zugehörigkeit auf Dauer *souverän* durchzuhalten, denn „die meisten versuchen bis zu ihrem 20., 25. Lebensjahr, sich irgendwo hin zu versetzen". Auch Hasan selbst hat dies bis zu dieser Altersspanne hin versucht. Vor allem aufgrund des erzieherischen Einflusses seiner Eltern hat er ein eher einwertiges Zugehörigkeitsverständnis zum deutschen Kontext aufgebaut, indem er etwa in erster Linie Peergroup-Kontakte zu Nicht-Migranten gesucht hat. In seiner Selbsterzählung spricht er davon, dass dadurch Berührungsängste und Distanzgefühle gegenüber den Türken entstanden sind, sodass er sich ihnen kaum oder gar nicht zugehörig fühlen konnte. Wenn er nun thematisiert „manche Türken werden so zu richtigen Deutschen, versuchen es, aber sie vergessen, dass sie türkisch aussehen", dann spricht er auch seine eigenen biografischen Erfahrungen an. Er selbst hat sich in den deutschen Kontext „voll zu integrieren" versucht. Allerdings machen ihm seine permanenten Rassismuserfahrungen immer wieder bewusst, von der Mehrheitsgesellschaft trotzdem nicht als Deutscher anerkannt bzw. als fremd diskriminiert zu werden.

Er thematisiert auch den umgekehrten Fall: „Manche Türken wollen nur türkisch sein". Diese Suchbewegung wird in der migrationswissenschaftlichen Debatte oft als *Segmentation* interpretiert, also die Abschottung einer Minderheit gegenüber der Mehrheitsgesellschaft. Hasan meint jedoch, dass ebenso wie die deutsche Voll-Integration auch das Nur-türkisch-sein-wollen für junge Türken in Deutschland keine Perspektive ist, die für sie funktioniert, d.h. ihnen ein Identitätsgefühl vermittelt, das durch Zufriedenheit mit dem eigenen Zugehörigkeitsverständnis gekennzeichnet ist. Sie funktioniere deshalb nicht, weil die Türken der zweiten und dritten Generation immer auch über Bezüge zum deutschen Zugehörigkeitskontext verfügen. Sie wachsen in Deutschland auf, haben in der Regel ihren Lebensmittelpunkt hier und können sich deshalb dem deutschen Kontext nicht verschließen: „geht auch nicht, du lebst in Deutschland".

Hasans Einschätzung nach ist Mehrfachzugehörigkeit ein Status, der für die jungen Migranten selbst keinen Idealzustand darstellt, der aber zugleich von ihnen selbstverständlich und mit Nachdruck angestrebt wird. Vielmehr scheinen die meisten zunächst zu versuchen, die charakteristische Doppelwertigkeit ihres Zugehörigkeitsverständnisses (vgl. Mecheril/Teo 1994) im Rahmen eines spannungsreichen Entwicklungsprozesses auf die eine oder andere Art und Weise aufzulösen, mithin sich „bis zu ihrem 20., 25. Lebensjahr (...) irgendwo hin zu versetzen". Das Offenhalten, die Aufrechterhaltung der mehrwertigen Zugehörigkeit kann dann erst das Ergebnis dieser Entwicklung sein, hervorgerufen oder begleitet durch einen Reflexionsprozess, in dem sich der Einzelne seiner biografischen Wurzeln wie seiner Anerkennungsverhältnisse vergewissert. In Hasans Fall erfolgt diese Reflexion im Rahmen seiner türkischen Online-Community.

> „Ich für mich meine einfach, dass es so 'ne dritte ‚Rasse' gibt, ne, das sind diese Türkdeutschen, die gibt es wirklich, wir haben unsere eigene Kultur, unsere eigene Philosophie, unsere eigenen Erfahrungen. Wir können mit rein Deutschem und rein Türkischem nichts mehr anfangen, das gibt uns nichts, das ist viel zu wenig" (Hasan, 458-461).

Hasan sieht sich als Teil einer Gruppe von Menschen, die er in seiner Selbsterzählung als „dritte Rasse" bezeichnet. „Dritte Rasse" setzt er in Anführungsstriche, weil er einen Begriff verwendet, unter dessen ideologischer Verwendung er eigentlich immer wieder zu leiden hat. Im sozialwissenschaftlichen Sinn ist mit „Rasse" eine körperliche und soziale Unterscheidungsklassifikation gemeint, die ihren Niederschlag im „Rassismus" findet, der gruppenbezogene Diskriminierungspraxen auf der Basis von Höherwertigkeits- und Minderwertigkeitsannahmen thematisiert. Vielleicht meint er, „dritte Rasse" in Anführungszeichen setzen zu müssen, damit beim Interviewer kein Missverständnis ob seiner anerkennenden Haltung gegenüber anderen Menschen aufkommt. Vor allem scheint er aber die Verwendung der Begrifflichkeit in einem *anti-rassistischen* Sinne (vgl. Hall 1999a) verwenden zu wollen. Denn wenn er die „Türkdeutschen" als „Rasse" bezeichnet, dann will er das von der Mehrheitsgesellschaft ausgehende Rassendenken quasi auf den Kopf stellen. Das, was er der deutschen Mehrheit entgegensetzt, ist freilich gerade nicht das – wie auch immer zu definierende – Türkische, sondern etwas neues, „drittes", welches er als „Rasse" bezeichnet, um dessen Besonderheit und Stärke in der Bedeutung eines ‚black is beautiful' hervorzuheben. Die Türkdeutschen „gibt es wirklich", sagt er, und weiter: „Wir haben unsere eigene Kultur, unsere eigene Philosophie, unsere eigenen Erfahrungen. Wir können mit rein Deutschem und rein Türkischem nichts mehr anfangen, das gibt uns nichts, das ist viel zu wenig". Indem Hasan die Türkdeutschen als „Rasse" bezeichnet, versucht er, ihrer Unklassifizierbarkeit einen klassifizierbaren Rahmen zu geben. Junge Türken in Deutschland sind *Hybride*, die, wie er an anderer Stelle betont „sich niemals irgendwo festlegen werden können". Was von Außen als natio-ethno-kulturell unvereinbar und widersprüchlich angesehen wird, wird allerdings von ihm selbst als durchaus authentisch erlebt und auch so verstanden. Wird also die hybride Identität von jungen Türken von anderen vorschnell als unmöglich betrachtet, setzt Hasan dagegen: „Die gibt es wirklich". Allerdings fordert Hybridität die Absolutsetzung des natio-ethno-kulturell Einwertigen heraus, indem sie sie durch Relativierung in Frage stellt. Das Problem der jungen Türken ist vor diesem Hintergrund ihre Nicht-Anerkennung durch diejenigen Anderen, die in den Grenzen des Einwertigen verhaftet bleiben. Nach Hasans Einschätzung werden die Türkdeutschen allerdings weder als das wahrgenommen noch als das bestätigt, was sie in ihrer Selbsteinschätzung sind, nämlich eine eigene Kultur mit eigener Philosophie und eigenen Erfahrungen. Ihr zentraler Bezugspunkt ist in seiner Perspektive die natio-ethno-kulturelle Mischidentität, die auch in konkreten Verhaltensweisen zum Ausdruck kommt. Sie suchen nämlich nach sozial-räumlichen Konstellationen, in der ihnen Zustimmung signalisiert wird, in der sie ihre Hybridität verorten können. Diese Anerkennung meinen sie immer mehr in den Online-Communities für junge Türken in Deutschland zu finden.

> „Wenn ich jetzt praktisch etwas über Deutschland, über Türkei sage, muss ich erst dir erklären, dir als Nicht-Deutschtürken, ne, weil wie willst du es denn erfahren haben, willst es denn kennen, jemand der einfach, ehm (…). Wenn jemand einfach dieselbe Erfahrung macht, ehm, hat man ja auch dieselben Erlebnisse, das heißt, man muss denen nicht seinen Standpunkt erläutern, man muss einfach nicht sagen ,ich bin deshalb so, weil ich so und so bin, weil ein Türke ist, wie er ist, ein Deutscher ist, wie er ist'. Aber ein Deutschtürke ist eben, weiß niemand, wissen weder die Türken noch die Deutschen, weiß keiner, nur die Menschen, nur die Jugendlichen, die hier aufgewachsen sind, die wissen es, wie wir eigentlich sind, das heißt, ich muss keinem, keinem Mädel (…) in Bizimalem klar machen, dass ich Deutsch, kein Türkisch kann, Black höre, aber auch türkisch höre, aber auch deutsch, irgendwo deutsch bin, deutsch sprechen kann und deutsche Freundinnen hatte und blablabla. Dieses Facettenreiche, das kennen die einfach von vornherein schon, man muss sich nicht rechtfertigen, so wie man ist" (Hasan, 626-642).

Hasan versucht, dem Interviewer noch genauer darzustellen, warum er sich von einer *türkdeutschen* mehr als von einer deutschen oder türkischen Online-Community angesprochen fühlt, d.h., warum er eigentlich Mitglied bei Bizimalem.de ist. Wenn er einem Nicht-Deutschtürken gegenüber – beispielhaft geht er auf den Interviewer ein, der keinen Migrationshintergrund hat – seine Meinung über Dinge in Deutschland oder der Türkei äußert, werde sein Standpunkt zunächst nicht verstanden. Dem Deutschen oder Türkeitürken müsse er immer erst erklären, warum er dieser oder jener Meinung ist, und zwar deshalb, weil er von ihnen nicht als Türkdeutscher oder Deutschtürke *wahrgenommen* wird. In der Wahrnehmung derjenigen, die eine dem vorherrschenden gesellschaftlichen Normalitätsstandard entsprechende einwertige Zugehörigkeit aufweisen, sei ein festes natio-ethno-kulturelles Denkschema vorgegeben, in der ein „Türke ist, wie er ist, ein Deutscher ist, wie er ist". Wie ein Türkdeutscher oder Deutschtürke ist, wisse dagegen niemand, weder die Türken noch die Deutschen. Deshalb fühle er sich

dazu gezwungen, sich gegenüber den einwertigen Anderen als Mensch zu rechtfertigen. Lediglich die in Deutschland aufgewachsenen türkischen Jugendlichen
der zweiten und dritten Migrantengeneration sind es, „die wissen (…), wie wir
eigentlich sind". Ihnen gegenüber bestehe somit kein Rechtfertigungszwang.
Was Hasan in dieser Interviewsequenz beklagt, ist die Nicht-Beachtung seiner
Person als „intelligibles" menschliches Wesen. Mit Bezug auf Kant versteht
Honneth (2003b, 23) unter „Intelligibilität", dass Menschen „ihr Leben in rationaler Selbstbestimmung" vollziehen müssen. Erst in der Expression anerken-
nender Gesten kommt für Honneth zum Ausdruck, dass ein Subjekt der anderen
Person seine Wertschätzung als intelligiblem Wesen zuteil werden lässt. Wenn
Türkeitürken oder Deutsche nun durch ihn hindurch sehen, keine Notiz von ihm
als Türkdeutschem nehmen, dann stellt dies für ihn eine Form der Missachtung
dar, die verletzend wirkt. Dass ihm keine Aufmerksamkeit geschenkt wird und
keine anerkennenden Gesten gezeigt werden, signalisiert ihm, dass zwar Anderen der Wert einer intelligiblen Person zuerkannt wird, ihm selbst und den
anderen Türkdeutschen jedoch nicht. In der türkischen Online-Community ist
dies anders. Dort, meint Hasan, befindet er sich in einem sozial-räumlichen Kontext, der ihm zeigt, dass er es hier mit anderen Personen zu tun hat, die ihm
wohlwollend gegenüberstehen. Er müsse etwa keinem „keinem Mädel (…) in
Bizimalem klar machen, dass ich Deutsch, kein Türkisch kann, Black höre, aber
auch türkisch höre, aber auch deutsch, irgendwo deutsch bin, deutsch sprechen
kann und deutsche Freundinnen hatte". Dieses „Facettenreiche" würden sie
schon „von vornherein" kennen, und deshalb brauche er sich auch nicht rechtfertigen. Voraussetzung für die Anerkennung eines Menschen im Honneth'schen
Sinne sind, wie deutlich werden sollte, Gesten und Gebärden, die den anerkennenden Akt *expressiv* zum Ausdruck bringen. Wenn er nun sagt „das kennen die
einfach von vornherein schon", deutet dies nicht ausdrücklich auf Darstellung
expressiver Gesten der Anderen in der Community hin. Deshalb könnte einge-
wendet werden, Hasan verdeutliche im genannten Zitat nicht etwa, dass ihm
Anerkennung signalisiert werde, sondern, dass es hier um eine bloße stillschwei-
gende *Identifikation* gehe, was für die Bekundung von Anerkennung gegenüber
einer Person eigentlich nicht ausreichen würde. Wenn sich Hasan unter den
Community-Mitgliedern dennoch geachtet fühlt, obwohl sie ihm diese Achtung
nicht unbedingt auch expressiv zum Ausdruck gebracht haben, dann kann dies
mithilfe seines *Vertrauens* in die türkische Community und deren Mitglieder
erklärt werden. Ich habe bereits an anderer Stelle zu zeigen versucht, dass
Vertrauen in Online-Communities im Vergleich zur Offline-Welt unter erhöhter
Kontingenz entwickelt werden muss, weil hier Personae aufeinander treffen, die
von im Hintergrund stehenden Personen konstruiert werden. Um Vertrauen
wirksam werden zu lassen und das Risiko enttäuscht zu werden zu reduzieren,

muss die erhöhte Verhaltenskontingenz der Personae durch *Anhaltspunkte der Vertrauenswürdigkeit* überbrückt werden, z.b. hinsichtlich der Darstellung einer dauerhaften Identitätskonstruktion, die sich nicht nur mit Blick auf das Identitätsprofil, sondern auch die veröffentlichten Beiträge belegen lässt. Für Hasan dient vor allem der gemeinsame hybride natio-ethno-kulturelle Hintergrund der Mitglieder als Anhaltspunkt für Vertrauen und somit auch dafür, dass er im Verlauf der Interaktion mit den Personae mit wohlwollendem Handeln rechnen kann. Wie der Hinweis auf die erhöhte Verhaltenskontingenz im Internet deutlich machen sollte, ist aber seine Vertrauenserwartung mit einem ebenso erhöhten Risiko verbunden, enttäuscht zu werden, denn *erstens* kann er nicht genau wissen, wer sich hinter der Persona verbirgt, es sei denn, es findet ein Medienwechsel statt, aufgrund dessen die konstruierende Person identifiziert werden kann. Gerade weil in der Online-Welt die Identifizierung der Person schwieriger, ist, kann sich Hasans Annahme eines Konsenses zwischen den jungen Türken, *zweitens,* schnell als Trugschluss herausstellen, und zwar konkret dann, wenn er in der Interaktion mit einzelnen anderen Mitgliedern enttäuscht würde. Solche negativen Erfahrungen thematisiert er in seiner Selbsterzählung jedoch nicht. Vielmehr scheint er sich in seinem Vertrauen, in der Community Zustimmung zu erhalten, noch weiter bestärkt zu fühlen.

4.2.2.3 Konsolidierungsphase: „Es bildet sich schon so was wie 'ne kleine Familie"

> „Ich rede sehr gerne mit diesen Menschen im Netz, in diesen Foren, aber helfe auch sehr gerne, bin da auch selber von mir aus total offen auch freundlich, höflich, versuche zu helfen, weil es wahrscheinlich so ein Miteinander ist da drin, also es bildet sich schon so was wie 'ne kleine Familie in den verschiedenen Rubriken, Foren, (…). Es sind ja doch dann fast dieselben Leute, die in diesen Rubriken immer posten" (Hasan, 599-605).

Hasan erzählt, dass sich in den verschiedenen Foren, in denen er sich auf Bizimalem.de bewegt, so etwas „wie 'ne kleine Familie" bildet. Damit meint er, es gibt für ihn eine zunehmende Sicherheit über die zu erwartenden Verhaltensweisen sowie die Dauerhaftigkeit der Identitätskonstruktion dieser anderen Mitglieder („es sind ja doch dann fast dieselben Leute"). Wenn er von einer entstehenden kleinen Familie spricht, bedeutet diese für ihn nicht etwa eine Beziehungsform, die hierarchisch strukturiert ist, wie dies in einem autoritären Verhältnis zwischen Eltern und Kindern der Fall wäre. Seine Bizimalem-Familie funktioniert durch „so ein Miteinander", in dem jeder *Partner* gleichberechtigt ist und über die gleichen Rechte und Pflichten verfügt. Eine solche, vielleicht besser als partnerschaftliche Beziehung gekennzeichnet „Familie" ist für ihn darüber hinaus gekennzeichnet durch gegenseitige Hilfsbereitschaft („helfe auch sehr gerne"), Offenheit („bin da auch selber von mir aus total offen") und Respekt den anderen gegenüber („freundlich, höflich"). In einem solchen Beziehungs-setting – vorausgesetzt, es funktioniert so, wie Hasan darstellt – wird wech-selseitig Vertrauen erzeugt, ist Vertrauen aber auch für das Funktionieren der „Familie" notwendig. Wenn sich Hasan in seiner kleinen Familie gleichberech-tigt fühlt, wenn sie für ihn Offenheit, Respekt und Hilfsbereitschaft ausstrahlt, dann signalisiert sie ihm zugleich die Anerkennung, die er in der türkischen On-line-Community erwartet hat. Er wird von Anderen wahrgenommen, erhält positive Bewertungen von Anderen und entwickelt deshalb auch eine hohe Selbstwertschätzung:

> „Wir können mit rein Deutschem und rein Türkischem nichts mehr anfangen, das gibt uns nichts, das ist viel zu wenig, deswegen auch vorhin, dass ich mit deutschem Forum nichts anfangen kann, nur mit deutschem Forum was anfangen kann, es muss, es muss mehr gegeben sein" (Hasan, 461-464).

Er sagt, dass er mit einem deutschen Online-Forum – als Beispiel erwähnt er an anderer Stelle des Interviews Kwick.de – heute nichts mehr anfangen kann. Genauso gut könnte er aber auch feststellen, er könne nichts mit einem rein türkischen Forum anfangen. Es ist die Offenheit gegenüber dem natio-ethno-kulturell Doppelwertigem, die er dort vermisst und hier bei Bizimalem.de findet. Dabei thematisiert Hasan die Suche nach sozialräumlicher Rahmung von Hybridität nicht mehr nur als *Re*aktion auf erfahrene Missachtung im deutschen oder türkischen Zugehörigkeitskontext. Wenn er betont „das gibt uns nichts" und „es muss mehr gegeben sein", dann drückt sich darin eine Art gereifte Selbst-wertschätzung aus: In diesem Sinne vermittelt er aus einem Gefühl erfahrener positiver Bewertung und Stärke heraus die Überzeugung, als gesellschaftliches Subjekt und als Teil einer Gruppe auch *aktiv* und selbstbewusst legitime Ansprüche an die soziale Umwelt stellen zu können.

> „Also ich sehe es nicht für nötig, ehrlich gesagt, nicht mehr. Weil (…) ich finde, dass ein türkisches Forum, ein türkisches Forum in Deutschland mehr bietet als ein deutsches Forum. Weil (…), es hat zwei Seiten, man kann das Deutsche drin finden, aber auch das Türkische, das heißt, man kann wirklich, man kann es sich gerade aussuchen, was man will (…). Ein deutsches Forum ist einfach nur deutsch, das heißt, da habe ich halt die Qual der Wahl bei türkischen Foren, ich sehe es mehr so, dass es einfach facettenreicher ist, es ist mehr vorhanden als bei deutschen Foren, nur weil es ein türkisches Forum ist, heißt es nicht, dass ich da (…) die deutschen Sachen nicht finden kann darin" (Hasan, 354-364).

Hasan reagiert auf die Frage des Interviewers, ob er denn heute noch deutsche Online-Communities besucht. Er sehe es „nicht für nötig, (…) nicht mehr". Um dies zu erläutern, zieht er eine Verbindung zwischen seinem Identitätsstatus und der Bedeutung, die für ihn die Forenangebote bei Bizimalem.de haben. Sowohl sein Zugehörigkeitsverständnis als auch Bizimalem bestehen aus zwei natio-ethno-kulturellen Seiten: In der „türkischen" – eigentlich meint er „türkdeut-schen" – Online-Community kann er „das Deutsche drin finden, aber auch das Türkische". Während er sich hier aussuchen könne, was er will („da habe ich halt die Qual der Wahl"), sei eine deutsche Community „einfach nur deutsch". In letzterer findet er keine Anerkennung für seine Mehrwertigkeit, im Gegenteil: er macht dort sogar Missachtungserfahrungen. Allerdings bedeutet dies für ihn nicht – wie deutlich werden sollte –, dass er auf die deutsche Seite seines Selbst verzichten könnte: Als Hybrid kann und will Hasan weder die türkische noch die deutsche Identitätsfacette zugunsten der jeweils anderen auflösen. Dass ein solcher Versuch in der Regel scheitern müsste, thematisiert er in seiner Selbst-erzählung an seinem eigenen Beispiel. Er fühlt sich gerade deshalb so wohl bei Bizimalem.de, weil sie für ihn keine einwertige Community darstellt, denn nur weil es „ein türkisches Forum ist", sagt er, „heißt es nicht, dass ich da (…) die deutschen Sachen nicht finden kann darin". Wenn Hasan sagt „wir können mit rein Deutschem und rein Türkischem nichts mehr anfangen, das gibt uns nichts, das ist viel zu wenig" oder „ich sehe es nicht für nötig, (…) nicht mehr", dann macht er damit schließlich deutlich, dass er mit seiner Sinnsuche zufrieden ist, dass er sich mit seiner „Denke" nicht nur als nicht mehr alleine betrachten muss, sondern durch sie auch in der Online-Community die Erfahrung machen darf und auf dieser Grundlage die Gewissheit darüber besitzt, dass sie von den anderen jungen Türken als wertvoll anerkannt wird. Diese Gewissheit drückt sich in seiner Selbstwertschätzung aus.

4.3 Haluk, 23 Jahre

Der Interviewkontakt mit Haluk kommt auf Aleviler.de zustande. Während einer Beobachtungssitzung schreibt er mir eine Private Message (PM) und fragt, was ich als Deutscher in einer türkischen Online-Community suche. Ich weise ihn auf mein wissenschaftliches Interesse hin und frage ihn zugleich, ob er Interesse hat, als Interviewpartner bei der Untersuchung mitzumachen. Nachdem er sich die Projekthomepage angeschaut hat sowie mehreren PMs, in denen er sich noch einmal genau über Forschungsdesign und -ziele der Untersuchung erkundigt, willigt er ein. Haluk studiert an einer nordrhein-westfälischen Universität Be-triebswirtschaft. Er ist ledig und wohnt zusammen mit Eltern und Geschwistern in einem Haushalt von insgesamt sieben Personen. Wohnort ist eine Mittelstadt im Süden von Nordrhein-Westfalen. Haluk ist in Deutschland geboren und besitzt die deutsche Staatsbürgerschaft; sowohl Vater als auch Mutter sind in der Türkei geboren. Er gibt an, dass er normalerweise einmal im Jahr in die Türkei reist, entweder um dort Urlaub zu machen oder um sich um die Immobilien der Familie zu kümmern. Haluk besucht zwar normalerweise verschiedene türkische Online-Communities: Vaybee.de, Bizimalem.de und Turkdunya.de. Seine favorisierte Online-Community ist aber Aleviler.de – er selbst ist Alevit –, wo er auch mehrmals pro Tag Beiträge postet. Es verwundert deshalb nicht, dass die Erfahrungen im Rahmen der Mitgliedschaft bei Aleviler.de im Zentrum seiner Selbsterzählung stehen. Das Interview findet in einem von ihm ausgewählten Lokal in der Nachbarstadt seines Heimatortes statt.

4.3.1 Zugehörigkeitserfahrungen und -verständnisse

„Wenn man hier lebt, dann soll man auch hier investieren"

> „Deutschland ist leider so, ehm, mehr Zweck als interne Heimat. Ich will hier mein Diplom machen, Geld verdienen und das ist eigentlich schon alles, ne. Vorher dachte ich mir, nee, wenn man hier lebt, dann soll man auch hier investieren, und, wenn man halt zum Beispiel einen deutschen Pass hat, wie bei mir halt, dann sollte man sich auch Deutscher nennen und dazu stehen und blabla, aber das ist nicht so, trotzdem ist man Ausländer (...). Wenn man dann durch die Stadt geht, wenn zum Beispiel ein Türke 'nen schönen Wagen fährt, ja, der erste Gedanke, der dem Deutschen wohl kommt, ist der, dass der vielleicht Zuhälter ist, Drogendealer oder sonst irgendwas, das ist so, ne. Keiner wird dann auf die Idee kommen und sagen ‚ach der ist vielleicht Anwalt oder der muss aber 'nen Arzt sein, wenn er Mercedes fährt', keiner wird das denken. Ne, man sagt das ja zum Beispiel ‚Mercedes-Fahrer, das ist ein Türkenauto, Mercedes', solche Sachen halt, solche Vorurteile. Und ich fühle mich nicht wohl in Deutschland, ja leider. In der Türkei ist es halt nicht so, ne" (Haluk, 457-476).

Deutschland ist für Haluk mehr „Zweck" als „interne Heimat". Dies war aber einmal anders, erzählt er. In pragmatischer Hinsicht ist Haluk Deutscher. Er besitzt die deutsche Staatsbürgerschaft, ist hier geboren und lebt hier. Deshalb sieht er es zunächst als selbstverständlich an, Deutschland als *Heimat* zu betrachten, in der man „investieren" soll, in der man sich „auch Deutscher nennen und dazu stehen (können soll) und blabla". Natio-ethno-kulturelle Zugehörigkeit auf diese Weise zu verstehen, ist mit der Annahme und Absicht verbunden, sich auf *Dauer* einzurichten, die Gewissheit zu haben, zu bleiben und nicht befürchten zu müssen, dass der eigene Mitgliedschaftsstatus bzw. die „Investitionsbedingun-

gen" von anderen (zu jeder Zeit) in Frage gestellt werden können. Haluks Begriff
für diesen prinzipiell nicht anzweifelbaren Zustand ist „interne Heimat". Sie ist
mit Haluks „vorheriger", idealtypischer Vorstellung verbunden, aufgrund des
deutschen Passes Deutschland *fraglos* zugehörig zu sein bzw. von anderen auch
unzweifelhaft als Deutscher anerkannt zu werden. Sie beschreibt sein in der
Selbsterzählung zuerst hervortretendes Zugehörigkeitsverständnis, das er freilich
in seiner Reflexion mittlerweile als *naiv* kennzeichnet („aber das ist nicht so").

„Deutschland ist leider so, ehm, mehr Zweck als interne Heimat."

Dieses naive, einwertig auf einen einzelnen Kontext ausgerichtete Zugehörigkeitsverständnis hat sich für ihn gewissermaßen *entzaubert*, weil er erkennt:
„Trotzdem ist man Ausländer". Heute ist Deutschland für ihn also mehr „Zweck"
als „interne Heimat". Sein Heimat- bzw. Zugehörigkeitsverständnis hat sich
verändert, weil Haluk *negative Zugehörigkeitserfahrungen* macht: In seiner
Selbsterzählung werden „kategoriale Rassismuserfahrungen" (Mecheril 2003,
72) deutlich, d.h., dass er sich durch die Diskriminierungen von anderen bzw.
allen Türken auch selbst diskriminiert fühlt. Dies macht er am Begriff des
„Türkenautos" deutlich. Wenn ein Türke ein teures Auto fährt, sagt er, würden
Deutsche daraus nicht etwa anerkennend schlussfolgern, dass der Fahrer einen
angesehenen Beruf ausübt, welcher ihm legitimerweise und auf legalem Weg
erlaubt, sich ein solches Auto anzuschaffen. Vielmehr besteht das typische
Vorurteil der Deutschen für Haluk darin zu vermuten, Türken könnten sich ein
solches Luxusauto nur dann finanziell leisten, wenn sie dem Gauner- und Ver-
brechermilieu angehörten. Aber selbst wenn er Arzt oder Anwalt wäre – gerade
dies macht die Bezeichnung „Türkenauto" für ihn so diskriminierend –, erhielte
er als Türke in Deutschland nicht annähernd die gleiche Bestätigung für seinen
erworbenen Status, wie sie ein *echter* Deutscher durch Deutsche erhalte. Deshalb
fühlt sich Haluk „nicht wohl" in Deutschland. Sein Mitgliedschaftsstatus als
Deutscher wird in Frage gestellt. Er muss seine Vorstellung revidieren, in
Deutschland „investieren" zu können bzw. sich dauerhaft und in prinzipiell nicht
anzweifelbarer Weise einrichten zu können. Die von ihm gesammelten Rassismuserfahrungen bedeuten Einschränkungen seiner Handlungsmöglichkeiten, die
er in direkter Weise mit seinem natio-ethno-kulturellen Status in Verbindung
bringt, denn was er auch zu tun scheint, in den Augen der Mehrheitsgesellschaft
bleibt er *Ausländer*.
    Haluks Erfahrung, im deutschen Zugehörigkeitskontext weder als Deutscher
noch als Mensch vollständig akzeptiert zu werden, führt zu einer Veränderung
bzw. Differenzierung seines ersten, naiv-einwertigen Zugehörigkeitsverständnis-

ses, die in mehreren Schritten geschieht. Der *erste* Schritt besteht darin, dass er seinen deutschen Zugehörigkeitskontext emotional abwertet, gewissermaßen externalisiert, indem er ihm von nun an ausschließlich zweckorientierte Bedeutung zuweist. Seine bisherige Strategie, „interne" Heimat *emotional* über seine Beziehung zu Deutschland herzustellen („dann sollte man sich auch Deutscher nennen und dazu stehen") ist nämlich gescheitert. Er sagt, dass er zwar in Deutschland sein Diplom machen und dann Geld verdienen will, aber „das ist eigentlich schon alles". Seine Positionierung im deutschen Zugehörigkeitskontext bekommt vor allem einen materiellen Charakter. Er will einen hohen individuellen Nutzen erzielen, ohne sich aber mit Deutschland emotional zu verbinden bzw. identifizieren. Diese Umorientierung kann auch als Versuch gewertet werden, angesichts negativer Zugehörigkeitserfahrungen emotional weniger angreifbar zu werden und zugleich Handlungsfähigkeit dort zurückzugewinnen, wo ihm diese durch Rassismuserfahrungen entzogen worden sind und werden. Der *zweite* Schritt besteht darin, seine zurückgewiesene, auf Fraglosigkeit hin orientierte und ehemals *alleine* auf Deutschland gerichtete Verortung von Zugehörigkeit in einem alternativen natio-ethno-kulturellen Kontext zu suchen, um dort die soziale Anerkennung zu erhalten, die ihm in Deutschland vorenthalten wird: „In der Türkei ist es halt nicht so, ne". Deshalb steht die Türkei für ihn nicht „Zweck", sondern sie ist, was er „interne Heimat" nennt. Haluk vergleicht seine Zugehörigkeitserfahrungen in Deutschland mit denjenigen, die er in der Türkei macht:

> „Die meisten, die hier leben, ne, die können nicht so richtig Türkisch und auch nicht so richtig Deutsch, ja. Bei mir ist es genauso. Also ich habe keins von beiden richtig gelernt (...), ja, und das fällt natürlich auf in der Türkei, wenn man dahin geht; hier ist es ja nicht so schlimm, weil man ist ja Ausländer, ne. Und deshalb wird das dann toleriert. Ich sehe das ja selbst in den Klausuren. Wenn dann irgendein ausländischer Name da ist, das habe ich oft gehört, werden dann zum Beispiel die Rechtschreibfehler toleriert. Aber in der Türkei ist es dann nicht so. Also wenn man dann zu einem Amt geht, und da fällt einem dann ein Wort nicht ein, ja dann sieht man schlecht aus, vor allem, wenn man schon älter ist" (Haluk, 391-400).

Haluk sagt, dass die meisten Türken in Deutschland – er meint vor allem die zweite und dritte Migrantengeneration, der er auch angehört – „nicht so richtig Türkisch und auch nicht so richtig Deutsch" können. Und auch er selbst habe weder Türkisch noch Deutsch „richtig gelernt". Um zu erläutern, dass dies in Deutschland „ja nicht so schlimm" ist, erzählt er von Verfahrensweisen in der Universität. So hat er gehört, dass die Gutachter von Klausuren dann Rechtschreibfehler tolerieren, wenn sie sehen, dass der Verfasser einen ausländischen Namen trägt. Die Sprache des Landes nicht korrekt sprechen und schreiben zu können, ist in Deutschland nicht so schlimm, sagt Haluk ironisch, denn „man ist ja Ausländer". Auch Haluk würde zweifellos von diesem Umgang mit Klausuren profitieren, weil er selbst einen ausländischen Namen trägt. Seine Äußerung „man ist ja Ausländer" weist für ihn aber in kritischer Form auf die Missachtung seiner Person hin, die er durch sie erfährt. Da er selbst Deutscher ist, bedeutet für ihn die Handhabung der Begutachtung von Klausuren eine falsch verstandene Rücksichtnahme. Gerade durch sie erfährt er eine Aberkennung seines Mitgliedschaftsstatus, d.h. erst aufgrund der Rücksicht, die er potenziell erfährt, wird er zum Ausländer *gemacht*. Wenn er sagt, dass „man ja" Ausländer ist, deutet dies aber zugleich in resignativer Weise auf die Selbstanerkennung der negativen Statuszuschreibung hin. Letztere wird innerhalb seines deutschen Zugehörigkeitskontextes durch andere vollzogen und er kann sich ihr nicht mehr entziehen. Aber auch in der Türkei kann er sich der negativen Statuszuschreibung nicht entziehen, weil er aufgrund seiner türkischen Sprachdefizite als Nicht-Dazugehöriger auffällt. „Wenn man dann zu einem Amt geht, und da fällt einem dann ein Wort nicht ein", dann betrachtet er die Reaktionen auf seine Person als Verletzung: „Dann sieht man schlecht aus, vor allem, wenn man schon älter ist". Auch in Hinblick auf seine „interne Heimat" Türkei stellt er also fest, dass er nicht fraglos zugehörig ist. Hinzu kommt eine Distanz zur Türkei, die er aufgrund seiner „Urlaubserfahrungen" aufgebaut hat:

> „Ja, was ich mit der Türkei verbinde, sind solche Sachen wie Betrügerei und, weiß nicht, Ärger, Kopfschmerzen, solche Gedanken fallen mir ein (...). Wir haben ein paar Häuser in der Türkei und da ist das immer so, wir haben nie Urlaub, wir gehen da hin, dann müssen wir erstmal zu den Finanzämtern, die Steuern bezahlen und dies und jenes, müssen dann mit den Mietern uns streiten und dann wurde irgendetwas geklaut (...), irgendjemand hat die Miete nicht bezahlt, irgendein Blödsinn ist immer, unsere Verwandten wollen uns verarschen (...). Ich hab' ein schlechtes Bild von der Türkei (...)" (Haluk, 371-381).

Obwohl Haluk die Türkei als „interne Heimat bezeichnet, sagt er nicht etwa, dass sie für ihn prinzipiell positive Eigenschaften beinhalte, sondern sogar, dass er „ein schlechtes Bild" von ihr habe. Er verbindet mit der Türkei die Begriffe Betrügerei, Ärger und Kopfschmerzen. Seine negativen „Gedanken" resultieren aus Erfahrungen, die er selbst in der Türkei gesammelt hat: Er erzählt von seinen Türkeibesuchen, die für ihn immer gleichermaßen unerfreulich ablaufen: Im Gegensatz zu vielen anderen türkischen Migranten der zweiten Generation, die mit ihren Eltern dort regelmäßig Urlaub machen, ist der Aufenthalt mit seiner Familie für ihn dort „nie Urlaub", weil er regelmäßig durch die Klärung notwendiger Immobilienangelegenheiten strukturiert ist. Er lernt die Türkei und die dort lebenden Türken – dazu zählt er auch seine Verwandten – insbesondere von

ihrer *Alltagsseite* kennen, die für ihn auf Erfahrungen mit Bürokratie, Mieter-
streitigkeiten und Diebstahl beschränkt ist.

Haluk macht sowohl in der Türkei als auch in Deutschland negative Zugehörigkeitserfahrungen, indem er hier wie dort nicht als fragloses Mitglied des
jeweiligen Zugehörigkeitskontextes anerkannt wird. Er ist in zweifacher Hinsicht
nicht-zugehörig. Seine Zugehörigkeit ist *prekär* (vgl. Mecheril 2003). Kennzeichen seiner prekären Zugehörigkeit ist auch, dass er in zweifacher Hinsicht
zugehörig ist: Deutschland fühlt er sich zugehörig, weil er aufgrund seines
„deutschen Passes" Deutscher ist, weil er hier geboren ist und weil er hier lebt.
Dem türkischen Kontext fühlt er sich zugehörig, weil dort seine „interne Heimat"
ist, weil er sich trotz aller negativen Erfahrungen „unter Türken" wohler fühlt,
sich mit ihnen besser kommunikativ austauschen kann. Haluks Zugehörigkeitsverständnis hat auf diese Weise widersprüchlichen Charakter.

> „Es ist halt so, dass die meisten da halt auch aus Deutschland kommen und genauso
> verdeutscht sind wie ich (...)" (Haluk, 521-522).

Haluk ist Mitglied der Online-Community Aleviler.de. Die meisten Jugendlichen, die sich dort aufhalten – Migranten der zweiten und dritten Generation –
kommen aus Deutschland, sagt er, und sind „genauso verdeutscht" wie er selbst.
Als verdeutschter Türke ist sich Haluk bewusst, dass er kein „reiner" Türke ist –
selbst, wenn er es wollte –, weil er in Deutschland geboren, aufgewachsen und
sein Alltagsleben durch diesen Zugehörigkeitskontext mitgeprägt ist. Er ist ein
Hybrid, der nicht entweder als Deutscher oder Türke eingeordnet werden kann,
sondern mehrfache Zugehörigkeiten zugleich aufweist. Dies heißt jedoch nicht
notwendigerweise, dass es ihm als Hybriden gelingen muss, die Mehrwertigkeit
seines Subjektstatus für sich und gegenüber anderen souverän und ohne Probleme aufrechtzuerhalten. Und zum anderen ist es nicht zwangsläufig so, dass er in
seinem Subjektstatus Sinn findet und dieser Status von anderen auch anerkannt
wird.

Wie geht Haluk mit seinem hybriden Identitätsstatus um? Deutlich werden
zwei Strategien. Die *erste* kann als *Rationalisierung von Mehrwertigkeit* bezeichnet werden, d.h. er versucht, Mehrwertigkeit aufrechtzuerhalten und konstruktiv
zu bearbeiten, indem er den beiden für ihn relevanten Zugehörigkeitskontexten je
unterschiedliche *Funktionen* beimisst, die in seiner Wahrnehmung vernünftig
und sinnvoll erscheinen. Während Deutschland eine materielle, gewissermaßen
‚äußere' Funktion einnimmt, für ihn „Zweckwelt" ist – „es geht halt nur um
Geld" (Haluk, 480) –, hat die Türkei eine „interne" Funktion, d.h. durch sie kann
er sich *emotional* abgrenzen. Die Bedeutung seiner Zugehörigkeiten gewichtet er
für sich nach Zweckmäßigkeitskriterien. Diese Strategie kommt in seiner Aus-

sage zum Ausdruck, dass Deutschland mehr „Zweck" als „interne Heimat" ist. Indem er nicht die eine durch die andere Zugehörigkeitsseite zu ersetzen versucht, verteidigt er die Mehrwertigkeit seiner Zugehörigkeit.

> „Ich hab' ein schlechtes Bild von der Türkei, aber, wenn es mit, also in Deutschland weiter so gehen sollte, dass, ja es keine Alterssicherung gibt, ehm, ja, der Besuch halt zum Arzt oder Medikamente teurer werden, und solche Sachen, dann würde mich eigentlich hier aber nichts halten, dann würde ich doch in die Türkei gehen, auch wenn es mir da nicht so sehr gefällt. Weil zumindestens bin ich da unter Türken, ja, unter meiner Nationalität, und ehm, ich könnte mich da besser verständigen als hier. Hier bin ich trotzdem ein Ausländer, aber da nicht, also egal wie schlecht es da ist, es ist trotzdem meine Heimat" (Haluk, 381-388).

Im weiteren Verlauf seiner Selbsterzählung zeigt sich jedoch *(zweitens)*, dass er die Rationalisierungsstrategie immer mehr durch eine Strategie der *Auflösung von Mehrwertigkeit* ersetzt, und zwar mithilfe einer Rekonstruktion von Einwertigkeit. Haluk erzählt, dass es in Zukunft notwendig werden könnte, sich für einen einzigen und eindeutigen Zugehörigkeitskontext zu entscheiden. Die Vorstellung *fragloser* Zugehörigkeit rückt wieder in den Mittelpunkt seines Zugehörigkeitsverständnisses. Im Hinblick auf seine individuellen Zukunftspläne stellt er sich die Frage, wo er diese besser umsetzen kann und wo er sich in seiner Suche nach Identität besser eingebunden fühlt. Dabei wägt er zwischen seinem deutschen und türkischen Zugehörigkeitsanteil ab: Wenn sich „die materiellen Lebensbedingungen in Deutschland verschlechtern, sagt er, „dann würde mich eigentlich hier aber nichts halten, dann würde ich doch in die Türkei gehen, auch wenn es mir da nicht so sehr gefällt". Und weiter: „Hier bin ich trotzdem ein Ausländer, aber da nicht, also egal wie schlecht es da ist, es ist trotzdem meine Heimat". Haluk macht vor allem die Frage seiner Anerkennung zum Verbleibskriterium in Deutschland. Im deutschen Alltag wir er als „Ausländer" missachtet und in seiner Zukunftsvorstellung versucht er, sich dieser Situation durch Auswanderung in die Türkei zu entziehen. Zwar wird er auch in der Türkei mit Nicht-Anerkennung konfrontiert; da er aber höchstens einmal im Jahr dort ist, fällt dies für ihn nicht in einem ähnlich hohen Maß ins Gewicht. Bestand sein bisheriger Versuch, mit negativen Zugehörigkeitserfahrungen in Deutschland umzugehen, darin, den deutschen Kontext im Rahmen einer Rationalisierungsstrategie so zu *bearbeiten*, dass er ihn in ein mehrwertiges Zugehörigkeitsverständnis einpasst (Deutschland gleich „Zweckwelt"), gelingt es ihm nicht, diese Strategie auch konsistent durchzuhalten. Mithilfe seiner Rationalisierungsstrategie schafft er es nur kurzfristig, beide Zugehörigkeiten in sein Selbstverständnis zu integrieren, d.h. Mehrwertigkeit aufrechtzuerhalten. Für eine *sinntragende* Zukunftsperspektive sieht er sich dazu gezwungen, sich für den einen oder anderen natio-ethno-kulturellen Kontext zu entscheiden. Er macht die Frage nach seiner Zugehörigkeit idealtypisch zu einer *Entweder-oder-Entscheidung* und versucht dadurch, seine prekäre Zugehörigkeit zu vereindeutigen.

> „Ja, ich würde sagen hundertprozentig Türke, auf jeden Fall, weil eher die deutsche Mentalität und die Denkweise kann ich nicht übernehmen, das geht nicht. Man sagt zwar immer, ja man muss sich anpassen und ich denke, das habe ich schon getan, aber ich kann nicht so denken wie ein Deutscher (…). Ich weiß nicht, die, die deutsche Mentalität ist so kalt, dass ich die nicht mag, und egal wie schlimm die Türken sind, trotzdem finde ich die viel besser" (Haluk, 488-497).

Ergebnis seiner Auflösungsstrategie von Mehrwertigkeit ist, dass Haluk von sich sagt, er sei „hundertprozentig Türke, auf jeden Fall". Er bekennt sich dazu, Türke zu sein, ohne Wenn und Aber. Damit markiert er auch eine Differenz, nämlich hundertprozentig Nicht-Deutscher zu sein. Er signalisiert einwertige Zugehörigkeit zum türkischen bzw. einwertige Nicht-Zugehörigkeit zum deutschen Kontext. Sein eindeutiges Bekenntnis, dem die Vorstellung von fragloser Zugehörigkeit innewohnt, begründet er *kulturell*: „Ich weiß nicht, die, die deutsche Mentalität ist so kalt, dass ich die nicht mag". Die kulturelle Differenz stilisiert er zu einer Art unhintergehbarer Wahrheit, die auch dann noch Gültigkeit besitzt, wenn andere Gewissheiten seines Selbstverständnisses wegbrechen. Zu diesen zerstörten Gewissheiten gehört einerseits, in seinem alltäglichen natio-ethno-kulturellen Zugehörigkeitskontext nicht fraglos anerkannt zu werden. Dazu gehört andererseits, dass er sich auf der Basis seiner biografischen Erfahrungen in Deutschland und seiner negativen Zugehörigkeitserlebnisse in der Türkei, als „verdeutscht" erlebt. Sein Bekenntnis, hundertprozentig Türke zu sein, ist vor diesem Hintergrund ein Versuch, mit fehlender Anerkennung umzugehen. Es ist eine Gegenreaktion auf die nicht (mehr) vorhandenen Gewissheiten, mit denen er sich in seinem Leben konfrontiert sieht. Sein Bekenntnis bedeutet für ihn die Herstellung von zumindest *imaginärer* Eindeutigkeit und Fraglosigkeit, die aber nur kulturell verallgemeinert gelingen kann, weil sich sowohl sein biografischer Hintergrund als auch die alltägliche Lebenssituation weitaus komplexer und widersprüchlicher darstellen: „Es ist halt so, dass die meisten (…) genauso verdeutscht sind wie ich".

4.3.2 Aleviler.de und die Reflexion gemeinschaftlicher Wurzeln

„Das meiste kenn' ich halt nur von Büchern oder so, ich sehe davon nichts"

> „Nein, wie gesagt, das meiste kenne ich halt nur von Büchern oder so, ich sehe davon nichts. Was ich zum Beispiel in den türkischen Kulturvereinen sehe, ist, dass

sie Karten spielen (...). Dass sie Karten spielen um Geld, ja, und dann kommt es irgendwann zu Stecherei, Schießerei oder sonst irgendwas, das sehe ich, dann sehe ich, dass die Leute halt dahin gehen, um andere kennen zu lernen, ja. Frauen halt, um Männer kennen zu lernen, so was, da gibt es dann halt eine kleine Minderheit, die dahin geht, um zum Beispiel Gitarre spielen zu lernen, da gibt es eine türkische Gitarre, was vor allen Dingen bei den Aleviten sehr wichtig ist, *Saz*, das ist halt auch sehr religiös, oder auch um zu singen, um zu tanzen, ja, aber, ich sehe nicht viel davon, ja, von dem, was ich lese, ja, also dieses Theoretische und das Praktische deckt sich nicht. Ja, so ist es, leider. Ich sehe nichts davon" (Haluk, 442-454).

Haluk sucht nach eindeutiger Zugehörigkeit, weil ihm seine prekären, durch Mehrwertigkeit gekennzeichneten Erfahrungen keine Perspektive wirksamen Handelns bieten. Sein Bekenntnis, hundertprozentig Türke zu sein, konkretisiert er deshalb noch einmal, indem er sich als *Alevit* bezeichnet. Dieses Zugehörig-keitsverständnis nimmt in seiner Selbsterzählung den größten Raum ein, auch deshalb, weil sie sich schwerpunktmäßig um seine Mitgliedschaft in einer *alevitischen* Online-Community dreht.[11]

„Ja, ich würde mich jetzt als Aleviten bezeichnen. Aber, ja, aber da ist natürlich die Frage, was ist denn Alevitentum, ja, also nach meiner Meinung ist es nicht unbedingt ein Glaube (...). Ja, ich würde sagen, das ist so eine Lebensweisheit, eine Philosophie ist das" (Haluk, 158-163).

Haluk bezeichnet sich zwar als Aleviten, jedoch fragt er sich, welche Bedeutung es überhaupt hat, sich als solcher zu bekennen. Für ihn ist die Antwort davon abhängig, wie das Alevitentum insgesamt zu definieren ist. Er ist sich darüber unsicher und so kennzeichnet er es „nicht unbedingt" als Religion, sondern als Lebensweisheit und Philosophie, also als politisch-kulturelles Phänomen. Er erzählt, dass er sein Wissen über das Alevitentum ausschließlich aus Büchern erworben hat. Es hat für ihn einen „theoretischen" Charakter, denn von dem, was er in den Büchern gelesen hat, sieht er nichts. Wenn er *sehen* könnte, dass die Ideale und Regeln, die in den Büchern niedergeschrieben sind, von den Aleviten befolgt werden, dann bräuchte er die Bedeutung des Alevitentums als *religiöse Tradition* nicht in Frage zu stellen. Allerdings stellt er fest: „dieses Theoretische und das Praktische deckt sich nicht" (Haluk, 453). Er übt damit Kritik an den Aleviten, die sich in ihrem Alltagsleben nicht an die Traditionen halten; er kritisiert aber auch die alevitischen Kulturvereine (vgl. Sökefeld 2005), die sich der Bewahrung und Weitergabe alevitischer Traditionen an die türkischen Migranten in Deutschland verschrieben haben. Was er in den Kulturvereinen

---

11 Vgl. Fußnote 9, S. 120.

sieht, ist, dass sie als Ort für Glücksspiele genutzt werden, die sich „irgendwann
zu Stecherei, Schießerei oder sonst irgendwas" entwickeln. Im gleichen kritischen Atemzug sagt er, dass die Kulturvereine von Frauen zur Beziehungsanbahnung genutzt werden, um Männer kennen zu lernen. Auch dazu sollten die
Vereine aus seiner Sicht nicht benutzt werden. Dagegen übt nur eine „kleine
Minderheit" von Personen das aus, was aus seiner Perspektive ausdrücklich
positiv zu bewerten ist, nämlich Saz zu spielen (oder zu lernen), zu singen und zu
tanzen. Diese Kombination machen gläubige Aleviten im *Semah* fruchtbar,
einem wichtigen religiösen rituellen Tanz der Aleviten, der in den Kulturvereinen im Rahmen von Kursangeboten eingeübt werden kann. Indem Haluk
kritisiert, dass sich die Aleviten nicht an die religiösen Traditionen halten und die
Kulturvereine kaum in der Lage sind, ihre Rolle als Traditionsvermittler
auszufüllen, macht er auch insgesamt seinen Zweifel darüber deutlich, dass das
Alevitentum für ihn und andere noch einen Handlungsrahmen zur Verfügung
stellt, der alternativlos gültig ist.

> „Ja, so, der Grund, warum ich eigentlich überhaupt zu so einem Forum mich
> angemeldet habe, ist der, dass ich (...) kennen lernen wollte (...), wie die Aleviten
> überhaupt denken. Weil ich hab' da schlechte Erfahrungen mit gemacht und ich
> habe da gemerkt, dass, obwohl die dann behaupten, die sind Aleviten und die halten
> sich an all die Regeln, es so gut wie keinen gibt, der sich nur annähernd daran hält,
> was da eigentlich in den Büchern steht, ja und das wollt' ich halt etwas näher kennen
> lernen, halt, wie es denn ist, ne. Offiziell ist das ja so, dass wir uns daran halten
> sollen, aber inoffiziell (...). Ja, und ich wollte das halt wissen, wie sie reagieren und
> wie man mit denen reden kann" (Haluk, 16-31).

Haluk erzählt, dass er sich bei Aleviler.de, der Online-Community für alevitische
Jugendliche in Deutschland, als Mitglied angemeldet hat, um kennen zu lernen,
„wie die Aleviten überhaupt denken". Dies ist für ihn deshalb bedeutsam, weil er
beobachtet, dass das Alevitentum einer *Enttraditionalisierung* unterworfen ist,
im Zuge derer die in den Büchern niedergeschriebenen Regeln kaum mehr Einfluss auf das Alltagshandeln der Menschen ausüben. Haluk beurteilt diese Entwicklung seinerseits negativ („ich hab' da schlechte Erfahrungen mit gemacht"),
weil seinem bisherigen Selbstverständnis, das durch enge Orientierung an den
Glaubensregeln des Alevitentums gekennzeichnet war, nun die Grundlage
entzogen wird.

> „Bis vor ungefähr Anfang des Jahres, dieses Jahr, war das so, dass ich, ja, etwas
> konservativer war als jetzt, auch naiv, und dann habe ich da eine kennen gelernt, aus
> meinem Dorf, wir haben uns halt getroffen, und ich dachte, sie ist 'ne ganz, ganz
> anständige (...). Und, ja am Ende kam aber raus, dass alles gelogen war (...).
> Angeblich studiert sie Psychologie, aber sie hat keine Ausbildung gemacht und

arbeitet in der Firma und die hat nichts, nichts entspricht da der Wahrheit, alles war gelogen. Und da hat es dann angefangen, dass ich gesehen habe, ja, jeder zweite lügt, oder fast jeder sogar" (Haluk, 69-80).

Seine schlechte Erfahrung damit, wie die Enttraditionalisierungstendenzen des Alevitentums auch auf die Ebene seines Alltags wirken, verdeutlicht Haluk anhand einer Situation. Er erzählt davon, eine Frau getroffen und kennen gelernt zu haben zu haben, die aus demselben türkischen Dorf stammt wie er und von der er dachte, sie sei „'ne ganz, ganz anständige". Die Dinge, die sie ihm anvertraut, so stellt sich allerdings später heraus, sind alle „gelogen": „Nichts entspricht da der Wahrheit". Er fühlt sich von ihr betrogen. Sein anfängliches Vertrauen in sie wird enttäuscht. Für Haluk ist diese Situation das Schlüsselerlebnis, das ihm in gewisser Weise die Augen dafür öffnet, dass sich die Gruppe der Aleviten insgesamt von den Werten entfernt hat, die sie nach den religiösen Regelwerken eigentlich befolgen müsste: „Und da hat es dann angefangen, dass ich gesehen habe, ja, jeder zweite lügt, oder fast jeder sogar". Durch diese Generalisierung seiner individuellen Erfahrung gibt Haluk zu verstehen: die Werthierarchie unter den Aleviten ist heute so beschaffen, dass sie seinen eigenen religiös-kulturellen Überzeugungen minderwertigen Charakter beimisst. Aufgrund dieser Missachtungserfahrung steht die Selbstverständlichkeit der Verortung seines Selbst im Rahmen der religiös-kulturellen Tradition in Frage. Wenn er wollte, hätte er im Rahmen der Anonymität der Online-Community sogar die Möglichkeit, zumindest „inoffiziell" einen alternativen, für ihn eher durch Regellosigkeit und Hedonismus geprägten Lebensstil auszuwählen, der freilich seinem eigentlichen Verständnis des Alevitentums widerspricht. Haluk meldet sich gerade deshalb bei Aleviler.de an, um sich stärker seiner Einbindung in die gemeinschaftlichen Wurzeln des Alevitentums zu vergewissern (Diachronizität) und sich auf diese Weise die Möglichkeit zu eröffnen, für sein an der Tradition orientiertes Selbstverständnis sozialen Wert beizumessen bzw. Hinweise zu erhalten, wie er eben dieses ggf. modifizieren kann. Das Studium der Literatur reicht ihm dafür nicht (mehr) aus. Vielmehr benötigt er den *sozialen* Austausch mit anderen Aleviten, der ihm aus seiner Sicht vor allem im Rahmen der Online-Community ermöglicht wird. Seine Mitgliedschaft bei Aleviler.de, die ihm den sozialen Zugang zu jungen Aleviten gewährt, betrachtet er dabei als persönliches Projekt, für das er auch ein fest definiertes Ziel formuliert: „Ich wollte das halt wissen, wie sie reagieren und wie man mit denen reden kann". Er gibt sich als *Ethnograf in eigener Sache*, der ein Bild von den kulturellen Praktiken derjenigen Aleviten gewinnen will, die ihm in ihrem alltäglichen, teils gerade nicht-konformen Verhalten fremd und kritikwürdig erscheinen.

„Bei den Aleviten ist es so, da wird vieles so gedreht und gewendet, wie man es will,
und vor allem, was dann auch merkwürdig ist, also soweit ich weiß, also das habe
ich vor kurzem gelesen, wenn man halt so stirbt, wird man wieder geboren. Ne, aber,
es gibt da halt keine, keine bestimmte, kein, ja wie soll ich sagen, mir stellt sich halt
die Frage, warum sollte man sich denn überhaupt dann an die Sachen halten, die da
drin stehen, die Frage wird gar nicht beantwortet. Ne, ich meine es ist doch
eigentlich ganz egal, da könnte ich doch machen, was ich will, und nachdem ich tot
bin, ja, wenn ich dann in einem anderen Körper bin, also meine Seele und ich doch
alles vergessen hab', ja, das ist doch scheißegal, was ich vorher getan habe, ne, und
selbst jetzt, ne, ob ich jetzt vorher ein sehr schlechter Mensch war oder ein sehr
guter, das ändert doch nichts. Ja, das sind so bestimmte Sachen, die so recht
merkwürdig sind, ne" (Haluk, 166-177).

Haluk versucht, die Online-Community zu benutzen, um seine Sinnfragen in diachroner Weise zu reflektieren. Seine gemeinschaftlichen Wurzeln sieht er im
Alevitentum repräsentiert und dies ist auch der Grund, warum er sich selbst als
Alevit bezeichnet. Allerdings fällt es ihm schwer, die Glaubensregeln für sich
und sein Selbstverständnis *zweifelsfrei* zu akzeptieren, weil „die so recht
merkwürdig sind". Zwar stellt er die religiösen Vorstellungen des Alevitentums
nicht in ihrer grundsätzlichen Form – als „Theorie" – in Frage. Haluk bezweifelt
aber, dass die in der Vergangenheit aufgeschriebenen Regeln noch für seine
eigene Gegenwart und Zukunft relevant sind: Wenn an die Wiedergeburt des
Menschen geglaubt wird, dann fragt er sich: „Warum sollte man sich denn
überhaupt dann an die Sachen halten, die da drin stehen (…) Nachdem ich tot
bin, ja, wenn ich dann in einem anderen Körper bin, also meine Seele und ich
doch alles vergessen hab', ja, das ist doch scheißegal, was ich vorher getan habe,
ne". In seiner Selbsterzählung beschreibt er eine Lücke zwischen dem, was noch
in der Vergangenheit normativen Wert hatte und dem, was heute und zukünftig
von Belang ist. Wenn er sagt, dass bei den Aleviten „vieles so gedreht und
gewendet, wie man es will", drückt dies aus, dass Haluk keine automatische
Kontinuität zwischen Vergangenem und Gegenwärtigem unterstellt, keine selbstverständliche Sicherheit mehr, die er dann auch seinem Selbstbild zugrunde
legen könnte. Dass sich Haluk dennoch so eindeutig als Alevit bezeichnet und im
Rahmen der Online-Community beabsichtigt, andere Aleviten kennen zu lernen
sowie sich mit deren „inoffiziellen" Denkweisen auseinanderzusetzen, kann
zunächst damit erklärt werden, dass er die Regelwerke der religiösen Tradition
eher diskursiv sich selbst und anderen in der Online-Community gegenüber zu
rechtfertigen versucht. Die *diskursive Rechtfertigung* religiöser Traditionen ist
für Giddens (1996) eine charakteristische Umgangsweise mit Tradition in einer
posttraditionalen Gesellschaft. Während religiöse Traditionen vormals mit einem
Bekenntnis verbunden waren, „mit einer Art gefühlsmäßigem Eintauchen in den

Glauben" (Giddens 2001, 61), ist das soziale Miteinander heute immer mehr dadurch gekennzeichnet, dass Menschen mit Personen zusammen kommen, die anders denken. In einer enttraditionalisierten Gesellschaft muss Religion, so Giddens, gerechtfertigt werden, sofern sie als Tradition überdauern will. Gerade in der posttraditionalen Form der religiösen Tradition müssen Gründe für die religiöse Einstellung und für religiöses Verhalten gesucht und ausgedrückt werden. Dies bedeutet: Für Haluk überlebt die posttraditionale religiöse Tradition des Alevitentums dann und kann ihm dann Kontinuität für seine Identität liefern, wenn sie sich diskursiv rechtfertigen lässt, d.h., wenn sein persönliches alevitisches Selbstverständnis auch in einer offenen dialogischen Form der Kommunikation mit anderen Aleviten in der Online-Community standhält.

> „Da ist zum Beispiel so etwas wie, da hat sich jemand einen Rasierstift geholt, eröffnet darüber einen Topic, 'ne Diskussion, ne, was man auch machen kann (…). Aber dann wird er sofort kritisiert von anderen Leuten, warum schreibst du denn so einen Blödsinn und blablabla, vier, fünf Seiten voll mit so einem Schwachsinn. Ne, obwohl, ich finde, wenn jemand das bei Diskussion hinschreibt, warum soll er denn nicht darüber diskutieren können. Er schreibt das ja nicht bei Philosophie rein oder bei, Dings, bei irgendeinem anderen Topic, Überthema, ja, deshalb, ne, und ich meine die zum Beispiel, die dann die Leute kritisieren, die nennen sich zwar Aleviten, sind es aber keine, weil, nach unserem Glauben müssen wir alles tolerieren, egal was jemand tut. Ne, wir könnten uns natürlich wehren, indem wir halt irgendwas machen, ich weiß ja nicht, meistens halt passiv, aber, aber die machen das ja nicht, ne, die kritisieren ihn sofort, obwohl es doch egal ist. Im schlimmsten Fall ignoriert man es halt, aber die machen das ja nicht, die werden sogar beleidigend, und das finde ich nicht richtig" (Haluk, 241-258).

In der Praxis der Forendiskussion bei Aleviler.de macht Haluk jedoch Erfahrungen, die ihn an der Verwirklichung eines offenen Dialogs mit anderen Aleviten in der Community zweifeln lassen. Beispielhaft erzählt er von einem Topic unter der Rubrik „Diskussionen", der die Frage der Qualität von Rasierstiften zum Inhalt hatte. Haluk kritisiert den Diskussionsverlauf, weil die anderen Forenteilnehmer die Legitimität des Topics bezweifelten und den Autor aufgrund der vorgeworfenen Trivialität seines Beitrags sogar beschimpften. Auch wenn es sich um ein Alltagsthema handelt, ist diese Situation für Haluk ein Beispiel dafür, dass unter den jungen Aleviten online kaum Dialogbereitschaft besteht, denn „nach unserem Glauben müssen wir alles tolerieren, egal was jemand tut Haluk, 250-251)". In einen Dialog einzutreten, um damit auch die Voraussetzung für eine diskursive Rechtfertigung von Tradition im Rahmen der Online-Community zu erfüllen, bedeutet für ihn, die Legitimität des Kommunikationspartners anzuerkennen sowie in reziproker Weise dazu bereit zu sein, die jeweiligen Ansichten und Ideen des Anderen anzuhören und zu diskutieren. Diese Diskursethik im Habermas'schen Sinn versteht Haluk als verpflichtenden Glaubenssatz des Alevitentums, dessen Befolgung bzw. Nichtbefolgung für ihn zugleich über die binär codierte, *wahre* Mitgliedschaft zur Glaubensgemeinschaft entscheidet: Für Haluk gibt es in diesem Sinne Aleviten, die die Regelwerke befolgen, wie etwa offene Dialogbereitschaft und Toleranz gegenüber anderen. Und es gibt *falsche Aleviten*, die sich nur Aleviten nennen, für ihn aber keine sind, weil sie in den Forendiskussionen „sogar beleidigend" werden. Hat sich Haluk bisher noch von seiner Mitgliedschaft bei Aleviler.de versprochen, mit den anderen Aleviten ins Gespräch zu kommen, um sich diachron verorten zu können, stellt er nun fest, dass die Voraussetzung für einen Diskurs auf der Seite der anderen nicht unbedingt gegeben ist, was sich für ihn zu Abgrenzung und zu einem spannungsreichen Verhältnis gegenüber den Community-Mitgliedern entwickelt: „die werden sogar beleidigend, und das finde ich nicht richtig".

4.3.3 Aleviler.de als Ort sozialer Anerkennung

Die Online-Community Aleviler.de hat für Haluk nicht nur die Bedeutung, sich seiner gemeinschaftliche Wurzeln zu vergewissern, sondern auch nach Anerkennung im Gegenwärtigen zu suchen. Haluks Selbsterzählung deutet auf verschiedene Phasen der Anerkennungssuche im Rahmen der Online-Community hin.

4.3.3.1 Entdeckungsphase: „dass da jetzt ,Aleviten' steht, das war schon etwas ganz Gutes"

> „Ja, der erste Eindruck war schon recht gut, weil, ehm, ich hab' ja, ich hatte nicht so viel gelesen, um halt eine bestimmte Meinung zu haben, ja, aber dass da jetzt ,Aleviten' steht, das war schon etwas ganz Gutes. Also da hatte ich schon ein sehr heimisches Gefühl. Da dachte ich schon, also dass ich da, ja eine Gruppe gefunden habe, die vielleicht so ähnlich denkt wie ich, das war zumindest der erste Eindruck" (Haluk, 57-62).

Aus Haluks Selbsterzählung geht an anderer Stelle hervor, dass er durch alevitische Bekannte in einer Chat-Community („Lycos-Chat") auf Aleviler.de aufmerksam geworden ist. Obwohl er noch nichts Genaues über die *Community-Kultur* weiß, um sich „eine bestimmte Meinung" bilden zu können – über welche Themen sich die Communitymitglieder unterhalten und in welchem Kommunikationsstil sie dies miteinander tun –, ist sein Eindruck von Aleviler.de zu Beginn seiner Mitgliedschaft „schon recht gut". Das Qualitätskriterium, das Haluk die Auswahl einer für ihn passenden Community erleichtert, ist, dass „da jetzt ‚Aleviten' steht". Die Aleviten-Community symbolisiert für ihn *Heimat*: „Da hatte ich schon ein sehr heimisches Gefühl" (Haluk, 60). Somit modifiziert Haluk sein Zugehörigkeitsverständnis ein weiteres, und zwar viertes Mal. Hatte er zunächst, *erstens,* Deutschland einwertig als Heimat angesehen, haben ihn negative Zugehörigkeitserfahrungen, *zweitens,* zu einem durch Mehrwertigkeit gekennzeichneten Verständnis geführt, in dem Deutschland „Zweckwelt" ist und die Türkei „interne Heimat" bezeichnet. Ein *drittes* Zugehörigkeitsverständnis ergibt sich aus der Auflösung dieses Mehrwertigkeitskonzepts, in dem er sich in der Folge – einwertig – als „hundertprozentiger Türke" bezeichnet. Aber auch dieses Verständnis verändert er, indem er sich nun, *viertens,* als Alevit bezeichnet. Es ist das – für ihn teils noch in Frage stehende – Selbstverständnis als Alevit, dessen er sich im Netz vergewissern will und dem er im Rahmen von Aleviler.de auch Ausdruck verleihen will. Dies funktioniert aber offenbar nur dann, wenn er seine individuelle Sinnsuche *sozial* einbetten kann, denn sein „heimisches Gefühl", Mitglied einer Aleviten-Community zu sein, erklärt sich für ihn vor allem dadurch, „eine Gruppe gefunden (zu haben), die vielleicht so ähnlich denkt wie ich". Haluk nimmt an, dass ihm dort, wo „jetzt ‚Aleviten' steht", eine Haltung von anderen entgegengebracht wird, die Wohlwollen gegenüber seiner Person zum Ausdruck bringt. Auch wenn er die Forendiskussionen noch nicht genau verfolgt und kommunikativ handelnd noch nicht Erscheinung getreten ist, schließt er aus dem Alevitischen im Community-Namen Aleviler.de, dass er dort anerkennendes Verhalten der anderen jungen Aleviten erwarten darf. Diese Anerkennung wird ihm woanders versagt, weil er weder im deutschen noch im türkischen Kontext fraglos Mitgliedschaft genießen kann. Deshalb verheißt ihm zu jenem Zeitpunkt seine Mitgliedschaft in der alevitischen Online-Community eine Lösungsmöglichkeit für sein Zugehörigkeitsproblem, welches für ihn mit fehlender Anerkennung verbunden ist. Ob sich die Online-"Gruppe" tatsächlich als Lösungsweg erweist, ist freilich noch offen, wie er im Rückblick selbst betont: „Das war zumindest der erste Eindruck" (Haluk, 61). Und freilich läuft auch Haluks Erwartungshaltung, die alevitische Online-Community würde zugleich „ähnlich denken" bzw. Gemeinsamkeit im Bereich alevitisch-regelgeleiteten Verhaltens der einzelnen Mitglieder reproduzieren, Gefahr, enttäuscht zu werden. Thiedeke (2007, 198) weist auf das *Risiko* der Erwartung von Gemeinsamkeiten in Online-Communities hin. Gemeinschaften homogenisierten zwar die Heterogenität persönlicher Individualität. In der Individualität der beteiligten Personen liege aber immer auch das Potenzial zentrifugaler Erwartungen. Dies gelte insbesondere für die Vergemeinschaftung online, weil die beteiligten Personen virtuell präsent sind, d.h., „sie sind als Personae anwesend und beteiligt, aber die jeweilige Persona wird von einer Person in der aktuellen Wirklichkeit konstruiert und gesteuert" (ebd., 93). Für den Bestand einer Online-

Community als Gemeinschaft ist es deshalb entscheidend, *Vertrauen* in die Personae herstellen zu können, damit Gemeinsamkeiten überprüft und Personen ggf. in die Gemeinschaft integriert werden können. Grundsätzlich ist es aber ein schwieriges Unterfangen, von den Merkmalen der Persona auf die dahinter stehende Person zu schließen, sofern die Informationen zur Person nur auf demselben Kommunikationskanal zugänglich sind, auf dem die Persona präsentiert wird. Um als Online-Community die gemeinsamen Interessen der Mitglieder bereits im Vorfeld der Entscheidung für eine etwaige Mitgliedschaft zu filtern, hat Aleviler.de schon durch den Community-Namen deutlich zu machen versucht, dass es sich hier um eine Seite mit religiösem Hintergrund handelt. Da es darüber hinaus aber keine festen Kriterien für die Aufnahme in die Community gibt, kann eine solche Vorselektionsstrategie nicht sicherstellen, dass auch solche Personen in der Community Mitglied werden, die eine abweichende religiöse und kulturelle Orientierung bzw. Weltanschauung aufweisen. Denn die Person kann mit ihrer Persona eine entsprechende Anpassung an das von der Administration der Seite erwünschte Merkmalsprofil vornehmen, ohne dass dies von anderen Mitgliedern oder den Webmastern vollends kontrolliert werden könnte (vgl. Cooper u.a. 1999). Die Annahme von Gemeinsamkeiten mit den Mitgliedern von Aleviler.de im Hinblick auf Deutung und Verständnis des Alevitentums kennzeichnet die erste Phase von Haluks Anerkennungsprozess in der Online-Community. Als einziger Anhaltspunkt, den Personae der anderen Mitglieder Vertrauen zu schenken, dient ihm die Namensgebung der Seite. Dieser Anhaltspunkt signalisiert ihm zu diesem Zeitpunkt symbolisch auch eine Geste der Anerkennung seiner Person, die aber zunächst noch nicht durch konkrete befürwortende Verhaltensweisen bestätigt werden kann.

> „Ja, und bei meinem ersten Beitrag wollte ich eigentlich sehr neutral bleiben, damit die meinen Namen zwar da sehen, aber keinen Gedanken also über mich haben, keine bestimmte Meinung, also nur dass ich präsent bin" (Haluk, 37-40).

Haluk sucht online Kontakt zu anderen Jugendlichen mit alevitischem Glaubenshintergrund, weil er sich seiner gemeinschaftlichen Wurzeln vergewissern will (vgl. S. 174ff.). In ethnografischer Weise möchte er die kulturellen Praktiken der Aleviten in der Community studieren, damit er in Auseinandersetzung mit ihnen sein eigenes Selbstverständnis reflektieren kann. In der alevitischen Online-Community sucht er aber auch nach Anerkennung, wie seine Äußerungen zum „ersten Eindruck" der Community zeigen. Wie versucht er nun konkret, Anerkennung zu erhalten? Seine anfängliche kommunikative Strategie, sich in den Foren von Aleviler.de zu bewegen, kennzeichnet er als „neutral". Die anderen Mitglieder sollen zwar seinen Nickname sehen können, ansonsten aber „keinen

Gedanken also über mich haben, keine bestimmte Meinung", was für ihn bedeutet, dass er weder in sein Mitgliederprofil Informationen über seine Person einpflegt (Hobbys, Lieblingsstadt etc.) noch persönliches über seine Person in eigenen Beiträgen preiszugeben gewillt ist. Seine Strategie geht über die des „Lurkers" hinaus, weil er es nicht bei der bloßen Beobachtung des Foren-geschehens belassen, sondern durchaus kommunikativ handelnd teilnehmen will. Andererseits: Wenn er mehr von sich gegenüber den anderen offenbaren würde, liefe er erneut Gefahr, „schlechte Erfahrungen" (Haluk, 19) zu machen. Schlech-te, missachtende Erfahrungen hat Haluk bereits insofern mit den Aleviten gemacht, dass seine religös-kulturellen Überzeugungen indirekt von ihnen als minderwertig eingestuft werden, denn – dies stellt er an anderer Stelle fest – „fast jeder" lügt. Aufgrund der Community-Namensgebung könnte er nun durchaus anerkennendes Verhalten von anderen erwarten. Er will aber erst einmal ab-warten, nur „präsent" sein, bis er anerkennende Signale der anderen Mitglieder erhält. Erst dann scheint für ihn die Zeit reif zu sein, über die Vertrauens-würdigkeit einzelner Mitglieder bzw. deren Personae zu entscheiden und ggf. daraufhin auch selbst Anerkennung zu äußern. Zumindest in der Anfangszeit seiner Mitgliedschaft kann er sich aber noch nicht sicher sein, ob er es bei den übrigen Mitgliedern mit „Freund" oder „Feind" zu tun hat.

> „Aber trotzdem, manchmal schreibe ich doch so ein paar Sachen, die persönlich sind, weil ich das erstens halt von mir haben möchte, ich dadurch keine Verluste habe, also damit kann man nichts anfangen, ja und ich gewinne das Vertrauen von denen dadurch. Ne, ich meine, das ist so, auch wenn die das am Anfang tolerieren oder eine schlechte Meinung von mir haben, um so länger sie immer wieder Beiträge von mir sehen und meinen Namen irgendwo sehen und es immer halt mit so positiven Beiträgen von mir verbinden, meinen Namen, wird das dann doch so sein, dass wir uns dann halt verstehen, irgendwie und dass die dann auch anfangen, mir zu vertrauen" (Haluk, 1016-1024).

Haluk erzählt, dass er manchmal von seiner „neutralen" Kommunikations-strategie abweicht, indem er „doch so ein paar Sachen (schreibt), die persönlich sind". Wenn *Sachen,* wie er seinen Forenbeiträge nennt, persönlich sind, könnte er durch sie potenziell angreifbar oder verletzbar werden. Dennoch offenbart er Vertrauliches, und zwar Personen, von denen er online nur ihre Persona kennt. Haluk nennt drei Gründe, warum er dies tut: *Erstens* hat er das Bedürfnis dazu. Er möchte anderen etwas erzählen, was ihn „persönlich" bewegt. Er sagt „ich (möchte) das halt von mir haben" und macht damit reflexiv deutlich, dass er dies von sich selbst – quasi aus einer Außenperspektive – als Mensch erwartet und dass er sich gerne von außen so sehen möchte. Obwohl es ihn im Vergleich zu seinem ersten Beitrag Überwindung gekostet hat, Persönliches zu erzählen, fühlt

sich Haluk – *zweitens* – durch die Darlegung solcher Inhalte nun keineswegs
verletzbar, und zwar weil „ich dadurch keine Verluste habe, also damit kann man
nichts anfangen". Haluk spielt hier auf den Umstand an, dass seine „wirkliche"
Identität in der Community unbekannt ist. Das, was die anderen Mitglieder von
ihm wissen, ist das, was er in die Persona konstruiert hat, jenes, was die anderen
von ihm sehen *sollen*. Selbst wenn er also Persönliches darstellt, ist es den
Anderen kaum möglich, eine Verbindung zur Person IRL herzustellen. Aus
dieser Perspektive kann sich Haluk sicher davor fühlen, schlechte Erfahrungen
zu machen. *Drittens,* sagt er, gewinnt er „das Vertrauen von denen dadurch".
Haluk ist sich dessen bewusst: Vertrautheit zwischen ihm und den anderen
Mitgliedern von Aleviler.de muss erst *hergestellt* werden. Meint er noch in der
Reflexion seines ersten Beitrags, er könne andere junge Aleviten kennen lernen
und in der Konsequenz Teil der virtuellen Gemeinschaft werden. Obwohl diese
„keinen Gedanken also über mich haben, keine bestimmte Meinung", muss er
dieses Bild nun revidieren: Ohne Informationen, ohne einen Eindruck, auch
wenn es sich um die konstruierte Persona handelt, kann kein Vertrauen entstehen
und somit auch keine Vergemeinschaftung funktionieren. Wie stellt sich Haluk
genau vor, das Vertrauen der anderen Mitglieder zu gewinnen? Im Mittelpunkt
stehen für ihn Kontinuität wie Authentizität seiner kommunikativen Äußerungen
in der Community und die Werthaftigkeit seiner Persona. Anhaltspunkte für
seine Vertrauenswürdigkeit will er durch kontinuierliche Postings in den Foren
schaffen, die erkennbar seinem Nickname bzw. dem damit verbundenen Identitätskonstrukt zugeordnet sind (Authentizität). Zudem sieht Haluk erst dann
Vertrautheit entstehen, wenn sein Identitätsprofil „immer halt mit so positiven
Beiträgen" von ihm verbunden wird. Der positive oder auch negative Wert seiner
Beiträge kann freilich nur von den anderen Mitgliedern beurteilt werden und ist
für diese auch jederzeit dadurch technisch überprüfbar, dass alle Postings eines
Mitglieds mittels der Archivfunktion abrufbar sind. Auf dieser Basis wird Haluks
positive/schlechte Community-Biografie für jeden sichtbar und kann als
Maßstabe für eine Bewertung dienen. *Was* für ihn in die Werthaftigkeit seiner
Beiträge eingeht, nennt er in dieser Sequenz seiner Selbsterzählung nicht. Aus
dem Zusammenhang mit anderen Äußerungen wird aber deutlich, dass die – für
ihn auch über den Onlinekontext hinausgehenden – Leitwerte Ehrlichkeit und
Toleranz Richtschnur seines werthaften Communityhandelns sind. Wie aus
Haluks Sicht die anderen Mitglieder von Aleviler.de seine Vertrauenswürdigkeit
einschätzen, bleibt für ihn aber noch im Ungewissen. Mit seinem Wunsch, dass
„das dann doch so sein (wird), dass wir uns dann halt verstehen, irgendwie und
dass die dann auch anfangen, mir zu vertrauen" (Haluk, 1023-1024), ist die
Erwartung verbunden, sein kommunikatives Verhalten werde ganz im Sinne der
Gemeinschaft verstanden, die ihm dann durch positive Rückmeldungen der

Mitglieder Anerkennung zuteil werden lässt. Das Anerkennungshandeln der Anderen, so zeigt sich in dieser Phase seiner Communitymitgliedschaft, kann er jedoch – anders als in seiner Entdeckungsphase – nicht als bereits vorhandene Geste voraussetzen. Vielmehr scheint aus Haluks Sicht die Expression von Anerkennung gegenüber seiner Person in Gestalt seiner Persona an die Bedingung von Vertrautheit zwischen den Communitymitgliedern gebunden zu sein, die er sich noch *erarbeiten* muss.

> „Da möchte ich so ein anderes Beispiel nennen, und zwar, mein Vater ist nämlich verstorben, 2001 war das (...),.und zwar habe ich da erstmal halt hingeschrieben, irgendwie Mutti und Papi, irgendwie so was, und habe dann halt hingeschrieben, ja, ‚es ist sehr wichtig halt, die Eltern zu lieben und die haben sehr viel für uns getan, blabla', dann habe ich da halt ein Gedicht zitiert, an meine Mutter und darunter habe ich halt geschrieben, ‚ja, ich habe leider kein Gedicht finden können an meinen Vater, und deshalb möchte ich hier etwas anderes schreiben' und dann habe ich halt den letzen Tag beschrieben, den ich mit ihm hatte, und das habe ich dann da rein geschrieben, und ich finde, dass ich dadurch keinen Verlust hatte, weil, ehm, ne, erstens wollte ich das mal los werden, weil mich eine, die eine aus Dortmund, die hat mich so vollgelabert, immer wieder, weil ihre Mutter halt verstorben ist, und ich, ich konnte es dann nicht mehr, irgendwie dieses Gerede und Gerede von Tod und alles, da musste ich das mal los werden, deshalb ging es mir halt besser, zweitens wollte ich doch so langsam, langsam doch schon mal meinen Charakter zeigen, um aber auch so eine Rückkopplung zu haben, um zu sehen, wie die Anderen darüber denken, ja, darum, und als drittes halt Vertrauen, dass die dann denken: ‚Ach, der schreibt darüber und dem kann man vertrauen', und es ist auch so, fast alle vertrauen mir, was heißt fast alle, also die meisten, mit denen ich geschrieben habe" (Haluk, 1026-1049).

Haluk verdeutlicht in diesem Zitat, mit welcher Art von Beiträgen er Vertrauen herzustellen versucht. Er erzählt von einem Posting über ein für ihn sehr intimes Thema. Haluk ehrt darin seine Eltern („ja es ist sehr wichtig halt die Eltern zu lieben und die haben sehr viel für uns getan" [Haluk, 1034-1035]). Aus Liebe zu seiner Mutter zitiert er aus einem Gedicht, das er an sie richtet. Allerdings findet er kein Gedicht, das für die innige Beziehung zu seinem erst kürzlich verstorbenen Vater passt. Aus diesem Grund beschreibt er den letzten Tag, den er mit ihm zusammen verbracht hat. Er schreibt seinen Beitrag nur imaginär an Vater und Mutter, denn eigentlich ist er an die Community-Öffentlichkeit gerichtet. Die Offenbarung von Intimem und Emotionalem, soll sein Vertrauen zur Online-Community symbolisieren. Die anderen Mitglieder sollen erkennen: „Ach, der schreibt darüber und dem kann man vertrauen" (Haluk, 1047-1048). Seine Erzählung über den letzten Tag mit seinem Vater ist ein indirektes – d.h. mithilfe seiner Persona vermitteltes – Signal der *Verletzlichkeit* seiner Person. Sie soll den Anderen anzeigen, dass er es mit seiner Mitgliedschaft ernst meint und an der Vergemeinschaftung interessiert ist, denn aufgrund der Nennung bzw. Öffnung intimer Details seines Alltagslebens steigt für ihn die Gefahr, von anderen persönlich erkannt und verletzt zu werden. Freilich nimmt er diese Gefahr in Kauf, weil er Bestätigung gegenüber seiner Person erwartet und in die Gemeinschaft integriert werden möchte. Umgekehrt sinkt damit für die Community die Wahrscheinlichkeit, dass Haluk das in ihn gesetzte Vertrauen in Zukunft brechen könnte – z.b. durch Identitätswechsel –, weil er bereits ein beträchtliches Maß an Intimität, die jenseits seiner konstruierten Persona angesiedelt ist, in die virtuelle Gemeinschaft eingebracht hat.

Das genannte Zitat, ist aber auch deshalb aussagekräftig, weil es auf die verschiedenen Dimensionen der Anerkennung aufmerksam macht, die in Haluks Selbsterzählung bedeutsam sind:

1) Werde ich von anderen in der Online-Community wahrgenommen?
2) Wie bewerten mich die anderen Mitglieder?
3) Wie bewerte ich mich und mein Verhalten selbst?

Auf diese Dimensionen verweisen aus sozialpsychologischer Perspektive auch Keupp u.a. (1999, 256). Für sie ergänzen sie sich zum „Gefühl der Anerkennung", von dem allerdings erst dann vollständig gesprochen werden kann, wenn für das Individuum jede der drei Dimensionen positiv ausgeprägt ist. Haluk versucht, die Aufmerksamkeit der anderen Community-Mitglieder dadurch zu gewinnen (Dimension 1), dass er einen sehr persönlich akzentuierten Beitrag im Forum platziert. Ob ein Beitrag tatsächlich wahrgenommen wird, ist für Autoren in virtuellen Kommunikationsforen vor allem daran ablesbar, dass andere einen direkten Kommentar im Rahmen eines Threads verfassen. Das bloße Lesen eines Beitrags registriert der Autor dagegen nicht oder nur dann, wenn entsprechende technische Zählfunktionen eingerichtet sind, was bei Aleviler.de nicht der Fall ist. Ob Haluk als Person bzw. sein Posting überhaupt wahrgenommen wird, erfährt er also nicht in jedem Fall. Seine Hoffnung auf Rückkopplung zeigt jedoch, dass diese Dimension nur dann für ihn positiv wirksam wird, wenn sein Beitrag durch bestätigende Postings *honoriert* wird. Wenn diese ausbleiben, könnte er in Zweifel geraten, ob seine persönliche Erfahrung und Meinung überhaupt von Interesse ist. In der Konsequenz könnte er zum Ergebnis kommen, dass ihn niemand in der Online-Community beachtet. Haluk ist aber nicht nur daran interessiert, ob er von anderen wahrgenommen, sondern auch, wie seine Erzählung über seinen Vater von den anderen Mitgliedern bewertet wird (Dimension 2): „zweitens wollte ich doch so langsam, langsam doch schon mal meinen Charakter zeigen, um aber auch so eine Rückkopplung zu haben, um zu sehen, wie die anderen darüber denken" (Haluk, 1044-1046). Als er seinen

Beitrag verfasst, ist er sich aber noch unsicher, welche Reaktion er hervorrufen wird. Die Bewertung durch Andere hat essenzielle Bedeutung für ihn, weil es ihm bei dieser hier nicht (mehr) um seine konstruierte Persona geht, die prinzipiell unverletzlich ist. Vielmehr will er den anderen in der Community mithilfe seines Postings „doch so langsam" seinen *persönlichen* Charakter darstellen, einerseits, um Vertrauen zu signalisieren, andererseits, um positive Wertschätzung gegenüber seiner Person hervorzurufen. Dementsprechend unmittelbarer wären für ihn die Folgen bei negativer oder nicht stattfindender Bewertung. Negative Bewertung könnte als Ablehnung seiner Person oder als Misstrauen interpretiert werden und entweder in einer geringeren Selbstanerkennung münden, aber auch auf Unverständnis oder Reaktanz stoßen, die er anschließend in Form eigener negativer Bewertungen von Beiträgen der Anderen äußern könnte. Vermutlich wäre aber auch das Ausbleiben einer Reaktion auf seinen persönlichen Beitrag unbefriedigend, weil sie als fehlende Wahrnehmung seiner Person und in extremer Form als negative Wertschätzung gedeutet werden könnte. Falls die negativen wie die ausbleibenden Bewertungen nicht durch positive Erfahrungen in der Online-Community relativiert würden, wäre ein Rückzug aus der Community denkbar. Haluks eigene Bewertung (Dimension 3) zeichnet sich zu diesem Zeitpunkt folgendermaßen aus: Er hofft, dass die anderen Mitglieder über seinen Beitrag sagen: „Ach, der schreibt darüber und dem kann man vertrauen" (Haluk, 1047-1048). Wenn dies so wäre, könnte er davon ausgehen, als Teil der virtuellen Gemeinschaft akzeptiert zu werden und auf diese Weise auch Anerkennung von anderen erhalten. Zugleich stellt er fest: „Es ist auch so, fast alle vertrauen mir, was heißt fast alle, also die meisten, mit denen ich geschrieben habe". Damit weist er auf zweierlei hin: *Erstens* erzählt er über seine Bemühung, Vertrauen gegenüber seiner Person herzustellen, was im Hinblick auf den Erfolg mit Unsicherheit behaftet ist. In seiner Selbsterzählung stellt er sodann heraus, dass sich seine Vertrauensstrategie mittlerweile bewährt habe, denn die meisten Mitglieder, mit denen er im kommunikativen Austausch steht, vertrauten ihm ja. Er legt auch den Beleg für seine Vertrauenswürdigkeit vor: „es ist auch so". Und wenn dies so ist, so legt Haluks Aussage nahe, sollte es für andere keinen Grund mehr geben, seine Vertrauenswürdigkeit möglicherweise zu bezweifeln. Haluk macht an dieser Stelle seine hohe Selbstwertschätzung deutlich, die freilich auf die Aufmerksamkeit der Anderen und deren positive Bewertungen nicht verzichten kann. Insofern hat er zwar durchaus ein Gefühl der Anerkennung entwickelt. Allerdings stehen Haluks Selbstanerkennung und die Anerkennung, die er von anderen erhält, in einem Spannungszustand, der sein Anerkennungsgefühl mit Zweifeln belegen könnte. In diesem Sinne deutet sich in der zitierten Interviewsequenz *zweitens* die Schwachstelle in Haluks „Selbstthematisierung" (Keupp u.a. 1999) an. Er muss den Wert der positiven

Bewertungen durch andere Mitglieder zugleich einschränken. Sagt er anfangs, „fast alle" würden ihm vertrauen, berichtigt er dies in „die meisten, mit denen ich geschrieben habe", was bedeutet: es gibt eine nennenswerte Anzahl von Personen, die ihm nicht vertrauen bzw. negative Bewertungen entgegen bringen.

4.3.3.2 Missachtungs- und Prüfungsphase: Missachtungserfahrungen und „Neustart"-Überlegungen

> „Der hat dann zum Beispiel so ein paar Sprüche hingeschrieben, ja, von Hazret Ali, und da gefielen mir ein paar besonders gut, die habe ich dann halt, da habe ich dann halt geschrieben ‚ja, schön, dass du das geschrieben hast und ich bedanke mich sehr, blabla und hier sind ein paar, die mir besonders gut gefallen haben und deshalb möchte ich die gerne noch mal wiederholen, ja'. Nicht mehr und nicht weniger, nur das habe ich geschrieben. Und dann kam darunter so ein Spruch wie, ja, (…) ‚ich hasse', nee, ‚ich ekele mich vor jemandem, der durch Schmeicheleien irgendwie, ja so was, jemand der ein Arschkriecher ist', ne, auf gut Deutsch gesagt. Und ich meine, das war doch eindeutig, dass er sich gegen mich gerichtet hat, habe ich, dann habe ich PM geschrieben, also ne Privat-Nachricht, ja, und dann wurde er wieder beleidigend. Kurze Zeit später war er leider halt nicht mehr bei Aleviler, aber ich konnte meine Wut nicht mehr halten. Dann habe ich da halt einen Beitrag zu geschrieben" (Haluk, 321-335).

Haluk erzählt von einem Mitglied, das in einem Beitrag Sprüche von Hazret Ali (Heiliger Ali) veröffentlicht und von dem ihm ein paar besonders gefallen. Für die Aleviten spielt Ali, Cousin des Propheten Mohammed, eine besonders große Rolle, weil er von ihnen als legitimer Nachfolger Mohammeds angesehen wird. In einem eigenen Beitrag bedankt sich Haluk für die Nennung der Sprüche und wiederholt sie noch einmal. Daraufhin wird er von einem weiteren Mitglied „auf gut Deutsch gesagt" als „Arschkriecher" bezeichnet. Obwohl das Posting nicht an ihn direkt adressiert ist, steht für Haluk fest, dass es sich um eine persönliche Beleidigung handelt, die, nachdem er dem Mitglied eine PM zwecks Klarstellung schickt, noch einmal ausgesprochen wird. An diesem Zitat wird deutlich, dass die Anerkennung, die Haluk von einigen Mitgliedern erhält, zugleich durch beträchtliche Missachtungserfahrungen relativiert wird. Zwar geht er – wie bereits deutlich werden sollte – von einem Vertrauensverhältnis zwischen sich und den „meisten" anderen Mitgliedern aus, offenbar schützt ihn dies aber nicht vor einschneidenden negativen Erfahrungen. Die Beleidigung durch das andere Mitglied trifft ihn unmittelbar als Person, weil er längst nicht mehr im schützenden Identitätskonstrukt seiner Persona agiert. Der Community-Öffentlichkeit hat er sich bereits mit intimen Details seines Alltagslebens geöffnet. Obwohl er an anderer Stelle sagt, die übrigen Community-Mitglieder könnten mit seinen persönlichen Erzählungen nichts anfangen, fühlt er sich nun doch verletzt. Würde er noch alleine aus der prinzipiellen Unverletzlichkeit seiner Persona heraus handeln, könnte er auf die Beleidigung gelassen reagieren, stattdessen sagt er: „(...) ich konnte meine Wut nicht mehr halten. Dann habe ich da halt einen Beitrag zu geschrieben". Seine Absicht, sich mit dem Autor des beleidigenden Postings persönlich auseinander zu setzen bleibt allerdings unerfüllt, da dieser entweder aufgrund eines Identitätswechsels oder durch Abmeldung über die Community nicht mehr erreichbar ist. Da Haluk die ausgesprochene Beleidigung weder im öffentlichen Forum unkommentiert stehen lassen will noch diese stillschweigend zu akzeptieren bereit ist, kann er nur mit community-öffentlichem *Widerstand* auf die Missachtungserfahrung reagieren. Deshalb postet er einen weiteren Beitrag ins Forum. Damit verleiht er nicht nur seinem Ärger Ausdruck. Angesichts der Demütigung demonstriert er auch sich und den anderen Handlungsfähigkeit.

> „Da war eine, die hat mich halt angeschrieben, und die war so ganz, ganz nett, hat mir aber merkwürdigerweise sehr schnell Telefonnummer gegeben, ne, am gleichen Tag schon. Und da meinte sie, ja, wir sollten uns mal treffen (...). Und dann war das dann aber so, dass wenn ich sie angerufen habe, sie dann das Telefon aufgelegt hat. Sie hat das dann weggedrückt. Aber wenn sie mal dran gegangen ist, oder wenn sie mich angerufen hat, dann hieß es, ja ich konnte nicht ans Telefon (...). Und das fand ich schon ganz krass, dann habe ich mal so etwas rumgeforscht über sie, und sie trifft sich wohl mit jedem. Ja, so was, so was passiert sehr oft dabei, bei den meisten ist das so. Da habe ich jetzt, ich finde das ist nichts schlimmes, weil, ehm, weil die halt so denken, das ist halt deren Einstellung und die finden das auch richtig so (...). Indem die halt versuchen, andere zu belügen, sind die halt so beschränkt in der Denkweise, dass sie das nicht erkennen, dass sie damit auffliegen. Aber das ist okay" (Haluk, 129-146).

Haluks Vertrauen in die Online-Community und deren Mitglieder wird nicht nur durch direkte Beleidigung seiner Person enttäuscht, sondern auch dadurch, dass er sich von anderen belogen fühlt. Um dies zu untermauern, erzählt er von einem weiblichen Mitglied, das ihn mithilfe einer PM kontaktiert hat. Es kommt Haluk merkwürdig vor, dass sie ihm „am gleichen Tag schon" ihre Telefonnummer mitteilt: Dadurch lässt sie sich als Person eindeutig identifizieren und signalisiert ihm gegenüber zwar eindeutig Vertrauen. Allerdings bedarf es seiner Ansicht nach in der Aleviler.de-Community in der Regel der Darstellung einer Reihe von weiteren Anhaltspunkten persönlichen Vertrauens, bevor es zu einer *Demaskierung* der Persona durch die Weitergabe z.B. einer persönlichen Telefonnummer kommt. Trotzdem lässt sich Haluk auf ihr Vertrauensangebot ein und wird in gewisser Weise belohnt, indem sie sogar ein Face-to-Face-Treffen vorschlägt. Aus der Interviewsequenz geht nicht eindeutig hervor, ob es tatsächlich zu einem solchen Treffen kommt. Entscheidend ist jedenfalls, dass Aufmerksamkeit und positive Wertschätzung, die er von ihr zu Anfang ihrer Beziehung durch Vertrauenssignale erfährt, sich nun ins Gegenteil verkehren: „Und dann war das dann aber so, dass wenn ich sie angerufen habe, sie dann das Telefon aufgelegt hat (…) oder wenn sie mich angerufen hat, dann hieß es, ja ich konnte nicht ans Telefon". Haluk empfindet ihr Verhalten persönlich als missachtend, weil ihm die bereits erworbene Anerkennung durch den Entzug von Vertrauen schmerzhaft („und das fand ich schon ganz krass") wieder entzogen wird. Jedoch gelingt es ihm, seine persönliche Missachtungserfahrung in zweierlei Hinsicht erträglich zu machen. Einerseits wertet er sie als Person moralisch ab, denn „sie trifft sich wohl mit jedem", wie er nach Recherchen erfährt. Er rückt ihr Verhalten in die Nähe einer Prostituierten, deren professioneller Methode er leider aufgesessen ist. Von einer Reflexion seiner und ihrer Gefühle kann er absehen, weil das Beziehungsverhältnis somit von Anfang an als distanziert zu bewerten ist. Zum anderen verallgemeinert er seine individuelle Negativerfahrung: „Ja, so was, so was passiert sehr oft dabei, bei den meisten ist das so". Sein Erlebnis stellt sich nicht mehr als Einzel- sondern als Regelfall dar. Er disqualifiziert die gesamte Online-Community als minderwertige Kontaktbörse, die sich für ihn erst jetzt zu entlarven scheint und von deren problematischen Auswirkungen nun auch er zwangsläufig und ohne Verschulden betroffen ist. Indem er die Ursachen für den Beziehungsabbruch gänzlich im Verhalten seines Gegenübers sucht, muss er nicht sein eigenes Verhalten hinterfragen, das ebenfalls zum negativen Verlauf seiner Beziehung geführt haben könnte. Es zeigt sich, dass Haluk die negative Wertschätzung, die er in Form von Vertrauensbruch bzw. Lüge erhält, als unberechtigt empfindet. Die Folge ist verstärkte Selbstanerkennung, die sich in einem durch ethisch-moralische *Überlegenheit* gekennzeichneten Selbstverständnis äußert: „Indem die halt versuchen, andere zu belügen, sind die halt so beschränkt in der Denkweise, dass sie das nicht erkennen, dass sie damit auffliegen". Haluk versteht sich als denjenigen in der Online-Community, der ethisch-moralisch auf einer höheren Stufe steht und von dort aus nicht nur zu moralisch höherwertigem Handeln fähig ist, sondern auch in der Lage ist, das „beschränkte" Verhalten der anderen als richtig oder falsch zu evaluieren.

> „Also das hat halt nichts mehr mit dem Glauben zu tun, sondern die versuchen halt nur zu flirten, und, ja, Kontakt zu knüpfen, einen Lebenspartner zu finden, oder vielleicht auch nur einen One-Night-Stand. Aber das ist auch gut, dass ich das erfahren habe, das finde ich sehr gut" (Haluk, 64-67).

Im Zuge seiner negativen Erfahrungen revidiert Haluk den „ersten Eindruck",
den er von Aleviler.de bekommen hat. Konnte er noch in der Entdeckungsphase
davon ausgehen, dass ihm dort, wo „jetzt ‚Aleviten' steht", von der Online-
Community Wohlwollen entgegengebracht wird und damit sein Problem, weder
im deutschen noch im türkischen Kontext fraglos Mitglied zu sein, durch Zugehörigkeit zur jungen alevitischen Online-Gemeinde gelöst wird, scheint für ihn
nun auch dieser Lösungsweg ungangbar zu sein. In seiner Selbsterzählung stellt
er fest, dass die anderen Mitglieder sich gar nicht entsprechend des alevitischen
Glaubens verhalten, sondern ihnen ausschließlich an der Kontaktanbahnung zum
anderen Geschlecht gelegen ist: „Also das das hat halt nichts mehr mit dem Glauben
zu tun, sondern die versuchen halt nur zu flirten, und, ja, Kontakt zu knüpfen,
einen Lebenspartner zu finden, oder vielleicht auch nur einen One-Night-Stand".
Dass er sich aufgrund seiner persönlichen Missachtungserfahrungen auch gekränkt fühlt, sagt er an dieser Stelle dagegen nicht. Vielmehr versucht er, die
fehlende Anerkennung produktiv zu wenden, wodurch seine Handlungsfähigkeit
erhalten bleibt: „Aber das ist auch gut, dass ich das erfahren habe, das finde ich
sehr gut". Er abstrahiert von seinen konkreten persönlichen Erlebnissen und bewertet diese quasi als Beobachter seiner selbst. Und auf dieser Beobachterebene,
auf der nicht nur der Andere angreifbar und verletzbar ist, kommt er retrospektiv
zu dem Ergebnis, dass seine Erfahrungen sogar positiv zu beurteilen sind. Dies
macht er auch an einer weiteren Situation deutlich.

> „Vorher war ich halt etwas naiver, ich habe da zum Beispiel eine kennen gelernt aus
> Dortmund und ich habe ihr sehr vertraut, aber dann stellte sich nach kurzer Zeit fest,
> dass ich ihr nicht vertrauen kann, die ist zwar, die tut zwar so lieb für dich, aber ich
> denke, das ist immer nur so eine Maske. Man sagt ja ‚stilles Wasser ist tief'. Und
> genau so ist es, ja. Ja, es hat sich halt stark verändert, aber zum positiven, weil ich
> jetzt die Menschen besser einschätzen kann" (Haluk, 99-105).

Vor dem Eintritt in die Aleviler.de-Community war Haluk „halt etwas naiver",
sagt er in dieser Interviewsequenz von sich selbst. Heute kann er die Menschen
„besser einschätzen". Um die für ihn „positive" Veränderung deutlich zu machen, die er seitdem durchgemacht hat, beschreibt er den Verlauf einer Online-
Bekanntschaft mit „einer" aus Dortmund. Seine Erzählung ist auch in diesem
Beispiel vor allem auf das Element des Vertrauens fokussiert. Wie bei seiner
Missachtungserfahrung mit der Frau, die ihn am Telefon verleugnet, sagt Haluk
auch hier, dass er ihr sehr vertraut habe. „Die tut zwar so lieb für dich", aber
nach kurzer Zeit schon habe er feststellen müssen: dies sei „immer nur so eine
Maske". Das bestimmende Element seiner Selbsterzählung am Ende der Ver-
trauensbildungsphase ist – dies wird hier ein weiteres Mal sichtbar –, die Missachtung seiner Person durch *Vertrauensbruch*. Hat er zu Beginn der virtuellen

Kontaktaufnahme noch begründete Vertrauensannahmen, weil die Person eben „so lieb" zu ihm ist, und schlussfolgert er daraus, dass sie sich ihm gegenüber auf wohlwollende Handlungen beschränkt, so bilanziert er jetzt für all seine negativen Erfahrungen: Der Vertrauensbruch ist nur ein Beispiel für die Art und Weise, wie sich die Mitglieder der Aleviler.de-Community gegenüber ihm und anderen darstellen: sie verstellen ihr wahres Ich – das sei „immer nur so eine Maske". Während Haluk an ernsthafter kommunikativer Auseinandersetzung zwischen sich und anderen Aleviten interessiert ist bzw. an einem Diskurs, in dem der Andere und seine Argumente respektiert werden, ist nach seiner Einschätzung auf Aleviler.de das Gegenteil der Fall: Anerkennende Gesten des Anderen sind nur vorgetäuscht und statt Ernsthaftigkeit werde ein hedonistischer Lebensstil gepflegt. Mittlerweile weiß er eben, dass es in der alevitischen Online-Community „genau so ist". Zwar ist es für die Mitglieder von Online-Communities die Regel, sich in Form ihrer Personae eine „Maske" zuzulegen. Für Haluk ist diese Erkenntnis aber schmerzlich, weil er bereits davon ausgegangen war, er könne sowohl aufgrund seiner alevitischen Wurzeln als auch der von ihm ausgesendeten intimen Vertrauenssignale auf die Personen *hinter* den Masken Zugang erhalten und damit auf die Solidarität und Anerkennung innerhalb der Community zählen. Der Vertrauensbruch durch die Frau aus Dortmund bedeutet für ihn ein weiteres Zeichen für den Entzug von bereits erworben geglaubter Anerkennung. Mittlerweile kann er den Habitus der Community-Mitglieder aber besser einschätzen, glaubt er, sodass er solche Missachtungserfahrungen vermeiden kann.

„Ja, also bei mir ist das zum Beispiel so, dass ich auch sehr viel über mich selber schreibe bei Aleviler und dann einfach mal sehen möchte, ja was ist es denn nun, ich meine, ja wie reagieren die, und da bin ich halt auch so ein bisschen enttäuscht, weil ich habe halt viel geschrieben, zum Beispiel der Tod meines Vaters, meine Interessen, ich meine, das sieht man ja, wenn ich jetzt sechs, sieben Topics habe im Bereich Psychologie, dann sieht man ja, welche Interessen ich habe, Beiträge und so, so habe ich zum Beispiel meinen Charakter gezeigt und, ja ich bin da auch so ein bisschen enttäuscht von, dass, ehm, dass ich da halt so wenig Leute kennen lernen konnte, ne. Ich weiß nicht, ob es denn stimmen würde, wenn ich da halt so einen Rückschluss ziehen kann auf meinen Charakter, dass ich dann sagen könnte', ja ich hab da halt irgendwie den Anschluss nicht finden können bei denen dann'. Da mache ich mir zum Beispiel Gedanken dann darüber, seit zwei, drei Tagen oder was hätte ich anders tun sollen. Ne, und ich bin auch immer am Überlegen, den Nickname zu löschen, und da ich jetzt ja die meisten kenne, da mal einen Neustart zu machen. Tja, es, aber selbst das klingt sehr hinterhältig und nicht richtig, nicht wahr, aber so ist es. Bei, im Internet ist das so (Haluk, 1160-1176).

Um mit seinen Missachtungserfahrungen in der Online-Community besser umgehen zu können – d.h. sich weniger angreifbar und verletzbar zu machen – und
Handlungsfähigkeit zu bewahren, hat Haluk die Strategie entwickelt, sich als
Beobachter seiner selbst im Kontext des Sozialen zu reflektieren. Während sich
diese Strategie in seiner Selbsterzählung zunächst in erhöhter Selbstanerkennung
niederschlägt („indem die halt versuchen, andere zu belügen, sind die halt so
beschränkt in der Denkweise, dass sie das nicht erkennen"), die ihn zugleich von
den negativen Bewertungen anderer Mitglieder unabhängiger erscheinen lässt,
kann er diese Darstellung seines Selbstverständnisses nicht konsistent beibehal-
ten. Vielmehr thematisiert er zum Ende des Interviews zunehmend *Zweifel* an
seiner Anerkennung. Haluk sagt, dass er auf Aleviler.de „sehr viel über mich
selber" schreibt, z.b. über den Tod des eigenen Vaters, die eigenen Interessen.
Auf diese Weise hat er der Online-Community den Charakter seiner Person
offenbart. Allerdings ist er jetzt „auch so ein bisschen enttäuscht", denn – dies
zeigt seine bisherige Selbsterzählung – er erfährt tiefgreifende negative Wertschätzung durch andere Mitglieder und zudem erfährt er auch wenig oder gar
keine Aufmerksamkeit für die Themen, die ihn persönlich beschäftigen. Zu letzterem gehören auch seine „konservativen" alevitischen Glaubensvorstellungen,
die er gerne mit anderen teilen würde. Somit ist sein Gefühl der Anerkennung
gefährdet. Vor dem Hintergrund seiner Erfahrungen ist er enttäuscht davon,
„dass ich da halt so wenig Leute kennen lernen konnte". Geringe oder fehlende
Aufmerksamkeit sowie negative Wertschätzung führen zu einem Zustand der
Isolation, dem er eigentlich mithilfe der Online-Community hatte begegnen
wollen. Er hat Selbstzweifel und reflektiert nun darüber, ob sein Selbstverständnis und das Verständnis der Online-Community Gemeinsamkeiten enthält,
anders ausgedrückt: ob erfahrene geringe Aufmerksamkeit wie negative Wertschätzung vielleicht doch berechtigt sind: „Ich weiß nicht, ob es denn stimmen
würde, wenn ich da halt so einen Rückschluss ziehen kann, auf meinen Charakter, dass ich dann sagen könnte ‚ja, ich hab' da halt irgendwie den Anschluss
nicht finden können bei denen dann'". Indem er über die Zweifel an seiner
Anerkennung reflektiert, wandelt sich auch seine Selbstbewertung. War diese
vorher noch eher überhöht, ist sie nun besonders niedrig. Sein angestoßener
Selbstreflexionsprozess endet allerdings keineswegs im Gefühl der Ausweglosigkeit. Es ist gerade die Möglichkeit der Maskierung in Online-Communities,
die ihm Handlungsperspektiven eröffnet: „Ich bin auch immer am Überlegen den
Nickname zu löschen, und (…) da mal einen Neustart zu machen". Die Möglichkeit der Maskierung ist für ihn „Fluch und Segen" zugleich. Zwar sieht er sie
einerseits als Instrument an, mit dem die Unaufrichtigkeit der Mitglieder untereinander forciert wird. Andererseits bietet sie ihm nun selbst die Chance zum
Identitätswechsel. Die Löschung des eigenen Nicknames wird in Online-Com-

munities oft mit dem Tod eines Menschen gleichgesetzt, da mit dem Nickname auch ein Ende des Online-Profils einer Persona verbunden ist, dargestellt in Form der archivierten Postings, der Profileinträge, des Gästebuches und der Thematisierung der Persona in den Beiträgen anderer Mitglieder. Haluk spricht jedoch nicht alleine von Löschung, sondern von einem denkbaren „Neustart". Im Mittelpunkt seiner Selbsterzählung stand bisher – neben der Vergewisserung gemeinschaftlicher Wurzeln – seine Suche nach Anerkennung in der Online-Community. Da diese Suche bisher gescheitert ist, wäre durchaus anzunehmen gewesen, dass er sich von Aleviler.de komplett verabschiedet, um das Gefühl der Anerkennung vielleicht im Kontext anderer Personen bzw. einer anderen Online-Gruppe zu finden. Deshalb ist zu fragen, warum er mit einem neuen Online-Profil überhaupt Mitglied in derselben Community werden will. Falls er die persönliche Seite seiner Persona nicht verschleiern will, würde erstere weiterhin in seine Beiträge einfließen und vermutlich erneute Missachtungserfahrungen hervorrufen. Unterscheidet sich aber das neue Online-Profil deutlich vom persönlichen Charakter, hätten seine dann gesammelten Erfahrungen wohl kaum anerkennende Wirkung auf seine Person. Obwohl er den Identitätswechsel ablehnt („das klingt sehr hinterhältig und nicht richtig, nicht wahr"), will er ihn durchführen. Er akzeptiert jetzt den Umstand, dass er in Online-Communities mit einer erhöhten „Kontingenz des Vertrauens" (Thiedeke 2007) konfrontiert wird und trotz scheinbar glaubwürdiger Vertrauensannahmen dort nicht vor dem Risiko der Enttäuschung sicher ist. Deshalb sagt er: „Im Internet ist das so". Er will sich an die „faktischen" Bedingungen und für ihn zweifelhaften Regeln der virtuellen Vergemeinschaftung anpassen, um mit dieser neuen, nicht mehr naiven Strategie nun endlich doch seine soziale Isolation durchbrechen. Immerhin kennt er ja jetzt „die meisten" und kann deshalb die Risiken besser kontrollieren. Diese Strategie, die sich unabhängig von subjektiver Verletzung machen will, erinnert an Haluks, in Teil 1 der vorliegenden Fallanalyse (S. 173ff.) erläuterte Zweckrationalisierung seines deutschen Zugehörigkeitsverständnisses. Will er dort einen hohen individuellen materiellen Nutzen erzielen, ohne sich aber mit Deutschland emotional zu verbinden, gilt diese Einschätzung in ähnlicher Weise für seine Überlegung, zukünftig auf Aleviler.de doch verstärkt Anerkennung provozieren zu können: Zwar gibt er einerseits nicht auf, hier weiterhin nach Aufmerksamkeit und positiver Wertschätzung zu suchen, andererseits will er auch nicht das Risiko eingehen, enttäuscht zu werden. Vor dem Hintergrund seiner bisherigen Erfahrungen mit der negativen Wertschätzung durch andere Mitglieder sowie angesichts der existenziellen Bedeutung, die die Anerkennungssuche für Haluk in seiner Selbsterzählung einnimmt, ist allerdings eher anzunehmen, dass diese Strategie scheitern wird.

4.4. Ünay, 25 Jahre

Der Interviewkontakt mit Ünay kommt auf Vaybee.de zustande. Auf Vaybee.de ist sie zum Zeitpunkt des Interviews Moderatorin eines Kommunikationsforums und postet schon deshalb mehrmals pro Tag Diskussionsbeiträge. In der Vergangenheit hat sie auf Vaybee.de bereits andere Foren moderiert. Als ich sie in ihrem Gästebuch auf meine Untersuchung aufmerksam mache und sie als Moderatorin um Unterstützung bei der Suche nach Interviewpartnern bitte, zeigt sie auch selbst Interesse an einem Interview. Das Interview findet mehrere Wochen später an ihrem Arbeitsplatz statt. Ünay ist 1980 in Deutschland geboren und wächst auch hier auf. Ihre Mutter ist Türkin, ihr Vater Grieche. Sie besitzt die deutsche Staatsangehörigkeit, lebt in einer niedersächsischen Großstadt und wohnt zusammen mit ihrem Lebenspartner im eigenen Haus. Ünay hat Abitur, ist Beamtin in einem kommunalen Energieunternehmen; daneben ist sie aber auch als Selbstständige in einem Unternehmen mit mehreren Mitarbeitern tätig. Sie reist normalerweise zweimal im Jahr in die Türkei. Im Internet besucht sie mehrere türkische Online-Communities regelmäßig: Bizimalem.de, Turkdunya.de, aber vor allem Vaybee.de. Dort ist sie seit 2000 Mitglied.

4.4.1 Zugehörigkeitserfahrungen und Zugehörigkeitsverständnis

„Man hat so eine eigens entwickelte Kultur mittlerweile"

> „Nur, was natürlich hier dann so ein bisschen zur Seite schlägt und dann vielleicht doch, wenn es darauf ankommt, die meisten Stimmen hat in dem Forum, sind dann so ausländerspezifische Themen wie *wenn eine Türkin mit einem Deutschen heiratet* oder *was macht der Deutsche mit einer türkischen Frau*, also solche Sachen, wo es um 'ne Mischkultur dann geht und ich hab' eigentlich 'ne Zeit lang gesucht, bis ich eben irgendwann dann bei Vaybee angekommen bin und bei Vaybee eigentlich bleiben werde, weil mir die anderen Communities doch zu kontaktfreudig sind (…). Ist in Vaybee derselbe Fall, nur in Vaybee kennt man sich mittlerweile" (Ünay, 51-60).

Ünay ist Mitglied bei Vaybee.de. Diese Online-Community unterscheidet sich für sie von denjenigen, die insbesondere von Nicht-Migranten entweder in Deutschland oder in der Türkei besucht werden. Für Ünay ist es die Andersartigkeit der Themen, die den Unterschied ausmacht: *„Wenn eine Türkin mit einem Deutschen heiratet* oder *was macht der Deutsche mit einer türkischen Frau*, also solche Sachen, wo es um 'ne Mischkultur dann geht"*. Wenn eine Türkin einen Deutschen heiratet oder ein Deutscher mit einer Türkin zusammen ist, bleiben zwei kulturelle Sphären nicht etwa nebeneinander stehen oder wirken

getrennt voneinander weiter. Vielmehr entsteht etwas neues, das Ünay als Mischkultur bezeichnet. Mischkultur-Themen sind „so ausländerspezifische Themen",
d.h. sie sind vor allem für die interessant, die einen Migrationshintergrund haben.
In Online-Communities für Nicht-Migranten ist es deshalb schwierig, solche spezifischen Themen anzusprechen. Wenn sie zu wenige Schnittmengen zu den
gemeinsamen Interessen einer Nicht-Migranten-Community aufweisen, werden
sie marginalisiert, mindestens jedoch sind sie gegenüber der Mehrheitsmeinung
legitimierungsbedürftig. In einer spezifischen Online-Community für Jugendliche mit türkischem Migrationshintergrund, wie Vaybee.de sie darstellt, ist es dagegen so: „Wenn es darauf ankommt", haben diese Themen im Forum die
„meisten Stimmen". Mischkultur-Themen sind hier also mehrheitsfähig und
nicht legitimierungsbedürftig. Auf diese Weise signalisiert Vaybee.de ihren
Mitgliedern zunächst prinzipiell, dass sie dort im Hinblick auf die wohlwollende
Behandlung „ihrer" Themen ein „Zuhause" finden. Sie verspricht, dass dort
Andere sind, die dieselben natio-ethno-kulturellen Wissensbestände, Erfahrungen, Sichtweisen und Wurzeln miteinander teilen und auch eventuell mit den aus
ihrem Zugehörigkeitsstatus entstehenden Chancen und Problemen zu tun haben.
Um einen solchen Ort zu finden, hat Ünay „eigentlich 'ne Zeit lang gesucht".
Dies verweist einerseits darauf, dass es zur Zeit ihrer Suche im Jahr 1999 kaum
solche Online-Communities gab – aus diesem Grund hat sich Ünay zunächst auf
den Websites von türkischen Zeitungen aufgehalten, wie sie an anderer Stelle
erzählt (Ünay, 33) –, zum anderen darauf, dass eine Community für junge
türkische Migranten nicht zwangsläufig für das Individuum bedeuten muss, dort
auch bleiben zu wollen. Ünay weiß mittlerweile aber, dass sie bei der Vaybee.de-
Community bleiben wird, und zwar, weil ihr die „anderen Communities (gemeint
sind die anderen *türkischen* Online-Communities; Anm. K.U.H.) doch zu
kontaktfreudig sind". Damit meint sie den Umstand, dass sie in ihrem jeweiligen
‚Gästebuch', das heute fast jede Online-Community ihren Mitgliedern für Grüße
Anderer zur Verfügung stellt, durch zahlreiche unerwünschte Einträge von
anderen, die sie nicht kennt, belästigt wird. Ünay sagt dazu in einer anderen
Interviewsequenz, sie habe dazu „keine Lust mehr, weil der Löschaufwand ist
doch manchmal sehr enorm" (Ünay, 64-65). Auch bei Vaybee.de gibt es für
jedes Mitglied ein Gästebuch, und auch ‚Kontaktfreudigkeit' gibt es dort. Die ist
für sie aber weniger problematisch, denn dort „kennt man sich mittlerweile". Auf
Vaybee.de ist sie mittlerweile als Moderatorin eines Forums bekannt und genießt
nach ihrer eigenen Einschätzung den Respekt der anderen Mitglieder, sodass sie
von unerwünschten Gästebucheinträgen weniger betroffen ist.

    Ünay erzählt, dass ihr bei Vaybee.de die Thematisierung der Mischkultur
wichtig ist und dass diese „ausländerspezifisch" sei. Was meint sie mit Mischkultur genau?

„Da schleicht sich eigentlich unsere eigene Kultur eher rein. Also nicht unsere türkische, griechische, deutsche, sondern unsere eigene entwickelte Kultur dann rein, bis
man dann vielleicht auf einer türkischen Hochzeit ist, oder auf irgendeiner traditionellen Veranstaltung, oder jetzt haben wir den Ramadan, (...). Und dann heißt es
auch ‚wir besuchen die älteren Menschen', dann hat man wieder was, oder das
Gefühl, man ist ein Türke mit moslemischem Glauben und hat so ein bisschen das
Pflichtbewusstsein, dass man dann wieder so die Älteren respektiert, die Älteren
besucht, die Kleineren ehrt etc., sonst, (...), also man lebt einfach nicht mit irgendeiner Kultur, man hat so eine eigens entwickelte Kultur mittlerweile, das so von voll
vielen Seiten, zu viel aufprallen und man sich das Beste rausgenommen hat und
auch nicht, also ich möchte für mich nicht definieren, dass ich nach einer deutschen
Kultur lebe oder nach einer türkischen Kultur lebe oder dass ich jeden Tag mit
irgend einer Kultur von beiden Seiten konfrontiert werde, sondern ich hab' so das
eigene, irgendwie so das eigene Ding dazu mittlerweile" (Ünay, 643-661).

Ünay hat eine türkische Mutter, einen griechischen Vater und ist selbst Deutsche
und in Deutschland aufgewachsen. Sie lehnt es ab, in eine „kulturelle Schublade"
gesteckt zu werden. Sie thematisiert ihren Alltag, der in ihrer Selbsterzählung
weder durch einen einzelnen Zugehörigkeitskontext noch durch mehrere separate
Zugehörigkeitskontexte (Türkei, Griechenland, Deutschland) geprägt ist. In ihren
Alltag schleicht sich, sagt sie, „eigentlich unsere eigene Kultur eher rein". Und
diese bedeutet für sie eine Art „vierter Kultur". Ünay wechselt bei ihrer Darstellung die Pronomen „man" und „ich", womit sie ausdrückt, dass ihr darge-
stelltes Zugehörigkeitsverständnis zur Gruppe der jungen türkischen Migranten,
die sich (nicht nur) auf Vaybee.de aufhalten, verallgemeinerbar ist. Es ist „mittlerweile" deren gemeinsames Kennzeichen, eine „eigens entwickelte" Kultur zu
leben. Türkei, Griechenland und Deutschland sind Kontexte, die in Ünays
Zugehörigkeitsverständnis einfließen, dieses ist aber noch weitaus vielfältiger
zusammengesetzt. Es gibt „voll viele(n) Seiten", die „aufprallen". „Man" ist mit
unterschiedlichsten Kontexten konfrontiert, deren Aufprall freilich abgewehrt
werden kann und sogar muss. Denn unter den vielen kulturellen Seiten ist Gutes
und Schlechtes zu finden. Ünay stellt sich weder als Person dar, die den kulturellen Traditionen passiv ausgeliefert ist („also man lebt einfach nicht mit
irgendeiner Kultur") noch von ihnen geprägt wird; vielmehr stilisiert sie sich als
kulturell handlungsmächtig: Sie beschreibt sich als Person, die sich gewissermaßen aus dem Korb der kulturellen Traditionen *bedienen* kann, indem sie sich
„das Beste" herausnimmt. Sie will in ihrer Selbsterzählung nicht für sich definieren, „dass ich nach einer deutschen Kultur lebe oder nach einer türkischen
Kultur lebe oder dass ich jeden Tag mit irgend einer Kultur von beiden Seiten
konfrontiert werde". Denn wenn sie dies täte, würde sie sich Etiketten nationaler,
ethnischer und kultureller Zugehörigkeit beugen. Stattdessen formuliert sie ein
nach ihren eigenen Maßstäben konstruiertes Zugehörigkeitsverständnis, das sich

von einfachen Etikettierungen ausdrücklich abgrenzen will, das sich aber erst allmählich – dies wird durch das Wort „mittlerweile" betont – auf den jetzigen Status hin entwickeln musste. Türkische Traditionen werden dabei ausschließlich situationsspezifisch wirksam, folgenreich für ihr sonstiges Alltagsleben sind sie nicht. Ünay hat dann das „Gefühl", Türkin zu sein. Als Beispiel nennt sie das traditionelle islamische Ramadanfest, das sie – wenn es denn stattfindet – immer wieder an überlieferte Pflichten und Tugenden erinnert: „dass man dann wieder so die Älteren respektiert, die Älteren besucht, die Kleineren ehrt etc." Ünay erinnert sich also sehr wohl der islamisch-türkischen Traditionen. Ritualisierte Feste wie das Ramadanfest, Hochzeiten oder andere „traditionelle Veranstaltungen" haben eine Bedeutung, insofern daraus ein situatives und zeitlich befristet wirksames Gefühl von Vergangenem in der Gegenwart entsteht. Wenn sich Ünay der Tradition im Rahmen von Festen erinnert, könnte dies ihrer Erfahrung prinzipiell eine Kontinuität verleihen, die identitätsrelevant ist. Ihrem eigenen Gefühl von Tradition räumt sie jedoch dem Hier und Jetzt keine tiefere Relevanz ein, auch nicht für die Bildung des eigenen Zugehörigkeitsverständnisses, weil sie eben „das eigene Ding" hat.

> „Mein Vater war, ist immer noch, ein streng katholischer Mensch, meine Mutter ist Muslimin (…). Ja, gute Frage, also ich bin weder noch, also ich bin die einzige von den sechs Kindern, die sich nie für eine bestimmte Religion entschieden hat, also die meisten meiner Schwestern sind Musliminnen, eine meiner Schwestern ist sogar, hat 'ne Kopfbedeckung, weil sie meinte, sie müsste das für ihren Glauben auch ausüben, die anderen Schwestern sind Muslimen und mein Bruder ist eher eigentlich so, naja, auch so ein bisschen wie ich, also wo er meint ‚ich bin nicht unbedingt Mohammedaner ich bin aber auch nicht Katholik, ich bin eher so Atheist'" (Ünay, 815-824).

Ünay will sich kulturell und ethnisch nicht etikettieren lassen. Dies wird auch in der Thematisierung ihrer religiösen Zugehörigkeit deutlich. Ihr Vater ist Katholik, ihre Mutter Muslimin. Auf die Frage des Interviewers, welcher Religion sie sich denn zugehörig fühlt, antwortet sie „weder noch". In der Interviewsituation wird sie somit quasi gezwungen, sich positionieren, obwohl ihr dies in der bestehenden Logik religiöser Zugehörigkeitskategorien schwer fällt. Sie erzählt, sie sei die einzige von fünf Töchtern, die sich nie für eine bestimmte Religion entschieden hat. Während ihre Schwestern „Musliminnen" sind, ist alleine ihr Bruder „auch so ein bisschen wie ich", und zwar „so, naja". Letzteres bedeutet: Ünays religiöse Zugehörigkeit ist uneindeutig. Ünay ist so wie ihr Bruder, der sagt „ich bin nicht unbedingt Mohammedaner ich bin aber auch nicht Katholik". Sie kann und will sich nicht eindeutig für das eine oder das andere entscheiden. Deshalb beschreibt sie sich als „Mischling", sagt „ich bin weder noch". Sie scheint aber dennoch kein starkes, klar abgrenzungsfähiges Wort für

sich zu finden, das imstande ist, dem auf Eindeutigkeit ausgerichteten, klassischen „Vokabular natio-ethno-kultureller Positionierung" (Mecheril 2003, 252)
etwas entgegenzusetzen. Aus diesem Grund formuliert sie immer wieder neue
Selbstbezeichnungen für sich. Schließlich greift sie auf die Bezeichnung zurück,
die ihr Bruder für sich in Anspruch nimmt: „Atheist". Aber auch der Begriff
Atheist ist für sie nur „eher so" zutreffend. Es bleibt somit gerade das nicht-ein-
deutig-festlegbare, das Sowohl-als-auch, das ihrer Erfahrung Kontinuität verleiht, das die Besonderheit ihres Zugehörigkeitsverständnisses ausmacht, auch im
Hinblick auf die Religion.

> „Also es ist zwar komisch, wenn man gefragt wird ‚was bist du eigentlich?' und ich
> sage ‚eigentlich so ein bisschen griechisch, bisschen türkisch und bisschen deutsch',
> dann wundern sich die meisten und meinen ‚bist du denn jetzt staatenlos oder bist du
> jetzt irgendwie existenzlos?', sage ich ‚nee, nur ich finde es heuchlerisch, jetzt von
> mir zu behaupten, ich bin Griechin', denn die Griechin wäre wieder anders wie ne
> Türkin" (Ünay, 858-863).

Im Gegensatz zu Nicht-Migranten, deren Mitgliedschaft fraglos ist, nicht
angezweifelt wird und deshalb auch nicht thematisierungsrelevant ist, ist dies bei
jungen Türken der zweiten und dritten Generation anders. Ihre nationale, ethnische und kulturelle Mitgliedschaft steht immer zur Debatte, weil sie aufgrund
ihrer mehrfachen Zugehörigkeit uneindeutig sind, zumindest dann, wenn als
Maßstab die Eindeutigkeit fragloser Zugehörigkeit angesetzt wird. Dabei zeigt
sich freilich, dass die jungen Migranten selbst die vorherrschende Semantik
fragloser Zugehörigkeit reproduzieren, indem sie ihr Selbstverständnis bewusst
oder unbewusst in deren Rahmen zu verorten suchen. Vom Status der Uneindeu-
tigkeit erzählt Ünay an mehreren Stellen des Interviews. Die Frage von anderen
„Was bist du eigentlich?" ist für sie nicht ungewöhnlich, selbst wenn sie von
anderen jungen Migranten gestellt wird. Ünay ist es eben gewohnt, sich gegenüber Nicht-Migranten wie Migranten im nationalen, ethnischen, kulturellen Rahmen positionieren zu müssen. Und sie ist sich zugleich über den Hintergrund der
Frage bewusst, denn sie macht online wie offline kein Geheimnis daraus, ein
Hybrid zu sein. Als Hybrid passt sie aber nicht ins gewohnte Schema fragloser
Zugehörigkeit, wodurch sie für andere verdächtig und zweifelhaft erscheint.
Andere geben ihr durch Fragen, Gesten und Verhaltensweisen zu verstehen, dass
sie kein ‚ordentliches' Mitglied ist. Für sie ist es „komisch", auf die Fragen nach
ihrem Zugehörigkeitsstatus zu reagieren, weil sie sich in diesem Moment
zugleich ihres – für sie selbst gleichwohl „normalen" – hybriden Status bewusst
wird, auf den die meisten aber nur mit Verwunderung reagieren: „Dann wundern
sich die meisten und meinen ‚bist du denn jetzt staatenlos oder bist du jetzt
irgendwie existenzlos'?" Ünay fühlt sich durch solche Begriffe provoziert.

Indem man sie der Staatenlosigkeit und Existenzlosigkeit bezichtigt, sieht sie
sich in ihrem Selbstverständnis („man hat so eine eigens entwickelte Kultur
mittlerweile") missachtet. Sie reagiert aktiv mit Widerstand, indem sie ebenfalls
provoziert: „Nur ich finde es heuchlerisch jetzt von mir zu behaupten ‚ich bin
Griechin', denn die Griechin wäre wieder anders wie 'ne Türkin". Anstatt sich in
die Logik fragloser Zugehörigkeitssemantik widerstandslos einzupassen und
damit ihr eigenes Zugehörigkeitsverständnis in Frage zu stellen, stellt sie das
Selbstverständnis derjenigen Personen in Frage, die diese Semantik vertreten.
Indem sie sich nämlich niemals als „reine" Griechin oder Türkin bezeichnen
würde, will sie eigentlich diejenigen jungen Migranten als heuchlerisch kritisieren, die solche Fragen stellen.

„Hier gibt es so bestimmte Gebiete, da kommt das raus"

> „Ich möchte es eigentlich für die Zukunft eher ausschließen, dass ich in einem Land
> lebe, wo ich eigentlich mehr Intoleranz habe, wie jetzt zum Beispiel in Deutschland,
> denn hier gibt es so bestimmte Gebiete, da kommt das raus, also, ob man jetzt
> möchte oder nicht (…), ich zeige es und man fragt sich so *muss ich das machen* oder
> *muss ich das abhaben* oder *muss ich das überhaupt jetzt durchziehen, so wie der*
> *meint,* (…) ‚nee' habe ich gesagt ‚okay, vier Jahre gebe ich mir jetzt, danach will ich
> eigentlich rüber'" (Ünay, 760-767).

Mit den Worten von Paul Mecheril (2003) kann die Zugehörigkeit von Ünay als
prekär bezeichnet werden. Dafür spricht nicht nur einerseits das hybride Selbstverständnis, das Ünay im Interview thematisiert, mit dem andererseits die Nicht-
Anerkennung ihrer Mehrfachzugehörigkeit verbunden ist. Dafür spricht auch
ihre Erfahrung mit Rassismus in Deutschland, die ihre Verbundenheit zu diesem
Zugehörigkeitskontext deutlich einschränkt. So erzählt Ünay von Erfahrungen
mit „Intoleranz" gegenüber Fremden: „hier gibt es so bestimmte Gebiete, da
kommt das raus, also ob man jetzt möchte oder nicht (…), ich zeige es". Ünay
spricht davon, dass es in Deutschland sogenannte No-Go-Gebiete gibt, in denen
Rassismus offen zum Ausdruck kommt. Rassistische Äußerungen gegen Fremde
sind dort normal („ich zeige es"), und zwar trotz öffentlicher Debatten gegen
Rechtsextremismus und Fremdenfeindlichkeit sowie politischerer Maßnahmen,
die dagegen beschlossen werden: Rassismus in Deutschland existiert, „also, ob
man jetzt möchte oder nicht". Aufgrund dieser Erfahrungen mit „Intoleranz"
bzw. Rassismus fragt sich Ünay, ob Deutschland – sie ist Deutsche, besitzt die
deutsche Staatsbürgerschaft – das Land ist, in dem sie auch weiterhin leben will.
Sie reflektiert, ob sie überhaupt gezwungen ist, in einem Land zu leben, wo sie
aufgrund ihres Migrationshintergrundes Einschränkungen persönlicher Hand-
lungswirksamkeit erfahren muss. Das Ergebnis ihres Reflexionsprozesses steht

für sie jetzt fest, denn für ihre Zukunft will sie es „eher ausschließen, dass ich in einem Land lebe, wo ich eigentlich mehr Intoleranz habe, wie jetzt zum Beispiel in Deutschland". Ein zentrales Thema von Ünays Selbsterzählung ist ihre Fähigkeit, autonom handeln zu können, auch – oder gerade – wenn die nationalen, ethnischen, kulturellen Bedingungen ihres Alltagslebens dies erschweren. Dies wird auch im Hinblick auf die Bedeutung des Zugehörigkeitskontextes Deutschland sichtbar. So, wie sie sich *aus* ihren jeweiligen Zugehörigkeitskontexten „das Beste" herausnimmt, um ihr „eigenes Ding" zu konstruieren, ist es auch bei den Zugehörigkeitskontexten an sich: Ünay sieht sich als unabhängige und kompetente Person, die in der Lage ist, die Verbundenheit zu einem Zugehörigkeitskontext dann flexibel zu lockern, wenn sie dies für ihre Lebenslage als richtig empfindet. In diesem Fall ist dies der deutsche Kontext. Sie will sich *selbst* noch vier Jahre geben, „danach will ich eigentlich rüber".

„Ich hab' viel mehr Chancen, wenn ich jetzt rüber fahren würde und sagen würde ,hier Leute, ich bin arbeitslos, was könnt ihr mit mir machen?' Da hat man viel mehr Angebote wie hier, wo sich wahrscheinlich um einen Platz noch 100 Leute streiten. Das ist so dieses, wie heißt das, da gibt es ja ein Wort für, also dieses ,ich bin in Deutschland, also ich bin ein Europakind' und ,Leute, hier ich bin was Gutes', so wird man noch gesehen, als was Gutes" (Ünay, 804-809).

Ünay macht in Deutschland negative Zugehörigkeitserfahrungen. Hinzu kommt, dass ihr hybrides Zugehörigkeitsverständnis bei anderen in Deutschland kaum Anerkennung findet. Ihre Mehrfachzugehörigkeit wird ihr selbst allerdings nicht zur Last. Folge ihrer prekären Zugehörigkeit sind nicht etwa Orientierungslosigkeit und Verzweiflung, wie dies in den Arbeiten zur Kulturkonflikt-Hypothese zum Ausdruck kommt. Probleme versucht sie vielmehr so zu bearbeiten, dass sie den entstehenden Möglichkeitsraum bzw. die Chancen ihres Zugehörigkeitsstatus für das eigene Handeln ins Blickfeld rückt. Erscheint die Verbundenheit zu mehreren Zugehörigkeitskontexten in der Hypothese vom Kulturkonflikt noch als Mangel, wird am Beispiel von Ünay das Gegenteil deutlich. Sie betrachtet die gleichzeitige Verbundenheit zur Türkei – auch wenn sie noch, wie sich später zeigen wird, relativ schwach ausgeprägt ist – als Vorteil, weil sie bei Problemen mit dem deutschen Zugehörigkeitskontext den türkischen zur Entfaltung kommen lassen kann. Dieser Zusammenhang wird in Ünays Selbsterzählung im Hinblick auf ihre beruflichen Zukunftschancen deutlich. Beschreibt sie Deutschland als Land des angespannten und unflexiblen Arbeitsmarktes („wo sich wahrscheinlich um einen Platz noch 100 Leute streiten"), erkennt sie in der Türkei einen ökonomischen Entwicklungsraum mit exzellenten arbeitsmarktbezogenen Teilhabeperspektiven. Hinter dieser zweckorientierten Bevorzugung der Türkei als persönlicher Arbeitsmarkt der Zukunft verbirgt sich jedoch eine tiefer

gehende Motivation: „Hier ich bin was Gutes, so wird man noch gesehen, als
was Gutes". Jenseits der Annahme, dass sie in der Türkei ein größeres und
besseres Arbeitsplatzangebot zur Auswahl hat, und zwar „wenn ich jetzt rüber
fahren würde", ist es eine bestimmte Haltung, die ihr in der Türkei entgegengebracht wird, wenn sie jetzt sagen würde, „hier Leute, ich bin arbeitslos, was
könnt ihr mit mir machen". Freilich besteht für Ünay zurzeit kein Anlass, sich
konkret um eine Stelle zu kümmern. Sie ist Beamtin und hat somit einen relativ
sicheren Arbeitsplatz in Deutschland. Deshalb abstrahiert Ünay von der konkreten Suche nach Arbeit. Ihr eigentliches Thema ist die persönliche Anerkennung,
die sie in der Türkei erhält, die ihr aber in Deutschland vorenthalten wird. Wird
sie in Deutschland mit Haltungen und Gesten von Anderen sowie mit
institutionellen Strukturen konfrontiert, die sie missachten, weil sie darauf
verzichten, ihr als Person zunächst einen positiven Wert einzuräumen, ist dies in
der Türkei anders. Dort wird man noch als „was Gutes" angesehen. Und dies
bedeutet soviel wie, dass sie in ihrem türkischen Zugehörigkeitskontext von
Grund auf als Person wahrgenommen wird, der vorbehaltlos werthafte Eigenschaften zugestanden werden. Dies gilt gerade für sie als „Europakind", das
Verbundenheit zu drei nationalen, ethnischen und kulturellen Kontexten
aufweist. Nach ihren Erfahrungen stößt letzteres in Deutschland auf Skepsis, in
der Türkei jedoch wird sie dafür geachtet.

„Und schon allein zu sagen ‚ich bin ein Türke'"

> „Es war Urlaub doch schwerwiegend, also das Baden, das Sonnen und so ist es
> eigentlich heute noch. Also ich finde es schön, dass meine Familie dort ist, ich finde
> es schön, wenn man sich sieht und zusammen kommt, aber dadurch, dass keine
> nähere Verbindung ist, ist für mich immer Türkei in Verbindung mit meinem Urlaub
> gestellt" (Ünay, 588-593).

Welche weitere Bedeutung kommt der Türkei in Ünays Zugehörigkeitsverständnis zu? Zugehörigkeitsverständnisse werden durch Erfahrungen in wichtigen
Zugehörigkeitskontexten beeinflusst. Ünay bezeichnet sich als „Weder-noch",
also weder als Türkin noch als Deutsche noch als Griechin. Mit der Türkei
verbindet sie in ihrer Selbsterzählung zunächst nur Urlaubserfahrungen. Davon
sind ihre Kindheitserinnerungen geprägt und „so ist es eigentlich heute noch",
denn sie ist in Deutschland aufgewachsen und lebt hier. Auch ihre Eltern leben
hier. Lediglich ihre Verwandten sind in der Türkei ansässig, wenngleich sie zu
diesen keine „nähere Verbindung" hat. Eine biografische Verbindung zur Türkei,
die über „Urlaub" hinausgeht, gibt es für sie deshalb nicht, eine Vergewisserung
ihrer gemeinschaftlichen Wurzeln spielte bisher keine Rolle. Ünay erzählt allerdings, dass sich letzteres zu ändern beginnt.

„(…) und letztes Jahr haben wir gesagt ‚okay, dann machen wir mal 'ne Rundtour',
wir sind mit dem Auto gefahren (…), also ich bin selber verblüfft davon, was die
Türkei überhaupt für ein Land ist, hätte ich auch nicht gedacht (…), und schon allein
zu sagen ‚ich bin ein Türke', weil die meisten Türken kennen die Türkei gar nicht,
da habe ich letztes Jahr gemerkt, okay, ich habe viel verpasst (…), hätte nie gedacht,
dass es Türken gibt, die so gewisse Traditionen noch einhalten, weil ich das nicht
kannte, oder nicht gesehen hab' (…), also ich' hab letztes Jahr viel gelernt, also hätte
ich nicht gedacht, über Tradition, über Kultur, über Menschen, wie sie so Hochzeiten angehen, über Menschen, wie sie Beschneidungsfeiern angehen, über Menschen
die gottesfürchtig sind, ihrem Glauben nachgehen. Ich hab' alles Mögliche gesehen,
was ich sehr interessant natürlich auch fand und was ich auch jederzeit wiederholen
würde" (Ünay, 607-631).

Erst als ihr Lebenspartner sie dazu motiviert – er ist ebenfalls türkischstämmiger
Grieche und in Deutschland aufgewachsen –, beschließt sie, die Türkei über
einen Kurzurlaub hinaus genauer zu erkunden. Auf ihrer „Rundtour" lernt Ünay
viel über Menschen, Kultur sowie die Aufrechterhaltung von Tradition in der
Türkei kennen und merkt „okay, ich habe viel verpasst". Die meisten Türken, –
aus dem Kontext des Zitats ergibt sich, dass sie diejenigen Türken meint, die in
Deutschland aufgewachsen sind –, kennen dagegen die Türkei gar nicht, vermutet sie. Somit können sie auch gar nicht genau abschätzen, was es eigentlich
bedeutet, von sich zu behaupten „ich bin ein Türke". Ünay weiß dies nun, weil
sie Erfahrungen mit Türken in der Türkei selbst gesammelt hat. Sie hat begonnen, sich ihrer gemeinschaftlichen Wurzeln in der Türkei zu vergewissern, wenngleich dies in einem alltagsentlasteten Urlaubssetting stattgefunden hat. Sie zieht
aus den Urlaubserfahrungen mit Menschen, Kultur und Tradition keine direkten
Schlussfolgerungen für ihre gegenwärtige individuelle Lebenspraxis in Deutschland, die sich im Rahmen ihrer eigenen Mischkultur entfaltet. Auf diese Weise
scheint es für sie eine Grenze zu geben zwischen der Tradition, die in der Türkei
überdauert und dem Hier und Jetzt des Alltags: Während sie dort eher stille
Beobachterin von für sie – mehr oder weniger – verkapselten traditionellen
Ritualen ist, ist sie hier in die Praxis des täglichen Lebens eingebunden, die für
sie offenbar auch unabhängig von der Tradition handlungswirksam wird. Dagegen ist die Tradition der Türken in der Bundesrepublik für Ünay vom alltäglichen Leben abgeschnitten. Diese beschränkte Bedeutung von Tradition wird
auch im Hinblick auf die islamischen Feste in Deutschland erkennbar – dies
sollte bereits deutlich werden –, die für sie allenfalls als zeitlich befristetes Event
Relevanz besitzen.

„Und ich habe gemerkt, nachdem ich hier war, dass das Leben hier für mich doch zu
einseitig ist. Ich arbeite, klar verdiene ich mein Geld, ich habe sehr gutes Geld, kann
einen guten Standard mir davon leisten, aber auf der anderen Seite ich habe keine

Lebensqualität, ich habe keine Lust mehr, absolut keine Lust mehr, ich bin abends nach Hause gekommen voll depressiv und habe gesagt ‚kann ich nicht wieder zurück', so schlimm war das, wirklich. So mittlerweile weiß ich, worauf ich, zur Arbeit, also ich arbeite, ich will drauf hinaus, dass ich irgendwann so in vier oder fünf Jahren spätestens will ich eigentlich meinen Lebenspunkt eher in der Türkei haben (…). Sieht man es eher als auswandern, mmh, man könnte es sogar als auswandern sehen" (Ünay, 723-733).

Ünay wird von ihrem Unternehmen für drei Monate in die Türkei geschickt, um dort einen Vertragsabschluss vorzubereiten. Dieser Aufenthalt führt für sie dazu, über den Stellenwert ihres deutschen Zugehörigkeitskontextes zu reflektieren. Sie sagt, dass „das Leben hier für mich doch zu einseitig ist". Sie arbeitet in Deutschland, verdient hier „sehr gutes Geld" und hat deshalb auch einen guten Lebensstandard. Sie unterscheidet aber zwischen *materieller* und *emotionaler* Lebensqualität. Die materielle Lebensqualität ermöglicht sie sich zurzeit in Deutschland. In Ünays Wahrnehmung ist Deutschland ausschließlich *Arbeitsland*. Die negative Seite ihrer guten materiellen Lebensqualität sind jedoch Lustlosigkeit und Depression: „ich habe keine Lust mehr, absolut keine Lust mehr, ich bin abends nach Hause gekommen voll depressiv und habe gesagt ‚kann ich nicht wieder zurück', so schlimm war das, wirklich". Ünay ärgert sich darüber, dass ihre emotionale Lebensqualität in Deutschland so gering ist, und sehnt sich danach, ihre positiven Erfahrungen aus Aufenthalten in der Türkei wiederholen zu können. Nach ihrem beruflichen Aufenthalt ist ihr erst bewusst geworden, dass sie nur dort den Lebensstil genießen kann, der ihr hier nicht möglich ist. Sie beschreibt ihn an anderer Stelle so: „Man kriegt erstens gar nicht mit, wie schnell die Zeit vergeht und zweitens man ist um neun zu Hause und sagt, der Tag ist nicht verloren (…), selbst der Regen, der hat Spaß gemacht, wenn man den dann, wenn man nass geworden ist, hat es Spaß gemacht in der Türkei, das hätte ich auch nicht gedacht" (Ünay, 716-723). Ünay entdeckt in der Türkei eine hohe emotionale Lebensqualität. Warum ist das so? Auf der einen Seite wird ihre Wahrnehmung sicherlich dadurch beeinflusst, dass der 3-monatige berufliche Türkeiaufenthalt, wenn schon nicht abseits arbeitsbezogener Zwänge, so doch zumindest fern ihres als zwanghaft und monoton beschriebenen deutschen Berufsalltags stattfindet. Auf diese Weise trägt er sicherlich Züge von Urlaub. Auf der anderen Seite sind ihre beruflichen Türkeierfahrungen aber zweifellos auch deshalb so positiv besetzt, weil sie nun feststellt, dass es mittlerweile ernst zu nehmende Möglichkeiten für sie gibt, die ihr gestatten, ihren Zugehörigkeitskontext Türkei – jenseits der verkapselten Tradition – heute und vor allem perspektivisch fürs tägliche Leben handlungswirksam zu machen. Die Türkei eröffnet ihr einen erweiterten Handlungsspielraum im Leben. Der Unterschied zu längeren beruflichen Auslandsaufenthalten von Nicht-Migranten ist prinzipiell darin zu sehen, dass Ünays erworbene Erfahrungen in der Türkei mit ihrem hybriden nationalen, ethnischen, kulturellen Zugehörigkeitsverständnis in Einklang zu bringen sind. Dass sie Deutschland und der Türkei unterschiedliche Funktionen für ihr Selbst beimisst, kann als Strategie des Umgangs mit mehrwertiger Zugehörigkeit gedeutet werden. Wie gelingt es ihr also, so wäre zu fragen, in ihrem hybriden Subjektstatus Sinn zu finden? Sie beantwortet dies hier mit der Aufrechterhaltung von Mehrwertigkeit, wie dies teils auch in der Selbsterzählung von Haluk erkennbar wird. In diesem Sinn weist sie ihren Zugehörigkeitskontexten unterschiedliche Funktionen zu: Deutschland ist für sie Arbeitsland und bedeutet materiellen Wohlstand; dagegen ist die Türkei das Land, das ihr im Moment insbesondere emotionale Lebensqualität bietet. In ihrer Zukunftsplanung will Ünay diese Ordnung gleichwohl ändern. Auch in der zitierten Interviewsequenz erzählt sie ein weiteres Mal von ihren Auswanderungswünschen. In vier bis fünf Jahren, sagt sie, „will ich eigentlich meinen Lebenspunkt eher in der Türkei haben". Da sie in ihrer Selbsterzählung aber gerade nicht zum Ausdruck bringt, an ihrer Mehrfachzugehörigkeit zu leiden – im Gegenteil: sie betrachtet sie ehr als Chance –, ist Auswanderung auch nicht als Versuch zu werten, Mehrwertigkeit aufzulösen. In ihrer prospektiven Sicht kommt es dann eher zu einem teilweisen Wechsel der Funktion ihrer Zugehörigkeitskontexte:

„Also ich würde irgendwo noch meine Familie hier haben, weil keiner, ich sage mal, wir sind sechs Geschwister, und die anderen fünf sind immer hier, würde natürlich auch oft hierher kommen, würde aber trotzdem meinen Lebensabend dort verbringen" (Ünay, 733-736).

In ihrer Zukunftsvorstellung bleibt die Türkei der Ort emotionaler Lebensqualität, denn sie will dort ihren „Lebensabend" verbringen. Deutschland dagegen scheint die Rolle einzunehmen, die die Türkei einmal für sie hatte: das Land, wo die Familie wohnt, aber sonst keine Verbundenheit besteht.

4.4.2 Vaybee.de als Ort der Vergewisserung von Zugehörigkeit und sozialer Anerkennung

Ünay macht die Erfahrung, weder selbstverständlich dem deutschen noch dem türkischen (noch dem griechischen) Kontext zugehörig zu sein. Sie ist doppelt zugehörig wie doppelt nicht-zugehörig: In Deutschland ist sie zugehörig, weil sie hier geboren und aufgewachsen ist, außerdem hat sie durch Lebenspartner, Familie und Arbeit hier ihren derzeitigen Lebensmittelpunkt. Andererseits macht sie negative Erfahrungen, die zu einem Verständnis der Nicht-Zugehörigkeit führen. In diesem Sinne erzählt Ünay vor allem von Rassismus und Intoleranz

gegenüber ihrer Person. Auch im Hinblick auf den türkischen Zugehörigkeitskontext ist sie zugehörig wie nicht-zugehörig: Als negative Zugehörigkeitserfahrung ist zu verstehen, dass sie den islamisch-türkischen Traditionen distanziert
und fremd gegenüber steht, was sich schon darin zeigt, dass sie für sie kaum eine
Alltagsrelevanz besitzen. Hinzu kommt, dass sie die Türkei zunächst ausschließlich als Urlaubsland betrachtet, zu dem keine „nähere Verbindung ist". Insofern
drückt sie zwar in ihrer Selbsterzählung nicht aus, dass sie im Kontext des türkischen Zugehörigkeitskontextes von *Anderen* explizit abgelehnt würde. Allerdings stellt sie sich aufgrund ihrer Distanzierung *selbst* als nicht-zugehörig dar.
Ünays Verhältnis zum türkischen Kontext hat für sie jedoch auch positive Seiten,
wodurch sie ihre bejahende Zugehörigkeit zum Ausdruck bringt. Diese Zustimmung zeigt sich *erstens* darin, dass sie sich mittlerweile darum bemüht, mehr
Wissen über die Türkei zu erwerben. *Zweitens* wird sie dadurch zum Ausdruck
gebracht, dass Ünay von dort positive emotionale Lebensqualität für sich
generiert, mit der Folge, in die Türkei sogar auswandern zu wollen. Diese
Aspekte verdeutlichen Ünays prekäre Zugehörigkeitskonstellation. Sie selbst
stellt sich im Interview als natio-ethno-kulturellen *Hybrid* dar. Nun ist zu fragen,
ob die Online-Community Vaybee.de einen sozial-räumlichen Rahmen darstellt,
in dem sie ihren hybriden Zugehörigkeitsstatus, ihr „eigenes Ding dazu", zur
Darstellung bringen kann, mit anderen Worten: ob die Vaybee-Community einen
Ort darstellt, wo sie sich als Hybrid Achtung verschaffen kann. Dies ist im
türkischen Kontext nur eingeschränkt möglich, weil die Türkei – zumindest im
Moment – von ihrem Alltag abgeschnitten ist. Sie erzählt zwar, dass sie dort als
„Europakind" akzeptiert wird, diese Bejahung ihres Zugehörigkeitsstatus realisiert sich aber vor allem in der Ausnahmesituation eines befristeten beruflichen
Auslandsaufenthalts oder eines Urlaubs. Aber auch im deutschen Zugehörigkeitskontext scheint es für sie schwierig zu sein, sich als Hybrid Geltung zu
verschaffen, der über spezifische natio-ethno-kulturelle Erfahrungen, Wissensbestände und Sichtweisen verfügt. Darauf deutet bereits Ünays Selbsterzählung
hin, die zu Beginn dieser Fallanalyse zitiert wurde: „Was (...) die meisten
Stimmen hat in dem Forum, sind dann so ausländerspezifische Themen wie,
wenn eine Türkin mit einem Deutschen heiratet oder was macht der Deutsche
mit einer türkischen Frau, also solche Sachen, wo es um 'ne Mischkultur dann
geht, und ich hab' eigentlich 'ne Zeit lang gesucht, bis ich eben irgendwann dann
bei Vaybee angekommen bin und bei Vaybee eigentlich bleiben werde" (Ünay,
56-58). Ünay versucht, ihre Mischlings-Identität zu „verlandschaften" (Hall
1995), ihr einen sozial-räumlichen Rahmen zu geben, und zwar im Internet.
Offenbar stellt die Online-Community Vaybee.de einen solchen Rahmen dar,
weil in ihrer Wahrnehmung dort das Wissen und die Erfahrungen einer spezifischen „Mischkultur" miteinander geteilt werden. Allerdings ist es ihr nicht leicht

gefallen, diese Online-Community ausfindig zu machen, sie „hat 'ne Zeit lang"
suchen müssen.

4.4.2.1 Entdeckungsphase: „Sex und Erotik, das war ja für eine türkische Community (…), das geht doch gar nicht"

„Und dann war ein Forumsthema, da wollte partout keiner ran, und zwar in Vaybee
gibt es ja das Thema, Liebe, Flirt, bzw. Sex und Erotik, das war ja für eine türkische
Community ‚oh, das ist, mmh, wer macht denn das bitte schön, wer schreibt denn da
Beiträge rein, das geht doch gar nicht ((lachen)), zumindest nicht bei den Singles,
das darf doch nicht sein', und da habe ich gesagt, eigentlich das provokanteste
Thema überhaupt war das, und dann habe ich gesagt' das mache ich', und das habe
ich, glaube ich, fünf Jahre lang durchgezogen" (Ünay, 129-136).

Vaybee.de ist im Jahr 2000 gegründet worden und seitdem ist Ünay auch Mit-
glied der Online-Community. In der Gründungszeit von Vaybee.de ist der
Forenbereich noch wenig entwickelt, d.h. im Vergleich zur Gegenwart ist die
Anzahl der Foren und der dazu gehörigen Themen gering, zu denen die Mitglieder posten können. Hinzu kommt, dies erzählt Ünay an anderer Stelle, dass sich
auch insgesamt wenige Mitglieder in den Foren aufgehalten haben: „Es war 'ne
Handvoll, ich sag' mal 10 User (…), es waren eigentlich meistens die
Moderatoren der jeweiligen Foren, die auch in den Foren geschrieben haben,
weil die anderen User eigentlich null Interesse gezeigt haben". Dagegen gehört
Ünay zu den Mitgliedern, die vor allem an der Diskussion in den Foren
interessiert sind. In ihrer Selbsterzählung thematisiert sie ihren ersten Beitrag,
den sie in eines der beiden Foren „Liebe & Flirt" und „Sex & Erotik" gepostet
hat. An diese beiden Foren wollte „partout keiner ran", sagt sie, weil diese Themen für eine „türkische Community" problematisch sind: „wer macht denn das
bitte schön, wer schreibt denn da Beiträge rein, das geht doch gar nicht". Sie
erzählt, dass in den beiden Foren zu diesem Zeitpunkt keinerlei Beiträge zu
finden waren, und interpretiert dieses Phänomen mit dem moralischen und
ethischen Empfinden der User: Für eine türkische Community ist es aufgrund
des islamischen Glaubenshintergrundes der Mitglieder anstößig, sich öffentlich
mit Liebe, Flirt, Sex und Erotik auseinanderzusetzen. Möglicherweise könnte die
Thematisierung von und die Auseinandersetzung mit Sex zum Gegenteil dessen
führen, was die islamische Religion fordert, nämlich keusch zu bleiben, wenn
niemand für die Ehe gefunden wird (vgl. Koran, 24, 33). So ist für den Islam die
Ehe die alleinige legale Form des Zusammenlebens zwischen Mann und Frau.
Intimen Verkehr zwischen den Geschlechtern außerhalb der Ehe lehnt der Islam
ab und dieser wird nach der Scharia bestraft. Zudem müssen Situationen ver-

mieden werden, die zu einer nicht erlaubten sexuellen Beziehung führen können. Es verwundert deshalb nicht, dass Ünay vermutet, die Foren würden von einigen Mitgliedern insbesondere wegen einer möglichen „Gefährdung" von Singles abgelehnt. Insofern sind zu dieser Zeit „Liebe & Flirt" wie „Sex & Erotik" das „provokanteste Thema überhaupt". Dennoch entscheidet sich Ünay dafür, dort Beiträge zu verfassen und sogar als Moderatorin der Foren aktiv zu werden („dann habe ich gesagt ‚das mache ich'"). Die Thematisierung von Liebe, Flirt, Sex und Erotik in einer türkischen Community ist für sie nicht einfach nur Mittel der Provokation denjenigen gegenüber, die aus einer strengen islamischen Sichtweise ablehnend reagieren. Vor allem will sie die Themen aus der Perspektive der „Mischkultur" behandeln, als deren Teil sie sich selbst betrachtet. Zwar setzt sich die Online-Community in ihrer Wahrnehmung vor allem aus Personen gerade dieser Mischkultur zusammen. Deren anfängliche Zurückhaltung bei der Forenbeteiligung liegt ihrer Meinung jedoch daran, dass sie erst noch motiviert werden müssen, an den Diskussionen zu partizipieren. Und wenn dies der Fall ist? Liebes- und Sexthemen zwischen den Protagonisten dieser Kultur – d.h. den türkischen Jugendlichen der zweiten und dritten Generation – zu debattieren, kann aus ihrer Sicht dann nicht mehr bedeuten, die religiöse Tradition in ihrem überkommenen Verständnis in den Mittelpunkt zu stellen. Wie aus der Selbsterzählung Ünays bereits deutlich werden sollte, hat diese zumindest für sie selbst kaum mehr etwas mit den Erfahrungen des täglichen Lebens zu tun, weil sie sich dagegen verkapselt hat. Wenn es im Forum um religiöse Tradition geht, sind für sie vielmehr die formelhaften Wahrheiten des Korans und damit die Machtstellung des Islams sowie traditionelle kulturelle Werte des türkischen Zugehörigkeitskontextes insgesamt in Frage zu stellen. Die Hybridität der Mischkultur beim Thema Liebe und Sex kann für die Mitglieder etwa in der Erfahrung oder auch der Vorstellung zum Ausdruck kommen, Sex vor der Ehe zu haben und sich dennoch ernsthaft mit der Frage auseinanderzusetzen, wie dies mit dem persönlichen Selbstverständnis als Muslim zu vereinbaren ist. Hybridität der jungen Türken in diesem Themenkontext kann überkommene Verständnisse von Tradition auch insofern in Frage stellen, als sie z.B. Mischehen/Mischpartnerschaften – in gewisser Weise *unreine* Verhältnisse zwischen Männern und Frauen unterschiedlicher ethnischer, religiöser bzw. kultureller Zugehörigkeiten – eingehen, in den Worten von Ünay: „Wenn eine Türkin mit einem Deutschen heiratet oder was macht der Deutsche mit einer türkischen Frau, also solche Sachen". Die Moderation dieser beiden Foren hat sie „fünf Jahre lang durchgezogen", was darauf hindeutet – dies wird an späterer Stelle noch genauer zu zeigen sein –, dass sie es dabei mit Widerständen zu tun hatte, diese aber unbeirrt zu überwinden versucht hat.

„Aber ich kann mich, wie gesagt, an den ersten Beitrag erinnern und ich kann mich auch erinnern, dass ich wirklich zwei Tage gewartet habe, bis ich dann Antwort gekriegt habe, weil ich viel Promotion dafür gemacht habe und gesagt habe ‚Leute, kommt in die Foren rein' und das war eben dieses Gefühl *was denken jetzt Leute über dich, die diesen Beitrag lesen*, ja, das war dann so, mmh, ist es denn jetzt schwerwiegend oder nicht, also ist es dir egal oder ist es mir egal. Ich habe dann gesagt ‚irgendwann ist es nicht egal, also ich achte da schon eher drauf, was für einen Beitrag man kommentiert, also wie der ausgelastet ist und wie die überhaupt, überhaupt meine Meinung vertreten oder nicht vertreten oder ablehnen'" (Ünay, 136-145).

Ünay kann sich an ihren ersten eigenen Beitrag erinnern, den sie in die benannten Foren gepostet hat. Sie erzählt, sie habe „viel Promotion" dafür gemacht, indem sie in den zu diesem Zeitpunkt stärker von Usern frequentierten Chats von Vaybee.de dazu aufgerufen hat „kommt in die Foren rein". In ihrer Selbsterzählung hat diese Zeit die Bedeutung, vor allem zwei Elemente ihres Anerkennungsbedürfnisses zu bewältigen, wenngleich diese Elemente auch in anderen Phasen ihrer „Verortung" in der Online-Community eine Rolle spielen:

1) Ünay ist ihr erster Beitrag sehr wichtig. Sie erinnert sich, dass sie ihn in das Forum gestellt und „wirklich zwei Tage" auf Antworten gewartet hat. Ünay fragt sich, ob sie die *Aufmerksamkeit der anderen* Mitglieder erhält oder nicht. Denn fehlt die Aufmerksamkeit, wird es unwahrscheinlicher, dass sie positive Bewertungen von anderen Personen bekommt. Selbst wenn sie positiv bewertet wird, kann geringe Aufmerksamkeit dazu führen, dass diese nur relativ oberflächlich bleiben.

2) Die Suche nach *positiver Bewertung durch Andere* ist der motivationale Hintergrund für Ünay, Aufmerksamkeit zu generieren. Sie beschreibt dieses Element als „Gefühl ‚was denken jetzt Leute über dich, die diesen Beitrag lesen?'". Gerade als Neuling in der Community hat sie a) erst wenige oder gar keine *Community-Freundschaften* aufgebaut, sodass sie auch b) die Bewertungsmaßstäbe der anderen Mitglieder noch nicht genau abschätzen kann. Unter dem Anerkennungsgesichtspunkt *Bewertung durch andere* ist deshalb c) insbesondere jedes *erste* Posting risikoreich für die Selbstanerkennung der Person.

Nicht zuletzt entscheidet die Rückmeldung der anderen User auf den ersten Beitrag mit darüber, wie sich die Person zukünftig in der Community verhält. Hier reicht die Spanne an Möglichkeiten idealtypisch von der *Intensivierung* der Mitgliedschaft durch häufiges Posten (wenn die Bewertungen positiv eingeschätzt werden) über *Lurking/passives Lesen* (wenn die Bewertungen zu einer unsicheren Einschätzung führen) bis hinzu zum *Abbruch* der Mitgliedschaft (wenn die Bewertungen konstant negative Einschätzungen beinhalten); freilich sind dabei auch Mischformen denkbar, etwa wenn eine negative Bewertung zunächst zu Vorsicht führt, weitere Beiträge zu verfassen, sich die Person zunächst auf Lurking (vgl. auch Stegbauer/Rausch 2001) beschränkt und erst nach einer erneuten negativen Reaktion auf einen eigenen Beitrag die Online-Community verlässt. Ünay ist sich zum Zeitpunkt ihres ersten Beitrags unsicher, welche Bewertungen sie überhaupt ernten wird. Freilich ist die Frage, wie andere sie bewerten, nicht auf die *Entdeckungsphase* beschränkt. Mittlerweile ist sie seit sieben Jahren aktives Mitglied bei Vaybee.de. Positive/negative Bewertung durch andere ist nach wie vor ein zentrales Element ihres Anerkennungsgefühls in der Online-Community und ist für ihr Verhalten relevant: „Ich achte da schon eher drauf, was für einen Beitrag man kommentiert, also wie der ausgelastet ist und wie die überhaupt, überhaupt meine Meinung vertreten oder nicht vertreten oder ablehnen".

4.4.2.2 Bestätigungsphase: „Also, ich wurde sogar Dr. Sommer geschimpft"

> „Das war das einzige Forum, das wirklich, eigentlich fast jahrelang immer unter den ersten drei war, unter den ersten drei der Besucher (...), aber eher weil es, na ja, ein Forum mit gemischten Gefühlen war, also ein Thema, wo viel Jux getrieben worden ist, also man hat natürlich nicht alles so ernst genommen, was man natürlich auch nicht ernst nehmen sollte, aber wo auch sehr viele Themen verfasst worden sind, wo vielleicht einige so große Augen gekriegt haben, haben gesagt: ‚Oh, so ist das wirklich so? Hätte man nicht gedacht'. Also, ich wurde sogar ‚Dr. Sommer' geschimpft, also das war das Beste überhaupt, wenn dann gesagt worden ist ‚Dr. Sommer beiträgt wieder'" (Ünay, 160-171).

Ünay erzählt, dass die beiden von ihr moderierten Foren jahrelang „unter den ersten drei der Besucher" waren. Und auch heute ist dies noch so, wie sich an der Rubrik „Forum Top Ten"[12] ablesen lässt. Zum Zeitpunkt des Interviews sind auf Vaybee.de insgesamt 43 Foren aktiv. Sie erklärt die hohe Besucherfrequenz zunächst vor allem damit, dass es sich um Foren „mit gemischten Gefühlen" handelt: Einerseits bieten sich die Themen Liebe und Sex (nicht nur) im Jugendalter an, um damit „viel Jux" zu treiben. Diesen „Jux" dürfe man nach ihrer Einschätzung aber nicht so ernst nehmen, weil viele „Besucher" gar nicht

---

12 Seit dem Relaunch von Vaybee.de im Sommer 2008 gibt es diese Rubrik nicht mehr; auch die Anzahl derjenigen Foren hat sich reduziert, die die Communitymitglieder gemeinsam nutzen. In der neu gestalteten Version der Community kommen freilich solche Foren hinzu, die von den einzelnen ‚Gruppen' eingerichtet werden können.

die Absicht haben, konstruktiv zu diskutieren. Zum anderen führen die Foren aber tatsächlich zur ernsthaften Auseinandersetzung mit den Themen, mit der Folge, dass „einige so große Augen gekriegt haben, haben gesagt: ‚Oh, so ist das wirklich so? Hätte man nicht gedacht'". Ünay erzählt auch, dass sie von einigen „sogar ‚Dr. Sommer' geschimpft" wurde. Zwar ist es für sie zweifelhaft, sich von Usern ‚Dr. Sommer' „schimpfen" zu lassen, weil sie dadurch der Lächerlichkeit preisgegeben werden könnte. Der Vergleich mit der populären Sexualberatung der Jugendzeitschrift Bravo zusammen mit dem Erfolg eines vorderen Platzes unter den Foren Top Ten signalisiert ihr aber Aufmerksamkeit von und zumindest indirekte positive Wertschätzung durch die anderen Mitglieder. War es Ünays Motivation, Liebe, Flirt, Sex und Erotik gerade in einer türkischen Community zu thematisieren, weil dieser Themenkomplex nach ihrer Meinung einen wichtigen Teil der Alltagserfahrungen ihrer Mischkultur ausmacht, wenngleich dies „Traditionalisten" verhindern wollen, so kann sie sich nun für ihr Engagement belohnt fühlen: Die Aha-Erfahrungen von vielen Mitgliedern zeigen ihr, dass das Thema sehr wohl auf Interesse stößt und Alltagsrelevanz besitzt.

> „Die Jungs gehen da wirklich knallhart an die Sache und sagen ‚so, mit 18 will ich für mein Leben leben', und ein türkisches Mädel darf mit 18 noch gar nicht sein Leben leben, wenn es noch nicht verheiratet ist, also die Konflikte wo die dann zwischen kommen, das ist manchmal sehr extrem, also ich habe viel Mailkontakte, wo ich meistens gar nicht mehr den Namen zu kenne, wo ich aber immer wieder E-Mails von kriege ‚was würdest du machen' oder ‚wie soll ich mich verhalten' oder ‚was kann ich machen' oder ‚kann ich es meiner Mutter sagen, kann ich es meinem Vater sagen', also wirklich, dass da solche Sachen noch aufkommen, das ist das Schlimme an der ganzen Geschichte" (Ünay, 432-440).

Die Alltagsrelevanz des Themenbereichs Liebe, Flirt, Sex und Erotik für die zweite und dritte Generation von Türken in Deutschland und damit auch der Mitglieder von Vaybee.de thematisiert Ünay in ihrer Selbsterzählung sehr oft. In diesem Zitat erzählt sie von den ungleichen sexuellen Entfaltungsmöglichkeiten von männlichen und weiblichen türkischen Jugendlichen: Im Gegensatz zu „Jungs" könne ein „türkisches Mädel" mit 18 Jahren noch lange nicht ihr sexuelles Leben ausleben, erst recht dann nicht, wenn sie noch nicht verheiratet sei. Die Konflikte, die aus dem Spannungsverhältnis zwischen individuellen Wünschen und überkommen Traditionen insbesondere für die Mädchen entstehen, sind typisch für die deutsch-türkische Mischkultur. Sie sind aber mittlerweile auch typisch für die Probleme und „manchmal sehr extremen" Konflikte, die von den weiblichen Usern im Kontext ihrer beiden Foren angesprochen werden: „‚was würdest du machen' oder ‚wie soll ich mich verhalten' oder ‚was kann ich machen' oder ‚kann ich es meiner Mutter sagen, kann ich es meinem Vater sagen'".

Für Ünay ist es „das Schlimme" am Zustand der Mischkultur, dass solche geschlechtsspezifischen Ungleichheiten existieren und zu Konflikten führen, die letztlich mit erstarrten Machtverhältnissen zwischen Mann und Frau zu tun haben. Ünay sieht sich als Person, die in dieser gesellschaftlichen Konstellation eine wichtige Funktion einnimmt: Sie ist im Rahmen ihrer Foren die Ansprechpartnerin vor allem für türkische Mädchen, die IRL offenbar kaum oder gar keine Möglichkeit haben, sich im Hinblick auf Fragen von Liebe, Sexualität und intimen Beziehungen ungefährdet offenen Rat einzuholen (vgl. auch zur Bedeutung sozialer Unterstützung für die Alltagsbewältigung die Forschungsarbeiten zu Online-Selbsthilfegruppen, etwa Celio/Winzelberg/Dev/Taylor 2002; Greer 2000; Hollander 2001; Schultz 2002). Angesichts der Hoffnung, dass die von ihr moderierten Foren Zustrom von aktiven Mitgliedern bekommen, ist die Anzahl von Mails, die sie nun auch jenseits der öffentlichen Diskussionen bekommt, zugleich eine positive Bestätigung für ihr Verhalten in der Community.

> „Ich hab' gesagt ‚Leute, ich weiß, dass ihr es macht, also zeigt es bitte schön, sagt es', und es waren viele, die haben sich natürlich daran beteiligt, wurden sogar von vielen Usern dann auch von der Seite sehr stark angemacht, weil sie in den Foren vertreten waren, weil es 'ne angebliche Jungfrau war, die aber eigentlich mit Sex und Erotik nichts am Hut haben sollte" (Ünay, 188-192).

Ünay thematisiert, dass sich nach anfänglicher Zurückhaltung viele Mitglieder an ihren beiden Foren beteiligen, und zwar auch dann, wenn es um Themen geht, die die in der islamisch-türkischen Tradition verankerte Geschlechterdifferenz in Frage stellen. Dies betrifft beispielsweise „Sex vor der Ehe". Dass es ihn bei beiden Geschlechtern gibt, ist für Ünay ein „offenes Geheimnis". In der islamischen Tradition wird er abgelehnt und unter Strafe gestellt. Für viele Türken gehört es nach Einschätzung von Ünay zu den Tabuthemen, sich zu intimen Handlungen vor der Ehe zu bekennen. Würden diese sexuellen Handlungen bei männlichen Jugendlichen noch vielfach als Kavaliersdelikt ausgelegt, gelten sie mit Blick auf die türkischen Mädchen als stark sittenwidrig und deshalb untolerierbar. Aus diesem Grund ist es eine Provokation, wenn Ünay insbesondere die weiblichen Mitglieder forenöffentlich dazu aufruft: „Zeigt es bitte schön, sagt es". Sie erzählt, dass ihrem Aufruf zahlreich Folge geleistet wurde. Dass die Besucher des Forums durch ihre Persona prinzipiell anonym sind bzw. die dahinter stehende Person nicht eindeutig identifizierbar ist, spielt für Ünay an dieser Stelle keine Rolle. In ihrer Selbsterzählung erscheinen die virtuellen Personae als real identifizierbare Personen, die auch direkt durch andere verletzt werden können. Sie sagt: Viele von ihnen sind „dann auch von der Seite sehr stark angemacht (worden, K.U.H.), weil sie in den Foren vertreten waren, weil es angebliche Jungfrauen waren, die aber eigentlich mit Sex und Erotik nichts am

Hut haben sollten". Indem Ünay ihr Thema der Community öffnet, bricht sie a) nicht nur ein Tabu ihres traditionellen natio-ethno-kulturellen Zugehörigkeitskontextes. Sie überlässt b) die Diskussion des Themas nicht (mehr) alleine der männlichen Community-Öffentlichkeit. So fordert in Ünays Wahrnehmung mindestens der traditionalistische Teil der männlichen User, dass die nicht verheirateten „türkischen Mädels" noch Jungfrauen zu sein haben und deshalb „eigentlich mit Sex und Erotik nichts am Hut haben sollten". Geschützt durch die Maske ihrer Persona wird es nun den türkischen Frauen erleichtert, sich zu ihrem Intimleben zu „bekennen" und damit ihre mischkulturellen Alltagserfahrungen mit anderen Communitymitgliedern zu teilen bzw. auch kontrovers zu debattieren. Darüber hinaus wird durch die Verbalisierung der verwurzelten Geschlechtsidentitäten c) auch die religiös-kulturelle Tradition in Frage gestellt. Mit Anthony Giddens (1996) gesprochen, muss sich diese in einer posttraditionalen Gesellschaft im Fall des Infragestellens „diskursiv rechtfertigen", was zugleich bedeutet, dass sich idealerweise Machtunterschiede zwischen den Geschlechtern aufzulösen beginnen könnten.

> „Und dann ist es eben um so gut, dass man so Leute um sich hat, die dann sagen ‚weißt du was, eigentlich sind wir ja so und so, aber deine Meinung ist auch nicht mal so schlecht', also wenn sie dann meine Meinung doch mit berücksichtigen in ihren Überlegungen. Dann finde ich das okay, und dann mache ich da eigentlich auch weiter, also da ist für mich bedeutender, was habe ich für ein Feedback, um überhaupt eine Diskussion weiter zu führen" (Ünay, 947-952).

Ünay erzählt in dieser Interviewsequenz, dass sie von anderen Usern auch *direkte* positive Wertschätzung erhält. Dies drückt sich für sie darin aus, dass ihre Meinung bei der Auseinandersetzung mit einem Thema ausdrückliche Berücksichtigung findet: „Und dann ist es eben um so gut, dass man so Leute um sich hat, die dann sagen ‚weißt du was, eigentlich sind wir ja so und so, aber deine Meinung ist auch nicht mal so schlecht'". Da sie Mimik und Gesten einer Person bzw. Persona in der Online-Community nicht von Angesicht zu Angesicht beobachten kann, um auf diese Weise Hinweise zu erhalten, ob ihr ein Wert von anderen zugebilligt wird, ist die direkte Signalisierung positiver Wertschätzung an die zustimmenden schriftlichen Beiträge der Mitglieder gebunden – sie müssen es also in Form eines Postings „sagen". Die Suche nach Anerkennung – dies macht Ünays Erzählung deutlich – ist also ebenso wie IRL an Gesten der Befürwortung *von Anderen* gebunden. Erst aufgrund der *sozialen* Bestätigung kann Ünay ein vollständiges Gefühl der Anerkennung entwickeln, das über ihre Selbstanerkennung hinausgeht. Zugleich weist dies darauf hin, dass sie auf Vaybee.de keineswegs *automatisch* Bestätigung für ihr hybrides Selbstverständnis sowie ihren mischkulturellen Lebensstil erwarten kann. Dadurch, dass nach Einschätzung von Ünay Themen der Mischkultur („so ausländerspezifische Themen") – „wenn es darauf ankommt" – immer die meisten Stimmen in den Foren haben, steht ihr zwar ein wichtiger Anhaltspunkt für die Bereitschaft der Community zur Verfügung, sich ihrer Person gegenüber wohlwollend zu verhalten. Das Gefühl von Anerkennung erhält sie aber offenbar erst durch die *Expression* von bejahenden Gesten im Kommunikationsbereich der Online-Community. Wenn die anderen Forenbesucher ihr sagen „weißt du was, eigentlich sind wir ja so und so, aber deine Meinung ist auch nicht mal so schlecht", stellt dies eine solche expressive Geste der Befürwortung dar. Sie ist Ausdruck dessen, was Honneth (2003b, 23ff.) mit der motivationalen Bereitschaft der Anderen meint, sich auf wohlwollende Handlungen zu beschränken. Diese motivationale Bereitschaft, so argumentiert Honneth mit Verweis auf Kant, ist das Ergebnis „einer Wertschätzung, die den intelligiblen Eigenschaften menschlicher Wesen gilt" (ebd., 24). Intelligibilität soll dabei als ‚freier Wille' des Menschen verstanden werden, der also sein „Leben in rationaler Selbstbestimmung" vollziehen muss. Nach Honneth wird nun in anerkennenden Gesten deutlich, „dass ein Subjekt faktisch bereits eine Einschränkung seiner egozentrischen Perspektive vollzogen hat, um dem Wert der anderen Person als intelligiblem Wesen gerecht zu werden" (ebd.). Dies gilt auch für Bekundungen positiver Wertschätzung im Internet. Indem die anderen Mitglieder Ünay über ihrer Persona zu verstehen geben, dass sie ihre Meinung berücksichtigen, anerkennen sie sie zugleich als intelligible Persönlichkeit und gewähren ihr damit einen gewissen moralischen Einfluss auf das eigene egozentrische, spontane Impulse realisierende Handeln. Ünay kann deshalb zumindest von diesen Personen erwarten, dass deren zukünftige Antwort-Postings nicht feindlich gemeint sind. Es ist diese expressive anerkennende Bewertung durch andere, die für Ünay entscheidend ist, sich weiterhin in der Community zu engagieren: „Also da ist für mich bedeutender, was habe ich für ein Feedback, um überhaupt eine Diskussion weiter zu führen". Bei fortdauernder negativer Wertschätzung der Anderen müsste sie dagegen ihr Handeln in Frage stellen und möglicherweise ändern.

> „Und dann gab es wirklich, da war ich auch sehr froh darüber, dass ich den Mädels dann auch so einen kleinen Weg zeigen konnte, wo ich jetzt merke, du hast es gut gemacht, also die haben sich dann danach gerichtet" (Ünay, 406-408).

Ünay erhält von anderen Mitgliedern positive Wertschätzung. Sie spiegeln ihr zurück „Dr. Sommer beiträgt wieder" (Ünay, 171) oder „du bist 'ne gute Kummertante" (Ünay, 363). Als Kummertante in der Vaybee-Community zu agieren und dort Themen zu lancieren, zu debattieren sowie Ratschläge zu geben, mitunter aber auch zu streiten, bedeutet für Ünay, Verbundenheit zu ihrer hybriden Mischkultur zum Ausdruck zu bringen, die sie auf diese Weise bzw. in dieser Handlungsrolle nur im Internet praktizieren kann. Die Folge der Wertschätzung durch andere ist, dass Ünay eine erhöhte *Selbstanerkennung* entwickelt. Die Kommentare der weiblichen Forenbesucher interpretiert sie als persönliche Bestätigung ihres Handelns als Moderatorin: „Da war ich auch sehr froh darüber, dass ich den Mädels dann auch so einen kleinen Weg zeigen konnte, wo ich jetzt merke, du hast es gut gemacht, also die haben sich dann danach gerichtet". Voraussetzung ihrer Selbstanerkennung ist, dass sie sich auch als *selbstwirksam* betrachtet. Als selbstwirksam betrachtet sich eine Person dann, wenn sie von ihrer Handlungsfähigkeit überzeugt ist, was individuell unterschiedlich sein kann (vgl. etwa Bandura 1997). Das Zitat zeigt, dass sich Ünay als selbstwirksam einschätzt, und zwar im Rahmen ihres spezifischen Zugehörigkeitsverständnisses. Was bedeutet dies genau? Paul Mecheril (2003, 163) gibt Hinweise, wie sich Personen mit Bezug auf ihre Zugehörigkeit als „natio-ethno-kulturell wirksam" verstehen und zum Ausdruck bringen. Demnach ist soziales Handeln in natio-ethno-kulturellen Kontexten dann zugehörigkeitsrelevant, wenn es idealtypisch vier Bedingungen erfüllt:

1) *Assoziation*: Im Handeln muss eine Bindung an den Kontext zum Ausdruck kommen,
2) *Signifikanz*: Das Handeln der Person muss für sie „einen unersetzbaren Bestandteil der Lebensrealität des Einzelnen" kennzeichnen,
3) *Legitimität*: Das Handeln muss „prinzipiell in bedeutsamen Handlungssphären zugestanden" werden und
4) *Affirmation*: Das Handeln hat Wirkungen, „die der Person entsprechen" (ebd.).

Ünays Handeln in der Online-Community lässt sich anhand dieser Aspekte gut abbilden: Es erfüllt die Bedingung der *Assoziation,* weil sie zwischen Handeln und Kontext Assoziationen herstellt. Mit Kontext ist hier ihr Verhalten im Rahmen ihrer hybriden Mischkultur gemeint. In Ünays Selbsterzählung finden sich mehrere Hinweise darauf, dass sie sich zu dieser *vierten Kultur* (vgl. S. 197), die jenseits des einwertigen deutschen, türkischen und griechischen Zugehörigkeitskontextes angesiedelt ist, bekennt. Und in dieser neuen kulturellen Formation, die sich für sie in der Online-Community sozialräumlich verortet, kann sie sich wirksam verhalten und wahrnehmen. Ünays Thematisierung von Selbstwirksamkeit zeigt auch, dass ihr Verhalten „bedeutsam" für ihr Selbstverständnis ist *(Signifikanz).* Die drückt sich etwa darin aus, dass sie sagt „also man lebt einfach nicht mit irgendeiner Kultur, man hat so eine eigens entwickelte Kultur mittlerweile (...) und man (hat, K.U.H.) sich das Beste raus genommen"

(Ünay, 655-657). Damit drückt sie nicht nur aus, wer sie ist, sondern auch, dass sie sich in Bezug auf ihr Selbstverständnis als handlungsfähig versteht. Darüber hinaus besitzt Ünays Handeln in der Online-Community *Legitimität*. Die Community und ihre Foren stellen für sie einen Anerkennungsraum dar, in den sie ihr zugehörigkeitsbezogenes Wissen und ihre Erfahrungen einbringen kann, wofür sie auch von Anderen Anerkennung erhält. Um Ünays Handeln auf Vaybee.de als wirksam im Sinne eines bzw. mehrerer Zugehörigkeitskontexte zu charakterisieren, muss schließlich das Kriterium der *Affirmation* erfüllt sein. Demnach reicht es nicht aus, wenn Ünays Handeln alleine von anderen wertgeschätzt wird, also Anerkennung erfährt. Es muss auch von ihr selbst positiv bewertet werden. Dies drückt sie in ihrer Selbsterzählung immer wieder aus, beispielhaft im genannten Zitat: Insbesondere aufgrund der positiven Rückmeldungen der „türkischen Mädels" und ihrer Beobachtung im Forum, dass diese ihre Ratschläge befolgt haben, kann sie sich selbst sagen „du hast es gut gemacht".

4.4.2.3 Prüfungsphase: „Ich finde keinen Sinn mehr, Beiträge, ernst gemeinte Beiträge zu verfassen"

> „(...) letztes Jahr war bei mir 'ne gewisse, ein gewisser Punkt angekommen, wo ich gesagt habe, ich finde keinen Sinn mehr, ich finde keinen Sinn mehr, Beiträge, ernst gemeinte Beiträge zu verfassen und diese, ja, wie soll ich sagen, den anderen zur Verfügung zu stellen, weil, das ganze Drumherum (...), also dieses Miteinander in den türkischen Communities hat sich in der letzten Zeit wirklich nur noch auf das Eine so genannte Kennenlernen und ich will jetzt drauflos und egal was ist, aber ich möchte jetzt so viele Frauen kennenlernen, wie ich will oder wie ich kann und ich-möchte-so-viele-Männer-kennenlernen-wie-ich-kann-Niveau abgesunken. Also, in den Foren vor allen Dingen sind nur noch wenig Leute, die wirklich wegen dem Thema dort sind" (Ünay, 176-186).

Ünay ist fast seit Gründung von Vaybee.de im Jahr 2000 aktives Mitglied. Sie erzählt, dass sich das soziale Miteinander in den *türkischen Online-Communities* in der letzten Zeit verändert hat. Da sie zwar Vaybee.de schwerpunktmäßig besucht, ihr aber auch andere virtuelle Treffpunkte vertraut sind, trifft sie ein Urteil, das auf das gesamte Genre der türkischen Online-Communities bezogen ist. Sie diagnostiziert eine Art Verfall der Community-Kultur, der freilich nicht abstrakt bleibt, sondern einschneidende Folgen für ihre Haus-Community und damit für sie selbst hat. In ihrer Wahrnehmung ist das Miteinander auf ein „Ich-möchte-so-viele-Männer/Frauen-kennenlernen-wie-ich-kann-Niveau" gesunken, was soviel bedeutet wie: Die Mitglieder sind nicht mehr an ernsthafter Diskussion interessiert, sondern vor allem an Beziehungsanbahnung bzw. Dating. Ist

aus ihrer Sicht dieses Niveau für Chats bereits seit langem selbstverständlich –
dies ist ein wesentlicher Grund dafür, warum sie sich überhaupt ausschließlich
für die Webforen auf Vaybee.de engagiert hat –, ist es für die Foren eine neue
Entwicklung: „Also, in den Foren vor allen Dingen sind nur noch wenig Leute,
die wirklich wegen dem Thema dort sind". Aus diesem Grund sagt sie „letztes
Jahr war bei mir 'ne gewisse, ein gewisser Punkt angekommen, wo ich gesagt
habe, ich finde keinen Sinn mehr, ich finde keinen Sinn mehr, Beiträge, ernst gemeinte Beiträge zu verfassen und diese, ja, wie soll ich sagen, den anderen zur
Verfügung zu stellen". Ünays Gefühl von Anerkennung, das durch ihre Erfahrungen in der Vaybee-Community entsteht, beruht vor allem auf den Elementen
‚Aufmerksamkeit von Anderen', ‚Wertschätzung durch Andere' sowie ‚Selbstwertschätzung'. In ihrer Selbsterzählung thematisiert sie, dass sie Aufmerksamkeit von anderen Forenbesuchern erhält, weil sie in einer ernsthaften Weise Aspekte des Themenbereichs Liebe, Flirt, Sex und Erotik in „ihre" Foren lanciert
sowie Ratschläge an vor allem weibliche türkischstämmige User verteilt. Für
Ünay hat ihre Moderatorentätigkeit ernsthaften Charakter, nicht nur, weil es in
ihren beiden Foren um ein Thema geht, das gesellschaftlich wichtig ist, sondern
auch, weil sie es mit ihren persönlichen Erfahrungen in der Mischkultur
verbinden kann. Nun muss sie aber feststellen: Es gibt einen Wandel der
Mitgliederstruktur, der sich in den Interessen und Vorlieben niederschlägt mit
der Folge, dass die User nicht mehr „wegen dem Thema dort sind" – stattdessen
gehe es ihnen um nicht-ernsthafte Unterhaltung und Spaß. Ünay macht die Erfahrung, dass ihr die bisherige Aufmerksamkeit von anderen nun in erheblichem
Maß versagt bleibt. Vor dem Hintergrund ihrer Erfahrungen mit anderen Mitgliedern, denen sie mit ihren Beiträgen weiterhelfen konnte, hat sie in gewisser
Weise ein *Dienstleistungs-Ethos* entwickelt, das besagt, dass sie den anderen aus
freien Stücken Wissen und Expertise „zur Verfügung stellt". Ihr einziger „Lohn",
den sie zu erwarten hofft, ist die positive Wertschätzung der User. Beides ist nun
aber in Frage gestellt, ihre Anerkennung ist gefährdet. Wenn von ihren Beiträgen
keine Notiz mehr genommen wird, ist es auch unwahrscheinlicher, dass diese
durch andere bewertet werden. Auf diese Weise wird verständlich, warum Ünay
die Sinnfrage stellt. Zum genannten Zeitpunkt wird ihr der Wandel in der
Mitgliederstruktur für ihr persönliches Handeln vollends bewusst. In der
Konsequenz muss sie für sich prüfen, ob sich das von ihr betriebene zeitliche und
emotionale Engagement in ihren Foren überhaupt noch lohnt.

„Mir wurde es dann zu fade, wo ich dann gesagt habe ‚ich will nicht auf die zwei,
drei Typen, die jetzt hier in das Forum schreiben, und wirklich eigentlich nur
Schabernack im Sinn haben, mich einlassen', und habe letztes Jahr beschlossen, ich
lasse, ich mach' mal ein bisschen Pause, ich gucke mir das mal an. Im Endeffekt ist

es so, wie ich mir das gedacht habe, also es ist eigentlich ein anonymes türkisches Forum mittlerweile geworden" (Ünay, 194-200).

Ünay störte nicht nur, dass das soziale Miteinander in der Online-Community auf ein „Ich-möchte-so-viele-Männer/Frauen-kennenlernen-wie-ich-kann-Niveau" gesunken ist. Sagt sie an anderer Stelle ihrer Selbsterzählung noch, dass sie „Jux" und „Schabernack" in ihren Foren anfangs „natürlich nicht so ernst genommen" hat (Ünay, 166-167; vgl. S. 210), ist sie zum Zeitpunkt ihrer ‚Community-Krise' nun nicht mehr bereit, sich darauf einzulassen. Sie stellt sich die Sinnfrage, was bedeutet, dass sie weniger oder gar keine Beiträge mehr schreibt und sich „das mal anguckt". Sie distanziert sich von ihrem Tun in den Foren und öffnet damit ihr Verhalten der Reflexion. Das Ergebnis ihrer Prüfung ist, „wie ich mir das gedacht habe, also es ist eigentlich ein anonymes türkisches Forum mittlerweile". In Verständnis der Internetforschung ist mit dem Begriff der Anonymität im Internet gemeint, dass eine Online-Darstellung nicht einer Person ‚außerhalb' des Netzes zugeordnet werden kann. In der Regel ist in Online-Communities jedoch *Pseudonymität* anzutreffen, weil die Akteure einen Nickname benutzen. Dieser kann zwar mit verschiedenen Handlungen im Netz (z.B. verfasste und gepostete Beiträge) in Verbindung gebracht werden, jedoch auch weiterhin nicht mit einer realen Person. Spricht man von Pseudonymität, ist also gemeint, dass eine Person in der Online-Community lediglich in Form ihrer konstruierten Persona anwesend ist. Die hinter der Person stehende Persona ist für andere prinzipiell unbekannt, es sei denn, sie gibt in ihrem Identitätsprofil und Online-Verhalten identifizierende Hinweise, die zur Enttarnung führen können (z.B. Bekanntgabe von Telefonnummer, Adresse). Wenn Ünay nun sagt, dass sich ihre Foren zu mittlerweile herkömmlichen „anonymen türkischen" Foren entwickelt hätten, dann kritisiert sie – aus der Perspektive einer wissenschaftlich präzisen Definition von Anonymität in der Internetforschung ausgedrückt – tatsächlich weniger deren Anonymität, sondern, ob und wie sich Personae in der Community überhaupt noch *identifizieren* lassen bzw. dass sie immer weniger *kontinuierlich* in Erscheinung treten. Für diese Deutung spricht alleine schon der Umstand, dass Ünay auf Vaybee.de selbst nicht dazu bereit ist – dies wird in ihrer Selbstthematisierung an verschiedenen Stellen deutlich –, jenseits ihres virtuellen Konstrukts Angaben zu ihrer Person zu machen, die ihre Identifizierung IRL ermöglichen könnten; selbst Ünay will also grundsätzlich anonym bleiben. Eine Persona lässt sich dann online identifizieren, wenn ihre Handlungen soziotechnisch eindeutig mit ihrem dargestellten Identitätsprofil in Verbindung zu bringen sind (z.B. durch Gästebuch oder Identitätsprofil); sie tritt kontinuierlich in Erscheinung, wenn die Persona wiederkehrende Verhaltensmuster zeigt. Wenn Ünay in der zitierten Interviewsequenz die Anonymität auf Vaybee.de beklagt, thematisiert sie also mit anderen Worten, dass sie den anderen in der Community kaum mehr *vertrauen* kann, denn vertrauenswürdige Mitglieder in Online-Communities würden die Identität ihrer Persona und deren Verhaltensmuster kommunikativ zum Ausdruck bringen (vgl. Thiedeke 2007, 198ff.).

„Also, man hat wirklich seine Forenpartner"

> „Also, man hat wirklich seine Forenpartner, die (...) wirklich auch keine Lust haben, irgendwelche Fakes zu haben, 20, 30.000 Nicks zu haben, und sich da jedes Mal mit irgendeinem Nick da einloggen und dann Schabernack ohne Ende machen, weil das kann höchst beleidigend wirken" (Ünay, 83-87).

Ünay unterscheidet die Mitglieder, mit denen sie es in ihren Foren zu tun hat, nach dem Grad des Vertrauens, das sie ihnen entgegenbringen kann. Sie differenziert zwei Gruppen: 1) Mit ihren „Forenpartnern" kann sie ernsthaft und konstruktiv diskutieren. Dies wird daran sichtbar, dass sie „keine Lust haben, irgendwelche Fakes zu haben". 2) Andererseits gibt es diejenigen, die *faken*, d.h. „20, 30.000 Nicks (...) haben, und sich da jedes Mal mit irgendeinem Nick da einloggen und dann Schabernack ohne Ende machen". Der Begriff Fake (Fälschung) steht für einen fiktionalen Online-Charakter, so Nicola Döring (2003[2], 386), der als „authentische Selbstdarstellung einer realen Person" ausgegeben wird. Ob ein Fake für die anderen Interaktionspartner in der Online-Community störend wirkt, hängt von deren Erwartungshaltung und vom sozi-technischen Kontext ab, in den die Handlungen des Fakes eingebunden sind. So erwarten die Teilnehmer vieler Spaß-Chats vom Gegenüber erst gar nicht, dass dessen Persona authentisch, identifizierbar und wiedererkennbar ist, weil einerseits die Themen der Kommunikation in erster Linie unterhaltenden Charakter haben, zum anderen die Art der synchronen Kommunikation eher flüchtigen Charakter hat. Die Personae werden dort ohnehin als weniger vertrauenswürdig eingeschätzt, weil das Risiko, vom Anderen enttäuscht zu werden, zu groß ist. Hier geht es um unverbindlichen Spaß, für den persönliches Vertrauen nicht als Grundlage erforderliche ist. Dagegen ist die Erwartungshaltung der Teilnehmer von Foren an die Vertrauenswürdigkeit der Personae erheblich größer. Sie lassen den Interaktionsteilnehmern mehr Zeit zur Ausformulierung von Gedanken und Meinungen und haben einen thematisch eher ernsthaft-konstruktiven, oft auch problemorientierten Anspruch. Dieser wird jedoch nicht immer erfüllt, wie Ünays Selbsterzählung zeigt. Thematisch sind ihre Foren an den Themen Liebe, Flirt, Sex und Erotik orientiert. Anerkennung vermitteln ihr ihre Forenerfahrungen deshalb, solange sie sich von den anderen Mitgliedern in der Breite und Tiefe ihrer Beiträge wahrgenommen und positiv bewertet fühlt. Aus diesem Grund kann sie sich auch online in ihrer hohen Selbstwertschätzung bestätigt betrachten. Wenn sie allerdings der Identität einer Persona und deren existenziell bedeutenden Problemschilderungen nicht trauen kann, und zwar anhand der Beobachtung, dass deren Handeln weder mit ihrem dargestellten Identitätsprofil in Verbindung gebracht werden kann noch ihre Beiträge wiedererkennbare Verhaltensmuster aufscheinen lassen, kurz: die Persona kaum oder gar keine Vertrauenssignale aussendet, dann steht nicht nur Ünays (mögliches) Vertrauensverhältnis zum Gegenüber in Frage, sondern auch die Anerkennungspotenziale, die sie in der Auseinandersetzung mit den Anderen in der Online-Community bisher erfolgreich ausschöpfen konnte. Vor diesem Hintergrund wird auch verständlich, warum „20, 30.000 Nicks zu haben" für Ünay „höchst beleidigend wirken" kann. Häufiger Wechsel der Online-Identität und Verwendung fremder Pseudonyme kommen in ihrer Klage über die „20, 30.000 Nicks" zum Ausdruck, weil sie ihr signalisieren, dass ihr Engagement ins Leere läuft. Sie stellen für sie ein indirektes Zeichen negativer Bewertung durch Andere dar. Sie wirken durchaus *missachtend* auf Ünay, weil sie sich mit ihrem „eigenen" mischkulturellen Lebensstil nun nicht mehr in dem Maße in der Online-Community selbst verwirklichen kann, wie ihr dies zuvor möglich war.

> „Man hat aber so seinen festen Stamm, mit dem schreibt man jeden Tag, denen begegnet man im Forum, denen begegnet man ggf. nächstes Wochenende auch irgendwo zu Hause oder im Lokal, das ist dann eher dieses, ja, wirklich freundschaftliche, was sehr schwierig aufzubauen ist, muss ich dazu sagen, aber wenn es aufgebaut ist, hält es sehr lange. In meinem Fall wirklich jetzt knapp fünf Jahre und das sind 12 Leute. Keiner von denen hat sich irgendwann mal ausgehakt oder ist, einer hat geheiratet, die andere ist umgezogen, weil sie jetzt irgendwann angefangen hat zu studieren, irgendwann vor zwei Jahren, zwei sind von zu Hause ausgezogen, also es gab viele Lebensabschnitte in deren Leben, wo doch trotzdem unsere Freundschaft wichtig war. Und das fand ich sehr schön. Also dafür, dass viele dieses unter anderem als anonyme Seite nutzen und jetzt meinen, sie müssten die Sau raus lassen, fand ich unsers, also finde ich unsere Richtung eigentlich wirklich sehr schön auch, erst die ruhige und dann doch die freundschaftliche" (Ünay, 335-348).

Ünays Selbstthematisierung dreht sich in diesem Zitat genauer um die Gruppe von Personen, denen sie in der Online-Community hohes Vertrauen schenkt. Sie sagt, sie habe so einen „festen Stamm, mit dem schreibt man jeden Tag, denen begegnet man im Forum, denen begegnet man ggf. nächstes Wochenende auch irgendwo zu Hause oder im Lokal". Und weiter: „(…) es gab viele Lebensabschnitte in deren Leben, wo doch trotzdem unsere Freundschaft wichtig war". Ünay hat mit dem „festen Stamm" von Usern einen Beziehungsstatus erreicht, der nicht mehr als schwach bezeichnet werden kann – damit sind in der Regel Beziehungen gemeint, die ausschließlich auf dem sachlich oder emotional orientierten Online-Kontakt beruhen –, sondern als *starke* Online-Beziehung. Starke Online-Beziehungen zeichnen sich vor allem dadurch aus, dass sie sowohl verschiedene Medien zur Beziehungspflege nutzen (Forum, Chat, Telefon, Instant Messaging etc.) als auch die Face-to-Face-Kommunikation. Insofern handelt es sich faktisch um „Hybrid-Beziehungen" (Döring 2003[2], 474). Für Ünay ist aus der früher noch schwachen Beziehung zu dieser Gruppe von Personen, die sie zuvor ausschließlich online kannte, mittlerweile („knapp 5 Jahre") „Freundschaft" entstanden. Allerdings ist diese Freundschaft für sie kein selbstverständliches Resultat der bloßen Mitgliedschaft bei Vaybee.de. Sie musste errungen werden, und zwar dadurch, dass die Identitäten der Personen gegenseitig offengelegt wurden. Ünay formuliert das so: „Das ist dann eher dieses, ja, wirklich freundschaftliche, was sehr schwierig aufzubauen ist, muss ich dazu sagen, aber wenn es aufgebaut ist, hält es sehr lange". Die Freundschaft innerhalb der Gruppe stellt sich für sie nicht nur als sehr *dauerhaft* dar – ein solches Kennzeichen können durchaus auch reine Online-Beziehungen haben –, sie zeichnet sich auch dadurch aus, dass sie *geschlossen* („keiner von denen hat sich irgendwann mal ausgehakt") und *unmittelbar* ist. Unmittelbar ist sie, sofern sie für Ünay emotionale Bedeutung hat: „Es gab viele Lebensabschnitte in deren Leben, wo doch trotzdem unsere Freundschaft wichtig war". Dass sie zu ihrem „festen Stamm" ein sehr enges Vertrauensverhältnis hat, das sich von üblichen Online-Beziehungen abhebt, ist offensichtlich. Da sie ihre Freunde allesamt in Face-to-Face-Kontexten trifft, spielt für sie auch der Stellenwert von Anonymität bzw. Pseudonymität für den Aufbau von Vertrauen zwischen ihnen keine Rolle mehr. An deren Stelle ist nun die eindeutige Identifizierbarkeit der Personen getreten. Ünays Erzählung über ihre Online-*Freundschaften* kann im Zusammenhang mit ihren Negativerfahrungen in der Community gesehen werden. Denn mithilfe der Thematisierung ihrer Freundschaften grenzt sich Ünay von denjenigen ab, durch die sie erst in ihre ‚Community-Krise' geraten ist, nämlichen denjenigen, die „20, 30.000 Nicks" haben. Ihr „fester Stamm" von identifizierbaren Freunden stellt ihr persönliches Bollwerk gegen die inzwischen eingetretene Anonymität des türkischen Forums dar. Indem sie ihnen vollends vertrauen kann, wird es ihr zugleich möglich, aktives Mitglied der Vaybee-Community zu bleiben. Denn wenn es so ist, wie Anthony Giddens (1996) als Kennzeichen der Entwicklung der Moderne feststellt, dass Menschen heute ein starkes Bedürfnis haben, Andere zu finden, denen man vertrauen kann, und wenn Vertrauen „einen wechselseitigen Prozess der Selbstoffenbarung" (ebd., 152) bedeutet, dann scheint Ünay diesen Prozess mithilfe der Entwicklung ihrer Freundschaftsbeziehung erfolgreich bearbeitet zu haben. Müsste sie sich dagegen in ihrer *Prüfungsphase* mit den für sie negativen Auswirkungen des anonymen türkischen Forums (Fakes) auseinandersetzen, ohne auf ihren „festen Stamm" rekurrieren zu können, wäre die Wahrscheinlichkeit hoch, dass sie ihre aktive Mitgliedschaft frustriert beendet. In diesem Fall könnte sie zwar darauf verweisen, sich den anderen Mitgliedern im Rahmen ihrer Persona selbst offenbart zu haben, sie müsste aber zugleich erkennen, dass ihre Öffnung durch die Anderen nicht erwidert wird. Ihr Prozess der Selbstoffenbarung wäre dann gescheitert. Dem ist aber nicht so. Ünay macht in ihrer Selbsterzählung deutlich, dass sie sich auch nach der reflektierenden Prüfungsphase ihrer erworbenen Anerkennung durch feste *Forenpartner* bewusst ist, was sie dazu führt, auch in Zukunft bei Vaybee.de aktiv bleiben zu wollen. Gleichwohl zieht sie sie Schlussfolgerungen aus ihrer Prüfungsphase, die zur Veränderung ihres Verhaltens in der Online-Community führen.

4.4.2.4 Konsolidierungsphase: „Irgendwann merkt man: Das muss gar nicht von heute auf morgen passieren"

„Ich versuche nicht mehr, den Einzelnen zu überzeugen. Wenn ich merke, der ist partout dagegen, will partout diese Ansichten nicht teilen, dann lasse ich den außen vor. Irgendwann merkt man: Das muss gar nicht von heute auf morgen passieren, sondern zwei Monate später, sechs Monate später (…), dann schreibe ich die manchmal an und sage ‚Leute, wie war das eigentlich, ich kann mich noch erinnern', dann heißt es: ‚ja, stimmt, du hattest recht' oder: ‚ja, wir haben uns das überlegt und es war so' oder: ‚wir haben das erlebt und haben gemerkt, es war doch nicht so'" (Ünay, 960-969).

Ünay beschreibt das Ergebnis ihrer Prüfungsphase als persönlichen Entwicklungsschritt, den sie gemacht hat: „Ich versuche nicht mehr, den Einzelnen zu überzeugen. Wenn ich merke, der ist partout dagegen, will partout diese Ansichten nicht teilen, dann lasse ich den außen vor". War ihr Verhalten vor und während ihrer Community-Krise noch stark *emotionalisiert*, indem sie versucht hat, die anderen Mitglieder ihrer Foren von ihrem Standpunkt, der durch ihre Mischkulturerfahrungen geprägt ist, zu überzeugen, auch wenn diese unterschiedlicher Meinung sind, so hat sich ihre Haltung mittlerweile geändert. Sie kann als *distanzierte Gelassenheit* gekennzeichnet werden. Ihren persönlichen Anspruch, sich über erfolgreiche Überzeugungsarbeit in der Online-Community selbst verwirklichen zu wollen, hat sie keineswegs aufgegeben. Allerdings ist ihr bewusst geworden, dass sie für sich den Weg dorthin verändern muss, wenn sie Frustrationserlebnisse vermeiden will. Diese Frustration wird insbesondere durch ihre Foren-Gegner hervorgerufen: Traditionalisten auf der einen, Faker auf der anderen Seite. Während sie gegen letztere aus ihrem eigenen Handeln heraus kaum etwas erreichen kann – Fakes zu verhindern, stellt eher eine technische Herausforderung für Online-Communities dar, die für diese Zwecke ein „digitales Identitätsmanagement" (Döring 2003[2], 344f.) betreiben können –, stellt sie für die erste Gruppe fest: Der Erfolg ihrer Überzeugungsarbeit muss sich gar nicht unmittelbar einstellen,[13] sondern kann für sie auch „zwei Monate später, sechs Monate später" offenbar werden. Um die Auswirkungen ihres Handelns auf andere zu *evaluieren*, schreibt Ünay dann manchmal die Mitglieder, mit denen sie im Disput lag, über das interne E-Mail-System von Vaybee.de an und fragt „wie war das eigentlich, ich kann mich noch erinnern". Über die Antworten sagt sie: „Dann heißt es: ‚Ja, stimmt, du hattest recht' oder ‚ja, wir haben uns das überlegt und es war so' oder ‚wir haben das erlebt und haben gemerkt, es war doch nicht so'". Deutlich wird an Ünays Zitat, dass ihre Suche nach sozialer Anerkennung bestimmendes Moment der Selbstthematisierung ihrer Community-Mitgliedschaft – auch nach ihrer kritischen Reflexionsphase (Prüfung) – bleibt. Freilich steht die Anerkennungssuche heute für sie auf einem anderen, und zwar sichereren Fundament, d.h. es ist die Vertrauensbeziehung zu ihren Online-Freundschaften, die ihr so viel Selbstanerkennung zu verleihen scheint, dass sie auf Konflikte mit anderen im Forum mit größerer Distanz und Gelassenheit reagieren kann. Gleichwohl zeigt sich, dass sich das Anerkennungsthema damit für sie nicht erledigt hat, denn trotz hoher Wertschätzung, die sie durch ihre Online-Freunde erhält, kann sie offenbar auf die Aufmerksamkeit von und die positive Bewertung durch weitere Community-Mitglieder nicht verzichten. Dies wird anhand der Thematisierung ihrer Evaluation sichtbar, die sie auch noch nach Monaten betreibt, um eine Rückmeldung über den „Erfolg" ihrer Überzeugungsanstrengungen zu bekommen. Ünays Erfahrung, selbst in ihrer Mischkultur-Community Vaybee.de keine *Gewähr* dafür zu haben, in selbstverständlicher Weise für ihre Leistungen (Hilfestellungen, Ratschläge, Moderation etc.) Wertschätzung zu erhalten, signalisiert ihr offenbar, sich für ihre Anerkennungssuche nicht alleine auf eine Gruppe fokussieren zu dürfen. Um ihr Gefühl von Anerkennung zur Entfaltung kommen zu lassen, ist sie dagegen auf die Aktivierung unterschiedlicher Beziehungen zu Personen angewiesen, die jeweils verschiedener Strategien bedürfen, um Wertschätzung zu generieren.

---

13 Unmittelbare (erfolgreiche) Rückmeldung von anderen Usern ist in Kommunikationsforen zweifellos der bevorzugte Kommunikationsmodus, weil bei zeitlicher Verzögerung der betreffende Thread von der aktuellen Bildschirmseite verschwindet, in den Archivbereich gestellt wird und somit von den anderen Mitgliedern in Vergessenheit geraten könnte.

4.5 Duru, 25 Jahre

Der Interviewkontakt zu Duru ist über das Netzwerk der türkischen Informanten zustande gekommen. Duru ist Jurastudentin. Sie ist 1980 in Deutschland geboren und hat einen Teil ihrer Kindheit bei ihrer Großmutter in der Türkei verbracht. Ihre Eltern sind in der Türkei geboren. Duru ist ledig und sie besitzt die deutsche Staatsangehörigkeit. Sie gibt an, dass sie in der Regel alle zwei Jahre in die Türkei reist, um dort Urlaub zu machen. Im Internet kennt sie zwei türkische Online-Communities: Bizimalem.de und Vaybee.de. In letzterer ist sie auch seit etwa einem Jahr Mitglied. Im Interview erzählt sie, dass sie täglich nachschaut, ob sie neue und interessante Inhalte entdeckt, allerdings schreibt sie durchschnittlich nur etwa einmal im Monat einen eigenen Beitrag für die Foren. Das Interview findet an ihrem Studienort statt.

4.5.1 Zugehörigkeitserfahrungen und Zugehörigkeitsverständnis

„Das hat mich so an meine Kindheit und auch an diese konservative traditionelle Erziehung erinnert"

„Es ging um ein Verwaltungsgerichtsurteil bei den Eltern eines 10-jährigen Jungen darüber, also die haben geklagt, weil sie den Schwimmunterricht nicht für Pflicht, also sie wollten ihren Sohn davon befreien, und ehm, diese, also die hatten keinen Erfolg mit der Klage und da hatten einige halt hingeschrieben, dass sie das durchaus legitim finden, wenn die Kinder halt nicht zum Schwimmunterricht gehen und das hat mich so an meine Kindheit und auch an diese konservative, traditionelle Erziehung erinnert und das hat mich sehr wütend gemacht, dass auch junge Menschen noch so denken können, nach wie vor, dass sie sagen ‚ja, es ist doch okay, nach wie vor, was ist schon dabei?' Nicht dass dann, es hat mich wütend gemacht, dass man Kindern auch dieses einimpft irgendwie, diese Geschlechtlichkeit zum Beispiel, das hat mich so wütend gemacht, dass ich unbedingt was schreiben musste" (Duru, 29-40).

Duru erzählt, dass sie in der Vaybee-Community eines Tages einen Thread über das Thema „Schwimmunterricht für Muslime" entdeckt hat. Es habe ein Verwaltungsgerichtsurteil gegeben (Juni 2005), weil die muslimischen Eltern eines 10-jährigen Jungen auf Befreiung ihres Sohnes vom Schwimmunterricht geklagt hatten. Ihre Klage haben die Eltern mit den religiösen Vorschriften des Korans und den islamischen Werten begründet (Spiegel Online 01.06.2005, URL: http://www.spiegel.de/schulspiegel/0,1518,358424,00.html; Stand: 06.09.2007): Der Anblick von Mädchen in Badeanzügen und Bikinis könne bei dem Jungen einen religiösen Gewissenskonflikt auslösen. Allerdings hat das Verwaltungsgericht die Klage auf Befreiung abgewiesen. Einige Teilnehmer des Threads, sagt Duru, hätten gepostet, dass sie es „durchaus legitim finden, wenn die Kinder halt nicht zum Schwimmunterricht gehen". Und diese Postings haben sie „sehr wütend gemacht". Dies hat mehrere Gründe:

1) Sie erinnert sich an ihre teilweise in der Türkei verbrachte „Kindheit und auch an diese konservative, traditionelle Erziehung". Wie im Verlauf dieser Fallanalyse im Kontext noch genauer darzustellen sein wird, hat Duru im Alter von fünf bis sieben Jahren eine türkische Schule besucht. Diese Zeit ist ihr negativ in Erinnerung geblieben, weil sie unter einer „konservativen, traditionellen" Erziehungspraxis zu leiden hatte. Das Erziehungsverständnis der klagenden Eltern setzt sie mit dieser Praxis gleich. Auch sie handeln konservativ und traditionell, wenn sie ihren Sohn aus religiösen Gründen vom Schwimmunterricht ausschließen wollen. Für Duru sind die Personen, die dem Verhalten der Eltern im Forum zustimmen, aber nicht nur deshalb zu kritisieren, weil sie selbst schlechte Erfahrungen mit dieser Erziehungspraxis in der Türkei gesammelt hat und ihr machtlos ausgeliefert war.

2) Der zweite wesentliche Grund ist, dass die bejahenden Beiträge gerade von Personen geschrieben werden, die einer neuen Generation von Türken angehören. Duru macht es wütend, dass Personen dieser Generation, zu der sie ja auch selbst gehört, eine solche traditionelle muslimische Tradition ohne Weiteres übernehmen, und diese in eine moderne bzw. posttraditionale Alltagswelt in Deutschland übertragen wollen, die für dieses Verständnis von Tradition keinen passenden Rahmen mehr bietet. Indem sie sich wundert, dass „auch junge Menschen noch so denken können, nach wie vor", weist sie darauf hin: Die Haltung der Mitglieder, die in den zustimmenden Postings zum Ausdruck kommt, ist nicht mit dem Alter der Verfasser zu erklären, vielmehr dadurch, dass sie einer bestimmten *Denkrichtung* folgen, die generationenübergreifend zu sein scheint. Diese Denkrichtung folgt einem Verständnis von Tradition, das diese unangetastet lässt, was bedeutet, „nach wie vor" eine bestimmte traditionelle (Erziehungs-)Praxis zu befolgen, und zwar in einer Form, die auch keine Alternativen zulässt. In den Köpfen einiger Mitglieder sowie in deren Handeln überdauert ein überkommenes Verständnis von Tradition, das ignoriert, dass sich längst die Bedingungen für die Überlieferung von Tradition verändert haben. Durch die Migration von der Türkei nach Deutschland lassen sich – wegen des damit verbundenen Modernisierungssprungs – angestammte religiöse Traditionen bzw. Handlungsweisen aus dem Kulturkreis des Herkunftslandes im Alltagsleben des Ziellandes nicht mehr rechtfertigen. Wenn von Anderen in der Online-Community nun dennoch die Befreiung vom Schwimmunterricht mit Verweis auf islamische

Werte legitimiert und gefordert wird, dann ist dies für Duru nur mit dem Umstand zu legitimieren, dass die betreffenden User ihre Position in einer Art und Weise darstellen, welche sie als *gerechtfertigt* akzeptieren könnte. Eine solche Forderung kann also in einer modernen Gesellschaft nicht mehr mit dem vermeintlichen höheren religiösen Gebot gesetzt und eine Diskussion darüber unterbunden werden. Freilich setzt dies trotzdem die *Reflexion* der veränderten Bedeutung von muslimischer Tradition voraus. Und wenn die von ihr kritisierten Mitglieder sagen: „Ja es ist doch okay, nach wie vor, was ist schon dabei?", deutet dies für sie eher auf mangelnde Reflexion hin.

3) Duru verurteilt an den traditionalistischen Postern im Forum insgesamt aber nicht nur deren mangelnden Reflexionswillen bzw. mangelnde Reflexionsfähigkeit. Sie macht es darüber hinaus wütend, dass „man Kindern auch dieses einimpft, irgendwie, diese Geschlechtlichkeit zum Beispiel". Die negativ besetzte Erinnerung an die „konservative, traditionelle Erziehung" in ihrer Kindheit bringt Durus Unmut über ihr damaliges passives Ausgeliefert-Sein zum Ausdruck. Ihre Kritik an der Einimpfung dieses Konzepts von Geschlechtlichkeit, die sie sowohl im Verhalten der Eltern als auch in einigen Beiträgen im Forum findet, kann als Analogie zu ihrer eigenen biografischen Erfahrung gesehen werden. In ihrer Selbsterzählung sieht sie den 10-jährigen Jungen in einer Lage, die mit ihrer damaligen vergleichbar ist. Auch er ist nämlich einer „konservativen, traditionellen Erziehung" unterworfen. Dies ist der Grund, warum Duru so wütend wird und weshalb sie „unbedingt was schreiben musste". In gewisser Weise übt sie deshalb stellvertretend für den Jungen Kritik an der überkommenen Form der Tradition und ihrer Vermittlung im Alltagsleben. Die Thematisierung ihrer biografischen Erfahrungen weist somit auch auf den *diachronen Biografisierungsaspekt* hin, der in Durus Mitgliedschaft zur Vaybee-Community enthalten ist. Versteht man das Internet als neuen Kultur- und Lebensraum, den Menschen auch dafür benutzen, sich zu orientieren, dann lassen sich in Online-Communities sowohl „synchrone als auch diachrone Orientierungsformate" (Marotzki 2007) ausmachen. An dieser Stelle sollen lediglich die diachronen Orientierungsformate interessieren: Sie können *gemeinschaftsorientiert* sein, wenn es darum geht, dass das Individuum sich seiner kollektiven Zugehörigkeiten vergewissert. Dadurch, dass im Schwimmunterrichts-Thread Aspekte thematisiert werden, die die spezifischen Aufwachsbedingungen von jungen türkischen Migranten der zweiten und dritten Generation in Deutschland beinhalten, mithin auch das Spannungsfeld zwischen traditionellen (islamischen) Werten und modernem Lebensstil, ist der Thread prinzipiell für Duru Ankerpunkt gemeinschaftsorientierter biografischer Arbeit. Wie auf den folgenden Seiten noch deutlicher werden soll, verfügt Duru über eine „prekäre" Zugehörigkeit, die für sie

ein Selbstverständnis zur Folge hat, in dem sie den Einfluss von scheinbar
einander widersprechenden natio-ethno-kulturellen Identitätsfacetten in
Passung zu bringen versucht: diese Identitätsfacetten konkretisieren sich für
Duru in Zugehörigkeitserfahrungen, die sie im deutschen wie im „konservativen, traditionellen" türkischen Kontext gesammelt hat. Wenn sie sich im
Vaybee-Forum in die Schwimmunterrichts-Diskussion einschaltet und die traditionelle Erziehungspraxis kritisiert, vergewissert sie sich dadurch zugleich
ihrer gemeinschaftlichen Wurzeln – sowohl derjenigen in der Türkei, die sie
in diesem Teil ihrer Selbsterzählung sehr skeptisch betrachtet, als auch derjenigen in Deutschland. Indem sie sich ihrer vergewissert, kann sie immer
auch ihr hybrides Zugehörigkeitsverständnis überdenken und eventuell neu
konstruieren. Diachrone Orientierungsformate können aber auch individuell
sein, wenn der Einzelne „an seiner biographischen Kontinuität" arbeitet bzw.
sich seine „biographischen Wurzeln" (ebd., 95) zu verdeutlichen versucht.
Eine solche individuelle Vergewisserung der biografischen Wurzeln wird
ebenfalls im genannten Zitat sichtbar, denn aufgrund der Beiträge über die El-
tern-Klage erinnert sich Duru an ihre persönliche „konservative, traditionelle
Erziehung" und schließt daraus, inwieweit diese mit ihrem heutigen Selbstverständnis in Übereinstimmung zu bringen ist. Ein weiteres Kennzeichen
ihrer Erinnerungsarbeit ist in diesem Zusammenhang zu beobachten: Indem
sie sagt, dass sie im Forum „unbedingt was schreiben musste", wird in der
individuellen Erinnerungsleistung zugleich deren *soziale Kontextualisierung*
deutlich (vgl. Halbwachs 1985). Duru will mithilfe von Beiträgen, die sie an
andere richtet, ihre Erinnerungen nicht verkapselt lassen, sondern mit der
Community teilen. Ihre Erinnerung bekommt dadurch neue Relevanz in der
Gegenwart, weil sie ihre Vergangenheit zusammen mit anderen interpretiert.
Anlass dafür ist der Thread in der Vaybee-Community. In der Online-
Community kann sie ihr Erinnern somit als aktiven sozialen Prozess zur
Entfaltung kommen lassen, durch den sich prinzipiell auch immer die Gestalt
des Erinnerten verändert.

„Und das hat auch mich zu dem gemacht, was ich bin, und das ist eben so ein
Mix aus beiden"

„Also, für mich gab es zwei Extreme: Ich war in einer Dorfschule, wo wir sogar
Holz mit in die Schule genommen haben und zwei Klassen in einem Unterricht
unterrichtet worden sind, wo wir richtig, also schon nationalistisch angehaucht erzogen worden sind. Wo wir Uniformen tragen mussten, wo wir freitags die Nationalhymne aufsagen mussten, und dann kam ich in einen deutschen Kindergarten, ähm,
mit ganz vielen Bildern und vielen Fenstern und pädagogisch freundlichen Lehrern,
und das hat mich immer total geprägt und darüber habe ich mir schon immer

Gedanken gemacht. Und das hat auch mich zu dem gemacht, was ich bin, und das ist
eben so ein Mix aus beiden eben" (Duru, 243-251).

Duru erinnert der Vaybee-Thread über die Klage auf Befreiung vom Schwimmunterricht an ihre „konservative, traditionelle Erziehung" in der Türkei. In ihrer
Selbsterzählung stellt diese aber nur *einen*, wenn auch wichtigen, Aspekt ihrer
Kindheitserinnerung dar. Denn für sie gab es zwei Extreme: Sie wurde in
Deutschland geboren und hat einen Teil ihrer Kindheit bei ihrer Großmutter in
der Türkei, in dörflicher Atmosphäre, verbracht. Im Alter von fünf Jahren ist sie
dort eingeschult worden: „(…) Ich war in einer Dorfschule, wo wir sogar Holz
mit in die Schule genommen haben und zwei Klassen in einem Unterricht unterrichtet worden sind, wo wir richtig, also schon nationalistisch angehaucht,
erzogen worden sind. Wo wir Uniformen tragen mussten, wo wir freitags die
Nationalhymne aufsagen mussten". Aus ihren Erfahrungen in der türkischen
Dorfschule speisen sich ihre Erinnerungen an die kritisierte „konservative,
traditionelle" Erziehungspraxis. Duru erzählt an anderer Stelle, dass ihre Eltern
sie nach zwei Jahren wieder nach Deutschland geholt haben, wo sie in den
Kindergarten kam, „mit ganz vielen Bildern und vielen Fenstern und
pädagogisch freundlichen Lehrern". Die Erfahrung des Wechsels vom einen zum
anderen Erziehungs- und Bildungssystem ist für sie besonders einschneidend.
Stellt sich das eine ihr gegenüber als traditionalistisch, streng, und herzlos dar,
erscheint das andere modern, weltoffen und pädagogisch fortgeschritten. Ihre
Extremerfahrungen in diesen beiden sehr unterschiedlichen Bildungs- und
Sozialräumen haben sie, sagt Duru, schon „immer total geprägt" (Duru, 250). Sie
haben sie zu dem gemacht, „was ich bin, und das ist eben so ein Mix aus beiden
eben". Duru sieht ihre Identität auf zwei biografischen Referenzsystemen basie-
rend: dem türkischen und dem deutschen. In Verbindung mit beiden hat sie identitätsrelevante Erfahrungen erworben. Indem sich Duru in der Reflexion ihres
Selbst mit den beiden Kontexten ins Verhältnis setzt, stellt sie sie zugleich als
Kontexte dar, in denen sie individuelle *Zugehörigkeitserfahrungen* sammelt,
denn beide haben inkludierende wie exkludierende Wirkungen auf sie. In ihrer
Selbsterzählung hat in diesem Verständnis der türkische Kontext negative
Zugehörigkeitserfahrungen zur Folge, weil sie sich selbst dort als nicht
zugehörig wahrnimmt. Die Repressionen, denen sie durch die Erziehungspraxis
in der Dorfschule unterworfen war, sind denn auch Anlass für sie, sich distanziert zu ihrem türkischen Zugehörigkeitskontext zu positionieren. Im Vergleich
dazu macht sie im deutschen Kontext positive Zugehörigkeitserfahrungen, denn
dort empfindet sie sich einerseits als Mensch anerkannt; andererseits kann sie
ihrer Anwesenheit im deutschen Schulsystem nur Zustimmung abgewinnen.
Sowohl positive wie negative Zugehörigkeitserfahrungen sind konstitutiv für

Durus Zugehörigkeitsverständnis; beiden rechnet sie einen hohen Stellenwert bei. Dies zeigt sich daran, dass sie erst gar nicht den Versuch macht, weder die einen noch die anderen Erfahrungen in der Bedeutung für ihr Selbst zu relativieren. Ihr Satz „Und das hat auch mich zu dem gemacht, was ich bin, und das ist eben so ein Mix aus beiden eben" gibt auf diese Weise zu verstehen, dass sie sich selbst gerade wegen ihrer disparaten gemeinschaftlichen Wurzeln in ihrem So-geworden-sein akzeptiert.

> „Ja, die Anderen haben uns gemalt, die Kinder, und dann haben die mich da gemalt, mit schwarzen Locken und so, da habe ich mir das angeguckt, so sehen die mich, die sehen mich als anders aussehend, das hatte ich, da wurde mir bewusst: Du bist nicht so wie die anderen. Oder ich, es ist mir sehr unangenehm teilweise, wo ich dachte, oh Gott, das gibt es nicht, wo ich dann in der Grundschule von meiner Mama abgeholt war und sie so mit ihrem Kopftuch so nach hinten kam und ich die ganzen anderen deutschen Kinder gesehen habe, die dann auch geguckt haben, wo die Mütter dann anders aussahen und so, und da habe ich zum Beispiel mich als Kind schon ein bisschen so ausgegrenzt gefühlt und war dann nicht so stolz irgendwie, solche Sachen halt" (Duru, 321-330).

Duru thematisiert, dass sie in ihrer Kindheit in Deutschland positive Zugehörigkeitserfahrungen gemacht hat. Aber auch das Gegenteil ist der Fall. Um dies zu verdeutlichen, erzählt sie von zwei Situationen in ihrer Kindheit, und zwar *erstens* von ihrer Zeit im Schulkindergarten: Im Rahmen eine Malaktion wurde jedes Kindergartenkind von den jeweils anderen auf einer Tapete gemalt: „und dann haben die mich da gemalt, mit schwarzen Locken und so". Die *zweite* Situation handelt von ihrer Grundschulzeit. Wenn sie von ihrer Mutter abgeholt wurde „und sie so mit ihrem Kopftuch so nach hinten kam", wurde ihr deutlich, dass die Mütter der anderen „deutschen" Kinder anders aussahen. Duru macht in beiden Situationen – im Interview erzählt sie noch weitere in dieser Art – ethnische Differenzerfahrungen. Sie erkennt, dass sie von dem Idealbild des *typisch deutschen* vor allem aufgrund körperlicher Merkmale abweicht. Auf diese Weise thematisiert sie ebenfalls in beiden Situationen individuelle Erfahrungen von *Rassismus*. In der ersten Situation werden ihr diese nicht etwa über eine gestische oder verbale Äußerung (z.B. „Du Ausländer") vermittelt, sondern über ein bildliches Symbol: ein Mädchen mit „schwarzen Locken" – obwohl Duru eigentlich braune Haare hat. „Schwarze Locken" signalisieren ihr „die sehen mich als anders aussehend", weil eine Nicht-Deutsche typischerweise schwarzhaarig dargestellt wird. „Schwarze Locken" zeigen ihr an, dass sie von den anderen Kindern als nicht-dazugehörig, als fremd betrachtet wird. Die gilt auch für die zweite Situation in der Grundschule. Hier wird ihr kommunikativ durch Blicke der anderen Kinder auf die Kopftuch tragende Mutter vermittelt, dass sie keine typische Deutsche, vielmehr Nicht-Deutsche ist. Mit ihren Rassismuserfahrungen thematisiert Duru auch die Frage ihrer sozialen Anerkennung: Die *Anerkennung*, die sie sich von den anderen Kindern, aber auch vom deutschen Schulsystem erhofft hat, wird ihr verwehrt. Die Folge ist in der Grundschulsituation, dass sich Duru „schon ein bisschen so ausgegrenzt gefühlt" hat. Ihre eigentlich positiven Zugehörigkeitserfahrungen, die sie zunächst beim Wechsel von der traditionellen türkischen Dorfschule in das moderne, „pädagogisch freundliche" Erziehungs- und Bildungssystem in Deutschland gesammelt hat, wandeln sich nun ins negative. Konnte sie vorher stolz sein, endlich als Mensch akzeptiert zu werden, fühlt sie sich jetzt aufgrund ihrer persönlichen Rassismuserfahrungen gekränkt: „und (ich, K.U.H.) war dann nicht so stolz irgendwie".

„Ich denke, ich bin Deutsche, ich hab' 'ne deutsche Staatsangehörigkeit, ich fühle mich mit Deutschland auch verbunden. Wenn ich irgendwo auf der Welt in Australien oder sonst wo Türken treffen würde, würde ich mich unheimlich freuen und auch wenn ich Deutsche treffen würde, würde ich mich freuen, weil ich wüsste ‚ah, das sind welche von uns'. Aber ich hätte nicht das Gefühl, dass es umgekehrt so ist. Und das ist das was einen dann schon so ein bisschen zurückstößt" (Duru, 331-337).

Duru ist in formeller Hinsicht Deutsche, weil sie die deutsche Staatsangehörigkeit besitzt. Sie sagt aber auch, dass sie sich mit Deutschland „verbunden" fühlt. Paul Mecheril (2003) versteht „Verbundenheit" – neben „Mitgliedschaft" und „Wirksamkeit" – als konstituierenden Aspekt von „natio-ethno-kultureller (Mehrfach-)Zugehörigkeit". Die Äußerung natio-ethno-kultureller Verbundenheit hebt den Aspekt der „sinnhaften Positionierung" (ebd., 226) hervor. Das Verbundenheitsmoment kennzeichnet, so Mecheril, „aus der idealtypischen Perspektive des Einzelnen Bedingungen, Phänomene und Konsequenzen der Einbezogenheit des Individuums in ein natio-ethno-kulturelles Wir" (ebd.), welches freilich von den Individuen als solches konstruiert wird. Wenn Duru sagt, dass sie sich Deutschland verbunden fühlt, dann drückt sich dadurch der Stellenwert aus, den sie dem Zugehörigkeitskontext in ihrem Selbstverständnis einräumt. In Durus Perspektive heißt dies: Sie versteht sich eingebunden in die Wir-Gruppe der Deutschen, denn wenn sie andere Deutsche „irgendwo auf der Welt" treffen würde, wüsste sie „ah, das sind welche von uns". Insofern drückt sie in ihrer Selbsterzählung eine positive Verbundenheit zum deutschen Zugehörigkeitskontext aus. Allerdings hat sie gegenwärtig ebenso den Eindruck, dass die positive Wertschätzung, die sie dem deutschen Kontext persönlich entgegenbringt, nicht im gleichen Maße erwidert wird: „Aber ich hätte nicht das Gefühl, dass es umgekehrt so ist". Von der Mehrheitsgesellschaft wird ihre Verbundenheit aus ihrer Sicht gar nicht anerkannt. Zusammen mit ihren Kindheitserinnerungen zeigen Durus Selbstthematisierungen somit eine biografische Kontinuität auf, wenn es um die Bedeutung ihres deutschen Zugehörigkeitskontextes geht. Sowohl gegenwärtig als auch in ihrer Kindheit hat er *mehrwertigen* Charakter. Während sie einerseits formelles Mitglied des deutschen Kontextes ist und mit ihm auch positive Zugehörigkeits- und Verbundenheitserfahrungen assoziiert, macht sie zugleich negative Zugehörigkeits- und Verbundenheitserfahrungen, weil ihr die fraglose Zugehörigkeit und somit Anerkennung verwehrt wird. Biografische Kontinuität haben für sie auch die emotionalen Folgen fehlender Anerkennung, denn sowohl in der Erinnerung an ihre Kindheitserfahrungen als auch heute spricht sie davon, sich verletzt und zurückgestoßen zu fühlen. Mehrwertigkeit drückt sich in Durus Zugehörigkeitsverständnis aber nicht nur mit Blick auf Deutschland aus, sondern auch auf den türkischen Kontext.

„Und je älter ich werde, merke ich, dass ich so eine eigene Identität aufbaue"

> „Ich habe gemerkt, dass ich, je älter ich werde, mich immer mehr verbunden fühle mit einigen Sachen. Das heißt, ich hatte 'ne Zeit, so mit 20, 21, da habe ich gedacht ,ach das ist alles schlecht und das ist alles so frauenverachtend und das ist alles so konservativ' und ich wollte mich gegen all das wehren, was ich für mich als Druck verbunden habe, empfunden habe und was auch mit der Religion zu tun hat, dass es ja auch so orthodox ist, ich bin ja sunnitisch-orthodox, es gibt keinen Kompromiss, entweder sind Dinge verboten oder sie sind erlaubt. Und ich habe damals immer versucht, dagegen anzukämpfen, mich dagegen zu sträuben, und je älter ich werde, merke ich, dass ich so eine eigene Identität aufbaue, indem ich meine Herkunft nicht leugne und auch dazu stehe und auch weiß, dass es nicht schlecht, es nichts abwertendes ist, und gleichzeitig aber auch, ehm, ja, dass ich trotzdem mich von meiner Lebensart jetzt nicht gravierend von der Lebensart und -weise einer deutschen gleichaltrigen Person, unterscheidet sich das nicht so" (Duru, 359-372).

Duru beschreibt in ihrer Selbsterzählung eine Veränderung ihres Zugehörigkeitsverständnisses im Hinblick auf den türkischen Kontext. Als ein Ergebnis der Reflexion ihres Verhältnisses zur Türkei stellt sie fest, „dass ich, je älter ich werde, mich immer mehr verbunden fühle mit einigen Sachen". Im Alter von 20 oder 21 Jahren war dies aber noch anders: Zu dieser Zeit hatte der türkische Kontext für sie frauenverachtenden und konservativen Charakter. Sie nimmt ihn als Kontext wahr, der ihr feindlich gegenübersteht, in dem sie sich selbst nicht als zugehörig betrachtet und sich als weibliche Person nicht entfalten kann. Deshalb nimmt sie eine starke Abwehrhaltung „gegen all das" ein. Was meint sie damit genau? Für ihre negativen Erfahrungen macht sie vor allem verantwortlich, dass sie sunnitisch-orthodox ist. Ihre Glaubensrichtung stellt sie als religiöse Tradition dar, die „keinen Kompromiss" kennt: „Entweder sind Dinge verboten oder sie sind erlaubt". Mit diesem Entweder-oder will sie sich nicht identifizieren, und zwar deshalb nicht, weil sie in ihrem deutschen Lebensalltag einen Zugehörigkeitskontext erfährt, der ihr die durch ihre Religionszugehörigkeit verstellten Freiräume erst öffnet. Sie ist zwar in ihrer Kindheit mit der sunnitisch-orthodoxen Tradition in der Türkei aufgewachsen. Spätestens aber mit der Migration nach Deutschland stellt sie das Entweder-oder in Frage, weil sie für sich bemerkt, dass sich ihr hier ein alternativer Raum der Sinnsuche öffnet. Dieser entsteht aufgrund des Hinzutretens des deutschen Zugehörigkeitskontextes seit ihrer Zeit im Schulkindergarten. Mit 20 oder 21 Jahren versucht sie, ihren türkischen Zugehörigkeitskontext – symbolisiert durch das sunnitisch-orthodoxe der religiösen Tradition – so weit auf Distanz zu bringen, dass er seine Wirkung auf sie verliert: „Ich habe damals immer versucht, dagegen anzukämpfen, mich dagegen zu sträuben". Duru versucht, die Bedeutung ihres für sie „frauenverachtenden", „konservativen", „kompromisslosen" Zugehörigkeitskontextes mithilfe des anderen Kontextes zu relativieren, der für sie zwar ebenfalls negative Seiten aufweist. Dies sollte anhand der Interpretation ihrer negativen Zugehörigkeitserfahrungen in Deutschland bereits deutlich werden. In diesem Teil ihrer Selbsterzählung wird er aber vor allem positiv charakterisiert, und zwar, indem sie ihre eigene Lebensart mit der „Lebensart und -weise einer deutschen gleichaltrigen Person" gleichstellt. Allerdings stellt sie ihren Versuch, sich vom türkischen Zugehörigkeitskontext zu entfernen, lediglich als bereits überholte Entwicklungsphase in ihrer Biografie dar. Denn mittlerweile, je mehr Lebenserfahrung sie sammelt („je älter ich werde"), hat sie sich in ihrem Selbstverständnis weiterentwickelt. Heute stellt sie fest, dass sie eine „eigene Identität" aufbaut. Duru beschreibt damit das als neuen Weg ihrer Sinnsuche, was in der gesellschaftstheoretischen Debatte als Kennzeichen einer posttraditionalen Gesellschaft markiert wird, nämlich den zurückweichenden Einfluss der Tradition, womit sich auch die Grundlage für die Konstruktion unserer Identität verändert. Für Duru ist es ihre Migration nach Deutschland, die zwar nicht dazu führt, dass die religiöse, sunnitisch-orthodoxe Tradition verschwindet, die es ihr aber erlaubt, in einer nicht-traditionellen Umwelt die Tradition für sich auf den Prüfstand zu stellen. Durch die Relativierung des Einflusses der Tradition ist sie aber nicht etwa frei, sich nach Belieben ihre Identität zu konstruieren, sondern sogar dazu *gezwungen*, sich nun *aktiv* ihrer biografischen und gemeinschaftlichen Wurzeln zu vergewissern. Ihr Begriff der „eigenen Identität", die sie nun aufbaut, zeigt in diesem Sinne an, dass ihr Selbst zuvor von der Macht der Tradition beherrscht wurde. Nun aber hat sie sich von den Fesseln der Tradition bzw. von dem, was sie als „Druck" empfunden hat, lösen können mit der Folge, dass sie einen individuellen Weg der Sinnsuche beschreitet. Die Konstruktion ihrer „eigenen Identität" beinhaltet das Gegenteil von dem, was im Mittelpunkt ihrer früheren Identitätsformation stand: Ihr Selbst ist nicht mehr auf ein Entweder-oder fokussiert, sondern beruht auf dem Sowohl-als-auch. Duru versucht heute aber nicht mehr, wie dies noch mit 20, 21 Jahren der Fall war, gegen ihre „Herkunft", gegen die Tradition anzukämpfen, ja, sie „zu leugnen", vielmehr sagt sie, dass sie „dazu steht". Und sie weiß auch, „dass es nicht schlecht, es nichts abwertendes ist". Warum macht sie heute erneut ihren türkischen Zugehörigkeitskontext für ihr Selbstverständnis stark? Betrachtet man ihre negativen Zugehörigkeitserfahrungen in Deutschland, kann die Re-Aktivierung des türkischen Kontextes als Reaktion auf Durus Rassismus- bzw. Missachtungserlebnisse gewertet werden. Dies würde also bedeuten, dass sie ihre Verbindung zum türkischen Zugehörigkeitskontext deshalb aufwertet, dort verstärkt Anerkennung sucht, weil ihr diese im deutschen Kontext – zumindest in bestimmten Situationen – verwehrt wird. So plausibel diese Deutung auf den ersten Blick erscheint (vgl. zur These einer Re-Ethnisierung Gröne 2001; Heckmann 1992; Blaschke 1997), sie darf nicht eindimensional missverstanden werden. Denn Durus Selbsterzählung macht zugleich darauf aufmerksam: Die Aufwertung ihres *verschütteten* türkischen Kontextes ist gerade nicht gleichbedeutend mit der Abwertung ihres deutschen Kontextes. Vielmehr versucht sie, dem Interviewer zu verstehen zu geben, dass sich ihr Zugehörigkeitsverständnis nur durch die Aufrechterhaltung beider Pole richtig kennzeichnen lässt: Auf der einen Seite steht sie zu ihrer Herkunft, auf der anderer Seite merkt sie, dass sie sich von ihrer „Lebensart jetzt nicht gravierend von der Lebensart und -weise einer deutschen gleichaltrigen Person" unterscheidet. Während sie Zustimmung zum türkischen Kontext ausdrückt, bejaht sie in gleicher Weise den deutschen Kontext, weil sie sich in ihrer „Lebensart" mit denjenigen Jugendlichen in Deutschland identifiziert, die keinen Migrationshintergrund haben.

> „Aber irgendwann ist es mir klar und bewusst geworden, dass ich nun mal bin, was ich bin und dass ich daran nichts ändern kann und auch nicht sollte unbedingt und dass ich versuche, das beides zu beobachten und auch wirklich für mich das Richtige zu entscheiden. Und dabei lasse ich Einflüsse aus allen verschiedenen Perspektiven zu, dass ist das, was ich dazu sagen kann. Also es ist weder völlig eine Seite, noch ist es ganz die andere Seite" (Duru, 452-458).

Duru thematisiert mehrfach im Interview ihre „prekäre" Zugehörigkeit. Diese zeigt sich bei ihr in Form doppelter Zugehörigkeit wie doppelter Nicht-Zugehörigkeit zum türkischen bzw. deutschen Kontext. Die Wichtigkeit des Zugehörigkeitsthemas für ihr Selbstverständnis wird nicht nur an ihren einschneidenden Zugehörigkeitserfahrungen deutlich und daran, dass diese von ihr an verschiedenen Stellen des Interviews thematisiert werden. Die Bedeutung ihres Zugehörigkeitsstatus zeigt sich auch darin, dass er für sie Anlass zur biografischen Reflexion ist. Während ihre hybride Identität anderen möglicherweise als scheinbar

widersprüchlich erscheint, weil türkischer und deutscher Kontext nicht harmonisch ineinander greifen, ist dies für Duru anders. Wenn Duru sagt „irgendwann
ist es mir klar und bewusst geworden, dass ich nun mal bin, was ich bin", drückt
dies freilich aus, dass sie selbst sehr wohl in der Lage zu sein scheint, einen
stimmigen Bezug zwischen beiden Kontexten für sich herzustellen. In ihrer
Selbsterzählung vermittelt sie, dass die unterschiedlichen Facetten ihres Selbst so
in Passung miteinander gebracht hat, dass sie mit sich selbst zufrieden sein kann.
Keupp u.a. (1999, 263) bezeichnen dieses Gefühl der Stimmigkeit, das hinter
einer für das Subjekt gelungenen Identitätsarbeit steckt, mit dem Begriff der
Authentizität. Erst wenn die individuelle Verknüpfung von nur auf den ersten
Blick Widersprüchlichem für Duru authentisch ist, kann dann auch *Kohärenz* in
der Identitätsbildung entstehen. Mit Keupp u.a. kann darunter aber nicht mehr
eine stabile Identität verstanden werden, worunter die klassische Identitätsforschung einen Zustand der inneren Einheit und Harmonie gesehen hat. In
einem neuen Verständnis von Kohärenz kommt es stattdessen darauf an, „eine
reflexive Achtsamkeit für die Erarbeitung immer wieder neuer Passungsmöglichkeiten" (ebd., 245) zu entwickeln. Es ist diese *reflexive Achtsamkeit*, die im
genannten Zitat im Mittelpunkt steht, allerdings mit Bezug auf den natio-ethno-
kulturellen Kontext. Bereits in der Erzählung über ihre Zeit mit 20, 21 Jahren
wird ihr Versuch deutlich, sich ihrer Passungsarbeit zu vergewissern. Das Ergebnis ihres damaligen Identitätsbildungsprozesses ist, ihre „Herkunft" zugunsten
der vor allem vom deutschen Zugehörigkeitskontext beeinflussten „Lebensart"
herabzusetzen. Ist diese Passungsmöglichkeit für sie zu jenem Zeitpunkt
plausibel, trifft dies heute nicht mehr zu. Stimmigkeit besitzt für sie heute das
Sowohl-als-auch, und zwar deshalb, weil drei Elemente zur Entfaltung kommen:

1) *Sinnhaftigkeit:* Sinnhaft ist für sie die Konstruktion des Sowohl-als-auch, weil
   ihr die ältere Passung vor dem Hintergrund ihrer Alltagserfahrungen nicht
   mehr plausibel genug vorkommt.
2) *Selbstwirksamkeit*: Duru betrachtet sich als selbstwirksam. Sie ist insofern
   überzeugt von ihrer Handlungsfähigkeit, als sie sagt: „Ich versuche, das beides zu beobachten und auch wirklich für mich das Richtige zu entscheiden".
   Sie kann und will die Konstruktion ihres Selbst nicht anderen, z.B. einer
   Gruppe, überlassen, sondern ist davon überzeugt, dass sie selbst am besten
   weiß, was für sie „das Richtige" ist. Dabei ist es für sie von Vorteil, sich
   Wahlmöglichkeiten offen zu halten („Und dabei lasse ich Einflüsse aus allen
   verschiedenen Perspektiven zu"). Mit vielfältigen Optionen für die Verknüpfung von Identitätsbausteinen zu tun zu haben, ist für Duru somit keineswegs
   mit der Gefahr von Orientierungslosigkeit verbunden. Indem sie meint, „das
   Richtige" für sich entscheiden zu können, will sie vielmehr zum Ausdruck

bringen, mit gesellschaftlichen Bedingungen, die nicht mehr durch feste, vorgeformte und traditionelle Lebensentwürfe geprägt sind, sondern durch Vielfältigkeit und Pluralität, kompetent auswählend für die eigenen Zecke umgehen zu können.

3) *Selbstanerkennung*: Duru ist bewusst geworden, dass „ich nun mal bin, was ich bin und dass ich daran nichts ändern kann und auch nicht sollte unbedingt". Sie ist mit sich selbst im Reinen, weil es für sie nicht sinnvoll wäre, ihre mehrwertige Identitätsformation durch Verengung auf ein Entweder-oder bereinigen zu wollen. Und dies *sollte* auch nicht passieren, weil sie ihrer Mehrwertigkeit mittlerweile einen hohen Wert beimisst. Zu sagen „ich bin, was ich bin" macht aber noch einen weiteren Aspekt deutlich: Duru schätzt nicht nur sich selbst hoch ein. Sie könnte ihre Hybridität auch nach außen vertreten. Sie ist, was sie ist, obwohl andere ihren Identitätsstatus vielleicht als diffus betrachten, d.h. sie „steht zu" ihrer Hybridität, und zwar in relativer Unabhängigkeit von dem, was andere von ihr halten mögen.

„Ich bin jemand, der sehr viel nachdenkt über das, was geschieht (...) in Bezug auf Deutschland und Türkei. Vielleicht auch deswegen, weil ich als Kind in der Türkei gelebt habe. Ich bin zwar hier geboren, aber ich war in der Türkei in der Schule und habe schon von klein auf immer diese Vergleiche gezogen und immer geguckt: wie war das in der Türkei in der Schule, wie ist das hier gewesen, und das hat mich alles halt sehr geprägt und ich komme aus einem Elternhaus, bei dem mein Vater zum Beispiel seit unserer Kindheit nur deutsch mit uns spricht. Und damit habe ich mich zum Beispiel von meinen türkischen Mitschülern unterschieden, das war anders, wir haben uns besser ausgedrückt als die" (Duru, 132-142).

Reflexive Achtsamkeit spannt sich für Hybride über zwei oder mehrere natio-ethno-kulturelle Kontexte (vgl. auch die Darstellung Ünays, S. 195ff.). Duru macht darauf aufmerksam, dass der Modus ihrer reflexiven Achtsamkeit *natio-ethno-kulturell spezifisch* ist. Sie erzählt, dass sie „von klein auf immer diese Vergleiche gezogen" hat. Vergleiche zu ziehen ist für sie Begleiterscheinung und logische Konsequenz ihrer Migrationsbiografie. Sie erklärt dies damit, dass sie als Kind in der Türkei gelebt hat: „Ich bin zwar hier geboren, aber ich war in der Türkei in der Schule". Und aus diesem Grund hat sie „immer geguckt: wie war das in der Türkei in der Schule, wie ist das hier gewesen". Sie zieht natio-ethno-kulturelle Vergleiche, und zwar deshalb, weil beide Zugehörigkeitskontexte für sie Relevanz besitzen. Dies gilt prinzipiell für alle (türkischen) Jugendlichen in Deutschland mit prekärer Zugehörigkeit. Im Gegensatz zu denjenigen, die lediglich Urlaubserfahrungen in der Türkei sammeln können, scheinen die Vergleiche zwischen beiden Zugehörigkeitskontexten für Duru gleichwohl besondere Relevanz haben, weil sie sie auf der Basis länger andauernder leiblicher

Erfahrungen des Aufwachsens in beiden Ländern bezieht. Duru thematisiert *zwei Dimensionen* ihrer natio-ethno-kulturellen Vergleiche: Erstens verweist sie auf die Dimension des *Zwangs*. Wenn sie sagt, dass sie von klein auf „immer" diese Vergleiche gezogen hat, dann weist dies darauf hin, dass sie gar nicht anders konnte, als sich immer auch mit dem jeweils anderen Kontext ins Verhältnis zu setzen. Etwas später sagt sie, ihr Aufwachsen sei immer so ein Hin und Her gewesen, „so ein Pendelkind war ich eben" (Duru, 162). Wenn also reflexive Achtsamkeit bedeutet, für die Erarbeitung immer wieder neuer Passungs-möglichkeiten sensibel zu sein, dann ist der natio-ethno-kulturelle Vergleich der Modus für Duru, sich ihrer Reflexion zu bedienen. Die permanenten Vergleiche sind notwendig für sie, damit sie für sich abklären kann, ob ihr hybrider Identitätsbildungsprozess stimmig verläuft bzw. für sie eine authentische Gestalt aufweist. Zweitens verweist sie auf die Dimension der *Selbstanerkennung:* Sie erzählt: Dadurch, dass ihr Vater seit ihrer Kindheit nur deutsch mit ihr und ihren Geschwistern gesprochen hat, habe sie sich von ihren türkischen Mitschülern unterschieden: „Das war anders, wir haben uns besser ausgedrückt als die". Indem sie mithilfe des Vergleichs für die Erarbeitung immer wieder neuer Passungsmöglichkeiten im natio-ethno-kulturellen Kontext sensibel sein muss, setzt sie sich auch mit anderen Personen im Rahmen der unterschiedlichen Zugehörigkeitskontexte ins Verhältnis. Das Zitat macht darauf aufmerksam, dass sie auch hier die Stimmigkeit ihres Selbstverständnisses überprüft, was prinzipiell erhöhte oder verminderte Selbstwertschätzung zur Folge haben kann. Im Fall von Duru ist letzteres der Fall.

4.5.2 Vaybee.de als Ort der Vergewisserung von Zugehörigkeit und sozialer Anerkennung

Duru ist in der Türkei und in Deutschland aufgewachsen. Ihre Selbsterzählung gibt darüber Auskunft, dass sie mit 20, 21 Jahren versucht, ihren türkischen Zugehörigkeitskontext zugunsten des deutschen zu relativieren oder gar zu „leugnen", weil sie sich mit dem „konservativen", „kompromisslosen", „frauen-verachtenden" Charakter, den der türkische Kontext für sie hat und der ihr insbesondere durch die Tradition der sunnitisch-orthodoxen Religion vermittelt wird, nicht identifizieren kann. Dagegen scheint zu dieser Zeit die „Lebensart", die ihr der deutsche Kontext vermittelt, viel eher mit ihrem Selbstverständnis vereinbar zu sein. Mittlerweile aber hat sich Durus Identitätsstatus verändert. Sie thematisiert, dass sie sich ihrer „prekären" Zugehörigkeit bewusst ist. Dies bedeutet, dass sie sowohl im Hinblick auf den türkischen wie den deutschen Kontext doppelt zugehörig wie nicht zugehörig ist: Ihr Zugehörigkeitsverständnis speist sich aus ihren Zugehörigkeitserfahrungen, die zu gleichen Teilen positiv wie negativ sind. Der Türkei fühlt sie sich zugehörig, was sich in ihrer Aussage zeigt: Sie stehe zu ihrer Herkunft und wisse auch, „dass es nicht schlecht, es nichts abwertendes ist". Zugleich fühlt sich dem türkischen Kontext nicht-zugehörig, weil sei negative Erfahrungen mit der „konservativen, traditionellen" Erziehungspraxis in ihrer Schulzeit in der Türkei sammelt. Hinzu kommt aber auch, dass sie in ihrer gegenwärtigen Alltagswelt, vermittelt beispielsweise durch die Forendiskussionen in der Vaybee-Community, immer wieder mit traditionellen Formen der türkischen Tradition negativ in Berührung kommt. Dies wird etwa an ihrer Erzählung über den traditionalistischen Beitrag im Schwimmunterrichts-Thread deutlich, der sie „wütend" macht. Auch dem deutschen Zugehörigkeitskontext fühlt sie sich einerseits zugehörig: So sammelt sie bereits in ihrer Kindheit positive Zugehörigkeitserfahrungen, weil sie von der negativ bewerteten, traditionellen türkischen Dorfschule in das von ihr bejahte weltoffene und pädagogisch fortschrittlich wirkende deutsche Erziehungs- und Bildungssystem wechseln darf. Als positive Zugehörigkeitserfahrung ist zudem zu werten, dass sie sich in ihrer „Lebensart und -weise (mit, K.U.H.) einer deutschen gleichaltrigen Person" identifiziert (Duru, 370-371). Heute sagt sie denn auch, sie fühle sich mit Deutschland „verbunden". Allerdings macht sie auch negative Erfahrungen, die im Hinblick auf ihren deutschen Zugehörigkeitskontext relevant sind: Insbesondere erzählt sie über persönliche Missachtungserfahrungen, die sie bereits in ihrer Kindergarten- und Schulzeit sammeln musste. Und auch gegenwärtig hat sie den Eindruck, dass das Wohlwollen, welches sie „Deutschen" entgegenbringt (Stichwort „Verbundenheit") – gemeint sind Nicht-Migranten –, von diesen nicht im gleichen Maße erwidert wird. Möglicherweise ist die Missachtung, die sie in Deutschland erfährt, auch ein Grund für sie, den türkischen Kontext nach ihrer Lebensphase, die sie mit 20, 21 Jahren hatte, in seiner Bedeutung für ihr Selbst zu überdenken und ihn folglich positiver zu bewerten bzw. in eine neue, gleichgewichtigere Passung zur deutschen Identitätsfacette zu bringen.

In welchem Zusammenhang steht Durus Zugehörigkeitsverständnis mit ihrem Handeln in der deutsch-türkischen Online-Community Vaybee.de? Bereits am Anfang dieser Fallanalyse habe ich auf die synchronen und diachronen Orientierungsformate aufmerksam gemacht (S. 226f.), in deren Rahmen sich Identitätsbildungsprozesse auch in Online-Communities abbilden lassen (vgl. Marotzki 2007). Ich habe Durus Erzählung über den Schwimmunterrichts-Thread zitiert und dargelegt, dass sich darin der Aspekt der Diachronizität sowohl in individueller wie auch in gemeinschaftsorientierter Perspektive feststellen lässt. In gemeinschaftsorientierter Hinsicht thematisiert Duru, dass sie sich aufgrund der traditionalistischen Beiträge ihre „konservative, traditionelle

Erziehung" und damit die negativen Erfahrungen mit ihrem türkischen Zugehörigkeitskontext in Erinnerung rufen musste. Ihre kritische Haltung zu diesen
Beiträgen lässt sich freilich nur mithilfe ihrer Migrationsbiografie erklären, die
dazu geführt hat, dass ihr Leben seit ihrer Kindheit noch durch einen zweiten
Zugehörigkeitskontext, dem deutschen, beeinflusst wird. Erst der spannungsreiche „Vergleich" zwischen diesen beiden Kontexten, zu dem sie von Kind auf
quasi gezwungen wird, ermöglicht ihr den eigenen, skeptischen Blick auf die
Argumente der Klagebefürworter. Auch wenn sie also ihre deutsche Zugehörigkeitsfacette nicht explizit erwähnt, ist diese doch zumindest implizit für Duru
gegenwärtig und aus ihrem Handeln in der Community kaum auszublenden.
Insofern verdeutlicht die erzählte Situation, dass sich Duru vor dem Hintergrund
ihres hybriden Identitätsstatus durchaus *beider* Zugehörigkeitskontexte vergewissert. Durus Erzählung ist aber auch in individueller Perspektive interpretierbar,
wenngleich beide Interpretationslinien nur analytisch voneinander zu trennen
sind: In diesem Sinne kann die von ihr erzählte Situation im Forum als Versuch
angesehen werden, im Zuge ihrer Erinnerung an der Stimmigkeit des eigenen
Selbstverständnisses zu arbeiten, denn erst wenn sie imstande ist, sich auch kritisch
mit der Position der Traditionalisten im Forum auseinanderzusetzen, kann sie sich
der Plausibilität ihrer Entwicklung zur Hybridität vergewissern, mithin Kohärenz
in ihrem Identitätsbildungsprozess herstellen. Nun ist zu fragen, ob sich Durus
Selbsterzählung über ihre Mitgliedschaft bei Vaybee.de auch im Hinblick auf
synchrone Orientierungsformate interpretieren lässt. Die folgenden Ausführungen
sollen zeigen: Dies ist möglich, und zwar weil sich in Durus Selbstthematisierungen deutliche Hinweise dafür finden lassen, dass sich die Vaybee-Community für
sie als Ort darstellt, an dem sie Anerkennungserfahrungen im Hier und Jetzt sammelt, die sich auf ihr hybrides Selbst beziehen lassen. Diese Anerkennungserfahrungen haben freilich vor allem deshalb Relevanz für sie, weil sie sie in der Auseinandersetzung mit anderen Mitgliedern der Community sammelt, die ebenfalls
einen türkischen Migrationshintergrund aufweisen.

4.5.2.1 Entdeckungsphase: „Und da habe ich mir gedacht: Warum macht dir das so viel aus, es sollte mir eigentlich nichts ausmachen"

„Wenn ich manchmal so Talkshows zufällig mal so im Fernsehen sehe, und da
kommt irgend so ein türkischer Typ, der sich so machohaft gibt und so (...). Wenn
ich das dann gucke dann so, ehm, ziehe ich mein Gesicht zusammen und so ‚bitte
sag' das nicht' und er hat es dann doch gesagt, was ich befürchtete, und ich möchte
dann nicht, dass die breite Bevölkerung denkt, sie sind alle so und ich spüre dann,
dass so eine Meinung sich dann irgendwie verbreitet (...). Und da habe ich mir
gedacht: Warum macht dir das so viel aus, es sollte mir eigentlich nichts ausmachen,

aber es hat mich dann so gestört, dass ich gedacht habe, ja jetzt werden alle normal
denkenden Deutschen in Deutschland sich das angucken und sich denken, oh Gott,
nein, Hilfe, was ist das für eine Einstellung und das, solche Sachen zum Beispiel
sind es dann, die mich bewegen und wo ich dann auch denke, es ist auch irgendwie
meine Pflicht, gewisse Sachen gerade zu stellen oder irgendwie auch zu versuchen
das zu vermitteln, weil viele das eben nicht können, und ich glaube schon, dass ich
das vermitteln kann, was ich denke, und darauf kommt es an" (Duru, 84-100).

Duru sagt an einer bereits zitierten Stelle ihrer Selbsterzählung: „irgendwann ist
es mir klar und bewusst geworden, dass ich nun mal bin, was ich bin" (Duru,
452-453; vgl. S. 233). Darin kommt ihre hohe Selbstanerkennung zum Ausdruck, die nicht etwa den einen oder anderen Zugehörigkeitskontext absolut
setzt, also einwertig ist, sondern ihre hybride Identität in den Mittelpunkt stellt.
Um ein stimmiges Bild von ihrem Selbst zu konstruieren, lässt sie „Einflüsse aus
allen verschiedenen Perspektiven" zu (Duru, 456). Ihre mehrwertige Identitätskonstruktion ist somit nicht einfach von einer Gruppe und ihren normativen
Vorgaben vorgeformt worden, wie dies noch in traditionellen gesellschaftlichen
Strukturen selbstverständlich ist. Vielmehr betont Duru die Notwendigkeit, in
selbstverantwortlicher Weise Identitäts*arbeit* leisten zu müssen („ich versuche,
das beides zu beobachten und auch wirklich für mich das Richtige zu entscheiden" – Duru, 455). Auf die Frage des Interviewers, was sie dazu bewegt,
sich mit eigenen Beiträgen in der Online-Community zu beteiligen, sagt Duru:
„Es ist auch irgendwie meine Pflicht, gewisse Sachen gerade zu stellen oder
irgendwie auch zu versuchen das zu vermitteln, weil viele das eben nicht können,
und ich glaube schon, dass ich das vermitteln kann, was ich denke, und darauf
kommt es an" (Duru, 97-100). Auch hier bringt sie ihre Selbstwertschätzung zum
Ausdruck. Sie fühlt sich nicht nur im Reinen mit der Konstruktion ihres mehrwertigen Zugehörigkeitsverständnisses, sondern sie ist auch davon überzeugt,
dass sie anderen gegenüber plausibel machen kann, welche Bedeutung der
Aspekt der Hybridität in der Alltagswelt von türkischen Jugendlichen der
zweiten und dritten Generation einnimmt. Wenn ein für sie falsches Bild ihrer
Mischkultur dargestellt wird, muss sie dann auch schon einmal „gewisse Sachen
gerade (...) stellen". Sie kann diese „Sachen" beurteilen, weil sie selbst im Spannungsverhältnis zweier für sie zeitweise sehr unterschiedlicher Zugehörigkeitskontexte aufgewachsen ist und diese heute konstruktiv aufeinander zu beziehen
in der Lage ist. Gleichwohl macht Durus Selbstthematisierung deutlich, dass die
Voraussetzung für ihr Anerkennungsgefühl nicht alleine Selbstwertschätzung ist.
Duru bedarf auch der *Bewertung durch Andere*, um ihr Selbstverständnis zu
positionieren. Sie bringt dies zum Ausdruck, indem sie beispielhaft von einer
Situation in einer Talkshow im Fernsehen erzählt, in der sich „irgend so ein
türkischer Typ (...) so machohaft gibt". Wenn sie sich das anschaut, entsteht bei

ihr ein Gefühl des Ärgers: „Dann (...) ziehe ich mein Gesicht zusammen und so, ‚bitte sag' das nicht' und er hat es dann doch gesagt, was ich befürchtete". Sie nimmt wahr, dass eine Person aus der Gruppe, der sie sich zugehörig fühlt, – Türken mit Migrationshintergrund in Deutschland – sich öffentlich auf eine Art und Weise darstellt, die sie als unpassend und falsch bewertet. Sie schämt sich für sein Machogebaren, weil sie weiß: der „türkische Typ" in der Talkshow ist nicht repräsentativ für ihre hybride Mischkultur, mithin auch nicht für sie selbst. Vielmehr erwartet sie Anerkennung für ihre hybride Identitätskonstruktion, zu der sie erst beschwerlich finden musste. Zwar verfügt sie über Selbstwertschätzung, diese scheint nun aber gefährdet zu sein, weil sie befürchtet, von anderen pauschal mit einem Bild des Türken identifiziert zu werden, das sich mit ihrem Selbstverständnis so nicht vereinbaren lässt. Wen meint sie mit diesen Anderen? Es ist die „breite Bevölkerung" der Nicht-Migranten – die Mehrheitsgesellschaft. Aus ihrer Perspektive liegt durchaus nahe, nach der Aufmerksamkeit von sowie positiven Bewertung durch die „breite Bevölkerung" zu suchen, denn Duru ist auch ein Teil von ihr. Sie ist Deutsche, besitzt die deutsche Staatsbürgerschaft, lebt in Deutschland und identifiziert sich mit der „Lebensart" der deutschen Jugendlichen, die im gleichen Alter sind. Der deutsche Zugehörigkeitskontext ist ein Teil ihres Selbstverständnisses. Allerdings ist die spezielle, potenziell mithilfe des Macho-Türken erreichte Aufmerksamkeit von ihr unerwünscht. Vor allem wird aber deutlich: Die Bestätigung ihrer Person, die sie von den anderen ihres deutschen Zugehörigkeitskontextes erhält, ist *fragil*. Offenbar kann sich Duru nicht in selbstverständlicher Weise sicher sein, dass sie von den „normal denkenden Deutschen in Deutschland" Wohlwollen entgegengebracht bekommt. Wenn sie befürchtet, alleine wegen der „machohaften" Selbstdarstellung eines Türken im Fernsehen von der Mehrheitsgesellschaft falsch bewertet zu werden, dann zeigt dies, dass ihre Zugehörigkeit zum deutschen Kontext Vorläufigkeitscharakter hat. Sie kann sich nicht als fragloses Mitglied des Zugehörigkeitskontextes betrachten, weil ihre Mitgliedschaft von den anderen quasi jederzeit widerrufen werden kann, es bedarf lediglich des inakzeptablen Talkshow-Auftritts eines ihr unbekannten Türken. Es ist gerade diese Rücknehmbarkeit der Zugehörigkeit, die „prekäre" Zugehörigkeit kennzeichnet (vgl. Mecheril 2003, 301ff.). Mit welcher Art von negativer Bewertung rechnet sie? Duru befürchtet nicht einfach nur, dass die deutsche Mehrheitsgesellschaft das Verhalten des türkischen Machos mit dem der türkischen Hybriden gleichsetzt. Sie befürchtet vor allem, von „den Deutschen" mit Missachtung bestraft zu werden („jetzt werden alle normal denkenden Deutschen in Deutschland sich das angucken und sich denken ‚oh Gott, nein, Hilfe, was ist das für eine Einstellung?'"). Obwohl es sich um eine massenmediale Darstellung handelt und das Macho-Verhalten nichts mit ihrem Benehmen zu tun hat, wundert sie sich selbst, dass es ihr soviel ausmacht. Jedoch muss ihre Reaktion vor dem Hintergrund alltäglicher Rassismuserfahrungen betrachtet werden, unter denen sie auch selbst bereits in Deutschland zu leiden hatte und von denen sie im Interview berichtet. Duru ist sich in diesem Sinne bewusst, dass sie von Nicht-Migranten als anders betrachtet wird und dass diese Andersheit mit Abstammungsmerkmalen und ethnisch-kultureller Zugehörigkeit in Verbindung gebracht. Ihr ist auch klar, dass diese Konstruktion von Differenz mit der individuellen Erfahrung von Benachteiligung, Abwertung und Gewalt verbunden sein kann. Und weil Duru versteht, wie dieses Rassismusmuster (in Deutschland) funktioniert und welche verletzenden Folgen es für sie selbst und andere türkische Jugendlichen haben kann, will sie es erst gar nicht zur Entfaltung kommen lassen. Die mögliche Missachtung ihrer eigenen Person, die die Rezeption des Fernsehauftritts des türkischen Machos zur Folge haben könnte, würde für sie einen Entzug ausgerechnet der *Anerkennung* bedeuten, zu der sie im biografischen Prozess erst schwer hat finden müssen. In solchen Situationen wird Duru die Unsicherheit bewusst, bei der Suche nach sozialer Anerkennung kaum dem deutschen Zugehörigkeitskontext vertrauen zu können. Die Gefahr der Missachtung ist für sie zu groß.

> „Es gab bei Vaybee noch mal so ein Thema über binationale Ehen, das, das jetzt momentan der totale Renner ist, und dass es ganz, ganz viele gibt und was man davon hält und so weiter. Und da habe ich zum Beispiel meine eigene persönliche Meinung gehabt, die wurde auch nicht von jedem geteilt, aber ich habe zum Beispiel das Gefühl, ich kann mich besser vermitteln, wenn ich auf der türkischen Seite bin, ich kann diesen Hintergrund, das verstehen die besser, als wenn ich das jemandem nicht türkischsprachigem erklären würde, die Meinung. Ich kann das besser erklären oder werde nicht so leicht missverstanden. Das Gefühl habe ich schon" (Duru, 186-194).

Duru erzählt von einem Foren-Schwerpunkt auf Vaybee.de, der sich mit binationalen Ehen auseinandersetzt. Inhaltlicher Anstoß der Diskussion ist die Feststellung: Es gibt sehr viele dieser Mischehen, oder in den Worten von Duru: Das ist „jetzt momentan der totale Renner". Tatsächlich ist in den letzten Jahrzehnten statistisch eine deutliche Zunahme deutsch-ausländischer Ehen zu verzeichnen. Gegenwärtig wird etwa jede sechste bis siebte Ehe in Deutschland zwischen einem deutschen und einem nicht-deutschen Partner geschlossen, wobei Elisabeth Beck-Gernsheim (2004, 119ff.) kritisch zu bedenken gibt, dass der zu verzeichnende Anstieg in den bestehenden Heiratsstatistiken kaum aussagekräftig genug ist, um ihn als Indikator für die gelingende Integration von „Ausländern" in Deutschland anzusehen. Mit der Beobachtung einer Zunahme von binationalen Ehen war die Frage an die Communitymitglieder verbunden, was sie denn über diese Form der Eheschließung denken. Duru thematisiert nicht, welchen Tenor ihr Beitrag im Forum hatte. Sie sagt lediglich, er sei „nicht von jedem" geteilt worden. Allerdings erwartet sie dies auch nicht. Konträre Meinungen und verbal ausgetragene Konflikte sind für sie nicht nur üblich für Vaybee.de, sondern auch für andere deutsche Online-Communities, die sie kennt. Warum aber besucht sie vor allem eine türkische Community im Netz? Sie sagt „Ich kann mich besser vermitteln". Ihre Meinung über binationale Ehen kann sie einem türkischen Jugendlichen gleichen Alters verständlicher machen als einem deutschen, der keinen Migrationshintergrund hat; die türkischen Community-Mitglieder verstünden „diesen Hintergrund" besser. Mit „diesen Hintergrund" meint Duru die ethnisch-kulturelle Mehrfachzugehörigkeit, die für die türkischen Jugendlichen der zweiten und dritten Generation, also auch die Mehrzahl der Vaybee-Mitglieder, kennzeichnend ist. Insbesondere dann, wenn es um Themen geht, die für sie angesichts ihrer ethnisch-kulturellen Zugehörigkeit relevant sind – das Thema binationale Ehen ist dafür ein Beispiel –, kann sie ihren Hintergrund nicht ausblenden, weil dieser für ihre Persönlichkeitsbildung prägend ist. Hinter dem Argument „Hintergrund" verbirgt sich für Duru jedoch auch ein Thema, das für sie bereits in der Erzählung über den Macho-Türken leitend war. Auch in der Erzählung über binationale Ehen und deren Thematisierung in der Community ist die Frage der Anerkennung zentral. Zusammengenommen erklären beide Erzählungen im Kern, warum sich Duru zur türkischen Community hinwendet: Es ist die Erwartung bzw. Nicht-Erwartung positiver Wertschätzung *durch Andere*. Muss sie befürchten, dass ihr von „Deutschen Anerkennung verwehrt wird, geht sie davon aus, diese von den türkischen Jugendlichen in der Online-Community ohne Zweifel eingeräumt zu bekommen. Deshalb erklärt Duru, dass sie ihre Meinung hier besser vermitteln könne und „nicht so leicht missverstanden" werde. Sie erfährt also nicht nur *Aufmerksamkeit* für ihre verfassten Beiträge, deren eigentlicher Bedeutungsgehalt sich für sie erst aus der nationalen, ethnischen, und kulturellen Vielschichtigkeit ihre Biografie ergibt. Sie erwartet auch *positive Bewertungen* der anderen Communitymitglieder, weil sie davon ausgeht, dass sie von ihnen grundlegend als Persönlichkeit wahrgenommen wird, der sie *wohlwollend* gegenüber stehen. Dies ist ihrer Ansicht nach in „deutschen" Kontexten nicht unbedingt der Fall. Indem sie dort die Möglichkeit der Missachtung ihrer Person aufgrund biografischer Erfahrungen basal voraussetzen muss, rechnet sie auch damit, dort eher feindlich aufgenommen und behandelt zu werden. Diesem Gedankengang folgend können wir feststellen: Durus Mitgliedschaft bei Vaybee.de ist Folge und Begleiterscheinung fehlender Anerkennung, die sie im deutschen Zugehörigkeitskontext erfährt, und zwar sowohl IRL als auch in Online-Communities. In der Vaybee-Community scheint sie mit ihrer hybriden, in ethnisch-kultureller Hinsicht prinzipiell unentscheidbaren (vgl. Baumann 1995, 80), in gewisser Weise *ortlosen*

Identitätskonstruktion nun doch einen Ort gefunden zu haben, wo sie sich in ihrem Zwischen-Status als sozialräumlich positioniert betrachten kann, wo sie aber auch die Voraussetzung vorzufinden meint (Wohlwollen der anderen), um soziale Anerkennung zu finden. In der Vaybee-Community scheint sie das zu sein, was ihr in ihren ethnisch-kulturellen Zugehörigkeitskontexten nicht zuteil wird, nämlich fragloses Mitglied. Diese Mitgliedschaft beruht auf dem gemeinsamen ethnisch-kulturell hybriden „Hintergrund" der jungen türkischen Communitymitglieder.

> „Ich finde das interessant, dass ich da wiederum selektiere, weil ich mit den Türkeitürken irgendwie mich überhaupt nicht verbunden fühle und mit denen gar nicht quatsche, also das ist mir dann irgendwie zu anstrengend und weil ich über die auch, ja, 'ne andere Meinung habe. Also ich finde, gerade in Deutschland lebende Türken untereinander verstehen sich besser, weil wir viele ähnliche Dinge beobachten oder erfahren als wie jetzt eine deutsche Person oder als eine türkeitürkische Person (...). Zum Beispiel (...) letztes Jahr zu Ostern hat mein Papa ein Osterfeuer veranstaltet. Damit haben wir eigentlich nichts zu tun ((lachen)) und ich meinte ‚Papa, was ist das denn?' Er so: ‚Integration'. Und ich habe total gelacht. Und das kann ich zum Beispiel einem Türkeitürken nicht erklären. Der würde darüber nicht lachen. Wir haben ein anderes Verständnis, was Humor betrifft zum Beispiel" (Duru, 198-211).

Auch wenn Durus Hinwendung zur türkischen Online-Community eine Reaktion auf die fehlende Anerkennung von Deutschen ist, bedeutet dies nicht, dass sie die Nähe zum Herkunftsland Türkei suchte. Dies macht sie an ihrem Verhältnis zu den „Türkeitürken" in der Community deutlich. Im Hinblick auf ihre Herkunft unterscheidet sie die Mitglieder von Vaybee.de in Türken und Türkeitürken. Wenn sie im Interview von den *türkischen* Usern spricht, meint sie diejenigen, die in Deutschland leben und hier – mehr oder weniger – aufgewachsen sind, also diejenigen, die ein mehrwertiges Zugehörigkeitsverständnis zu Eigen nennen. Dagegen heißen die *Türkeitürken* für sie deshalb so, weil sie in der Türkei geboren und aufgewachsen sind sowie dort ihren Lebensmittelpunkt haben. Mit ihnen fühlt sie sich „irgendwie (...) überhaupt nicht verbunden". Dies hat zwei Gründe: *Erstens* findet Duru die Kommunikation mit ihnen zu anstrengend, weil – wie sie an anderer Stelle des Interviews deutlich macht – ihre türkischen Sprachkenntnisse zu schlecht sind. Vor allem aber, *zweitens,* hat sie über sie „'ne andere Meinung", was bedeutet, dass sie die Motive für deren Mitgliedschaft in der Community negativ einschätzt: „Ich habe immer diese Vorstellung, dass sie so unglaublich aufdringlich sind und sie immer auf Heirat aus sind" (Duru, 553-554). Nach Durus Erfahrungen verstehen die männlichen Türkeitürken Vaybee.de in erster Linie als Heiratsmarkt. Finden sie eine Frau und können sie diese davon überzeugen, in eine Ehe einzuwilligen, versprechen sie sich davon Vorteile für die Einreise nach Deutschland. Für Duru ist letzteres der eigentliche Zweck, warum sie sich in der Online-Community aufhalten. Als Frau, die weder Interesse an einer romantischen Beziehung noch an einer Zweckehe mit einem türkeitürkischen Mann hat, fühlt sie sich belästigt, wenn sie von ihnen in der Community kontaktiert wird. Aus diesen Gründen will sie mit ihnen auch gar nicht „quatschen". An dieser Stelle ist Duru diejenige, die anderen die Anerkennung aktiv verweigert, und zwar mit Bezug auf ethnisch-kulturelle Aspekte. Sie ist es, die nun auf der Seite der Mehrheit steht – einer Mehrheit, die sich aus Hybriden zusammensetzt. Indem sie die Türkeitürken pauschal als sozial minderwertig einstuft und sie deshalb von *ihrer* Gruppe der „in Deutschland lebende(n) Türken" ausschließt, bedient sie sich der gleichen rassistischen Abwertungsmechanismen, unter denen sie selbst im Hinblick auf die Anerkennung im deutschen Zugehörigkeitskontext zu leiden hat.

Durus Mitgliedschaft bei Vaybee.de ist für sie keineswegs der Versuch, eine wie auch immer ausgeprägte Distanz zur imaginären Herkunft Türkei zu verkürzen – dies könnte mit älteren Diasporakonzepten erklärt werden (vgl. Safran 1991) –, vielmehr macht sie in dem genannten Zitat deutlich, dass sie sich als Teil der Gruppe junger, hybrider Türken in Deutschland versteht, die sich ihrem Selbstverständnis nach jeweils sowohl von deutschen als auch türkeitürkischen Personen unterscheiden. Als Indiz für die Identität ihrer Wir-Gruppe gilt für sie der spezifische Humor, den die Türken in Deutschland haben. Sie erzählt von einer Situation, in der ihr (türkischer) Vater ein Osterfeuer veranstaltet hat. Da Duru verwundert ist, dass ihr sunnitisch-orthodoxer Vater einen eigentlich christlichen Brauch pflegt, fragt sie ihn: „was ist das denn?" Als er ironisch „Integration" erwidert, lacht sie. Ein Türkeitürke könne darüber nicht lachen. Und diesen Humor könne sie auch keinem Türkeitürken erklären, denn: „Wir haben ein anderes Verständnis, was Humor betrifft". Die Schilderung der Osterfeuer-Situation untermauert, dass sich Duru keineswegs als *ortlos* betrachtet, indem sie etwa zwischen zwei Zugehörigkeitskontexten quasi orientierungslos umherirren würde. Vielmehr macht sie darauf aufmerksam: Hybridität hat einen ethnisch-kulturellen Eigenwert für sie, der sich aus der produktiven Bewältigung des Alltagslebens von (jungen) Türken in Deutschland ergibt. Und dass dieser Alltag im Kontext „prekärer" Zugehörigkeit tatsächlich sinnstiftend und produktiv bewältigt werden kann, macht sie mit der gesellschaftlichen Kritik deutlich, die dem ironischen Gebrauch von „Integration" im Zusammenhang mit der Veranstaltung eines Osterfeuers durch ihren Vater innewohnt. Es ist der *sinnstiftende Eigenwert von Hybridität*, der in Durus Selbsterzählung zentralen Stellenwert einnimmt: Er kommt in *diachroner* Perspektive einerseits dadurch zum Ausdruck, dass sie mit biografischem Blick auf ihre doppelte Zugehörigkeit wie Nicht-Zugehörigkeit festhält: „Ich (...) bin, was ich bin". Andererseits zeigt er sich in der Erzählung über die Schwimmunterrichts-Diskussion im Vaybee-Forum (vgl. S. 224ff.), weil sie sich erst durch die Auseinandersetzung mit den traditionalistischen Beiträgen ihres hybriden Zugehörigkeitsverständnisses vergewissern konnte. Der positive Eigenwert, den Duru ihrer ethnisch-kulturellen Hybridität beimisst, wird allerdings auch in *synchroner* Perspektive an verschiedenen Stellen deutlich, und zwar insofern sie durch ihre Mitgliedschaft in der Online-Community Anerkennung für ihr Selbst in der Gegenwart sucht. Deshalb werde ich die Relevanz des Anerkennungsthemas für Duru, die ich ja bereits im Hinblick auf die Frage beleuchtet habe (S. 230ff.), warum sie sich überhaupt in einer Online-Community für junge Türken ,zuhause' fühlt, im Folgenden noch einmal mit Bezug auf die Thematisierung ihre Postings vertiefen.

4.5.2.2 Bestätigungs-/Missachtungs- und Prüfungsphase: „Von denen will ich auch gar nicht verstanden werden"

„Ich habe zum Beispiel geschrieben ,würde man deiner Meinung folgen, müsste man logischerweise, das wäre die konsequente Folge, auch die olympischen Spiele abschaffen oder zumindest trennen' oder so und dass das halt, dass man seine Kinder nicht davor schützen kann, weil sie Geschlechtlichkeit nun mal erleben und dass man, dass es falsch ist, denen mit 10 Jahren so etwas vorzuschreiben oder überhaupt in den Gedanken bringen, dass sie ihre Kindheit nicht richtig ausleben können deswegen. Ja und darauf kam, ehm, haben sehr viele, die das gelesen haben, ins Gästebuch geschrieben ,ja super, finde ich total klasse, irgendwie das was du geschrieben hast, das ist klar' und die Person, die ich damit meinte, die hat nichts dazu geantwortet, die hat sich auch gut ausgedrückt, weil es ja sehr viele so, keine Ahnung, so 17-, 18-jährige Proleten gibt, die dann irgendwie was hinschreiben, was total Quatsch ist, was überhaupt nicht nachvollziehbar ist, und von denen will ich auch gar nicht verstanden werden. Aber die Person, die sich dazu geäußert hat, hat religiöse auch irgendwie Verse, hat sich sehr gut deutsch ausgedrückt, hat religiöse Verse zitiert und ja, also war, es hat mich interessiert, wie er sich da rausreden wollte, hat er aber nicht gemacht" (Duru, 45-61).

Ich habe die Erzählung über den Schwimmunterrichts-Thread bisher vor allem deshalb zitiert, weil er auf den Aspekt diachroner Biografisierung in der türkischen Online-Community aufmerksam macht. Duru ist zum Zeitpunkt dieser Diskussion erst seit etwa einem halben Jahr Mitglied bei Vaybee.de. Hat sie sich zu Beginn ihrer Community-Zeit vor allem auf das Lesen der Informations-„Channels" konzentriert und das Geschehen in den Foren beobachtet, greift sie nun auch aktiv in die Diskussion im „Forum" ein. In dem an dieser Stelle genannten Zitat thematisiert sie die Reaktionen der anderen Community-Mitglieder auf ihre ersten Postings. Zuvor sagt sie, es habe sie sehr wütend gemacht hat, dass sich einige Diskussionsteilnehmer zustimmend dazu geäußert hätten, muslimische Kinder nicht zum Schwimmunterricht in der Schule zu schicken. Dazu gehört auch die „Person", der sie mit ihren Postings antwortet. Es reizt sie, insbesondere dieser Persona zu schreiben, weil sie sich „auch gut ausgedrückt" hat, im Gegensatz zu vielen anderen im Forum, „so 17-, 18-jährige Proleten (…), die dann irgendwie was hinschreiben, was total Quatsch ist, was überhaupt nicht nachvollziehbar ist". Duru ist das Diskussionsthema wichtig, weil sie sich an ihre eigene „konservative, traditionelle Erziehung" in der Türkei erinnert fühlt, unter der sie gelitten hat. Und gerade weil ihre individuellen biografischen Erfahrungen und ihr hybrides Selbstverständnis mit dem Thema verbunden sind, meint sie auch, dass sie substanzielle Diskussionsbeiträge beisteuern kann. Sie versteht sich selbstanerkennend als Expertin in eigener Sache, was aber nicht bedeutet, dass sie auf soziale Anerkennung verzichten könnte. In ihrer Selbstthematisierung zeigt sich ganz im Gegenteil, dass sie die Anerkennung der Anderen im Forum benötigt. Was heißt dies konkret?

1) Sie sucht nach der *Aufmerksamkeit* anderer Communitymitglieder, damit überhaupt die Voraussetzung für eine positive Bewertung ihrer Beiträge geschaffen werden kann. Aufmerksamkeit für die eigenen Beiträge zu erhalten, ist allerdings davon abhängig, welcher Diskussionsstil von den Teilnehmern im Forum gepflegt wird: Dieser kann emotional-provozierende, problem-/hilfeorientierte, aufklärungs-/bildungsorientierte, erlebnis-/unterhaltungsorientierte sowie mahnend-bevormundende Elemente oder eine Mischung aus diesen aufweisen. Duru vermittelt den Eindruck, ihre Beiträge auf eine sowohl eher emotional-provozierende als auch aufklärungs-/bildungsorientierte Art und Weise zu platzieren. Sie versucht, die von ihr anvisierte „Person" zu *provozieren*, weil sie wegen deren Beitrag wütend geworden ist. Aus diesem Grund sagt sie mit ironischen Unterton: „Würde man deiner Meinung folgen, müsste man logischerweise, (…) auch die olympischen Spiele abschaffen". Bliebe sie nun auf der verbalen Ebene bloßer Provokation, würde sie sich kaum von den Forenmitgliedern unterscheiden, die sie aufgrund ihres Verhaltens ablehnt, und die sie als „17-, 18-jährige Proleten" tituliert. Diese „Proleten" handeln ihrer Ansicht nach destruktiv, weil sie nur „irgendwie was hinschreiben", was zudem nicht „nachvollziehbar" ist. Indem Duru mit Blick auf diese Gruppe äußert „von denen will ich auch gar nicht verstanden werden", gibt sie zugleich zu verstehen, dass sie grundsätzlich durchaus verstanden werden will, allerdings nur von denjenigen, die es für sie *wert* sind, denen sie also Wertschätzung entgegenbringt. Dazu gehört auch die „Person" im Forum, die sie vor allem mit ihren Beiträgen erreichen will. Zweifellos macht sie Duru wütend, weil sie ihren Beitrag aus einer traditionalistischen

Haltung heraus verfasst, die in ihrer erzieherischen Umsetzung diskriminierend wirkt. Dennoch äußert sich Duru respektvoll ihr gegenüber, weil sie im
Rahmen ihres „konservativen, traditionellen" Denkhorizontes „nachvollziehbar" argumentiert: Sie „hat sich sehr gut deutsch ausgedrückt, hat religiöse
Verse zitiert". In diesem Sinne ist sie also keineswegs mit den „Proleten" in
eins zu setzen. Es ist die Wertschätzung, die Duru der Person entgegenbringt,
die sie jenseits der Provokation dazu veranlasst, ihre dargestellte Meinung in
den Beiträgen auch mithilfe von Argumenten zu untermauern, die *aufklä-
rerisch* wirken und beim Gegenüber prinzipiell zur *Reflexion* anregen sollen.
Dazu gehört, „dass man seine Kinder nicht davor (vor der Geschlechtlichkeit,
K.U.H.) schützen kann, weil sie Geschlechtlichkeit nun mal erleben und dass
man, dass es falsch ist, denen mit 10 Jahren so etwas vorzuschreiben oder
überhaupt in den Gedanken bringen, dass sie ihre Kindheit nicht richtig
ausleben können". Stimmt diese Interpretation von Durus Selbsterzählung,
dann liegt es also nahe, davon auszugehen, dass sie ihre Postings nicht nur
„für sich selbst" geschrieben hat, um dadurch ihrer Wut Luft zu machen.
Darüber hinaus erwartet sie auch eine Reaktion von der „Person" auf ihre
ersten Postings, mithin also deren *Aufmerksamkeit*. Allerdings bleibt ihr diese
insofern versagt, als sie feststellen muss: „die Person, die ich damit meinte,
die hat nichts dazu geantwortet".

Genau genommen kann Duru gar nicht wissen, ob ihre Beiträge von der
„Person" wahrgenommen wurden oder nicht, weil sie in der Online-Community keine andere Möglichkeit hat, als Aufmerksamkeit anhand des
Antwortpostings zu erkennen. Zwar schließt dies nicht aus, dass ihre Beiträge
dennoch von der anvisierten „Person" gesehen und bewertet werden. Duru
kann aber über die Aufmerksamkeit von Anderen in der Community nur eine
Annahme treffen. Dies verweist auf den Umstand, dass sie ebenfalls nicht
sicher sein kann, wer die „Person" eigentlich ist. Duru hat es mit der pseu-
donymen *Persona* einer Person (oder mehrerer Personen) zu tun, die diese
konstruieren und steuern. Ob die Identität der Persona mit der der Person
übereinstimmt, ob die „konservative, traditionelle" Haltung vielleicht nur ein
Fake ist – auch darüber stehen Duru nur *Anhaltspunkte* zur Verfügung.
Solche Anhaltspunkte sind für Udo Thiedeke (2007) entscheidend dafür, wie
in Online-Communities mit der Verhaltenskontingenz der Personae umgegangen wird. Thiedeke weist in diesem Zusammenhang darauf hin, dass virtuelle Gemeinschaften *Vertrauen* zu entwickeln versuchen, um ihre Existenz
zu sichern. Vertrauen in Personae einer Online-Community zu haben,
ermöglicht letzteren, unter der Bedingung der Nicht-Identifizierbarkeit von
virtualisierten Personen dennoch Gemeinsamkeit herzustellen. Für Thiedeke
ist Vertrauen in Personae im Vergleich zu Face-to-Face-Konstellationen

riskanter, weil es im Internet eine erhöhte Kontingenz von Verhaltensmöglichkeiten gibt. Deshalb muss Vertrauen im Rahmen von Online-Communities vorsichtiger entwickelt werden, was bedeutet, „trotz Virtualisierung
nach Anhaltspunkten für Erwartungs- und Enttäuschungssicherheit zu suchen
und sich nicht auf die Ontologie von Charakterzügen virtueller Interaktionspartner zu verlassen" (ebd., 209). Solche Anhaltspunkte für Vertrauenswürdigkeit sind über „explizite Kommunikation" zu erschließen sowie über
Identitätsprofile, „Identitätserkennungsmechanismen", „narrative Kontexte",
„Stimmigkeit von Identitäts-/Interaktionskontext" und „Reputation" der
Personae. Der Vertrauensmechanismus ist auch auf der Mikroebene relevant,
also für die Interaktionsbeziehungen zwischen den Mitgliedern einer Online-
Community. Auch in Durus Selbsterzählung wird er strapaziert, was sich
daran zeigt, dass sie „respektvoll" mit der „Person" interagiert, obwohl sie
sich nicht sicher sein kann, dass die Persona der „Person" mit der kon-
struierenden Person identisch ist.

2) Duru hat den Eindruck, dass sie nicht von der Person wahrgenommen wird, an
die ihre Beiträge eigentlich gerichtet waren. Aus diesem Grund ist sie
enttäuscht: „Und ja, also ich war, es hat mich interessiert, wie er sich da rausreden wollte, hat er aber nicht gemacht". Allerdings wird fehlende Aufmerksamkeit für sie dadurch kompensiert, dass ihre Postings von anderen Forenmitgliedern wahrgenommen und von diesen auch *positiv eingeschätzt* werden: „Ja
und darauf kam, ehm, haben sehr viele, die das gelesen haben, ins Gästebuch
geschrieben ‚ja super, finde ich total klasse, irgendwie das was du geschrieben
hast'". Sie findet also online soziale Zustimmung, sie sucht diese aber auch in
ihrer Offline-Lebenswelt:

> „Ich habe zum Beispiel letztens diesen Beitrag, mit dem Schwimmunterricht und so,
> meine Freundin lesen lassen. Die hat sich kaputt gelacht, die hat mir auch gesagt
> ‚echt, du hast dich getraut, das zu sagen', weil ich hab' mich schon so ziemlich weit
> aus dem Fenster gelehnt und habe gesagt: ‚Du solltest nicht in Deutschland leben,
> flieg' in den Iran' und so. Ich meine, wenn man so eine Meinung vertritt, dann ist es
> das Vernünftigste, was du so machen kannst. Und sie so: ‚Boah, ganz schön hart'.
> Aber ich habe ihr das erzählt und das fand sie gut und meinte: ‚Ja, manchmal muss
> das sein, dass man den Leuten mal so richtig so die Meinung sagt, ohne beleidigend
> zu sein und ohne auch verletzend zu sein'. Also ich fand es einfach zu krass zu
> sagen: ‚Ist nun mal unsere Religion und deswegen sollten Kinder, 10-jährige nicht
> schwimmen gehen'. Das hat mich tierisch aufgeregt" (Duru, 734-744).

Duru thematisiert in dieser Interviewsequenz, dass sie auch mit ihren Freundinnen offline über den Schwimmunterrichts-Thread spricht. Neulich habe sie
einen ihrer Beiträge, den sie der „Person" im Forum geschrieben hat, ihre Freun-

din lesen lassen. In diesem Beitrag überwiegt die Provokation: „Ich hab' mich schon so ziemlich weit aus dem Fenster gelehnt und habe gesagt: ‚Du solltest nicht in Deutschland leben, flieg in den Iran' und so. Ich meine, wenn man so eine Meinung vertritt, dann ist es das Vernünftigste, was du so machen kannst". Dass sie noch einmal betont, dass sie der traditionalistische Beitrag „tierisch aufgeregt hat", ist als nachträgliche Rechtfertigung ihres Postings zu verstehen. Sie bringt zum Ausdruck, das Posting habe sie auch emotional in eine Lage gebracht, in der sie gar nicht anders als provokativ reagieren konnte. Ihre Erfahrung führt zur Reflexion, im Rahmen derer sie ihr Handeln in der Community hinterfragt, denn sie stellt fest, dass sie sich „ziemlich weit aus dem Fenster gelehnt" hat. Mit ihrer Provokation hat sie den sonst üblichen, eher sachlichen, aufklärerisch-bildungsorientierten Rahmen ihres kommunikativen Verhaltens in der Vaybee-Community verlassen. Und sie muss sich sogar fragen, ob ihr Beitrag vielleicht sogar auf die Person hinter der Persona beleidigend oder verletzend gewirkt hat, obwohl dies von ihr gar nicht beabsichtigt war. Beleidigung könnte dann sogar die Ursache dafür gewesen sein, dass die Reaktion ihres Gegenübers ausgeblieben ist. Und wenn dies so wäre, müsste sie die fehlende Bewertung nicht als fehlende Aufmerksamkeit, sondern auch als negative Wertschätzung ihrer Person gegenüber werten. Ihre Anerkennung, die sich in einem Gefühl der Überlegenheit mit Blick auf die Traditionalisten im Forum ausdrückt, gerät aufgrund der Unsicherheit über die potenziell negative Wirkung ihres Verhaltens in Gefahr. Es ist diese Gefahr des Mangels an Anerkennung, die Duru verstärkt nach positiver Bewertung durch Andere suchen lässt. Dies zeigte sich bereits im Hinblick auf ihren hybriden Zugehörigkeits-status, der den Versuch einer Verortung in der türkischen Online-Community zur Folge hat. Die Gefahr wird aber auch innerhalb der Community deutlich. Positive Bewertung erhält sie schließlich – wie bereits gesagt – im Forum durch andere Mitglieder. Dass sie nun auch als Reaktion auf die anscheinend negative Bewertung in der Community positive Bewertung offline sucht, macht ein weiteres Mal auf die *Verwobenheit* ihrer Lebenssphären deutlich. Insofern ist Duru nicht nur ethnisch-kulturell hybrid, ihre Hybridität zeigt sich auch im Hinblick auf die Mischung von Offline- und Online-Leben. Zudem machen ihre geschilderten Erfahrungen mit Selbst- und Fremdschätzung darauf aufmerksam, dass beide Lebenssphären *anerkennungsrelevant* sind. Die Online-Community erweitert Durus Erfahrungsmöglichkeiten. Dies bedeutet jedoch zugleich, dass in der Online-Sphäre für sie sowohl das Bedürfnis nach Anerkennung vorhanden ist als auch die Suche nach Anerkennung scheitern kann. Hinzu kommt: So, wie Duru um ihren „prekären" Zugehörigkeitsstatus weiß, ist sie sich auch darüber *bewusst*, dass ihr Anerkennungsstreben in der Online-Welt unsicher ist und scheitern kann. Insofern handelt es sich um ein modernes Phänomen.

4.5.2.3 Konsolidierungsphase: „Was ich schreibe, klingt für mich durchaus logisch nachvollziehbar"

Duru thematisiert, dass sie nach der positiven Bewertung durch Freundinnen im Offline-Kontext strebt. Letztlich wird ihr diese auch zuteil: „Aber ich habe ihr das erzählt und das fand sie gut und meinte: ‚Ja manchmal muss das sein, dass man den Leuten mal so richtig so die Meinung sagt, ohne beleidigend zu sein und ohne auch verletzend zu sein'". Sie erkennt, dass ihr zweifelhaftes Online-Verhalten von ihrer Freundin unterstützt und zustimmend bewertet wird. Dies schließt auch ihre Befürchtung ein, auf die „Person" im Netz missachtend gewirkt zu haben. Ihre Freundin bestätigt ihr, dies sei aus ihrer Sicht nicht der Fall, vielmehr sei ihr Posting zwar „ganz schön hart", aber dennoch respektvoll verfasst. Es geht hier nicht um die Frage, ob das Urteil der Freundin gerechtfertigt ist oder nicht. Stattdessen will ich lediglich auf den Umstand hinweisen, dass für Duru aus der positiven Bewertung der Freundin, zusammen mit derjenigen der Anderen im Forum, eine erhöhte Selbstwertschätzung resultiert.

> „Ich denke, ich kann meine Meinung gut begründen. Was ich schreibe klingt für mich durchaus logisch nachvollziehbar und das, in der Hinsicht wurde ich auch immer verstanden und auch sehr oft wurde mir Recht gegeben" (Duru, 747-750).

Dieser Teil ihrer Selbsterzählung ist unmittelbar nach der Erzählung über das Gespräch mit ihrer Freundin platziert und markiert zugleich den Eintritt in die Schlussphase des Interviews. Durus Erzählung gleicht einem Fazit ihrer bisherigen Erfahrungen in der Vaybee-Community, die sie für sich sehr positiv resümiert. Sie bringt nicht nur zum Ausdruck, dass sie sich dort wahrgenommen empfindet und dass sie sich von anderen bestätigt fühlt („sehr oft wurde mir Recht gegeben"). Sie thematisiert auch ihre hohe Selbstanerkennung („Ich denke, ich kann meine Meinung gut begründen. Was ich schreibe klingt für mich durchaus logisch nachvollziehbar"). Auf diese Weise will sie vermitteln, dass sie ihre kurzzeitigen Zweifel bewältigt hat. Sie ist mit sich selbst im Reinen. Ihr Anerkennungshandeln im Netz ist für sie ein Erfolg, weil sie sich selbst gestärkt sieht.

5. Zentrale Dimensionen der Verarbeitung natio-ethno-kultureller Hybrididentität im Internet: Vergleichende Analyse

Bei allen Unterschieden, die im Zuge der Einzelfallanalysen deutlich geworden sind, werden zwischen den einzelnen Fällen doch auch zentrale *Dimensionen* deutlich, die die Identitätsarbeit der jungen Türken in den natio-ethno-kulturellen Hybridumgebungen des Internets übergreifend strukturieren. Dabei handelt es sich insbesondere um die Vergewisserung von „prekärer" Zugehörigkeit, die Suche nach Anerkennung, die Bedeutung der Anderen in der Community sowie die Offline-online-Hybridität. Dieses Kapitel soll diese Dimensionen im Vergleich der einzelnen Fälle herausstellen.

5.1 Vergewisserung von „prekärer" Zugehörigkeit

Online-Communities wie Vaybee.de, Aleviler.de oder Bizimalem.de stellen für die jungen türkischen Migranten Orte dar, in denen sie ihre „prekäre" Zugehörigkeit insofern ‚verarbeiten' können, als sie sich dort ihrer gemeinschaftlichen wie biografischen Wurzeln vor dem Hintergrund natio-ethno-kultureller Hybridität vergewissern können. Die Zugehörigkeit von jungen Migranten habe ich im theoretischen Teil dieser Untersuchung als „prekär" bezeichnet, weil sie erst auf der Basis von gesellschaftlich vorherrschenden Zugehörigkeitskonzepten entstehen kann, die die Einwertigkeit und Eindeutigkeit von Zugehörigkeitsverhältnissen zum Maßstab erklären. In der Einzelfalldarstellung habe ich herausgearbeitet, auf welche Weise die Zugehörigkeit im Einzelfall prekär ist. ‚Fraglose' Zugehörigkeit bleibt dennoch Referenzpunkt hybrider Subjekte, ob nun konkret formuliert, imaginär oder unbewusst. Eine sinnvolle Ziel- oder Entwicklungsperspektive stellt sie freilich für diejenigen nicht dar, die sich zwei oder mehreren Zugehörigkeitskontexten verbunden fühlen, weil sie von ihnen verlangt, sich der Logik des Entweder-oder zu beugen; das Sowohl-als-auch der Hybridität erscheint darin von außen betrachtet eher als Phase der Identitätsdiffusion. Obwohl junge Migranten, wie Mecheril (2003, 314) feststellt, „zunächst keine öffentlichen Orte der Darstellung ihres natio-ethno-kulturellen Status und ihrer natio-ethno-kulturellen Ortlosigkeit" vorfinden, kann ihr Agieren in den natio-ethno-kulturellen Hybridumgebungen des Internets als *sozial-räumlicher Rahmungsversuch* interpretiert werden, der es ihnen ermöglicht, ihre „prekäre"

Zugehörigkeit zu ‚verorten'. Dies sollten die Einzelfallanalysen verdeutlichen. Darüber hinaus können jenseits aller Unterschiede, die sich in den verschiedenen Verarbeitungsweisen „prekärer" Zugehörigkeit widerspiegeln, zwei weitere *übergreifende* Aspekte entdeckt werden, die die Vergewisserung von Zugehörigkeit in den natio-ethno-kulturellen Hybridumgebungen des Internets zu strukturieren scheinen:

1) Die Frage, ob die Vergewisserung, oder anders ausgedrückt: ‚Reflexionsarbeit" der jungen Türken gelingt, nur episodisch gelingt oder gar scheitert, ist offen. Dass die sozial-räumlichen Rahmungsversuche für das Individuum nicht zufriedenstellend verlaufen *müssen*, mithin die natio-ethno-kulturellen Hybridumgebungen des Internets kein Erfolgsgarant zur Selbst-Findung junger Türken in Deutschland sind, kann als wichtiges Ergebnis festgehalten werden. Dieser Aspekt relativiert aber nicht nur ein vorschnelles Feiern von „Ethnoportalen" und ihrer Bedeutung für das Ausleben von Hybridität. Zugleich ist dieses Ergebnis ein Hinweis darauf, dass die Kritik an einem naiven Verständnis von natio-ethno-kultureller Hybridität durchaus Berechtigung hat, wenn darunter verstanden wird, dass junge Migranten grundsätzlich und immer souverän mit ihrem mehrwertigen Selbstverständnis umzugehen in der Lage sind.

2) Im Rahmen der Vergewisserung von Zugehörigkeit in den natio-ethnokulturellen Hybridumgebungen des Internets lassen sich sowohl synchrone als auch diachrone Orientierungsformate (Marotzki 1999, 2007) wiederfinden. Im Hinblick auf die diachrone Seite vermischt sich die Suche nach biografischen und gemeinschaftsorientierten Wurzeln des Einzelnen. In den individuellen Verarbeitungsweisen „prekärer" Zugehörigkeit werden in der Regel beide Elemente sichtbar und können nur analytisch voneinander getrennt werden. Dies bedeutet: Wenn die Personen über die Frage kollektiver Eigenschaften in historischer und gegenwärtiger Perspektive reflektieren, dann kann dies nicht unabhängig von ihren ganz persönlichen Zugehörigkeitserfahrungen und Verarbeitungsweisen derselben betrachtet werden. Um auf die Frage der Vergewisserung „prekärer" Zugehörigkeit im Internet eine Antwort zu finden, müssen also – dies offenbart sich in den Selbsterzählungen der jungen Türken – sowohl kulturelle wie persönliche Aspekte von Identität berücksichtigt werden.

Insgesamt werden bei den Befragten unterschiedliche *Muster der Vergewisserung* natio-ethno-kultureller Zugehörigkeit in den Online-Communities sichtbar, m.a.W. zeigt sich eine Vielfalt unterschiedlicher Verarbeitungsweisen „prekärer" Zugehörigkeit (vgl. auch vertiefend Kapitel 6):

1) Der Versuch, erst mithilfe des Agierens in der Online-Community biografische wie gemeinschaftliche türkische Wurzeln zu *entdecken*. Dieses Muster wird bei Hasan deutlich, für den Bizimalem.de die Funktion eines Türöffners zum türkischen Zugehörigkeitskontext hat, wodurch es ihm gelingt „Berührungsängste" gegenüber dem Türkischen und den Türken abzubauen, somit die seines Erachtens vernachlässigte Seite seines mehrwertigen Zugehörigkeitsverständnisses fruchtbar zu machen. Dies unternimmt er freilich nicht mit dem Ziel, Mehrwertigkeit durch Einwertigkeit zu ersetzen, sondern Mehrwertigkeit *auszubalancieren*.

2) Der Versuch, „prekäre" Zugehörigkeit mithilfe der Vergewisserung biografischer wie gemeinschaftlicher Wurzeln im Rahmen der Online-Community zu *vereindeutigen*. Dieses Muster zeigt sich bei Haluk, dem es Probleme bereitet, Mehrfachzugehörigkeit in seinem Selbstverständnis aufrechtzuerhalten. Für eine sinntragende Zukunftsperspektive sieht er sich dazu gezwungen, sich für den einen oder anderen natio-ethno-kulturellen Kontext zu entscheiden und damit die Frage nach seiner Zugehörigkeit idealtypisch zu einer Entweder-oder-Entscheidung zu machen.

3) Der Versuch, mithilfe des Agierens in der Online-Community biografische wie gemeinschaftliche türkische Wurzeln zu *bewahren*. Dieses Muster wird bei Ildiz sichtbar, der sich seiner Mehrfachzugehörigkeit bewusst ist, der aber zugleich aufgrund des von ihm beobachteten gesellschaftlichen Enttraditionalisierungsprozesses das Überleben seiner türkischen, genauer ausgedrückt: alevitisch-kurdischen Wurzeln gefährdet sieht. Mithilfe seines Agierens in der Online-Community will er deshalb vor allem die alevitischen Traditionen späteren Generationen zur Aufbewahrung weitergeben.

4) Der Versuch, mithilfe der Vergewisserung biografischer wie gemeinschaftlicher Wurzeln in der Online-Community „prekäre" Zugehörigkeit zu *festigen und anderen zu vermitteln*. Dieses Muster zeigt sich vor allem bei Ünay. Sie anerkennt sich im spezifischen biografischen So-geworden-sein ihres hybriden natio-ethno-kulturellen Zugehörigkeitsverständnisses und will die positiven wie negativen Zugehörigkeitserfahrungen, die sie gesammelt hat, anderen vermitteln, weil sie davon überzeugt ist, anderen türkischen Jugendlichen, die unter einer „prekären" Zugehörigkeit zu leiden haben, helfen zu können.

5) Der Versuch, mithilfe der Vergewisserung biografischer wie gemeinschaftlicher türkischer Wurzeln im Rahmen der Online-Community *biografische Kontinuität herzustellen*. Dieses Muster zeigt sich verstärkt bei Duru, für die das Agieren in der Online-Community den sozial-räumlichen Rahmen zur biografischen Reflexion zur Verfügung stellt, und zwar indem sie immer wieder einen Zusammenhang herstellt zwischen den „Mischkultur"-Themen in den Diskussionsforen der Vaybee.de-Community und ihren eigenen Kind-

heitserfahrungen. Dadurch erinnert sie sich aber nicht nur ihrer Wurzeln, sondern kann auf dieser Basis überprüfen, inwieweit diese mit ihrem heutigen hybriden Selbstverständnis in Passung zu bringen sind.

5.2 Suche nach Anerkennung

Der im theoretischen Teil dieser Untersuchung aufgezeigte Zusammenhang zwischen der natio-ethno-kulturellen Mehrfachzugehörigkeit der jungen türkischen Migranten und der Frage der Anerkennung kann im Hinblick auf das Agieren in Online-Communities – dies zeigen die Einzelfallanalysen – auch empirisch fruchtbar entfaltet werden. Ich hatte darauf hingewiesen, dass durch die mit dem „prekären" Zugehörigkeitsstatus verbundenen Schwierigkeiten sich nicht bruchlos in die Einwertigkeit des vorherrschenden gesellschaftlichen Zugehörigkeitsverständnisses einpassen zu lassen, die Migrantenjugendlichen einen *Mangel an persönlicher Anerkennung* erleben können, d.h., dass ihnen zumindest im Kontext der (deutschen) Mehrheitsgesellschaft die Möglichkeit vorenthalten zu werden scheint, ihren eigenen durch natio-ethno-kulturelle Hybridität gekennzeichneten Orientierungen und biografischen Leistungen einen sozialen Wert beizumessen und diesen intersubjektiv zum Ausdruck zu bringen. Vor diesem Hintergrund machen die Einzelfallanalysen darauf aufmerksam: Die natio-ethnokulturellen Hybridumgebungen des Internets bieten den jungen Türken einen sozial-räumlichen Rahmen, in dem sie jenseits des einwertigen deutschen, aber auch des einwertigen türkischen Zugehörigkeitskontextes Bestätigung durch andere Personen erfahren können, die ebenfalls über einen „prekären" Zugehörigkeitsstatus verfügen und damit über ähnliche Alltagserfahrungen (z.B. mit verwehrter Anerkennung im deutschen oder türkischen Kontext) wie biografische Hintergründe verfügen. Dies muss freilich nicht notwendigerweise bedeuten, dass dieser Rahmen für die Suche nach Anerkennung in jedem Fall auch ‚erfolgreich' genutzt werden muss. Über die unterschiedlichen Muster der Anerkennungssuche in den Online-Communities hinaus, die die jungen Türken auf der Basis ihrer Selbsterzählungen zum Ausdruck bringen (vgl. Kapitel 5), werden zwei übergreifende Aspekte sichtbar:

1) Verwehrte Anerkennung in Form von *Rassismuserfahrungen* in Deutschland ist ein zentraler Antriebsfaktor für den Versuch der jungen Türken, ihre „prekäre" Zugehörigkeit im Rahmen natio-ethno-kultureller Hybridumgebungen im Internet zusammen mit anderen zu verarbeiten. Missachtungserfahrungen aufgrund von Rassismus sind ein bestimmendes Strukturmuster der Anerkennungssuche von jungen Migranten, also nicht nur in der Offline-Welt, sondern

auch im Netz. Dies wird beispielhaft bei Hasan deutlich, der von persönlichen und institutionellen Rassismuserfahrungen – offline wie online – erzählt. Hasan versucht, diese zu vermeiden, indem er sich verstärkt seinem türkischen Kontext zuwendet, der ihm durch das soziale Miteinander bei Bizimalem.de eröffnet wird: „Bei Bizimalem habe ich mich viel wohler gefühlt, einfach, weil niemand sagen konnte 'Scheißtürke'. Das war für mich sehr wichtig" (Hasan, 233-234). Da die Mitglieder von Bizimalem.de ebenfalls einen türkischen Migrationshintergrund haben, kann sich Hasan sicher sein, dort nicht mit der Beschimpfung „Scheißtürke" konfrontiert und erniedrigt zu werden. Insofern ist seine Mitgliedschaft in der türkischen Online-Community eine *Reaktion* auf im deutschen Kontext verwehrte Anerkennung. Die durch alltäglichen Rassismus erzwungene permanente Vergegenwärtigung, nicht fraglos dem deutschen Kontext zugehörig zu sein, scheint hier zu entfallen. Dieses Muster lässt sich in der einen oder anderen Weise in allen Einzelfallanalysen entdecken, wenngleich die Rassismuserfahrungen nicht unbedingt so unmittelbar als wichtiges Motiv für das Agieren in den ‚türkischen' Online-Communities formuliert sein müssen, wie dies bei Hasan der Fall ist. Rassismuserfahrungen können auch *imaginären* Charakter haben, dennoch wirksam für das Subjekt sein und somit als wichtiger Antriebsfaktor für eine Mitgliedschaft in Frage kommen. Dies wird an Durus Beispiel sichtbar, wenn sie die Rezeption des „türkischen Macho-Typen" im Fernsehen und die daraus von ihr abgeleiteten negativen Folgen im deutschen Alltag thematisiert: Duru befürchtet nicht einfach nur, dass die deutsche Mehrheitsgesellschaft das Verhalten des türkischen Machos mit dem der türkischen Hybriden gleichsetzen könnte, zu denen sie sich zählt. Sie befürchtet vor allem, von *den Deutschen* mit Missachtung bestraft zu werden („jetzt werden alle normal denkenden Deutschen in Deutschland sich das angucken und sich denken ‚oh Gott, nein, Hilfe, was ist das für eine Einstellung'" [Duru, 94-96]). Die mögliche Missachtung, die die Rezeption des türkischen „Macho-Typen" im Fernsehen für sie zur Folge haben könnte, würde für sie einen Entzug von Anerkennung bedeuten, zu der sie im biografischen Prozess erst schwer hat finden müssen. Insgesamt wird bei den jungen Türken im Netz ein Muster der Erwartung von Anerkennung durch Andere aus dem deutschen Zugehörigkeitskontext deutlich, das durch *Fragilität* gekennzeichnet ist. Dies bedeutet am Beispiel von Duru: Sie kann sich nicht in selbstverständlicher Weise sicher sein, dass ihr von den „normal denkenden Deutschen in Deutschland" Wohlwollen entgegengebracht wird. In solchen Situationen wird Duru die Unsicherheit bewusst, bei der Suche nach sozialer Anerkennung kaum dem deutschen

Zugehörigkeitskontext vertrauen zu können – im Gegensatz zu der erwarteten Bestätigung durch Andere, von der sie prinzipiell im Rahmen der türkischen Online-Community ausgeht.

2) Die Anerkennungssuche der jungen türkischen Migranten im Rahmen der natio-ethno-kulturellen Hybridumgebungen im Internet kann als Prozess rekonstruiert werden, der idealtypisch vier Phasen umfasst: Entdeckung, Bestätigung/Missachtung, Prüfung, Konsolidierung. Dieser Prozess und die mit ihm verbundenen Phasen haben einen dynamischen und variablen Charakter, d.h. obwohl sie zwar als Ablaufmuster in – mehr oder weniger – allen hier analysierten Fällen zu finden sind, können die einzelnen Phasen

a) für das Subjekt unterschiedlich stark ausgeprägt sein (Intensität, Zeitdauer etc.),

b) in veränderter oder erweiterter Reihenfolge zum Ausdruck kommen oder

c) sich miteinander vermischen.

So kann nach der Konsolidierungsphase eine erneute Prüfung vorgenommen werden, die Phasen Bestätigung/Missachtung und Prüfung fallen zusammen usf. Solange aber die Person in der Online-Community aktiv ist, kann auch die dortige Anerkennungssuche fortdauern. Zudem ist darauf hinzuweisen, dass die rekonstruierten Phasen nicht als ‚Erfolgsmodell' misszuverstehen sind. Am Ende des Prozesses, sofern er in den Selbsterzählungen der Jugendlichen als ‚abgeschlossen' erkennbar wird, muss für den Einzelnen nicht Anerkennung stehen, vielmehr kann ihm diese auch von anderen vorenthalten werden.

5.2.1 Entdeckungsphase

Diese Phase steht am Beginn des Anerkennungsprozesses in den natio-ethno-kulturellen Hybridumgebungen des Internets. Sie ist in der Regel dadurch geprägt, dass der Jugendliche zwar von der Annahme ausgeht, dass er in der Online-Community diejenige Bestätigung als Individuum mit „prekärer" Zugehörigkeit erhält, die ihm im einwertigen deutschen bzw. einwertigen türkischen Zugehörigkeitskontext außerhalb der Community verwehrt wird. Allerdings ist sein Verhalten noch durch Unsicherheit darüber gekennzeichnet, ob sich seine Annahme im sozialen Miteinander bewahrheitet. Als Neu-Mitglied verfügt er zu diesem Zeitpunkt noch nicht über Erfahrungen, wie die anderen Mitglieder der Community auf eigene kommunikative Äußerungen in Postings reagieren werden, ob positiv oder negativ oder gleichgültig. Seine Einschätzungen beruhen entweder

a) auf Meinungen von Freunden oder Bekannten, die ihn vielleicht erst auf die Website aufmerksam gemacht haben,

b) auf der ‚stillen' Beobachtung (Lurking) der Postings und Identitätsprofile von anderen Mitgliedern, oder

c) auf Signalen, welche die Online-Community nach außen vermittelt, um potenziellen Mitglieder zu zeigen, dass sie hier willkommen sind.

In letzterem Zusammenhang ist für Seiten wie Vaybee.de, Bizimalem.de oder Aleviler.de wichtig, dass sie versuchen, eine ethnisch-kulturelle Vorfilterung anzustreben, um die Homogenität ihrer Mitglieder zu gewährleisten (vgl. Thiedeke 2007, 205f.). Bei den in dieser Untersuchung interessierenden Websites wird dies einerseits mithilfe der türkischen Namensgebung der Seite zu erreichen versucht, andererseits mit Hilfe der Möglichkeit, die Sprache einzustellen, wenngleich Aleviler.de gar nicht über diese Wahlmöglichkeit verfügt (vgl. Kapitel 2).

Gerade in dieser Phase des Anerkennungsprozesses ist die Person also insgesamt einem besonders hohen Risiko ausgesetzt, enttäuscht zu werden, weil sie fast ausschließlich auf Anhaltspunkte des Vertrauens in der Online-Community angewiesen ist, die bisher kaum oder gar keine Bestätigung erfahren konnten. Außerdem ist für die Entdeckungsphase kennzeichnend, dass sich für die jungen Türken die Frage der Anerkennung vor allem auf die nationalen, ethnischen bzw. kulturellen Aspekte des Selbst fokussiert, aber noch nicht auf die Anerkennung bestimmter individueller Leistungen (z.B. eines gut recherchierten Postings oder umfangreicher Wissensbestände über das Alevitentum). Letzteres wird erst im weiteren Verlauf des Anerkennungsprozesses wichtiger. Der Zusammenhang von Unsicherheit, Vertrauen und Anerkennungssuche, der für die Entdeckungsphase charakteristisch ist, kann am Fall von Haluk verdeutlicht werden, der durch alevitische Bekannte im „Lycos-Chat" auf Aleviler.de aufmerksam geworden ist. Obwohl er noch nichts Genaues über die Community-Kultur weiß, um sich „eine bestimmte Meinung" bilden zu können – über welche Themen sich die Communitymitglieder unterhalten und in welchem Kommunikationsstil sie dies miteinander tun –, ist sein Eindruck von Aleviler.de zu Beginn seiner Mitgliedschaft „schon recht gut". Das Qualitätskriterium, das Haluk die Auswahl einer für ihn passenden Community erleichtert, ist, dass „da jetzt ‚Aleviten' steht". Die Aleviten-Community symbolisiert für ihn „Heimat": „Da hatte ich schon ein sehr heimisches Gefühl". Haluk nimmt an, dass ihm dort, wo „jetzt ‚Aleviten' steht", von anderen eine Haltung entgegengebracht wird, die Wohlwollen gegenüber seiner Person zum Ausdruck bringt. Auch wenn er die Forendiskussionen noch nicht genau verfolgt und kommunikativ handelnd noch nicht in

Erscheinung getreten ist, schließt er aus dem Alevitischen im Community-Namen Aleviler.de, dass er dort anerkennendes Verhalten der anderen jungen Aleviten erwarten darf. Diese Anerkennung wird ihm woanders versagt, weil er weder im deutschen noch im türkischen Kontext fraglos Mitgliedschaft genießen kann. Deshalb verheißt ihm zu jenem Zeitpunkt seine Mitgliedschaft in der alevitischen Online-Community eine Möglichkeit, sein prekäres Zugehörigkeitsverständnis zu regeln, welches zu diesem Zeitpunkt für ihn mit fehlender Anerkennung verbunden ist. Ob sich die Online-"Gruppe" tatsächlich als Lösungsweg erweist, ist freilich noch offen, wie er im Rückblick selbst betont: „Das war zumindest der erste Eindruck".

Charakteristisch für die Entdeckungsphase ist zudem, dass der *erste Beitrag,* den er im Kommunikationsforum formuliert, für den Verfasser mit einer besonders großen Unsicherheit darüber begleitet wird, wie die anderen Communitymitglieder auf ihn reagieren bzw. ob er überhaupt Aufmerksamkeit erhält. Für die jungen Migranten ist dieser Aspekt der Entdeckungsphase zudem deshalb bedeutend, weil sie mit dem ersten Beitrag ihr bisher noch eher passives in ein aktives Agieren verändern müssen. Ich will dies am Fall von Ünay sichtbar machen, die sich auch nach mehreren Jahren noch gut an ihren ersten Beitrag im Vaybee.de-Forum „Liebe & Flirt/Sex & Erotik" erinnern kann. Sie erzählt, sie habe „viel Promotion" dafür gemacht, indem sie in den zu diesem Zeitpunkt stärker von Usern frequentierten Chats von Vaybee.de dazu aufgerufen hat „kommt in die Foren rein". In ihrer Selbsterzählung hat diese Zeit die Bedeutung, vor allem zwei Elementen ihres Anerkennungsgefühls zu bewältigen, wenngleich diese Elemente auch in anderen Phasen ihrer ‚Verortung' in der Online-Community eine Rolle spielen:

1) Sie erinnert sich, dass sie ihn in das Forum stellt und „wirklich zwei Tage" auf Antworten gewartet hat. Ünay fragt sich, ob sie die *Aufmerksamkeit der anderen* Mitglieder erhält oder nicht. Denn fehlt die Aufmerksamkeit wird es unwahrscheinlicher, dass sie positive Bewertungen von anderen Personen bekommt. Selbst wenn sie positiv bewertet wird, kann geringe Aufmerksamkeit dazu führen, dass diese nur relativ oberflächlich bleiben.

2) Die Suche nach *positiver Bewertung durch andere* ist der motivationale Hintergrund für Ünay, Aufmerksamkeit zu generieren. Sie beschreibt dieses Element als „Gefühl ‚was denken jetzt Leute über dich, die diesen Beitrag lesen?'".

5.2.2 Bestätigungs-/Missachtungsphase

Kennzeichnend für diese Phase ist die Reflexion der jungen Migranten, wie die Reaktionen der Anderen nicht nur, aber insbesondere auf das erste Posting zu bewerten sind. Dies ist insofern für die Verarbeitung „prekärer" Zugehörigkeit relevant, als der erste Beitrag von den Jugendlichen auch immer – ob implizit oder explizit – als persönliche Positionierung oder gar Offenbarung im Hinblick auf das Thema der natio-ethno-kulturellen Hybridität verstanden wird. Und aus diesem Grund werden die Reaktionen der Anderen als eine Art Gradmesser hinsichtlich der Frage interpretiert, ob man als Hybrid willkommen ist, ob die Annahme, hier tatsächlich soziale Anerkennung erfahren zu können, berechtigt war oder nicht. Fallen die Rückmeldungen der Anderen positiv aus, kann dies bei der Person ein Gefühl der sozialen Wertschätzung hinterlassen. Ein Beispiel dafür ist Ünay, die erzählt, dass die beiden von ihr moderierten Foren jahrelang „unter den ersten drei der Besucher" waren. Und auch heute ist dies noch so, wie sich an der Rubrik „Forum Top Ten" ablesen lässt. War es Ünays Motivation Liebe, Flirt, Sex und Erotik gerade in einer türkischen Community zu thematisieren, weil dieser Themenkomplex nach ihrer Meinung einen wichtigen Teil der Alltagserfahrungen (nicht nur) ihrer Mischkultur ausmacht, wenngleich Traditionalisten dies verhindern wollen, so kann sie sich nun in ihrem Engagement belohnt fühlen: Die „Aha"-Erfahrungen vieler Mitglieder zeigen ihr, dass das Thema sehr wohl auf Interesse stößt und Alltagsrelevanz besitzt.

Fallen die Rückmeldungen negativ aus, kann dies bei der Person ein Gefühl fehlender sozialer Wertschätzung bzw. Missachtung hinterlassen. Als Beispiel dafür kann Haluk genannt werden, der in seiner Selbsterzählung eine Reihe negativer Reaktionen thematisiert. So bedankt er sich in einem seiner Beiträge dafür, dass ein anderes Community-Mitglied Sprüche von Hazret Ali (Heiliger Ali) veröffentlicht hat, von denen ihm ein paar besonders gefallen haben. Daraufhin wird Haluk von einem weiteren Mitglied als „Arschkriecher" beschimpft. Obwohl das Posting nicht an ihn direkt adressiert ist, steht für Haluk fest, dass es sich um eine persönliche Beleidigung handelt. Daran wird deutlich, dass die Anerkennung, die er zwar von einigen Mitgliedern erhält, zugleich von beträchtlichen Missachtungsbekundungen begleitet wird. Im Zuge seiner negativen Erfahrungen revidiert Haluk den „ersten Eindruck", den er von Aleviler.de bekommen hat. Konnte er noch in der Entdeckungsphase davon ausgehen, dass ihm dort, wo „jetzt ‚Aleviten' steht", von der Online-Community Wohlwollen entgegen gebracht wird und damit sein Problem, weder im deutschen noch im türkischen Kontext fraglos Mitglied zu sein, durch Zugehörigkeit zur jungen alevitischen Online-Gemeinde gelöst wird, scheint für ihn nun auch dieser Lösungsweg versperrt zu sein. In seiner Selbsterzählung stellt er fest, dass sich die anderen Mitglieder gar nicht entsprechend dem alevitischen Glauben verhalten, sondern ausschließlich an der Kontaktanbahnung zum anderen Geschlecht interessiert sind.

5.2.3 Prüfungsphase

Diese Phase im Anerkennungsprozess ist dadurch charakterisiert, dass die jungen Migranten den Sinn und Zweck ihres Agierens in der jeweiligen natio-ethno-kulturellen Hybridumgebung des Internets für sich und ihr Selbst kritisch in Frage stellen. Zugleich überprüfen sie damit, ob es ihnen hier gelungen ist, sich mit ihrem „prekären" Zugehörigkeitsstatus Geltung verschafft haben zu können. Somit hat diese Phase den Charakter einer Bestandsaufnahme, in der die bisherigen Online-Erfahrungen zur Reflexion kommen. Auslöser für die Prüfung sind in der Regel soziale Schlüsselerlebnisse in der Online-Community, die von den jungen Migranten negativ bewertet werden. Beispielhaft kann dies am Fall Ildiz gezeigt werden, dessen „Fauxpas" im Administratorenkreis beinahe zum Rücktritt von seiner Funktionsrolle geführt hätte. Ildiz reagiert mit einem eigenen Topic – er überschreibt ihn mit „Atatürks Morde" – auf „Provokationen" anderer Mitglieder. Allerdings versteht er seine Reaktion nicht nur als ‚Gegen-Provokation', sondern vor allem als Resultat eines unabhängigen, journalistisch-investigativen Sammelns von Hintergrundinformationen, die für ihn im Gegen-satz zu denjenigen Postings stehen, die „aus der Luft gegriffen" sind. Für diese individuelle *Leistung* erhofft er sich Anerkennung in der Online-Community. An der Reaktion der anderen Administratoren, vor allem Canay, erkennt er aber, dass er „ein bisschen wahrscheinlich zu radikal gewesen" ist, insbeson-dere in seiner Funktionsrolle als Moderator. Die soziale Wertschätzung, die sich Ildiz erhofft hat, weil er „richtig recherchiert, auch noch Quellen angegeben" hat, bleibt ihm versagt, mehr noch: Der Wert seiner Leistung wird dadurch beschnitten, dass Canay „aus dem Ausrufezeichen ein Frage-zeichen gemacht und versucht (hat) das so ein bisschen zu entschärfen, einfach nur die Morde weggemacht, einfach nur Atatürk" (Ildiz, 223-225). In der Folge ist es diese Äußerung *fehlender* Wertschätzung, die bei ihm zur Verletzung und Demütigung geführt hat, verbunden mit der Infragestellung seines persönlichen Engagements bei Aleviler.de. Ein weiteres markantes Beispiel für die Kennzeichnung der Prüfungsphase stellt Ünay dar, die eine Art Verfall der Community-Kultur von Vaybee.de diagnostiziert, mit ein-schneidenden Folgen für ihren Anerkennungsprozess. In ihrer Wahrnehmung ist das soziale Miteinander auf ein „Ich-möchte-so-viele-Männer/Frauen-

kennenlernen-wie-ich-kann-Niveau" gesunken, was soviel bedeutet wie: Die
Mitglieder sind nicht mehr an ernsthafter Diskussion interessiert, sondern vor
allem an Beziehungsanbahnung bzw. Dating. Ünay macht die Erfahrung,
dass ihr die bisherige Aufmerksamkeit von anderen nun in erheblichem Maß
versagt bleibt. Deutlich wird: Sie hat eine Art *Dienstleistungs-Ethos* entwickelt, wonach sie den Anderen aus freien Stücken Wissen und Expertise
„zur Verfügung" stellt. Ihr einziger „Lohn", den sie zu erwarten hofft, ist die
positive Wertschätzung der User. Beides ist nun aber in Frage gestellt, ihre
Anerkennung ist gefährdet. Und in der Konsequenz prüft sie, ob sich das von
ihr betriebene zeitliche und emotionale Engagement in ihren Foren überhaupt
noch lohnt.

Verläuft die Prüfungsphase für die Jugendlichen positiv, d.h. können sie
für sich insgesamt festhalten, sich in der jeweiligen natio-ethno-kulturellen
Hybridumgebung des Internets mit ihrem „prekären" Zugehörigkeitsstatus
Geltung verschafft zu haben, leitet dies über in die *Konsolidierungsphase.*
Verläuft die Prüfungsphase dagegen negativ, stellt die Person also fest, dass sie
sich alles in allem keine Geltung verschaffen konnte, kann dies einerseits zur
Beendigung der Mitgliedschaft in der Online-Community führen bzw. zum
vorzeitigen Abschluss des dort mit der Entdeckungsphase begonnenen Anerken-
nungsprozesses oder es kann andererseits zum Versuch eines *Neubeginns* dieses
Prozesses mithilfe eines veränderten Identitätsprofils führen. Für das letztere
Verlaufsmuster steht der Fall Haluk. Die Bilanzierung seiner Erfahrungen bei
Aleviler.de fällt negativ aus, weil er den Vertrauensbruch gegenüber seiner
Person in den Vordergrund stellt. Er kommt pauschalisierend zu dem Schluss,
dass die Mitglieder der Aleviler.de-Community ihr wahres Ich verstellten –
das sei „immer nur so eine Maske". Anerkennende Gesten der Anderen seien
nur vorgetäuscht und statt Ernsthaftigkeit werde ein hedonistischer Lebensstil gepflegt. Für Haluk ist diese Erkenntnis schmerzlich, weil er bereits
davon ausgegangen war, er könne sowohl aufgrund seiner alevitischen
Wurzeln als auch der von ihm ausgesendeten intimen Vertrauenssignale auf
die Personen *hinter* den Masken Zugang erhalten und damit auf die Solidarität und Anerkennung der Community zählen. Sein angestoßener Selbstreflexionsprozess endet allerdings keineswegs im Gefühl der Ausweglosigkeit. Es
ist gerade die Möglichkeit der Maskierung in Online-Communities, die ihm
Handlungsperspektiven eröffnet: Aus diesem Grund sagt er: „Ich bin auch
immer am Überlegen, den Nickname zu löschen und (...) da mal einen
Neustart zu machen" (Haluk, 1166-1167).

5.2.4 Konsolidierungsphase

Für diese Phase des Anerkennungsprozesses ist Voraussetzung – dies ist bereits angeklungen –, dass für den einzelnen die Prüfungsphase positiv verläuft und er für sich festhalten kann, sich insgesamt in der jeweiligen natio-ethno-kulturellen Hybridumgebung des Internets mit seinem „prekären" Zugehörigkeitsstatus Geltung verschafft zu haben. Kennzeichnend für diese Phase ist die *Festigung* des persönlichen Agierens in der Online-Community, indem die Person beschließt, Mitglied zu bleiben und das eigene Engagement vielleicht sogar zu verstärken, obwohl im Anerkennungsprozess durchaus Missachtungserfahrungen aufgetreten sein können. Zudem ist für die Konsolidierungsphase typisch, dass der Einzelne seine für die Community aufgebaute Identitätskonstruktion im Wesentlichen beibehält, also für die Anderen in der Community identifizierbar bleibt. Dieses Muster unterscheidet sich also von dem im Rahmen der Prüfungsphase erläuterten ‚Neubeginn' einer Persona, weil es sich dabei um den Versuch eines kompletten Identitätswechsels handelt, wie am Beispiel von Haluk sichtbar werden sollte.

Das Muster der Konsolidierung kann beispielhaft am Fall Ünay gezeigt werden, deren entsprechende Haltung ich in der Fallanalyse als „distanzierte Gelassenheit" gekennzeichnet habe (S. 222): Ihren persönlichen Anspruch, sich über erfolgreiche Überzeugungsarbeit in der Online-Community selbst verwirklichen zu wollen, hat sie keineswegs aufgegeben. Allerdings ist ihr bewusst geworden, dass sie für sich den Weg dorthin verändern muss, wenn sie Frustrationserlebnisse vermeiden will. Die Suche nach sozialer Anerkennung bleibt ein bestimmendes Moment ihrer Community-Mitgliedschaft auch nach ihrer Prüfungsphase. Allerdings steht die Anerkennungssuche heute für sie auf einem anderen, und zwar sichereren Fundament, d.h. es ist die Vertrauensbeziehung zu ihren Online-Freundschaften, die ihr so viel Selbstanerkennung zu verleihen scheint, dass sie auf Konflikte im Forum mit Anderen mit größerer Distanz und Gelassenheit reagieren kann. Somit wird deutlich, dass die *soziale Verankerung* in der Online-Community einen wesentlichen Einfluss auf das Agieren in der natio-ethno-kulturellen Hybridumgebung des Internets hat und damit zugleich auf die Verarbeitung „prekärer" Zugehörigkeit, wie im nächsten Teilkapitel zu zeigen ist.

Die vergleichende Darstellung der Anerkennungssuche junger Migranten in der natio-ethno-kulturellen Hybridumgebung des Internets macht auf einen Aspekt aufmerksam, den ich an dieser Stelle noch einmal hervorheben möchte. Ebenso wie sich die Vergewisserung von Zugehörigkeit für sie „offen" gestaltet, ist auch bei ihrer Suche nach Anerkennung nicht schon im Vorhinein sicher, dass sie in den Online-Communities tatsächlich Anerkennung von anderen bekundet bekommen, auch wenn sie es hier mit „Gleichgesinnten" zu tun haben, die ebenfalls einen „prekären" Zugehörigkeitsstatus haben, m.a.W.: Die natio-ethno-kulturelle Hybridumgebung des Internets bietet den jungen Migranten, auch wenn sie entsprechende individuelle Leistungen vorweisen können (Wissen, Expertise, Hilfe etc.), keine Gewähr dafür, soziale Wertschätzung zu erfahren. Zwar erweitert sie für die Jugendlichen den sozialen Möglichkeitsraum, sich und ihre Hybridität zu „verorten" – dies ist das Hauptergebnis der Einzelfallanalysen. Erscheinen andererseits die Hybridumgebungen für sie vielleicht noch auf den ersten Blick als „sicherer" Lösungsweg für die Verarbeitung „prekärer" Zugehörigkeit, so offenbart anschließend ein differenzierteres Bild, was sich durch die Rekonstruktion der unterschiedlichen Phasen des Anerkennungsprozesses untermauern lässt: Die natio-ethno-kulturelle Hybridumgebung des Internets liefert lediglich einen neuen sozial-räumlichen Aushandlungs*rahmen* für Anerkennung, in dem sie zwar kaum oder gar nicht mit rassistischen Äußerungen von Personen der deutschen Mehrheitsgesellschaft konfrontiert werden, und zwar einfach aus dem Grund, weil dort kaum deutsche Nicht-Migranten Mitglied sind oder sein können (Stichwort: Mehrsprachigkeit). Insgesamt gesehen deuten allerdings die Ergebnisse dieser Untersuchung auch darauf hin, dass die jungen türkischen Migranten innerhalb dieses Rahmens, die Vermittlungsformen für Anerkennung erst *erarbeiten* müssen, was offenbar durchaus anspruchsvoll und mit Problemen verbunden sein kann. Den Möglichkeitsraum zur Anerkennung im Rahmen der natio-ethno-kulturellen Hybridumgebung des Internets für sich zu nutzen, erfordert also von ihnen ein Maß an sozial-kommunikativen Aushandlungskompetenzen, deren Aneignung und Entwicklung längst nicht jedem gelingt.

5.3 Soziale Verankerung

Sowohl für die Vergewisserung gemeinschaftlicher wie biografischer Wurzeln als auch für die Suche nach Anerkennung benötigen die jungen türkischen Migranten den *sozialen Austausch mit Anderen* in der natio-ethno-kulturellen Hybridumgebung des Internets.

Im Hinblick auf die Frage der Zugehörigkeit kann dies am Beispiel von Hasan verdeutlicht werden, der mit seinem Spruch „back to the roots" zum Ausdruck bringt, dass ihm die türkische Online-Community dabei geholfen hat, sich seiner gemeinschaftlichen türkischen Wurzeln zu vergewissern, und zwar dadurch, dass ihn die Auseinandersetzung mit den anderen Mitgliedern in den Foren dazu angestoßen hat, über sein Zugehörigkeitsverständnis zu reflektieren und dieses sogar zu verändern (S. 142ff.). Hasan leistet mithilfe des Internets

„Erinnerungsarbeit", die aber nicht nur ein individueller, sondern vor allem auch ein sozialer Prozess ist (vgl. Halbwachs 1985; Marotzki 2007; Nohl/Ortlepp 2007). Indem das Erinnerte gegenwärtig einen sozialen Bezugsrahmen erhält, wird es nicht vergessen. Diesen Bezugsrahmen stellen für Hasan die anderen Mitglieder in der natio-ethno-kulturellen Hybridumgebung von Bizimalem.de dar. Sie ermöglichen ihm, seinen türkischen Wurzeln im Hier und Jetzt Bedeutung beizumessen und diesen dadurch auch individuelle Zukunftsrelevanz zu verleihen.

Im Hinblick auf die Suche nach Anerkennung zeigt sich, dass diese vor allem dann sinnstiftend wird, wenn die türkischen Jugendlichen für sich auch die Frage beantworten können, wie *Andere* die eigene Person bewerten. Dieses Muster kann beispielhaft am Fall von Ildiz sichtbar gemacht werden, der sich zugleich als Repräsentant der einzigen alevitischen Online-Community in Deutschland für Jugendliche mit über 17.000 Mitgliedern betrachtet. Tatsächlich erhält er Wertschätzung von Anderen, und zwar nicht, weil er Alevite, Türke, Kurde oder Deutscher, sondern weil er „Gründer von Aleviler.de" ist. Deutlich wird, dass sein individueller Sinnbildungsprozess nicht nur für ihn selbst erfüllend ist. Vielmehr muss dieser auch in einen Kontext der sozialen Anerkennung bzw. Wertschätzung eingebettet sein, der ihm erst durch den kommunikativen Austausch mit Anderen gewährt wird. Aleviler.de ist dafür das zentrale „Werkzeug".

Offenbar hat das Vertrauen, welches die türkischen Jugendlichen Anderen in der Online-Community schenken, einen wichtigen Einfluss darauf, ob der Anerkennungsprozess, der anhand der Einzelfallanalysen rekonstruiert werden konnte, aus ihrer Sicht erfolgreich verlaufen ist oder eher gescheitert ist. Dabei unterliegt die Herstellung von Vertrauen in der Online-Welt spezifischen Bedingungen, die sich von denjenigen der Offline-Welt unterscheiden, und zwar deshalb, weil das Bild, das sich andere von einer ‚Person' machen, sich alleine auf das Konstrukt der ‚Persona' beziehen kann. Deshalb muss in der Online-Welt verstärkt nach Anhaltspunkten für Vertrauenswürdigkeit gesucht werden, die es ermöglichen einzuschätzen, mit wem man es in der Online-Community denn eigentlich zu tun hat, kurz: ob es Hinweise gibt, dass man dem Anderen vertrauen kann. Insgesamt zeigt sich in den Ergebnissen dieser Untersuchung das Muster, dass das ‚Anerkennungsgefühl' der jungen Türken in der natio-ethno-kulturellen Hybridumgebung umso höher ist, wenn zugleich der Eindruck dominiert, man könne auf das Vertrauen einer Vielzahl von Personen bzw. Personae in der Online-Community sicher zählen. Dieses Gefühl der Anerkennung kann dann noch einmal gesteigert werden, wenn diejenigen, die Anerkennung bekunden, eindeutig als Personen hinter den Personae identifiziert werden können, beispielsweise deshalb, weil für den Prozess der Beziehungspflege unterschiedliche Medien genutzt werden können. Dies bedeutet: In Bezug auf die Frage der sozialen Verankerung kann der Verlauf des Anerkennungsprozesses, aber schließlich auch die Möglichkeit der Vergewisserung von Zugehörigkeit in der natio-ethno-kulturellen Hybridumgebung, zusätzlich danach differenziert werden, ob die jungen Türken dort über relativ ‚starke' soziale Verbindungen (hohe Vertrauenswürdigkeit) oder ‚schwache' soziale Verbindungen (niedrige Vertrauenswürdigkeit) zu verfügen meinen. Für den ersten Fall (‚starke' soziale Verbindungen bzw. hohe Vertrauenswürdigkeit) steht beispielsweise Ünay, die erzählt, sie habe so einen „festen Stamm, mit dem schreibt man jeden Tag, denen begegnet man im Forum, denen begegnet man ggf. nächstes Wochenende auch irgendwo zu Hause oder im Lokal" (Ünay, 335-337). Ünay betrachtet diesen „festen Stamm" auch als *Freundschaft*, die allerdings kein selbstverständliches Resultat der bloßen Mitgliedschaft bei Vaybee.de ist. Vielmehr musste sie errungen werden, und zwar dadurch, dass die Personen ihre Identität gegenseitig offengelegt haben. Ünays Erzählung über ihre Online-Freundschaften kann nun im Zusammenhang mit ihren Negativerfahrungen in der Community gesehen werden. Denn mithilfe ihrer Freundschaften grenzt sich Ünay von denjenigen ab, durch die sie erst in ihre ‚Community-Krise' geraten ist, nämlichen denjenigen, die „20, 30.000 Nicks" haben. Ihr „fester Stamm" von identifizierbaren Freunden, die ihr Anerkennung bekunden, stellt ihr persönliches Bollwerk gegen die Anonymität des Forums dar. Indem sie ihnen vollends vertrauen kann, wird ihr zugleich möglich, aktives Mitglied der Vaybee-Community zu bleiben. Für den zweiten Fall (‚schwache' soziale Verbindungen bzw. niedrige Vertrauenswürdigkeit) steht Haluk, dessen Anerkennungsgefühl sich in der Online-Community besonders negativ entwickelt hat. Sein noch in der ‚Entdeckungsphase' bestehendes Vertrauen in die Community und ihre Mitglieder wird nicht nur durch direkte Beleidigung seiner Person enttäuscht, sondern auch dadurch, dass er sich von anderen belogen fühlt, was schließlich zu seinen „Neustart"-Überlegungen führt.

Auf dieser Grundlage stellt sich nun die Frage nach dem Zusammenhang, in dem die Einschätzung eines gelingenden Verortungsprozesses bzw. einer erfolgreichen Verarbeitung „prekärer" Zugehörigkeit mit dem Grad der sozialen Verankerung in den natio-ethno-kulturellen Hybridumgebungen des Internets steht, m.a.W.: *Von welchen Bedingungen hängt es für die Migrantenjugendlichen ab, dass sie insgesamt zu dem Ergebnis gelingender Verortung kommen?* Meines Erachtens geben die Ergebnisse dieser Untersuchung Hinweise darauf, dass die Online-Communities vor allem dann einen Beitrag zum Gelingen leisten können, wenn der Verortungsprozess dadurch begleitet wird, dass es den jungen Türken gelingt, starke soziale Verbindungen zu Anderen herzustellen, denen zugleich eine hohe Vertrauenswürdigkeit bescheinigt wird (vgl. Wellman/Gulia 1999). In diesem Fall können auch Missachtungserfahrungen innerhalb der Community aufgefangen werden. Dies wird bei Ünay deutlich – wie beschrieben –, deren „fester Stamm" sie durch ihre persönliche „Community-Krise" führt und sie schließlich ein positives Anerkennungsgefühl und das Gefühl einer gelungenen Vergewisserung von hybrider natio-ethno-kultureller Zugehörigkeit formulieren lässt. Dieses Muster wird beispielhaft aber auch bei Ildiz sichtbar, der es nur mithilfe seines Freundes Canay schafft, seinen „Fauxpas" „auszusitzen", mithin den von einigen geforderten Rücktritt von seiner Administratorenfunktion abzuwenden. Zusammen mit den positiven Rückmeldungen von Anderen innerhalb und außerhalb von Aleviler.de, die seine Leistungen positiv bewerten, gelingt es deshalb letztlich auch ihm, ein positives Anerkennungsgefühl und das Gefühl einer gelungenen Vergewisserung von Zugehörigkeit zum Ausdruck zu bringen. Scheitert jedoch der Aufbau starker sozialer Verbindungen, können diese also für den Jugendlichen als nur schwach und wenig vertrauenswürdig gekennzeichnet werden, dann wird es auch unwahrscheinlicher, dass der „prekäre" Zugehörigkeitsstatus erfolgreich erarbeitet werden kann. Wie bereits deutlich werden sollte, kann der Fall Haluk beispielhaft für diese Variante genannt werden.

Insgesamt wird also deutlich: Natio-ethno-kulturelle Hybridumgebungen des Internets stellen Sozialräume dar, die zu einem gelingenden Verortungsprozess bzw. einer erfolgreichen Verarbeitung „prekärer" Zugehörigkeit beitragen können, allerdings muss dies nicht zwangsläufig geschehen. In diesem Sinne gilt, was ich bereits im Hinblick auf die Aushandlung von Anerkennung formuliert habe, für die Frage der sozialen Verankerung in ähnlicher Weise. Die natio-ethno-kulturellen Hybridumgebungen des Internets stellen lediglich einen *Möglichkeitsraum* dar, der von den jungen türkischen Migranten erst fruchtbar gemacht werden muss, was durchaus nicht jedem gelingt.

5.4 Offline-online-Hybridität

Die vierte zentrale Dimensionen der Verarbeitung „prekärer' Zugehörigkeit, die ich vergleichend hervorheben möchte, ist die der Hybridität von Offline- und Online-Welt, die aufzeigt, dass sich der ‚Verortungsprozess' der jungen Türken nicht auf das Verhalten innerhalb der natio-ethno-kulturellen Hybridumgebungen des Internets beschränkt, sondern mit dem in der Offline-Welt verschränkt ist. Bereits im theoretischen Teil dieser Untersuchung habe ich darauf hingewiesen: Offline-Welt und Online-Welt stehen in einem zunehmend sich ausprägenden *Komplementärverhältnis* zueinander. Offline-Lebenswelten und Online-Lebenswelten sind also nicht mehr voneinander zu trennen. Diese zunächst theoretische Aussage lässt sich auch empirisch untermauern, wie die Selbsterzählungen der jungen Migranten zum Ausdruck bringen. Beispielhaft kann dies am Fall von Hasan gezeigt werden, der das Komplementärverhältnis an der Metapher der „Kette" zu veranschaulichen versucht („ist alles so wie 'ne Kette"): Wenn er sagt „seitdem ich online auf türkischen Foren bin, (...) kenne ich auch mehr Türken in der Realität" (Hasan, 413-414), dann zeigt er damit, dass sich ihm durch die Online-Community erst sein türkischer Zugehörigkeitskontext öffnet. Durch die Entdeckung seiner Zugehörigkeit zum türkischen Kontext erweitert Hasan seinen sozial-räumlichen Handlungsradius: Er erweitert seine Offline-Lebenssphäre durch das Betreten der türkischen Online-Lebenssphäre. Als Folge dieses Prozesses findet jedoch auch eine Erweiterung des Handlungsradius in umgekehrter Richtung statt: die sozial-räumliche *Inbesitznahme* türkischer Orte „in der Realität". Realität und Virtualität ergänzen sich für ihn in einer Art und Weise, die seiner Verarbeitung „prekärer" Zugehörigkeit förderlich ist. Während Andere seine hybride Lebenswelt von Offline- wie Online-Elementen möglicherweise als widersprüchlich ansehen, ist dies für ihn nicht so. Die Verknüpfung, die er zwischen seinen Erfahrungen hier wie dort herstellt, erscheint ihm authentisch und sinnhaft bzw. kohärent. Freilich verweist dies auf eine wichtige Aufgabe, die nicht nur Haluk, sondern alle jungen Migranten angesichts ihres Agierens in den natio-ethno-kulturellen Hybridumgebungen des Internets zu bewältigen haben, nämlich die Erfahrungen, Orientierungen und Perspektiven in der Offline- und Online-Lebenswelt, die durchaus unterschiedlich oder sogar konträr sein können, für sich in ein solches Passungsverhältnis zu bringen, dass die Person ein kohärentes Bild von sich selbst erhält. Ein solches kohärentes Bild kann – wie in Hasans Fall deutlich wird – sehr positiv geprägt sein, indem die ergänzenden Erfahrungen online wie offline so vom Individuum verstanden werden, dass sie zu einer gelingenden Vergewisserung von Zugehörigkeit und Suche nach Anerkennung beigetragen haben. Das Komplementärverhältnis von Online- und Offline-Welt kann jedoch auch negativ und problembehaftet gekennzeichnet werden, wie dies bei Haluk deutlich wird, der sowohl online als auch offline Erfahrungen des Vertrauensbruchs macht, mit der Folge besonders niedriger Selbstbewertung. Deshalb reflektiert er darüber, ob die erfahrene geringe Aufmerksamkeit und negative Wertschätzung von Anderen tatsächlich berechtigt ist: „Ich weiß nicht, ob es denn stimmen würde, wenn ich da halt so einen Rückschluss ziehen kann, auf meinen Charakter, dass ich dann sagen könnte ‚ja ich hab da halt irgendwie den Anschluss nicht finden können, bei denen dann'" (Haluk, 1162-1164).

6. Verarbeitungstypen natio-ethno-kultureller Hybrididentität im Internet

Die Frage nach der Identitätsrelevanz von Online-Communities, die an türkische Jugendliche bzw. junge Erwachsenen der zweiten und dritten Migrantengeneration in Deutschland gerichtet sind, lässt sich – dies machen die Fallrekonstruktionen deutlich – anhand des Zusammenhangs beantworten, in dem Zugehörigkeit und Anerkennung in natio-ethno-kultureller Perspektive miteinander stehen. Demnach zeigt sich insgesamt, dass sie den Jugendlichen dazu dienen, ihre natio-ethno-kulturelle Hybrididentität zu verarbeiten, d.h. sich in der Online-Welt ihrer Zugehörigkeit zu vergewissern und ihre Anerkennungsprobleme, die mit deren Ungewissheit verbunden sind, zu bewältigen. Kennzeichnend für die Verarbeitungsweisen ist, dass sich ihr Wert für die türkischen Jugendlichen nicht alleine aus einer individuellen Leistung ergibt, sondern erst in Verbindung mit dem *sozialen* Bezugsrahmen, den ihnen die Communities bereitstellen. Mithilfe der Typenbildung, deren Ergebnisse ich im Folgenden darstelle, fokussiere ich die Analyse der einzelnen Fälle, um die charakteristischen Kennzeichen des Untersuchungsobjekts hervorzuheben. Auf diese Weise sollen sowohl wichtige Gemeinsamkeiten wie Ähnlichkeiten als auch Unterschiede im Datenmaterial sichtbar werden. Die vorgestellte empirisch begründete Typenbildung hat vor diesem Hintergrund insbesondere heuristischen Wert (vgl. Kelle/Kluge 1999). Ihr Zweck liegt vor allem darin, auf der Grundlage der detaillierten Einzelfallanalyse und des Vergleichs der zentralen Dimensionen im vorigen Kapitel die hervorstechenden Sinnzusammenhänge zwischen den gefundenen Kategorien bzw. Merkmalen noch einmal zu pointieren. Mein Vorgehen orientiert sich an den vier Auswertungsschritten, die Kelle/Kluge (ebd., 81f.) für den Prozess der Typenbildung als maßgeblich betrachten:

1) Die *Erarbeitung relevanter Vergleichsdimensionen*, bei der es darum geht, „jene Kategorien bzw. Merkmale zur erarbeiten und zu definieren, mit deren Hilfe die Ähnlichkeiten und Unterschiede zwischen den Untersuchungselementen (…) angemessen erfasst und anhand derer die ermittelten Gruppen und Typen schließlich charakterisiert werden können" (ebd., 81). Kennzeichnend für eine qualitative Studie ist dabei, dass die relevanten Merkmale und ihre Ausprägungen erst im Laufe des Auswertungsprozesses bestimmt werden können, und zwar unter Hinzuziehung des Datenmaterials und theoretischer Aspekte, die sich aufgrund der Forschungsfrage ergeben. Zu

den zentralen Vergleichskategorien, die sich in meiner Untersuchung herauskristallisiert haben, zählen insbesondere *Zugehörigkeit* und *Anerkennung*, aber
auch die Frage der *sozialen Verankerung* der Jugendlichen in der Online-
Community.

2) Im zweiten Auswertungsschritt werden die Fälle anhand der definierten
Vergleichsdimensionen und ihrer Ausprägungen gruppiert und die entstehenden Gruppen *in Bezug auf empirische Regelmäßigkeiten analysiert.* Dies
erfolgt nach Kelle/Kluge mithilfe der (Re-)Konstruktion eines „Merkmals-
raums" (Lazarsfeld 1937; Barton 1955), der der Typologie zugrunde liegt. Der
Merkmalsraum entsteht aus der Kombination der für die Charakterisierung der
Typen relevanten Kategorien bzw. Subkategorien und Merkmale. Angewendet auf diese Untersuchung ist der Zusammenhang zu analysieren, in dem Anerkennung und Zugehörigkeit mit Blick auf einzelne Fälle stehen. Die
Kategorie „Anerkennung" lässt sich dabei im Kern in zwei Sub-Kategorien
dimensionalisieren: „Anerkennung in der Online-Community (OC)" und
„Soziale Verankerung in der OC". Allerdings mussten diese beiden Sub-Kategorien erst aus einer Reihe von Faktoren entwickelt werden, die zur Frage der
Anerkennung in Online-Communities für türkische Jugendliche auf der einen
Seite sehr vielschichtige Antwortperspektiven liefern, auf der anderen Seite
den Fallvergleich durch diese Differenziertheit erschwerten. Aus diesem
Grund habe ich zwei Messeinheiten bestimmt, die es erlauben, diese Faktoren
sowohl zusammenzufassen als auch zu gewichten. Die erste Messeinheit
konkretisiert sich in der Kategorie „Anerkennung in der Online-Community
(OC)". Darin enthalten sind die Faktoren „Mitgliedsstatus" (z.B. Moderatorin,
Normal-User), „Dauer der Mitgliedschaft" und vor allem der „Verlauf des
Anerkennungsprozesses innerhalb der Online-Community", der sich analytisch in vier wichtige Phasen unterteilen lässt: Entdeckung, Bestätigung/Miss-
achtung, Prüfung, Konsolidierung (vgl. S. 256ff.). Im Ergebnis kann zwischen
Personen unterschieden werden, deren Anerkennung in der Community hoch,
niedrig oder episodisch ist. Episodisch ist sie etwa dann, wenn den Jugendlichen in ihrer eigenen Wahrnehmung Anerkennung nur in bestimmten
Phasen ihrer Community-Biografie zuteil wird, ihnen diese in anderen Phasen
aber verwehrt wird.

„Anerkennung" berücksichtigt aber noch nicht die Frage, ob das Ausbleiben
von Bestätigungen bzw. die persönliche Verletzung, die aufgrund dieser Erfahrung evtl. entsteht, dadurch abgefedert werden kann, dass sich die Jugendlichen in der Online-Community bzw. in Teilen von ihr sozial verankert
fühlen. Diesen Aspekt nimmt die zweite Messeinheit auf: die Kategorie
„Soziale Verankerung in der OC". Darin enthalten sind die Faktoren

„Freundschaftsnetzwerk" und „Vertrauen in andere Mitglieder". Unterschieden werden kann dann zwischen Jugendlichen, die stark oder schwach in der Online-Community sozial verankert sind. So sind sie stark sozial verankert, wenn sich in der Community nach ihrer eigenen Wahrnehmung „freundschaftliche" bzw. „enge" soziale Beziehungen zu anderen entwickelt haben und diese zudem als vertrauensvoll gekennzeichnet werden (vgl. Tab. 1).

Tabelle 1: Verteilung der Fälle auf die Merkmalskombination „Anerkennung in der (OC)" und „Soziale Verankerung in der OC"

Soziale Verankerung in der OC	Anerkennung in der OC		
	Hoch	Niedrig	Episodisch
Stark	Hasan		Ünay, Ildiz
Schwach	Duru	Haluk	

Mithilfe der Zusammenfassung der Kategorien „Anerkennung in der Online-Community (OC)" und „Soziale Verankerung in der OC" wird es möglich, die Komplexität der verschiedenen Kategorien zu verringern, sodass nur noch zwischen verschiedenen „Anerkennungstypen" unterschieden werden muss, denen bereits die einzelnen, in die Auswertung eingegangenen Fälle zugeordnet werden können:

a) Zum Typ *hohe Anerkennung* gehören Jugendliche, die eine hohe Anerkennung durch andere in der Online-Community erfahren, aber auch über eine starke soziale Verankerung verfügen. Diese Kombination trifft auf Hasan zu.

b) Jugendliche mit niedriger Anerkennung und schwacher sozialen Verankerung werden zum Typ *niedrige Anerkennung* gezählt (Haluk).

c) In den Typ *episodische Anerkennung mit starker sozialer Verankerung* finden die Fälle Ünay und Ildiz Eingang.

d) Duru schließlich gehört zum Typ *hohe Anerkennung mit schwacher sozialer Verankerung.*

Auf dieser Basis kann nun der Zusammenhang zwischen der neuen Kategorie „Anerkennungstyp" und der Kategorie „Vergewisserung natio-ethno-kultureller Zugehörigkeit mithilfe der OC" tabellarisch angeordnet und analysiert werden (vgl. Tab. 2). Letztere Kategorie gliedere ich danach, ob die Vergewisserung im Rahmen der Community-Mitgliedschaft durchgängig, nicht oder episodisch gelingt.

Tabelle 2: Verteilung der Fälle auf die Merkmalskombination
'Anerkennungstyp' und 'Vergewisserung natio-ethno-kultureller
Zugehörigkeit mit Hilfe der OC'

Anerkennungstyp	Vergewisserung natio-ethno-kultureller Zugehörigkeit mithilfe der OC		
	Gelingt durchgängig	**Gelingt episodisch**	**Gelingt nicht**
Hohe Anerkennung	Hasan		
Niedrige Anerkennung			Haluk
Episodische Anerkennung mit starker sozialer Verankerung	Ildiz	Ünay	
Hohe Anerkennung mit schwacher sozialer Verankerung	Duru		

Nach der Zuordnung der einzelnen Fälle ergeben sich fünf *Verarbeitungstypen natio-ethno-kultureller Hybrididentität im Internet*:
1) Hohe Anerkennung/durchgängig gelingende Vergewisserung von Zugehörigkeit (Hasan),
2) Niedrige Anerkennung/nicht gelingende Vergewisserung von Zugehörigkeit (Haluk),
3) Episodische Anerkennung mit starker sozialer Verankerung/durchgängig gelingende Vergewisserung von Zugehörigkeit (Ildiz),
4) Episodische Anerkennung mit starker sozialer Verankerung/episodisch gelingende Vergewisserung von Zugehörigkeit (Ünay),
5) Hohe Anerkennung mit schwacher sozialer Verankerung/durchgängig gelingende Vergewisserung von Zugehörigkeit (Duru).

3) Der dritte Auswertungsschritt bezieht sich auf die Analyse der inhaltlichen Zusammenhänge und die eigentliche Typenbildung. Wenn die untersuchten sozialen Phänomene nicht nur beschrieben, sondern auch „verstanden" und erklärt" werden sollen, so Kelle/Kluge (ebd.), „müssen die inhaltlichen Sinnzusammenhänge analysiert werden, die den empirisch vorgefundenen Gruppen bzw. Merkmalskombinationen zugrunde liegen". Dieses Vorgehen erfordert den erneuten Vergleich zwischen den Fällen bzw. Gruppen und deren Kontrastierung, was zu einer

a) veränderten Zuordnung von Fällen/Gruppen,
b) separaten Analyse von stark abweichenden Fällen,
c) Zusammenfassung von Fällen/Gruppen und
d) Ausdifferenzierung von Gruppen führen kann (ebd., 92).

Angewendet auf diese Untersuchung, konkretisierte sich der Auswertungsschritt darin, auf der Basis von Fallvergleich und -kontrastierung sowie unter Hinzuziehung von weiteren Merkmalen bzw. Kategorien zu überprüfen, ob eine Verringerung der Typenanzahl, also eine Zusammenfassung von Fällen möglich ist. Diese habe ich erreicht, indem ich die „Verarbeitungstypen" noch einmal genauer im Hinblick auf Mitgliedsstatus und Dauer der Mitgliedschaft kontrolliert habe: Das Ergebnis bestand darin, dass ich die bisherigen Typen *Episodische Anerkennung mit starker sozialer Verankerung/durchgängig gelingende Vergewisserung von Zugehörigkeit* (Ildiz) und *Episodische Anerkennung mit starker sozialer Verankerung/episodisch gelingende Vergewisserung von Zugehörigkeit* (Ünay) zu einem neuen Typ gruppieren konnte. Diese beiden Typen habe ich vor allem deshalb zusammengefasst, weil sie sich im Hinblick auf a) ihre relativ lange Mitgliedschaftsdauer in den Online-Communities stark von den anderen Typen unterscheiden und b) ihre abschließend positive Bewertung einer gelungenen Vergewisserung von Zugehörigkeit deutliche Gemeinsamkeiten aufweisen. Auf diese Weise entsteht eine revidierte Typologie natio-ethno-kultureller Hybrididentität im Internet, die zusammengesetzt ist aus Typ 1: ‚erfüllt entdeckend', Typ 2: ‚unerfüllt suchend', Typ 3: ‚konsolidiert sendungsbewusst' und Typ 4: ‚reflexiv, achtsam, expertenhaft' (vgl. Tab. 3).

Tabelle 3: Revidierte Typen des Zusammenhangs zwischen ‚Anerkennungstyp' und ‚Vergewisserung natio-ethno-kultureller Zugehörigkeit mit Hilfe der OC'

Anerkennungstyp	Vergewisserung natio-ethno-kultureller Zugehörigkeit mit Hilfe der OC		
	Gelingt durchgängig	Gelingt episodisch	Gelingt nicht
Hohe Anerkennung	Typ 1: ‚erfüllt entdeckend' (Hasan)		
Niedrige Anerkennung			Typ 2: ‚unerfüllt suchend' (Haluk)
Episodische Anerkennung mit starker sozialer Verankerung	Typ 3: ‚konsolidiert sendungsbewusst' (Ildiz, Ünay)		
Hohe Anerkennung mit schwacher sozialer Verankerung	Typ 4: ‚reflexiv achtsam expertenhaft' (Duru)		

4) Im vierten Schritt schließlich werden die konstruierten Typen anhand ihrer Merkmalskombinationen charakterisiert und es wird dargestellt, was das

Kennzeichnende des jeweiligen Typs ausmacht. Dieser Aufgabe widme ich mich auf den nachfolgenden Seiten.

6.1 Der erfüllt entdeckende Typ

Für junge türkische Migranten dieses Verarbeitungstyps sind natio-ethno-kulturelle Hybridumgebungen im Internet vor allem deshalb bedeutsam, weil sie sich dort einer Facette ihrer natio-ethno-kulturellen Zugehörigkeit vergewissern können, die sie für ihr Selbst bereits verloren geglaubt haben. Beispielhaft für diesen Typ steht Hasan, dem sein Agieren in der Bizimalem.de-Community erst den Zugang zu seinem türkischen Zugehörigkeitskontext öffnet. Seine Kindheitsphase und weite Teile seiner Jugend sieht er vor allem durch die von seinen Eltern betriebene „Zwangsintegration" geprägt, die ihn „teilweise schon gezwungenermaßen" in den deutschen Zugehörigkeitskontext einzupassen versucht haben. Indem sie darauf gedrungen haben, dass sich Hasan beispielsweise vor allem deutsche anstatt türkische Freunde sucht, haben sie ihm seines Erachtens den Zugang zum Türkischen verwehrt, sodass sein Lebensstil nicht von den Türken beeinflusst werden konnte, er aber auch selbst keinen Einfluss auf diese Gruppe ausüben konnte. Mithilfe der Online-Community versucht er nun in nachholender Weise, sich seiner gemeinschaftlichen türkischen Wurzeln zu vergewissern und somit biografische Zeit wiederzugewinnen. Dadurch schafft er es auch, „Berührungsängste" gegenüber dem Türkischen und den Türken abzubauen. Die Art und Weise seiner Vergewisserung von „prekärer" Zugehörigkeit kann am besten mit dem Begriff des *Ausbalancierens* gekennzeichnet werden, denn Ziel seines „Verortungsprozesses" ist nicht etwa, Mehrwertigkeit durch Einwertigkeit zu ersetzen, sondern ein Gleichgewicht zwischen beiden Zugehörigkeiten herzustellen. Wie bei den anderen Typen spielen auch bei diesem Typ Rassismuserfahrungen im deutschen Kontext eine wichtige Rolle als Motiv, „prekäre" Zugehörigkeit im Rahmen natio-ethno-kultureller Hybridumgebungen im Internet zusammen mit Anderen verarbeiten zu wollen. Auch der Verlauf des Anerkennungsprozesses unterscheidet sich nicht wesentlich von den anderen Typen. Dagegen ist charakteristisch, dass dieser Prozess von Personen dieses Typs außerordentlich positiv bewertet wird, und zwar deshalb, weil sie in der Online-Community von Anderen größtenteils Zustimmung erhalten. Dass etwa über seinen Beitrag „rege gesprochen" wurde, signalisiert ihm die Aufmerksamkeit der Anderen im Forum, woraus er zugleich die positive Wertschätzung seiner Person ableitet. Das Sich-beachtet-fühlen und die Wertschätzung durch Andere lassen ihn darüber hinaus zu einer erhöhten Selbstwertschätzung kommen,

die er auch in seiner Selbsterzählung ausdrückt, denn er sagt, die Reaktion
der Anderen habe ihm Mut gemacht, sich in Zukunft mit weiteren Beiträgen
in der Online-Community zu beteiligen. Dem *erfüllt entdeckenden Typ*
gelingt es nicht nur, sich in der natio-ethno-kulturellen Hybridumgebung des
Internets seines Zugehörigkeitsstatus zu vergewissern, sondern er schafft es in
seiner Wahrnehmung zugleich, die soziale Bestätigung zu finden, die er in der
Online-Community zu finden hoffte. Dieses positive Gefühl der Anerkennung
wird am Beispiel von Hasan etwa daran deutlich, dass er erzählt, man fühle sich
„ein bisschen besser", wenn einem ein solches Maß an Zustimmung
mitgeteilt würde. Die Erfahrung von Missachtung, die er durch verschiedene
Formen von Rassismus machen muss, kann er zwar auch mithilfe dieser
positiven Rückmeldungen der anderen Mitglieder nicht tilgen, aber immerhin
kann er den entstandenen Schmerz der sozialen Bearbeitung zugänglich
machen. Es ist insgesamt die *starke* soziale Verankerung dieses Typs in den
Hybridumgebungen, die mit zur gelingenden Verarbeitung prekärer Zugehörigkeit beiträgt. Dies wird bei Hasan folgendermaßen deutlich: Er kann nicht
nur *annehmen*, dass der gemeinsame hybride natio-ethno-kulturelle Hintergrund der Mitglieder ein tragfähiger Anhaltspunkt für Vertrauen zu Anderen
ist und somit auch dafür, dass er im Verlauf der Interaktion mit den Personae
rechnen kann, die sich ihm gegenüber wohlwollend verhalten. Er findet seine
Vertrauenserwartung gegenüber den Anderen auch *bestätigt*, weil sich auf
Bizimalem.de für ihn allmählich das ausbildet, was er als „'ne kleine Familie" bezeichnet. Damit meint er: Es gibt für ihn eine zunehmende Sicherheit über die zu erwartenden Verhaltensweisen sowie die Dauerhaftigkeit der
Identitätskonstruktion dieser anderen Mitglieder („es sind ja doch dann fast
dieselben Leute"). Indem sich Hasan in seiner „kleinen Familie" als gleichberechtigt betrachtet und sie auf ihn Offenheit, Respekt und Hilfsbereitschaft
ausstrahlt, signalisiert sie ihm zugleich die Anerkennung, die er in der türkischen Online-Community erwartet hat.

6.2 Der unerfüllt suchende Typ

Kennzeichnend für diesen Verarbeitungstyp ist, dass im Rahmen der natio-ethno-
kulturellen Hybridumgebungen im Internet die Suche nach einer *Vereindeutigung* des eigenen prekären Zugehörigkeitsstatus zwar stattfindet, aber in der
persönlichen Wahrnehmung ergebnislos bleibt. Dieses Muster zeigt sich bei
Haluk, dem es Probleme bereitet, Mehrfachzugehörigkeit in seinem Selbstverständnis aufrechtzuerhalten. Um sich eine sinntragende Zukunftsperspektive zu
erarbeiten, sieht er sich dazu gezwungen, sich für den einen oder anderen natio-

ethno-kulturellen Kontext zu entscheiden, wodurch er die Frage nach seiner Zugehörigkeit idealtypisch zu einer Entweder-oder-Entscheidung macht. Was bedeutet dies? In Haluks Selbsterzählung wird zu Beginn seine idealtypische Vorstellung deutlich, dem deutschen Kontext fraglos zugehörig zu sein. Diese Perspektive wird aber durch Rassismuserfahrungen („trotzdem ist man Ausländer") entzaubert. Haluk muss aber nicht nur im deutschen Kontext negative Zugehörigkeitserfahrungen machen, sondern auch im türkischen. Somit ist er doppelt nicht-zugehörig, darüber hinaus aber gleichfalls doppelt zugehörig: Deutschland fühlt er sich zugehörig, weil er aufgrund seines „deutschen Passes" Deutscher ist, weil er hier geboren ist und weil er hier lebt. Dem türkischen Kontext fühlt er sich zugehörig, weil dort seine „interne Heimat" ist, weil er sich trotz aller negativen Erfahrungen „unter Türken" wohler fühlt und meint, sich mit ihnen besser kommunikativ austauschen zu können. Diesen „prekären" Zugehörigkeitsstatus versucht er zunächst so zu bearbeiten, dass er seine natio-ethno-kulturelle Mehrwertigkeit rationalisiert, d.h. er versucht, Mehrwertigkeit aufrechtzuerhalten und konstruktiv zu bearbeiten, indem er den beiden für ihn relevanten Zugehörigkeitskontexten je unterschiedliche *Funktionen* beimisst, die in seiner Wahrnehmung vernünftig und sinnvoll erscheinen. Während Deutschland eine materielle, gewissermaßen „äußere" Funktion einnimmt, für ihn „Zweckwelt" ist – „es geht halt nur um Geld" (Haluk, 480) –, hat die Türkei eine „interne" Funktion, d.h. durch sie kann er sich *emotional* positionieren. Allerdings gelingt es ihm nicht, diese Verarbeitungsperspektive konsistent durchzuhalten. Im weiteren Verlauf seiner Selbsterzählung zeigt sich nämlich, dass er Rationalisierung immer mehr durch Auflösung von Mehrwertigkeit ersetzt, und zwar mithilfe einer Rekonstruktion von Einwertigkeit. Aus diesem Grund sagt er, er sei „hundertprozentig Türke, auf jeden Fall". Er signalisiert seine einwertige Zugehörigkeit zum türkischen Kontext und entsprechend seine einwertige Nicht-Zugehörigkeit zum deutschen Kontext. Dies ist als Gegenreaktion auf die nicht (mehr) vorhandenen Gewissheiten zu interpretieren, mit denen er sich in seinem Leben konfrontiert sieht. Sein Bekenntnis bedeutet für ihn die Herstellung von zumindest *imaginärer* Eindeutigkeit und Fraglosigkeit, die aber nur kulturell-hypothetisch gelingen kann, weil sich sowohl sein biografischer Hintergrund als auch die alltägliche Lebenssituation weitaus komplexer und widersprüchlicher darstellen. Haluk sucht also nach eindeutiger Zugehörigkeit, weil ihm seine prekären, durch Mehrwertigkeit gekennzeichneten Erfahrungen keine Perspektive wirksamen Handelns bieten. Mehrwertigkeit ist für ihn Stress. Da er aber auch in Bezug auf sein Verständnis als Türke im türkischen Kontext negative Erfahrungen gesammelt hat, konkretisiert er sein Zugehörigkeitsverständnis noch einmal, indem er sich als *Alevit* bezeichnet.

Haluk meldet sich bei Aleviler.de an, um stärker seine Einbindung in die gemeinschaftlichen Wurzeln des Alevitentums in diachroner Weise zu reflektieren. Es ist dieser Versuch der Vereindeutigung, die den „unerfüllt suchenden" Typ im Hinblick auf die Frage der Vergewisserung von Zugehörigkeit von den anderen Typen unterscheidet. So ist zwar auch der zuvor in seinen Grundzügen charakterisierte ‚erfüllt entdeckende' Typ bestrebt, seine – freilich verloren geglaubte – türkische Zugehörigkeitsfacette fruchtbar zu machen. Allerdings versucht dieser Typ zugleich, seine deutschen Bezüge aufrechtzuerhalten bzw. die beiden in Balance zu halten, was dem „unerfüllt suchenden" Typ nicht zu gelingen scheint.

Der „unerfüllt suchende" Typ versucht, sich in den natio-ethno-kulturellen Hybridumgebungen im Internet nicht nur seiner gemeinschaftlichen Wurzeln zu vergewissern, sondern die Umgebung auch für die Suche nach *Anerkennung* zu nutzen. Grundsätzlich stimmt er darin mit den anderen Typen überein. So beabsichtigt Haluk, dort für seine „konservativen" alevitischen Glaubensvorstellungen Zustimmung zu erhalten. Der Anerkennungsprozess dieses Typs unterscheidet sich von denjenigen der anderen Typen vor allem dadurch deutlich – dies habe ich anfangs bereits angedeutet –, dass er mit besonders vielen sozialen Widerständen in Form von Missachtungserfahrungen verbunden ist. Vor diesem Hintergrund zeigt sich insgesamt, dass der Versuch dieses Typs scheitert, die eigene prekäre Zugehörigkeit innerhalb der Online-Community dadurch zu verarbeiten, dass Mehrfachzugehörigkeit vereindeutigt wird. Konnte etwa Haluk noch in seiner Entdeckungsphase davon ausgehen, dass ihm dort, wo „jetzt ‚Aleviten' steht", von den anderen in der Online-Community Wohlwollen entgegengebracht wird, muss er in der Bestätigungs-/Missachtungsphase feststellen, dass sich die anderen Mitglieder gar nicht entsprechend ihrem alevitischen Glauben verhalten, sondern ausschließlich an der Kontaktanbahnung zum anderen Geschlecht interessiert sind: „Also das hat halt nichts mehr mit dem Glauben zu tun, sondern die versuchen halt nur zu flirten, und, ja, Kontakt zu knüpfen, einen Lebenspartner zu finden, oder vielleicht auch nur einen One-Night-Stand" (Haluk, 63-65). Die wiederholte Erfahrung, Anerkennung verwehrt zu bekommen – Haluk erzählt von Lügen und Beleidigungen, die er schmerzhaft erlebt –, wird bei diesem Typ zudem durch den Umstand begleitet, nur schwache soziale Verbindungen zu anderen in der Online-Community aufbauen zu können, denen zugleich eine allenfalls geringe Vertrauenswürdigkeit bescheinigt wird. Die Enttäuschung über diesen Zustand kann sich schließlich in der Beendigung der Mitgliedschaft oder in „Neustart-Überlegungen" niederschlagen. Letzteres wird denn auch bei Haluk deutlich, dessen angestoßener Selbstreflexionsprozess keineswegs im Gefühl der Ausweglosigkeit endet. Es ist gerade die Möglichkeit der Maskierung in Online-Communities, die er zwar bisher vor allem mit der Un-

aufrichtigkeit der Mitglieder gleichgesetzt hat, die ihm nun aber die Handlungsperspektive eröffnet, mithilfe eines Identitätswechsels seinen Verarbeitungsprozess
prekärer Zugehörigkeit von Neuem zu beginnen.

6.3 Der konsolidiert sendungsbewusste Typ

Für diesen Typ sind die natio-ethno-kulturellen Hybridumgebungen im Internet
vor allem deshalb relevant, weil sie ihm ermöglichen, seine durch den prekären
Zugehörigkeitsstatus geprägten Überzeugungen im Rahmen der Online-Communities an andere junge Migranten zu vermitteln. Hinzu kommt, dass dieses
Sendungsbewusstsein auf einem – mehr oder weniger – gelingenden Anerkennungsprozess, einer bestimmten Funktionsrolle und einem verhältnismäßig
umfangreichen Erfahrungsschatz in der Welt der Online-Community basiert.
Personen dieses Typs gelingt die Vergewisserung ihres hybriden natio-ethno-
kulturellen Zugehörigkeitsstatus in ihrer eigenen Wahrnehmung durchgängig
oder zumindest episodisch. Damit ähnelt dieser den anderen im Datenmaterial
vorfindbaren Typen mit Ausnahme des unerfüllt Suchenden. Das Merkmal
„episodisch gelingende Vergewisserung von Zugehörigkeit" kann am Beispiel
von Ünay verdeutlicht werden, die noch wegen ihres ersten Beitrags, den sie in
eines der beiden Foren „Liebe & Flirt" und „Sex & Erotik" gepostet hat, mit
Widerständen vieler anderer junger Türken konfrontiert wurde. Zwar will sie
dort ihr hybrides Zugehörigkeitsverständnis insofern zum Ausdruck bringen,
dass sie die Themen Liebe, Flirt, Sex und Erotik aus der Perspektive der
„Mischkultur" behandelt, als deren Teil sie sich sieht. Sie muss aber zunächst
erkennen, dass diese Themen für eine „türkische Community" teils noch zu
problematisch sind: „Wer macht denn das bitte schön, wer schreibt denn da
Beiträge rein, das geht doch gar nicht" (Ünay, 132-133). Erst nach einer
gewissen „Entwicklungszeit" der Diskussionsforen kann sie die Unsicherheit,
ob ihr die Vergewisserung von „prekärer" Zugehörigkeit mithilfe anderer
Mitglieder gelingt, ablegen, weil sie beobachtet, dass die beiden von ihr
moderierten Foren jahrelang „unter den ersten drei der Besucher" waren.

Die Art und Weise, wie die Personen dieses Typs ihren Zugehörigkeitsstatus verarbeiten, kann variieren (vgl. Kapitel 4.1.1, S. 114 und Kap. 4.4.1, S.
195ff.): So wird bei Ildiz ein bewahrendes Muster sichtbar. Er ist sich zwar
seiner Mehrfachzugehörigkeit bewusst; mithilfe seines Agierens in der Online-
Community will er aber vor allem die alevitischen Traditionen „späteren Generationen" zur Aufbewahrung weitergeben. Dagegen wird bei Ünay eher der Versuch deutlich, mithilfe der Vergewisserung biografischer wie gemeinschaftlicher
Wurzeln in der Online-Community prekäre Zugehörigkeit zu festigen, indem sie

gerade den Aspekt der Hybridität ihrer natio-ethno-kulturellen Zugehörigkeitserfahrungen in den Mittelpunkt ihres Agierens stellt. Gemein ist dem Typ
allerdings seine Überzeugung, dass er seine – wie auch immer im einzelnen
gestalteten – Wertvorstellungen, die sich aus seinen positiven wie negativen
Zugehörigkeitserfahrungen entwickelt haben, an andere der Online-Community
vermitteln muss. Zweifellos wollen auch die anderen Typen zum Teil
Überzeugungsarbeit leisten. Beim konsolidiert sendungsbewussten Typ ist dieser
Versuch aber konsequenter, ja *professioneller* ausgeprägt. Dies ist auch der
Grund, warum sich in diesem Typ diejenigen Personen befinden, die in ihrer
Community eine Funktionsrolle innehaben: Sowohl Ildiz als auch Ünay sind
Moderatoren bzw. Administratoren in ihrer jeweiligen Community. Ildiz ist
sogar Mitbegründer von Aleviler.de.

Das professionalisierte Sendungsbewusstsein dieses Typs muss im Zusammenhang mit dem Verlauf seines Anerkennungsprozesses in der natio-ethno-
kulturellen Hybridumgebung gesehen werden. Alleine dadurch, dass mit der
Ausfüllung einer Funktionsrolle in der Regel eine besonders intensive Teilhabe
am bzw. Gestaltung des Community-Leben(s) verbunden ist sowie eine im Vergleich zu vielen anderen Mitgliedern zeitlich längere Mitgliedschaftsdauer,
verfügt dieser Typ – im Verhältnis zu den anderen – über einen umfangreicheren
Erfahrungsschatz, der sich zudem über einen längeren Zeitraum entwickeln
konnte. Es verwundert deshalb nicht, dass er sowohl positive wie negative
Erfahrungen der Anerkennung in der Online-Community gemacht hat. Jenseits
dieser eher formalen Rahmenbedingungen der Mitgliedschaft ist jedoch das
Besondere dieses Typs, dass er aus einer Anerkennungskrise heraus, die er
durchgemacht hat, gefestigt, eben konsolidiert hervorgeht und beschließt, in der
natio-ethno-kulturellen Hybridumgebung in aktiv-gestaltender Weise zu verbleiben. Diese Konsolidierung ist aber nicht Ergebnis eines bloßen Durch-
haltevermögens, welches möglicherweise gezeigt wird. Vielmehr ist sie Ergebnis
einer persönlichen Reflexion der eigenen Anerkennungssituation, innerhalb
deren er die Frage zu beantworten versucht, ob es sinnvoll ist, weiterhin aktiv am
Community-Leben zu partizipieren oder sich davon zu verabschieden. So versteht sich Ildiz nach seinem „Fauxpas" als geläutert, sodass er seine provokative
Haltung ablegen konnte zugunsten von nun „richtig" verstandener Professionalität als Administrator und Hilfeleistender („Dertlere-Derman"). Auch Ünays
Selbsterzählung verdeutlicht diesen Aspekt der Reflexion, indem sie das
Ergebnis ihrer Prüfungsphase in positiver Weise als distanzierte und gelassene
Haltung gegenüber „Foren-Gegnern" beschreibt. Damit unterscheidet sich der
‚konsolidiert sendungsbewusste' Typ *einerseits* vom ‚unerfüllt Suchenden', der
angesichts verwehrter Anerkennung beabsichtigt, sein Identitätsprofil zu löschen
und möglicherweise mit einer veränderten Identität neu zu starten. Dort kommt

es also erst gar nicht zur Konsolidierung, weil der rekonstruierte Anerkennungsprozess bereits vorher zum Ende kommt. Der Typ unterscheidet sich *andererseits* vom ‚erfüllt Entdeckenden', in dessen Anerkennungsprozess nahezu ausschließlich zustimmende Bewertungen von Anderen eine Rolle spielen, mithin (noch) gar keine Krisenphase zu beobachten ist. Beide Typen – ‚erfüllt Entdeckende' wie ‚konsolidiert Sendungsbewusste' – stimmen aber im Ergebnis ihres Anerkennungsprozesses überein: Bei beiden Typen wird eine innere Festigung deutlich.

Schließlich ist der Aspekt der sozialen Verankerung zu thematisieren: Wie bei allen anderen Typen ist hier ein Zusammenhang zwischen dem gelingenden Verortungsprozess und der erfolgreichen Verarbeitung prekärer Zugehörigkeit festzustellen. Ähnlich dem ‚erfüllt Entdeckenden' gelingt es auch dem ‚konsolidiert Sendungsbewussten' starke soziale Verbindungen zu Anderen herzustellen, denen zugleich eine hohe Vertrauenswürdigkeit bescheinigt wird: Kann Ildiz auf – den ihm freilich bereits aus der Offline-Welt bekannten – Canay verweisen, der mit ihm zusammen seinen „Fauxpas" aussitzt, hat Ünay ihren „festen Stamm", der ihr Bollwerk gegen die neue Anonymität des Forums darstellt.

6.4 Der reflexiv achtsam expertenhafte Typ

Für diesen Typ sind die natio-ethno-kulturellen Hybridumgebungen im Internet vor allem deshalb bedeutsam, weil sie ihm ermöglichen, „prekäre" Zugehörigkeit in der Art zu verarbeiten, dass er sich seiner biografischen Kontinuität vergewissern kann. Dieser Typ hat starke Ähnlichkeit mit dem ‚erfüllt Entdeckenden', unterscheidet sich aber auch in wesentlichen Punkten. Der reflexiv achtsam expertenhafte Typ kann mithilfe von Duru gekennzeichnet werden, für die das Agieren in der Online-Community den sozial-räumlichen Rahmen zur biografischen Reflexion insofern zur Verfügung stellt, als sie dort immer wieder einen Zusammenhang herstellen kann zwischen den „Mischkultur"-Themen in den Diskussionsforen der Vaybee.de-Community und ihren eigenen Kindheitserfahrungen. Dadurch erinnert sie sich aber nicht nur ihrer Wurzeln, sondern kann auf dieser Basis überprüfen, inwieweit diese mit ihrem heutigen hybriden Selbstverständnis in Passung zu bringen sind. Ich bezeichne dieses Muster der Identitätsarbeit mit Keupp u.a. (1999, 245) als *reflexive Achtsamkeit*, um darauf aufmerksam zu machen, dass es hier um den Versuch einer Herstellung von Kohärenz in der Identitätsentwicklung in einem neuen Verständnis geht, nämlich nicht mit dem Ziel einer wie auch immer „stabilen" Identität, sondern als Erarbeitung immer wieder neuer Passungsmöglichkeiten. Aus dieser Handlungs-

perspektive müssen natio-ethno-kulturelle Widersprüche (Stichwort „Hybridität") nicht zwangsläufig harmonisiert werden, um für das Subjekt sinnhaft
werden zu können. Vielmehr kommt es darauf an, dass das, was von außen auf
den ersten Blick vielleicht ambivalent und widersprüchlich erscheint, für das
Subjekt *authentisch* ist, was nichts anderes bedeutet, als dass es für den Einzelnen darauf ankommt, seine Selbst-Bezüge für sich verstehbar und nachvollziehbar zu machen sowie dies nach außen auch so vermitteln zu können.
Prinzipiell gilt diese Aussage für die Identitätsarbeit aller Typen. Für Hybride
spannt sich reflexive Achtsamkeit über zwei oder mehrere natio-ethno-
kulturelle Kontexte. Im Vergleich zum ‚erfüllt entdeckenden' Typ, dem seine
individuellen und gemeinschaftlichen Wurzeln im türkischen Kontext verloren
gegangen zu sein scheinen, kann aber der ‚reflexiv achtsam Expertenhafte' auf
konkrete biografische und gemeinschaftsorientierte Erfahrungen des Aufwachsens sowohl im deutschen als auch türkischen Zugehörigkeitskontext Bezug
nehmen. Und gerade weil seine individuellen biografischen Erfahrungen und
sein hybrides Selbstverständnis mit dem Thema verbunden sind, meint er
auch, dass er substanzielle Diskussionsbeiträge beisteuern kann. Er versteht
sich selbstanerkennend als Experte in eigener Sache, was freilich nicht
bedeutet, dass er auf soziale Anerkennung verzichten könnte. Der Modus
seiner Verarbeitung prekärer Zugehörigkeit ist der natio-ethno-kulturelle
Vergleich. Dies wird auch bei Duru deutlich: Vergleiche zu ziehen ist für sie
Begleiterscheinung und logische Konsequenz ihrer Migrationsbiografie. Sie
erklärt dies damit, dass sie als Kind in der Türkei gelebt hat: „Ich bin zwar
hier geboren, aber ich war in der Türkei in der Schule". Und aus diesem
Grund hat sie „immer geguckt: wie war das in der Türkei in der Schule, wie
ist das hier gewesen" (Duru, 136-138). Erst der spannungsreiche Vergleich
zwischen diesen beiden Kontexten, zu dem der reflexiv achtsam expertenhafte
Typ von Kind auf quasi gezwungen wird, ermöglicht ihm auch den eigenen,
skeptischen Blick auf Diskussionsthemen und -argumente, die in den natio-
ethno-kulturellen Hybridumgebungen im Internet im Hinblick auf den türkischen
wie deutschen Kontext zur Debatte stehen. Es sind oftmals konkrete, türkisch-
traditionalistisch geprägte Beiträge von anderen Usern in diesen Debatten,
die ihn motivieren, sich einzumischen, Dinge „gerade zu rücken", die andere
seiner Ansicht nach falsch einordnen und beurteilen, weil sie beispielsweise
muslimische Traditionen unhinterfragt übernehmen und zum Maßstab für die
Alltagswelt der zweiten und dritten Generation von Migranten in Deutschland
erklären. So wird am Fall von Duru sichtbar, dass sie sich aufgrund traditionalistisch geprägter Postings in den Vaybee.de-Foren ihre „konservative, traditionelle Erziehung" und damit die negativen Erfahrungen mit ihrem türkischen
Zugehörigkeitskontext in Erinnerung rufen musste. Ihre kritische Reaktion auf

jene Postings können als Versuch angesehen werden, im Zuge ihrer Erinnerung an der Stimmigkeit des eigenen Selbstverständnisses zu arbeiten, denn erst wenn sie sich auch kritisch mit der Position der Traditionalisten im Forum auseinanderzusetzen imstande ist, kann sie sich der Plausibilität ihrer Entwicklung zur Hybridität vergewissern, mithin Kohärenz in ihrem Identitätsbildungsprozess herstellen.

Im Hinblick auf Verlauf und Ergebnis des Anerkennungsprozesses ähnelt der ‚reflexiv achtsam expertenhafte' Typ ebenfalls vor allem dem ‚erfüllt Entdeckenden', und zwar deshalb, weil er in der Online-Community von anderen größtenteils Zustimmung erhält und der Prozess auch von ihm selbst insgesamt sehr positiv beurteilt wird. Unterschiede zeigen sich allerdings bei der sozialen Verankerung dieses Typs in der Community: Während es dem ‚erfüllt entdeckenden' und dem ‚konsolidiert sendungsbewussten' Typ gelingt starke soziale Verbindungen zu anderen in den natio-ethno-kulturellen Hybridumgebungen herzustellen, denen eine zugleich hohe Vertrauenswürdigkeit bescheinigt wird, ist dies beim ‚reflexiv achtsam expertenhaften' Typ nicht der Fall. Trotz seiner nur schwachen sozialen Verankerung *in* der Community verläuft seine Verarbeitung „prekärer" Zugehörigkeit aber in seiner Wahrnehmung erfolgreich. Der Grund dafür scheint darin zu liegen, dass er die starken sozialen Verbindungen, die ihm im Netz fehlen, durch solche in der Offline-Welt quasi ersetzt und im Kontext letzterer positive wie vertrauenswürdige Bewertungen des eigenen Online-Verhaltens zu finden sucht. Am Beispiel von Duru heißt dies: Sie strebt nach der positiven Bewertung ihrer provokativen Postings durch Freundinnen im Offline-Kontext. Und letztlich wird sie ihr auch zuteil: „Aber ich habe ihr das erzählt und das fand sie gut und meinte: ‚Ja, manchmal muss das sein, dass man den Leuten mal so richtig so die Meinung sagt, ohne beleidigend zu sein und ohne auch verletzend zu sein'" (Duru, 739-741). Sie erkennt, dass ihr zweifelhaftes Online-Verhalten von ihrer Freundin unterstützt und zustimmend bewertet wird. Dies schließt auch ihre Befürchtung ein, auf die „Person" im Netz missachtend gewirkt zu haben. Durus Fall scheint also darauf hinzuweisen, dass die Wahrnehmung eines gelingenden Anerkennungsprozesses in der Online-Community zwar mit der sozialen Verankerung einer Person im Zusammenhang steht, diese Verankerung aber nicht notwendigerweise in der Online-Welt gesucht werden muss. Wenn das so ist, unterstützt dies das Ergebnis des Komplementärverhältnisses zwischen Offline- und Online-Welt (vgl. Kapitel 5.4, S. 266ff.).

7. Zusammenfassung und Desiderate

Ich habe in den vergangenen Kapiteln argumentiert, dass das Verhalten von jungen türkischen Migranten in der Online-Welt entscheidend von dem Zusammenhang abhängt, in dem ihr „prekärer" Zugehörigkeitsstatus mit der sozialen Anerkennung steht. Meine empirischen Untersuchungsergebnisse verdeutlichen, dass die jungen Türken dazu imstande sind, ihrer hybriden Identität mithilfe einer bestimmten Art von *Online-Communities* eine sozial-räumliche Rahmung zu geben, mit anderen Worten: mithilfe dieser Sozialräume im Internet ihre national-, ethnisch-, kulturellbezogene ‚Ortlosigkeit' *verorten* können. Diese speziellen Online-Communities sind insofern *dialektische Räume* globaler Medienkommunikation, weil sie für die jungen Menschen als ‚Orte' jenseits homogener und begrenzter nationaler, kultureller und ethnischer Einheiten verstanden werden. Sie konkretisieren sich für sie als *natio-ethno-kulturelle Hybrid-Umgebungen* – im Gegensatz zu ‚natio-ethno-kulturell fixierten Umgebungen' –, in denen sie ihre „prekäre" Zugehörigkeit und die damit verbundenen Anerkennungsprobleme *verarbeiten* können.

‚Verarbeitung' bedeutet im Hinblick auf den Aspekt der Zugehörigkeit, dass sie sich dort ihrer gemeinschaftlichen wie biografischen Wurzeln vor dem Hintergrund natio-ethno-kultureller Hybridität vergewissern und damit diese der Reflexion zugänglich machen können. Allerdings zeigen die Fallrekonstruktionen, dass die natio-ethno-kulturellen Hybrid-Umgebungen im Internet keine Gewähr für eine *erfolgreiche* Selbstfindung der jungen Türken bieten. Ob die Reflexion gelingt, nur episodisch gelingt oder gar scheitert, ist vielmehr davon abhängig, ob sich ihr jeweils deutlich werdendes ‚Vergewisserungsmuster' in der Online-Community als tragfähig erweist. Fünf solcher Muster ließen sich im Datenmaterial entdecken:

1) Der Versuch, erst mithilfe des Agierens in der Online-Community biografische wie gemeinschaftliche türkische Wurzeln zu *entdecken*, um auf diese Weise das mehrwertige Zugehörigkeitsverständnis *auszubalancieren.*
2) Der Versuch, „prekäre" Zugehörigkeit zu *vereindeutigen* und damit die Zugehörigkeitsfrage idealtypisch zu einer Entweder-oder-Entscheidung zu machen.
3) Der Versuch, angesichts eines wahrgenommenen gesellschaftlichen Enttraditionalisierungsprozesses biografische wie gemeinschaftliche türkische Wurzeln zu *bewahren*, um bestimmte Traditionen späteren Generationen zur Aufbewahrung weitergeben zu können.

4) Der Versuch, das eigene mehrwertige Zugehörigkeitsverständnis zu *festigen und anderen zu vermitteln*, um dadurch anderen türkischen Jugendlichen, die unter einer „prekären" Zugehörigkeit „leiden", helfen zu können.
5) Der Versuch *biografische Kontinuität* herzustellen, indem auf der Basis vergewisserter Wurzeln immer wieder überprüft wird, inwieweit diese mit dem heutigen hybriden Selbstverständnis in Passung zu bringen sind.

Im Hinblick auf die Suche nach Anerkennung bedeutet „Verarbeitung", dass die jungen Türken der zweiten und dritten Migrantengeneration in Deutschland jenseits des für sie einwertigen deutschen, aber auch einwertigen türkischen Zugehörigkeitskontextes Bestätigung durch andere Personen in den Online-Communities erfahren können, die ebenfalls über einen „prekären" Zugehörigkeitsstatus und damit über ähnliche Alltagserfahrungen (z.B. mit verwehrter Anerkennung im deutschen oder türkischen Kontext) wie biografische Hintergründe verfügen. Im Datenmaterial werden zwei *übergreifende* Aspekte der Verarbeitung von Anerkennung deutlich:

1) Verwehrte Anerkennung in Form von Rassismuserfahrungen in Deutschland ist ein zentraler Antriebsfaktor für den Versuch der jungen Türken, ihre „prekäre" Zugehörigkeit im Rahmen natio-ethno-kultureller Hybridumgebungen im Internet zusammen mit anderen zu verarbeiten.
2) Auf Basis der untersuchten Fälle konnte ich die Anerkennungssuche in den Online-Communities als Prozess rekonstruieren, der idealtypisch vier Phasen umfasst: Entdeckung, Bestätigung/Missachtung, Prüfung, Konsolidierung.

Ebenso wie sich die Vergewisserung von Zugehörigkeit für die jungen Migranten offen gestaltet, ist aber auch bei ihrer Suche nach Anerkennung nicht schon im Vorhinein sicher, dass sie in den Online-Communities tatsächlich Anerkennung von Anderen bekundet bekommen, selbst wenn sie es hier mit Gleichgesinnten zu tun haben. Die natio-ethno-kulturellen Hybridumgebungen des Internets liefern lediglich einen neuen sozial-räumlichen Aushandlungs*rahmen* für Anerkennung, innerhalb dessen die Jugendlichen die Vermittlungsformen für Anerkennung erst *erarbeiten* müssen, was offenbar durchaus anspruchsvoll und mit Problemen verbunden sein kann.

Um „prekäre" Zugehörigkeit und die damit verbundenen Anerkennungsprobleme in der jeweiligen Hybridumgebung im Netz *verarbeiten* zu können, benötigen die jungen türkischen Migranten den *sozialen Austausch mit Anderen* in den Online-Communities. Bei der Frage, welche Bedingungen für die jungen Türken erfüllt sein müssen, damit sie insgesamt zu dem Ergebnis (subjektiv) gelingender Verortung kommen, komme ich auf Basis meines Datenmaterials zu dem Schluss: Online-Communities können vor allem dann einen Beitrag zum Gelingen leisten, wenn der Verortungsprozess dadurch begleitet wird, dass es den Jugendlichen gelingt starke soziale Verbindungen zu Anderen herzustellen, denen eine zugleich hohe Vertrauenswürdigkeit bescheinigt wird. In diesem Fall können auch Missachtungserfahrungen innerhalb der Community aufgefangen werden. Scheitert jedoch der Aufbau starker soziale Verbindungen – können diese also für den Jugendlichen als nur schwach und wenig vertrauenswürdig gekennzeichnet werden –, dann wird es auch unwahrscheinlicher, dass Anerkennung und Zugehörigkeitsstatus erfolgreich im Internet bearbeitet werden können. Dabei zeigt sich: Der Verortungsprozess der jungen Türken ist nicht auf die natio-ethno-kulturellen Hybridumgebung in der Online-Welt bzw. die Offline-Welt zu reduzieren. Vielmehr wird aus den Ergebnissen deutlich, dass (auch) im Hinblick auf den Zusammenhang von „prekärer" Zugehörigkeit und Anerkennung Offline-Welt und Online-Welt in einem zunehmend sich ausprägenden *Komplementärverhältnis* zueinander stehen.

Jenseits dieser übergreifenden Elemente, die in allen untersuchten Fällen aufzufinden sind, lassen sich eine Reihe von Unterschieden in den Verarbeitungsweisen entdecken, die ich mithilfe einer Typenbildung pointierend herausstellen konnte: Der erfüllt entdeckende Typ, der unerfüllt suchende Typ, der konsolidiert sendungsbewusste Typ und der reflexiv achtsam expertenhafte Typ.

Das Schlusskapitel hat nicht nur die Aufgabe, die wesentlichen Ergebnisse noch einmal fokussiert darzustellen, sondern auch auf wichtige *Desiderate und Perspektiven* zukünftiger Forschung aufmerksam zu machen. Diese zeigen sich für meinen Untersuchungsgegenstand in mehrfacher Hinsicht.

7.1 Überlegungen zu einer global und digital sensiblen Jugend(medien)forschung

Meine Untersuchung und ihre Ergebnisse lenken den Blick auf zwei miteinander in Beziehung stehende, insgesamt noch weitgehend neue Aufgabenfelder der Jugendforschung in Deutschland, deren gesellschaftliche Bedeutung eine zukünftig verstärkte Forschungsaktivität notwendig erscheinen lässt:

1) Das erste Aufgabenfeld sind *die kulturellen Auswirkungen globaler Medienkommunikation auf Jugendliche.* Zwar wird in der deutschsprachigen Erziehungswissenschaft in den letzten Jahren zunehmend häufiger gefordert, Fragen von Bildung, Sozialisation und Erziehung stärker in der Globalisierungsperspektive zu diskutieren (vgl. etwa Asbrand 2002; Hornstein 2001; Nestvogel 2000; Scheunpflug 2003; Villányi/Witte/Sander 2007; Hunner-

Kreisel/Schäfer/Witte 2008). Immer noch muss aber festgehalten werden, dass die Erziehungswissenschaft Jugend vor allem als *nationale* Kategorie versteht und vor diesem Hintergrund ein „Globalisierungsdefizit" aufweist. Somit geraten *globale Ausdrucksformen von Jugend und Jugendkulturen* kaum oder gar nicht in den Blick. Medien sind sowohl zentrales Hilfsmittel als auch wichtige Ausdrucksform für Jugendliche, um die Sinn- und Identitätssuche unter den Bedingungen komplexer Globalisierungsprozesse auf *altersspezifische* Weise zu bewältigen. Für Forschungsanstrengungen in diesem Feld – dies habe ich in dieser Untersuchung deutlich zu machen versucht – ist es notwendig, in stärkerem Maße die internationale wissenschaftliche Debatte zur globalen Medienkommunikation fruchtbar zu machen, die darauf hinweist, dass das Bild einer *eindimensionalen und homogenen* Globalisierung von Medienkommunikation, welches mit der bloßen Vorstellung stärkerer Verbreitung von Medienbotschaften, größerem Wirkungsgrad angestammter medialer Autoritäten oder größerer Nähe durch Auflösung von kommunikativen, nationalstaatlichen, ökonomischen Grenzziehungen operiert, kaum mehr haltbar ist. Wie auch in der allgemeinen soziologischen Globalisierungsdebatte zeigt sich, dass Medienkommunikation im globalen Kontext erst dann genauer zu verstehen ist, wenn sie in ihrer Komplexität und Differenziertheit betrachtet wird. Die Jugend(medien)forschung wird zukünftig versuchen müssen, die Strukturen dieser neuen, global durchdrungenen Lebenszusammenhänge – ob sie nun vernetzt, glokal oder transnational in Erscheinung treten – besser als bisher für das Jugendthema sichtbar zu machen. In diesem Sinne ist eine global inspirierte und sensibilisierte Jugendforschung mit dem Ziel verbunden, die abstrakte Kategorie der Globalisierung am Beispiel der Alltagswelt von Jugendlichen konkret zu machen. In dieser Untersuchung habe ich einen Versuch in diese Richtung unternommen, der gleichzeitig den Blick auf die bisher in der deutschen Jugend(medien)forschung eher randständig behandelte Gruppe der Migrantenjugendlichen öffnen sollte.

2) Das zweite Aufgabenfeld gerät entweder aus seiner engen Verbindung mit dem ersten in den Blick der Jugend(medien)forschung oder aber auch unabhängig von diesem. Eine *digital sensible* Jugend(medien)forschung erkennt die sozio-technische Online-Welt als zunehmend wichtigen Teil der Alltags- und Lebenswelt von Jugendlichen an. Damit spreche ich mich keineswegs für einen Zweig der Jugendforschung aus, der sich ausschließlich mit dem beschäftigen sollte, was Jugendliche *im* Internet tun, unabhängig von ihren sozialen Bezügen zur Offline-Welt. Vielmehr stellt eine digital sensible Jugend(medien)forschung *Offline-online-Hybridität* in den Mittelpunkt. So konnte ich beispielhaft in dieser Untersuchung zeigen, dass das Netz den

jungen Türken heute einen immer gewichtiger werdenden Teil derjenigen Ressourcen bietet, die sie für ihr soziales Miteinander und das Aushandeln eines authentischen Bildes von sich selbst benötigen. Der Zusammenhang zwischen „prekärer" Zugehörigkeit und Anerkennungssuche, der bisher ausschließlich für den Offline-Kontext theoretisch wie empirisch festgestellt werden konnte, ist – so zeigt mein Datenmaterial – auch im Online-Kontext relevant und für das dortige Handeln der Jugendlichen wirksam, was freilich wiederum in die Offline-Welt zurückwirkt. Im Rahmen einer digital sensiblen Jugend(medien)forschung, die die *Offline-online-Hybridität* ernst nimmt, sind dann vor diesem Hintergrund die unterschiedlichen Bedingungen des jugendlichen Medienhandelns on- wie offline zu untersuchen – verbunden mit der Frage, welchen Einfluss diese auf die Sinnsuche und Identitätsbildungsprozesse haben.

7.2 Überlegungen zu einer medialen Transmigrationsforschung

Anlage und Ergebnisse meiner Untersuchung sensibilisieren für eine *Perspektivenerweiterung* der Medien-Migrations-Forschung, die ich als *mediale Transmigration* (vgl. Hugger/Strotmann 2008) bezeichne. Was ist darunter zu verstehen?

Im Kern scheint die wissenschaftliche Debatte über Medien und Migration der letzten Jahre in Deutschland vor allem zu thematisieren, wie die Medien zum Gelingen des sozialen Integrationsprozesses beitragen – oder auch zum Scheitern. In der deutschen Migrationsforschung wird Integration bisher meist mit *Assimilation* gleichgesetzt, d.h. mit der *Angleichung* von Minderheitsakteuren an die Mehrheitsgesellschaft. Zu unterscheiden sind kognitive Assimilation (Wissen und Fähigkeiten), strukturelle Assimilation (Rechtsstatus, Bildung, berufliche Position), soziale Assimilation (Alltagshandeln) und emotionale Assimilation (Identifikation mit der Ankunftskultur) (Esser 2000). Im Gegensatz dazu beschreibt *Segmentation* (auch Segregation) das, was in der öffentlichen Debatte auch mit *Parallelgesellschaften* oder *Gettoisierung* bezeichnet wird, also das gegenseitige Abschotten von Mehrheit und Minderheit(en). In dieser Lesart können demnach Integrationsprozesse nur dann erfolgreich sein, wenn sich Migranten voll in die Gesellschaft der Mehrheit eingliedern und sich mit dieser auch sozial und kulturell *identifizieren*. Bezogen auf Medienkommunikation bedeutet die Integrations-/Segmentations-Logik: *Mediale Assimilation* liegt dann vor, wenn sich die Mediennutzungsmuster der Migranten denjenigen der Nicht-Migranten angeglichen haben und sich der Stellenwert von Migranten sowohl institutionell (als Medienmacher, z.B. Journalisten, Medienmanager und -unter-

nehmer) als auch inhaltlich (z.b. im Hinblick auf die Darstellung ihrer Alltags-
probleme) im deutschen Mediensystem *normalisiert* haben, d.h. keine
Besonderheit mehr gegenüber deutschen Bezügen darstellen. Hingegen kann von
medialer Segmentation dann gesprochen werden, wenn vor allem ethnospezifische und in der früheren *Heimat* hergestellte Medien genutzt werden, die sich
zudem überwiegend oder ausschließlich aus der Perspektive des Herkunftslandes
mit den dargebotenen Themen beschäftigen. Ein Beispiel sind TV-Sender aus
der Türkei, die über Satellit empfangen werden und die in den türkischen
Haushalten in Deutschland auf über 75 Prozent Marktanteil kommen (Kanal
2003). Mediale Segmentation heißt aber auch, *dass Migranten* in institutionell-
struktureller Hinsicht vom deutschen Mediensystem *ausgeschlossen sind.* Als
Journalisten in Redaktionen deutscher Medien sind sie dann kaum oder gar nicht
anzutreffen. Schließlich werden sie auf der Ebene der Medieninhalte vor allem
als problembehaftet und mit Schwierigkeiten auf dem Weg zur Integration
dargestellt. Deutlich wird, dass es sich bei der medialen Integrations-/Seg-
mentations-Logik um ein idealtypisches Modell handelt, das besonders in
normativer Hinsicht wirksam wird. So wird politisch etwa immer wieder der
Integrationsauftrag der Medien betont.

Das empirische Spektrum der gegenwärtigen komplexen Migrationsphänomene kann das Modell freilich kaum erklären. Aus diesem Grund ist jenseits der
verengten Thematisierung von integrativen und desintegrativen Folgen des Me-
dienangebotes nach neuen Arten von Wanderungsphänomenen zu fragen sowie
auch danach, welche identitären, sozialen und kulturellen Dimensionen das
Verhältnis von Migrationsbewegungen und Medien in einer durch zunehmende
Globalisierung gekennzeichneten Gesellschaft beinhaltet. Dies bedeutet allerdings keineswegs, dass Migrationsphänomene nicht mehr im Rahmen der
Integrations-/Segmentations-Logik betrachtet werden könnten (vgl. zur begrifflichen Weiterentwicklung „medialer *Integration*" Geißler/Pöttker 2006) – im
Mittepunkt steht hier ja vor allem der Beitrag der Medien bei der (einmaligen)
Ein- und Auswanderung –, jedoch geht es um eine Weiterentwicklung des bestehenden Modells bzw. alternative Deutungsperspektiven neuer Wanderungs-
phänomene. Meines Erachtens zeichnet sich eine *neue Perspektive* der Medien-
Migrationsdebatte durch mindestens *zwei theoretische und empirische Blickwinkel* aus:

1) Während Migration in der klassischen Forschung als einmaliger Ortswechsel
   verstanden wird, mit dem die Forderung nach Assimilation der *Einwanderer*
   verbunden ist, taucht gerade im Zuge der Entwicklung neuer Informations-
   und Kommunikationstechnologien seit den 1980er Jahren ein neuer (internationaler) Migrationstyp auf, der als *Transmigrant* bezeichnet wird und für

den eine bestimmte Identitätskonstellation charakteristisch ist. Diese *hybride*, also durch mehrfache Zugehörigkeit gekennzeichnete Identität, enthält sowohl Dimensionen der Herkunfts- *als auch* Ankunftsgesellschaft. Zugleich werden diese Dimensionen so vermischt, dass sie einen neuen sinnstiftenden Charakter erhalten. Dass bei der *Aushandlung* von Hybridität die Online-Welt eine elementare Rolle spielen kann, habe ich mit dieser Untersuchung zu zeigen versucht.

2) Der zweite Blickwinkel rückt von einer *defizitzuschreibenden* Perspektive auf Migranten ab, die insbesondere in der Integrations-/Segmentations-Logik zum Ausdruck kommt. Migrantenkinder und -jugendliche werden nun nicht mehr als in erster Linie gefährdete und konfliktbehaftete Wesen, sondern als aktiv realitätsverarbeitende Subjekte angesehen, die in der Lage sind, ihrer symbolischen Umwelt interpretierend und sinngebend gegenüber zu treten. Ein Beispiel ist der Umgang von Migrantenjugendlichen mit Medien (nicht nur) vor den Unruhen in den Banlieues von Paris und anderen französischen Städten Ende 2005. Die Krawalle haben schnell die besorgte Frage aufkommen lassen, ob ähnliche Gewalttaten auch in deutschen Problemvierteln entstehen können, und zwar solchen, in denen besonders viele junge Migranten wohnen wie z.b. in Berlin-Neukölln. Bei genauer Betrachtung der Geschehnisse in den Banlieues zeigt sich, dass eine Reihe von Rappern (z.B. Monsieur R alias Richard Makela) bereits vor den gewalttätigen Ereignissen über ihre *Musik* auf die schwierigen Lebensumstände in den Vorstädten hingewiesen und damit die Unruhen gewissermaßen angekündigt haben. Offenbar sind es also die Medien – hier in Gestalt von Musikträgern –, die immer mehr den Kitt für oftmals brüchige und scheinbar unvereinbare Lebensbezüge zur Verfügung stellen.

Vor diesem Hintergrund bezeichne ich die neue Perspektive der Medien-Migrationsdebatte als *mediale Transmigration*. Sie meint die Konstruktion medialer Identitätsräume von jungen Migranten im Rahmen globaler Medienkommunikation. Mediale Transmigration weitet den Blick von alleine national begrenzten Bezugseinheiten hin zu Strukturen einer globalen Medienkultur. Migranten stellen darin handlungsfähige Subjekte dar, denen Medien als Mittel (hybrider) Identitätskonstruktion dienen. Dafür können in der Perspektive medialer Transmigration sowohl Medien des Herkunfts- als auch Ankunftslandes in *ergänzender* Weise zur Sinnstiftung eingesetzt werden können, ohne dass der Umgang mit ethnischen Medien automatisch Segmentation oder unweigerlich Assimilation zur Folge haben müsste, und zwar deshalb, weil der „Transkultur-Nutzer" – so nennt Hafez (2005) diejenige Mediennutzungsstrategie, die nach „Synthesen" etwa in deutsch-türkischen Medienformen sucht – *mehrwertige* identitäre

Sinnbezüge aufrecht hält, ohne jedoch daran „zerbrechen" zu müssen, im Gegenteil: er kann sie durchaus in produktiver Weise miteinander vermischen. Dies verweist auf die *normative* Dimension medialer Transmigration, worunter ich die *Anerkennung* der Mehrfachzugehörigkeit von Migranten im Rahmen der Globalisierung von Medienkommunikation verstehe. In diesem Sinne bedeutet Anerkennung einerseits, den spezifischen, hybriden Subjektstatus von Migranten zu achten, der im Rahmen globaler Wanderungsbewegungen und weltweiter kommunikativer Vernetzung zunehmend auftritt und üblich wird, der allerdings in Konflikt mit einer verengten medialen Integrations-/Segmentations-Logik steht. Mit Anerkennung ist andererseits verbunden, dass geeignete Medienstrukturen geschaffen werden müssen (z.b. verbesserte Zugangsmöglichkeiten zu den neuen Medien, Förderung von Medienkompetenz), damit die bisher kaum in den Blick geratene *kommunikative Handlungsfähigkeit* von Transmigranten in einer immer mehr global vernetzten Öffentlichkeit überhaupt erst ermöglicht wird.

7.3 Überlegungen zu einer bildungstheoretisch inspirierten Medienpädagogik im Online- und Migrationskontext

Die Ergebnisse dieser Untersuchung können zweifelsohne *bildungstheoretisch* gelesen bzw. fruchtbar gemacht werden. Ich habe argumentiert, dass *Vergewisserung von Zugehörigkeit* und *Suche nach Anerkennung* in der gegenwärtigen, durch dialektische Globalisierung gekennzeichneten Gesellschaftsformation ein schwieriges Unterfangen sind, weil sie offenbar immer weniger durch gesellschaftliche Normen und nationale, ethnische wie kulturelle Bezüge geregelt werden. Mit der *Individualisierung der Anerkennung* muss der Einzelne seine Leistung zwar nicht mehr „einem ganzen Kollektiv" (Honneth 2003, 209) zurechnen, vielmehr kann er sie positiv der eigenen Person gutschreiben. Da aber die Normen gesellschaftlicher Instanzen gegenwärtig weniger wirksam sind, bedeutet dies zugleich, dass das Subjekt selbst erhöhte Anstrengungen unternehmen muss, um Anerkennung zu erhalten und sich seiner Zugehörigkeit zu vergewissern. Ich habe darauf hingewiesen, dass sich die Vermittlungsformen für Anerkennung verändern. Diese waren in früheren Zeiten an die *Traditionen* von Kollektiven, Gruppen oder Gemeinschaften gebunden: Kulte, Rituale und Bräuche, die in einer „posttraditionalen Gesellschaft" (Giddens 1996) nicht mehr auf traditionelle Art und Weise bewahrt werden können. Mit der Analyse von Anthony Giddens (2001) zum Zusammenhang von Tradition und Globalisierung wird sichtbar: Traditionelle Praxen stellen dem Einzelnen Handlungsrahmen zur Verfügung, die in hohem Maße unbezweifelt bleiben, eine Art Wahrheit darstellen, aufgrund deren dieser auch gar nicht nach Alternativen suchen muss. Unter dem Einfluss der Globalisierung kommt es zu einer gesellschaftlichen Enttraditionalisierung, durch die auch unser Alltagsleben dem Einfluss der Tradition entzogen wird. Dadurch verschwindet die Tradition nicht, sondern sie muss auf nicht-traditionelle Weise aufrechterhalten werden. Dies bedeutet für das von der traditionellen Funktion der Tradition befreite Selbst nichts anderes, als das es seine Identität – und damit auch Anerkennung – auf einer aktiveren Grundlage mit anderen, gewissermaßen *aushandelnd* finden muss. Mit dem Verlust angestammter, unbezweifelter Vermittlungsformen von Anerkennung werden *offene, dialogische* Vermittlungsrahmen entscheidend. Was bedeutet dies für das *hybride* Subjekt? Es ist nun viel mehr auf sein soziales Netzwerk „mit jeweils unterschiedlichen Anerkennungsklaviaturen angewiesen. Das Spiel auf einer dermaßen individualisierten Anerkennungsklaviatur ist anspruchsvoller bzw. erfordert weit mehr beziehungsorientierte Aushandlungskompetenzen als in modernen Zeiten" (Keupp u.a. 1999, 260). Junge Türken der zweiten und dritten Migrantengeneration in Deutschland sind in diesen Prozess gesellschaftlichen Wandels fest eingebunden, was sich am Zusammenhang aufzeigen lässt, in dem ihre natio-ethno-kulturelle Mehrfachzugehörigkeit mit der Suche nach Anerkennung steht: Denn mit der Mehrfachzugehörigkeit sind für junge Migranten Schwierigkeiten solcher Art verbunden, dass sie sich wegen ihres mehrwertigen Zugehörigkeitsverständnisses nicht in die Einwertigkeit der vorherrschenden Zugehörigkeitsordnung einpassen lassen. Weder im Hinblick auf den einen Zugehörigkeitskontext (z.B. Türkei) noch auf den anderen (z.B. Deutschland) machen sie Erfahrungen, eindeutig zugehörig zu sein. Den einwertigen Anderen im jeweiligen Zugehörigkeitskontext erscheinen sie als fragwürdig und nicht vollwertig.

Ich habe die Inbesitznahme der sog. Ethnoportale im Internet durch junge türkische Migranten auf der Basis meiner Untersuchungsergebnisse als *Verortung ihrer natio-ethno-kulturellen Ortlosigkeit* gekennzeichnet. Die untersuchten Online-Communities konkretisieren sich für die jungen Türken – wie gezeigt – als *natio-ethno-kulturelle Hybrid-Umgebungen der identitären Vergewisserung*, in der sie ihre „prekäre" Zugehörigkeit und die damit verbundenen Anerkennungsprobleme *verarbeiten* können. Was dort stattfindet ist – bildungstheoretisch ausgedrückt – „orientierende Reflexion". Wenn es richtig ist, dass gesellschaftliche und soziale Enttraditionalisierungsprozesse das Bedürfnis nach Selbstvergewisserung und einem Experimentieren mit dem Selbst erzeugen, dann scheinen die untersuchten Hybridumgebungen im Netz für die jungen Türken den Rahmen für eine solche ‚Reflexionsarbeit' liefern zu können. Insofern stellen sie sich als *Bildungsräume* dar. Diese Deutung findet Unterstützung durch Marotzkis Ansatz diachroner und synchroner Aspekte von

Bildungsprozessen in der Online-Welt (Marotzki 1999, 2007), den ich bereits in Kapitel 1 (S. 61f.) skizziert habe. Diachrone Orientierungsformate verstehen „den Einzelnen aus seiner individuellen, gemeinschaftlichen, gesellschaftlichen und nationalen Traditionslinie heraus (…). Synchrone Orientierungsformate sind solche, die den Einzelnen aus den zum gegenwärtigen Zeitpunkt bestehenden Zugehörigkeits- und Anerkennungsverhältnissen verstehen" (Marotzki 2007, 93). Für das, was Marotzki in vor allem theoretisch-konzeptioneller Weise zur Darstellung bringt, konnte ich in meiner Untersuchung auch empirische Belege finden. Beide Orientierungsformate konnte ich auf der Grundlage des Datenmaterials bzw. meiner Fallrekonstruktionen entdecken. Meine Ergebnisse können somit als ein Beitrag zur Bestätigung der Einschätzung angesehen werden, dass die „Identität des Einzelnen (…) immer stärker in diachroner und synchroner Perspektive durch das Internet konstituiert" (ebd., 102) wird. Aufgrund des explorativen Charakters meiner Arbeit kann hier aber tatsächlich nur von einem Beitrag gesprochen werden, der in zukünftigen Forschungsarbeiten zu untermauern sein wird.

Bleibt die Frage, ob meine Untersuchungsergebnisse auch (medien-)pädagogische Praxisrelevanz haben. Die Rekonstruktion der Fälle konnte aufzeigen, dass es bei den jungen Migranten unterschiedliche Verarbeitungsmuster „prekärer" Zugehörigkeit gibt, die zum Gelingen oder Scheitern natio-ethno-kultureller Verortung beitragen. Von medienpädagogisch-praktischem Interesse dürfte sein, wie insbesondere diejenigen Migrantenjugendlichen zu unterstützen sind, denen es an sozialen Verortungskompetenzen in der Online-Welt mangelt, die also „prekär" zugehörig sind, aber nicht über die instrumentellen, wissensbezogenen, gestalterischen und reflexiven Fähigkeiten verfügen, sich die Möglichkeiten des sozialen Miteinanders in den natio-ethno-kulturellen Hybrid-Umgebungen des Internets zunutze zu machen. Entsprechende Förderkonzepte und -maßnahmen zu entwickeln, ist zukünftige Aufgabe einer sich auch praxisbezogen verstehenden, bildungstheoretisch inspirierten Medienpädagogik im Online- und Migrationskontext.

Literatur

Anderson, B. (1996): Die Erfindung der Nation. Zur Karriere eines folgenreichen Konzepts. Berlin: Ullstein.

Anderson, T./Kanuka, H. (2003): e-Research. Methods, Strategies and Issues. Boston u.a: Pearson.

Androutsopoulos, J. (2005): Virtuelle Öffentlichkeiten von Migranten. In: Institut für Kulturpolitik der Kulturpolitischen Gesellschaft (Hg.): Jahrbuch für Kulturpolitik 2005, S. 299-308.

Androutsopoulos, J. (2006): Mehrsprachigkeit im deutschen Internet: Sprachwahl und Sprachwechsel in Ethnoportalen. In: Schlobinski, P. (Hg.): Von *hdl* bis *cul8r*. Sprache und Kommunikation in den Neuen Medien. Mannheim: Dudenverlag, S. 172-196.

Ang, I. (2003): Im Gefilde der Unsicherheit. Das globale Dorf und kapitalistische Postmoderne. In: Hepp, A./Winter, C. (Hg.): Die Cultural Studies Kontroverse. Lüneburg, S. 84-110.

Antonovsky, A. (1998): Salutogenese – Zur Entmystifizierung der Gesundheit. Tübingen: DGVT.

Appadurai, A.: (1996): Modernity at Large: Cultural Dimensions of Globalization. Minneapolis: University of Minnesota Press.

Appadurai, A. (1998): Globale ethnische Räume. In: Beck, U. (Hg.): Perspektiven der Weltgesellschaft. Frankfurt a.M., S. 11-40.

Asbrand, B. (2002): Globales Lernen und das Scheitern der großen Theorie. Warum wir heute neue Konzepte brauchen. In: ZEP – Zeitschrift für internationale Bildungsforschung und Entwicklungspädagogik, 25. Jg., 3/2002, S. 13-19.

Atabay, İ. (1998): Zwischen Tradition und Assimilation. Freiburg i. Br.: Lambertus.

Azrak, A. (2002): Links zum Leben und Überleben. In: medien concret 1/2002, S. 10-11.

Baacke, D. (2000): Die 13-18jährigen. Weinheim und Basel: Beltz.

Baacke, D. (1999): Jugend und Jugendkulturen. Darstellung und Deutung. Weinheim/München: Juventa.

Badawia, T. (2002): „Der dritte Stuhl". Frankfurt a.M./London: IKO.

Bandura, A. (1997): Self-efficacy: The exercise of control. New York: Freeman.

Barton, A.H. (1955): The Concept of Property-Space in Social research. In: Lazarsfeld, P.F./Rosenberg, M. (Hg.): The Language of Social Research. New York: Free Press, S. 40-53.

Batinic, B./Werner, A./Gräf, L./Bandilla, W. (1999) (Hg.): Online Research. Methoden, Anwendungen und Ergebnisse. Göttingen: Hogrefe.

Bauman, Z. (1997): Flaneure, Spieler und Touristen. Essays zu postmodernen Lebensformen. Hamburg: Hamburger Edition.

Bauman, Z. (2005): Moderne und Ambivalenz. Hamburg: Hamburger Edition.

Beck, U. (1997): Was ist Globalisierung? Frankfurt a.M.: Suhrkamp.

Beck, U. (2002): Macht und Gegenmacht im globalen Zeitalter. Frankfurt a.M.: Suhrkamp.

Beck, U./Bonß, W./Lau, Chr. (2001): Theorie reflexiver Modernisierung – Fragestellungen, Hypothesen, Forschungsprogramme. In: Beck, U./Bonß, W. (Hg.): Die Modernisierung der Moderne. Frankfurt a.M.: Suhrkamp, S. 11-59.

Beck, U./Giddens, A./Lash, S. (1996): Reflexive Modernisierung. Eine Kontroverse. Frankfurt a.M.: Suhrkamp.

Beck-Gernsheim, E. (2004): Wir und die Anderen. Vom Blick der Deutschen auf Migranten und Minderheiten. Frankfurt a.M.: Suhrkamp.

Benjamin, J. (1988): Die Fesseln der Liebe. Psychoanalyse, Feminismus, und das Problem der Macht. Frankfurt a.M.: Suhrkamp.

Bhabha, H. (1994): The Location of Culture. London, New York: Routledge.

Bilden, H. (1997). Das Individuum - ein dynamisches System vielfältiger Teil-Selbste. Zur Pluralität in Individuum und Gesellschaft. In: Keupp, H./Höfer, R. (Hg.): Identitätsarbeit heute. Klassische und aktuelle Perspektiven der Identitätsforschung. Frankfurt a.M.: Suhrkamp, S. 227-249.

Blaschke, J. (1997): Migration: Ein Bericht über den Forschungsstand unter Berücksichtigung internationaler Publikationen zur Arbeitsmigration seit 1991. Wiesbaden.

Bräuchler, B. (2005): Cyberidentities at War. Der Molukkenkonflikt im Internet. Bielefeld: transcript.

Bromley, R. (2002): Das Aushandeln von diasporischen Identitäten. In: Hepp, A./Löffelholz, M. (Hg.): Grundlagentexte zur transkulturellen Kommunikation. Konstanz: UVK, S. 795- 818.

Bronfen, E./Marius, B. (1997): Hybride Kulturen. Einleitung zur anglo-amerikanischen Multikulturalismusdebatte. In: Bronfen, E./Marius, B. (Hg.): Kulturwandel und Globalisierung. Baden-Baden: Nomos, S. 189-205.

Burnett, R./ Marshall, P.D. (2003): Web Theory. An introduction. London und New York.

Butler, J. (2001): Psyche der Macht. Das Subjekt der Unterwerfung. Frankfurt a.M.: Suhrkamp.

Canclini, N.G. (1995): Hybrid Cultures. Strategies for Entering and Leaving Modernity. Minneapolis, London: University of Minnesota Press.

Castells, Manuel (2001): Die Netzwerkgesellschaft. Das Informationszeitalter. Teil 1: Opladen: Leske + Budrich.

Castells, Manuel (2002): Die Macht der Identität. Das Informationszeitalter. Teil 2. Opladen: Leske + Budrich.

Castells, Manuel (2005): Die Internet-Galaxie. Internet, Wirtschaft und Gesellschaft. Wiesbaden.

Castro Varela, M.d.M./Dhawan, N. (2005): Postkoloniale Theorie. Eine kritische Einführung. Bielefeld: transcript.

Celio, A.A./Winzelberg, A.J./Dev, P./Taylor, C.B. (2002): Improving compliance in online, structured self-help programs: Evaluation of an eating disorder prevention program. In: Journal of Psychiatric Practice, S. 8. 14-20.

Cohen, R. (1996): Diasporas and the nation-state: from victims to challengers. In: International Affairs 72, S. 507-520.

Cooper, A./Scherer, C./Boies, S./Gordon, B. (1999): Sexuality on the Internet: From Sexual Exploration to Pathological Expression. In: Professional Psychology: Research and Practice, 30/2, S. 154-164.

Cunningham, St./Nguyen, T. (1998): Floating Lives: the Media of the Vietnamese Diaspora. Queensland.

Cunningham, S./Nguyen, T. (2001): Popular Media and the Vietnamese Diaspora. In: Cunningham, S/Sinclair, J (Hg.): Floating Lives. Lanham, MD: Rowman & Littlefield, S. 91-135.

Cunningham, St./Sinclair, J.G. (2001) (Hg.): Floating Lives: The Media and Asian Diasporas. Lanham, MD: Rowman & Littlefield.

Denzin, N.K. (1989): The research act: A theoretical introduction to sociological methods. New York: McGraw-Hill.

Dette, C. (2003): Der türkische Cybermuslim in Deutschland – türkisch-deutscher Islam im Internet. In: Becker, J./Behnisch, R. (Hg.): Zwischen kultureller Zersplitterung und virtueller Identität. Türkische Medienkultur in Deutschland III. Rehburg-Loccum, S. 135-150.

Deutsche Shell (2002) (Hg.): Jugend 2002. Frankfurt a.m.: Fischer.

Döring, Nicola (2003²): Sozialpsychologie des Internet. Göttingen u.a.: Hogrefe

Düvel, Caroline (2006): Mobilkommunikation in Diasporagemeinschaften: Kommunikative Mobilität und Vernetzung junger russischer Migranten in Deutschland. In: Ästhetik & Kommunikation, 37. Jg., H. 135, S. 73-80.

Eimeren, B. van/Frees, B. (2007): Internetnutzung zwischen Pragmatismus und YouTube-Euphorie. ARD/ZDF-Online-Studie 2007. In: Media Perspektiven, H. 8, S. 362-378.

Esser, H. (2000): Assimilation, Integration und ethnische Konflikte. Können sie durch „Kommunikation" beeinflusst werden? In: Schatz, H./Holtz-Bacha, Chr./Nieland, J.-U. (Hg.): Migranten und Medien. Neue Herausforderungen

an die Integrationsfunktion von Presse und Rundfunk. Wiesbaden: Westdeutscher Verlag, S. 25-37.

Featherstone, M. (1990): Global Culture: An Introduction. In: Featherstone, M.
(Hg.): Global Culture. London u.a., S. 1-14.

Ferchhoff, W. (2007): Geschichte globaler Jugend und Jugendkulturen. In: Villányi, D./Witte, M.D./Sander, U. (Hg.): Globale Jugend und Jugendkulturen.
Aufwachsen im Zeitalter der Globalisierung. Weinheim und München: Juventa, S. 25-52.

Fernback, J. (1999): There Is a There There: Notes Toward a Definition of Cybercommunity. In: Jones, St. (Hg.): Doing Internet Research. Critical Issues
and Methods for Examining the Net. Thousand Oaks u.a.: Sage, S. 203-220.

Fichte, J.G. (1796/1971): Grundlage des Naturrechts nach Principien der Wis-
senschaftslehre. In: Fichtes Werke. Band III. Berlin: de Gruyter.

Flick, U. (1996): Psychologie des technisierten Alltags. Soziale Konstruktion
und Repräsentation technischen Wandels in verschiedenen kulturellen Kontexten. Wiesbaden: Westdeutscher Verlag.

Flick, U. (2005): Qualitative Sozialforschung. Eine Einführung. Reinbek: Rowohlt.

Fraser, N. (2003): Anerkennung bis zur Unkenntlichkeit verzerrt. Eine Erwide-
rung auf Axel Honneth. In: Fraser, N./Honneth, A.: Umverteilung oder Anerkennung? Eine politisch-philosophische Kontroverse. Frankfurt a.M. Suhrkamp, S. 225-270.

Fritzsche, Y. (2000): Modernes Leben. Gewandelt, vernetzt, verkabelt. In: Fischer, A./Fritzsche, Y./Fuchs-Heinritz, W./Münchmeier, R.: Jugend 2000. 13.
Shell Jugendstudie. Opladen: Leske + Budrich, S. 181-219.

Ganguin, S./Sander, U. (2007): Jugend und Medien im Zeitalter der Globa-
lisierung. In: Villányi, D./Witte, M.D./Sander, U. (Hg.): Globale Jugend und
Jugendkulturen. Aufwachsen im Zeitalter der Globalisierung. Weinheim und
München: Juventa, S. 159-172.

Geisen, T. (2007): Der Blick der Forschung auf Jugendliche mit Migrationshinter-
grund. In: Riegel, C./Geisen, T. (Hg.): Jugend, Zugehörigkeit und Migration.
Subjektpositionierungen im Kontext von Jugendkultur, Ethnizitäts- und
Geschlechterkonstruktionen. Wiesbaden: VS, S. 27-59.

Geißler, R./Pöttker, H. (2006) (Hg.): Integration durch Massenmedien. Medien
und Migration im internationalen Vergleich. Bielefeld: transcript.

Georgiou, M. (2002): Diasporic Communities On-Line: A Bottom Up Experience of Transnationalism. In: Hommes et Migrations, No. 1240, S. 10-18.

Giddens, A. (1990): The Consequences of Modernity. Cambridge.

Giddens, A. (1991): Modernity and Self-identity. Cambridge.

Giddens, A. (1996): Leben in einer posttraditionalen Gesellschaft. In: Beck, U./ Giddens, A./Lash, S.: Reflexive Modernisierung. Eine Kontroverse. Frankfurt a.m.: Suhrkamp, S. 113-194.

Giddens, A. (2001): Entfesselte Welt. Wie die Globalisierung unserer Welt verändert. Frankfurt a.m. Suhrkamp.

Gillespie, M. (1995): Television, Ethnicity and Cultural Change. London.

Gillespie, M. (2002): Transnationale Kommunikation und die Kulturpolitik in der südasiatischen Diaspora. In: Hepp, A./Löffelholz, M. (Hg.): Grundlagentexte zur transkulturellen Kommunikation. Konstanz: UVK, S. 617-643.

Glaser, B.G./Strauss, A.L. (1967/1998): The discovery of grounded theory. Strategies for qualitative research. Chicago: Aldine.

Glick Schiller, N./Basch, L./Blanc-Szanton, C. (1992): Transnationalism: A new analytic framework for understanding migration. In: Glick Schiller, N./Basch, L./Blanc-Szanton, C. (Hg.): Towards a transnational perspective on migration. Race, class, ethnicity and nationalism reconsidered. New York: The New York Academy of Sciences, S. 1-24.

Greer, B.J. (2000): Psychological and support functions of an e-mail mailing list of persons with cerebral palsy. In: CyberPsychology & Behavior, 3, S. 221-235.

Goel, U. (2007): „Kinder statt Inder". Normen, Grenzen und das Indernet. In: Riegel, C./Geisen, T. (Hg.): Jugend, Zugehörigkeit und Migration. Subjektpositionierung im Kontext von Jugendkultur, Ethnizitäts- und Geschlechterkonstruktionen. Wiesbaden: VS, S. 163-181.

Gogolin, I./Pries, L. (2004): Stichwort: Transmigration und Bildung. In: Zeitschrift für Erziehungswissenschaft. 7, H. 1, S. 5-19.

Götzenbrucker, G. (2001): Soziale Netzwerke und Internet-Spielewelten. Eine empirische Analyse der Transformation virtueller in realweltliche Gemeinschaften am Beispiel von MUDs (Multi User Dimensions). Wiesbaden.

Groeben, N. (2002): Dimensionen der Medienkompetenz. Deskriptive und normative Aspekte. In: Groeben, N./Hurrelmann, B. (Hg.): Medienkompetenz. Voraussetzungen, Dimensionen, Funktionen. Weinheim und München: Juventa, S. 160-197.

Gröne, M. (2001): Identitätspolitiken und Konfliktwahrnehmungen alevitischer Kurden in Deutschland. In: Journal für Konflikt- und Gewaltforschung (JKG) 3/2, S. 70-83.

Ha, K.N. (2005): Hype um Hybridität. Kultureller Differenzkonsum und postmoderne Verwertungstechniken im Spätkapitalismus. Bielefeld: transcript.

Halbwachs, M. (1985): Das Gedächtnis und seine sozialen Bedingungen. Frankfurt a.M.: Suhrkamp.

Hall, St. (1992): The Question of Cultural Identity. In: Hall, St./Held, D./ McGrew, T. (Hg.): Modernity and its Futures. Milton Keynes: Polity Press/The Open University, S. 273-316.

Hall, St. (1994): Rassismus und kulturelle Identität. Hamburg: Argument.

Hall, St. (1995): New Cultures for Old. In: Massey, D./Jess, P. (Hg.): A Place in the World? New York: Oxford University Press/The Open University, S. 175-213.

Hall, St. (1990): Cultural Identity and Diaspora. In: Rutherford, J. (Hg.): Identity: Community, Culture, Difference. London: Lawrence & Wishart, S. 222-237.

Hall, St. (1999a): Kulturelle Identität und Globalisierung. In: Hörning, K.H./ Winter, R. (Hg.): Widerspenstige Kulturen. Cultural Studies als Herausforderung, S. 393-441.

Hall, St. (1999b): Kodieren/Decodieren. In: Bromley, R./Göttlich, U./Winter, C. (Hg.): Cultural Studies. Grundlagentexte zur Einführung. Lüneburg, S. 92-110.

Halm, D. (2007): Freizeit, Medien und kulturelle Orientierungen junger Türkeistämmiger in Deutschland. In: Wensierski, H.-J. von/Lübcke, C. (Hg.): Junge Muslime in Deutschland. Lebenslagen, Aufwachsprozesse und Jugendkulturen. Opladen & Farmington Hills: Verlag Barbara Budrich, S. 101-113.

Hafez, K. (2003): Türkische Mediennutzung in Deutschland: Hemmnis oder Chance der gesellschaftlichen Integration? Eine qualitative Studie im Auftrag des Presse- und Informationsamtes der Bundesregierung. Hamburg/Berlin: Presse- und Informationsamt der Bundesregierung.

Hafez, K. (2005): Mythos Globalisierung. Warum die Medien nicht grenzenlos sind. Wiesbaden: VS.

Haines, J. (1999): ‚Oi-Skins': Trans-Atlantic Gay Skinhead Discourse on the Internet. In: Intercultural Communication 1, URL: www.immi.se/inter cultural/nr1/haines.htm [Stand 01.10.2008]

Hannerz, U. (1991): Scenarios for Peripheral Cultures. In: King, A.D. (Hg.): Culture, Globalization and the World System. London.

Heckmann, F. (1992): Ethnische Minderheiten, Volk und Nation: Soziologie interethnischer Beziehungen. Stuttgart.

Hegel, G.W.F. (1807/1986): Phänomenologie des Geistes. Werke 3. Frankfurt a.M.: Suhrkamp.

Hepp, A. (2002): Translokale Medienkulturen. In: Hepp, A./Löffelholz, M. (Hg.): Grundlagentexte zur transkulturellen Kommunikation. Konstanz: UTB, S. 861-885.

Hepp, A. (2004): Netzwerke der Medien. Medienkulturen und Globalisierung. Wiesbaden: VS.

Hepp, A. (2007): Kommunikative Mobilität in der Diaspora: Eine Fallstudie zur kommunikativen Vernetzung der türkischen Minderheiten-Gemeinschaft. In: merz, 51. Jg., Nr. 6, S. 36-46.

Hepp, A./Löffelholz, M. (2002) (Hg.): Grundlagentexte zur transkulturellen Kommunikation. Konstanz: UTB.

Hepp, A./Vogelgesang, W. (2005): Medienkritik der Globalisierung. Die kommunikative Vernetzung der globalisierungskritischen Bewegung am Beispiel von Attac. In: Hepp, A./Krotz, F./Winter, C. (Hg.): Globalisierung der Medienkommunikation. Eine Einführung. Wiesbaden: VS, S. 229-259.

Herwartz-Emden, L. (1997): Die Bedeutung der sozialen Kategorien Geschlecht und Ethnizität für die Erforschung des Themenbereichs Jugend und Einwanderung. In Zeitschrift für Pädagogik 43, S. 895-913.

Hill, P. (1990): Kulturelle Inkonsistenz und Stress bei der zweiten Generation. In: Hartmut, E./Friedrichs, J. (Hg.): Generation und Identität. Theoretische und empirische Beiträge zur Migrationssoziologie. Opladen: Westdeutscher Verlag, S. 100-126.

Hipfl, B./Hug, T. (2006) (Hg.): Media Communities. Münster: Waxmann.

Hitzler, R./Honer, A. (1994): Bastelexistenz. Über subjektive Konsequenzen der Individualisierung. In: Beck, U./Beck-Gernsheim, E. (Hg.): Riskante Freiheiten. Individualisierung in modernen Gesellschaften. Frankfurt a.M.: Suhrkamp, S. 307-315.

Hobsbawm, E./Ranger, T. (1983) (Hg.): The invention of tradition. Cambridge.

Hollander, M. (2001): Cyber Community in the Valley of the Shadow of Death. In: Journal of Loss and Trauma, 6, H. 2, S. 135-146.

Honneth, A. (1990): Integrität und Missachtung. Grundmotive einer Moral der Anerkennung. In: Merkur 501/1990, S. 1043-1054.

Honneth, A. (2003): Kampf um Anerkennung. Zur moralischen Grammatik sozialer Konflikte. Mit einem neuen Nachwort. Frankfurt a.M.: Suhrkamp.

Honneth, A. (2003b): Unsichtbarkeit. Stationen einer Theorie der Intersubjektivität. Frankfurt a.M.: Suhrkamp.

Hornstein, W. (2001): Erziehung und Bildung im Zeitalter der Globalisierung. Themen und Fragestellungen erziehungswissenschaftlicher Reflexion. In: Zeitschrift für Pädagogik, 47, H. 4, S. 517-537.

Hugger, K.-U. (2006): Kommunikative Zwischenwelten. Über deutsch-türkische Jugendliche im Internet, Identität und transnationale soziale Räume. In: Vollbrecht, R./Tillmann, A. (Hg.): Abenteuer Cyberspace. Jugend in virtuellen Welten. Frankfurt a.M.: Peter Lang, S. 183-199.

Hugger, K.-U./Strotmann, M. (2008): Migration und Medien. In: Sander, U./Gross, F. von/Hugger, K.-U. (Hg.): Handbuch Medienpädagogik. Wiesbaden: VS, S. 432-439.

Hunner-Kreisel, C./Schäfer, A./Witte, M.D. (2008) (Hg.): Jugend – Bildung – Globalisierung. Weinheim/München: Juventa.

Huntington, S.P. (1993): The clash of civilizations? In: Foreign Affairs, 72, S. 23-49.

Initiative D21 (2008): Eine Sonderauswertung zum (N)Onliner Atlas 2008. Internetnutzung und Migrationshintergrund. in Deutschland. URL: http:// www.initiatived21.de/fileadmin/files/08_NOA/NOA_Migration.pdf [Stand 01.10.2008].

Jones, S.G. (1997) (Hg.): Virtual Culture. Identity and Communication in Cybersociety. London u.a.: Sage.

Jones, S.G. (1998) (Hg.): Cybersociety 2.0. Revisiting Computer-Mediated Communication and Community. London u.a.: Sage.

Kaletta, B. (2008): Anerkennung oder Abwertung. Über die Verarbeitung sozialer Desintegration. Wiesbaden: VS.

Kanal, D. (2003): Das türkische Fernsehen der Zukunft. Herausforderungen und Chancen von Fremdsprachenprogrammen im digitalen TV-Kabelnetz am Beispiel von Eutelsat und visAvision. In: Becker, J./Behnisch, R. (Hg.): Zwischen kultureller Zersplitterung und virtueller Identität. Türkische Medienkultur in Deutschland III. Rehburg-Loccum: Ev. Akademie Loccum, S. 95-98.

Karim, K.H. (2002): Diasporas and their Communication Networks: Exploring the broader context of Transnational Narrowcasting. URL: www. nautilus.org/gps/virtual-diasporas/paper/ Karim.html [Stand 01.10.2008]

Kaya, A. (2001): „Sicher in Kreuzberg". Constructing Diasporas: Turkish Hip-Hop Youth in Berlin. Bielefeld: transcript.

Kelle, U./Kluge, S. (1999): Vom Einzelfall zum Typus. Fallvergleich und Fallkontrastierung in der qualitativen Sozialforschung. Opladen: Leske + Budrich.

Kellner, D. (1997): Die erste Cybergeneration. In: SpoKK (Hg.): Kursbuch Jugendkultur. Mannheim: Bollmann, S. 310-316.

Keupp, H. (1989): Auf der Suche nach der verlorenen Identität. In: Keupp, H./Bilden, H. (Hg.): Verunsicherungen. Göttingen: Hogrefe, S. 47-69.

Keupp, H. u.a. (1999): Identitätskonstruktionen. Das Patchwork der Identitäten in der Spätmoderne. Reinbek: Rowohlt.

King, V./Koller, H.-C. (2006): Adoleszenz als Möglichkeitsraum für Bildungsprozesse unter Migrationsbedingungen. Eine Einführung. In: King, V./Koller, H.-C. (Hg.): Adoleszenz – Migration – Bildung. Bildungsprozesse Jugendlicher und junger Erwachsener mit Migrationshintergrund. Wiesbaden: VS.

Kissau, K. (2008): Zugang zur politischen Öffentlichkeit finden Deutsch-Türken (nur) im Internet. Ergebnis einer Online-Befragung. PPI Working Paper 9. Münster. URL: http://ppi.uni-muenster.de/Materialien/workingpaper_9.pdf [Stand 01.10.2008].

Krappmann, L. (1997): Die Identitätsproblematik nach Erikson aus einer inter-
aktionistischen Sicht. In: Keupp, H./Höfer, R. (Hg.): Identitätsarbeit heute.
Frankfurt a.M.: Suhrkamp, S. 66-92

Kollock, P. (1999): The economies of online cooperation: gifts and public goods
in cyberspace. In: Smith, M.A/Kollock, P. (1999): Communities in
Cyberspace. Routledge: London und New York, S. 220-239.

Krämer, S. (2000): Subjektivität und Neue Medien. Ein Kommentar zur ‚Inter-
aktivität'. In: Sandbothe, M./Marotzki, W. (Hg.): Subjektivität und Öffentlichkeit. Köln: Herbert von Halem, S. 102-116.

Krotz, F. (2003): Medien als Ressource der Konstitution von Identität. Eine kon-
zeptionelle Klärung auf der Basis des Symbolischen Interaktionismus. In:
Winter, C./Thomas, T./Hepp, A. (Hg.): Medienidentitäten. Identität im Kontext
von Globalisierung und Medienkultur. Köln: Herbert von Halem, S. 27-48.

Latour, B. (1998): Über technische Vermittlung. Philosophie, Soziologie, Genea-
logie. In: Rammert, W. (Hg.): Technik und Sozialtheorie. Frankfurt a.M./
New York: Campus, S. 29-81.

Lazarsfeld, P.F. (1937): Some Remarks on the Typological Procedures in Social
Research. In: Zeitschrift für Sozialforschung. Jg. 6, S. 119-139.

Lewis, M.W./Wigen, K.E. (1997): The Myth of Continents. Berkeley u.a.:
University of California Press.

Livingstone, S./Bovill, M. (2001) (Hg.): Children and Their Changing Media En-
vironment: A European Comparative Study. Mahwah, NJ: Lawrence Erlbaum.

Mandaville, P. (2001): Transnational Muslim Politics. London/New York: Routledge.

Marotzki, W. (1999): Bildungstheorie und Allgemeine Biographieforschung. In:
Krüger, H.-H./Marotzki, W. (Hg.): Handbuch erziehungswissenschaftliche
Biographieforschung. Opladen: Leske + Budrich, S. 57-68.

Marotzki, W. (2003a): Bildung und Internet. In: Beillerot, J./Wulf, Chr. (Hg.):
Erziehungswissenschaftliche Zeitdiagnosen: Deutschland und Frankreich.
Münster u.a.: Waxmann, S. 126-141.

Marotzki, W. (2003b): Online-Ethnographie – Wege und Ergebnisse zur Forschung im Kulturraum Internet. In: Bachmair, B./Diepold, P./de Witt, C.
(Hg.): Jahrbuch Medienpädagogik 3. Opladen, S. 149-165.

Marotzki, W. (2007): Erinnerungskulturen im Internet. In: Kompetenzzentrum
Informelle Bildung (Hg.): Grenzenlose Cyberwelt? Zum Verhältnis von
digitaler Ungleichheit und neuen Bildungszugängen für Jugendliche. Wiesbaden: VS, S. 93-103.

Marotzki, W./Nohl, A.-M. (2004): Bildungstheoretische Dimensionen des
Cyberspace. In: Thiedeke, U. (Hg.): Soziologie des Cyberspace. Wiesbaden:
VS, S. 335-354.

Massicard, E. (2001): Alevismus in der Türkei: Kollektive Identität ohne starken Inhalt? In: Rammert, W./Knauthe, G./Buchenau, K./Altenhöner, F. (Hg.): Kollektive Identitäten und kulturelle Innovationen. Leipzig: Leipziger Universitätsverlag, S. 155-174.

Mayring, P. (2000): Qualitative Inhaltsanalyse. Grundlagen und Techniken. Weinheim: Deutscher Studien Verlag.

McLuhan, M. (1964): Understanding Media: the Extension of Man. London.

Mead, G. H. (1934). Mind, self and society from the standpoint of the social behaviorist. Chicago: The University of Chicago Press.

Mecheril, P. (2003): Prekäre Verhältnisse. Über natio-ethno-kulturelle (Mehrfach-)-Zugehörigkeit. Münster: Waxmann.

Mecheril, P. (2004): Einführung in die Migrationspädagogik. Weinheim/Basel: Beltz.

Mecheril, P./Hoffarth, B. (2006): Adoleszenz und Migration. Zur Bedeutung von Zugehörigkeitsordnungen. In: King, V./Koller, H.-C. (Hg.): Adoleszenz – Migration – Bildung. Bildungsprozesse Jugendlicher und junger Erwachsener mit Migrationshintergrund. Wiesbaden: VS, S. 221-240.

Mecheril, P./Teo, T. (1994) (Hg.): Andere Deutsche. Berlin.

Miller, D./Slater, D. (2000): Internet. An Ethnographic Approach. Oxford: Berg.

Mitra, A. (1997): Virtual Commonality: Looking for India on the Internet. In: Jones, S.G. (Hg.): Virtual Culture. Identity and Communication in Cybersociety. London u.a.: Sage, S. 55-79.

Mitzscherlich, Beate (1997): „Heimat ist etwas, was ich mache": eine psychologische Untersuchung zum individuellen Prozeß von Beheimatung. Pfaffenweiler: Centaurus.

Münchmeier, R. (2008): Jugend im Spiegel der Jugendforschung. In: Bingel, G./ Nordmann, A./Münchmeier, R. (Hg.): Die Gesellschaft und ihre Jugend. Strukturbedingungen jugendlicher Lebenslagen. Opladen & Farmington Hills: Verlag Barbara Budrich, S. 13-26.

Naficy, H. (1993): The Making of Exile Cultures. Minneapolis.

Nederveen Pieterse, J. (1998): Der Melange-Effekt. In: Beck, U. (Hg.): Perspektiven der Weltgesellschaft. Frankfurt a.M.: Suhrkamp, S. 87-124.

Nelson, B. (1973): Civilizational complexes and intercivilizational encounters. In: Sociological Analysis 34, S. 79-105.

Nestvogel, R. (2000): Sozialisation unter Bedingungen von Globalisierung. In: Scheunpflug, A./Hirsch, K. (Hg.): Globalisierung als Herausforderung für die Pädagogik. Frankfurt a.M., S. 169-194.

Nieke, W. (1998): Lebenslagen zugewanderter junger Menschen im Einwanderungsland BRD. In: Zeitschrift für Jugendsozialarbeit, 49. Jg., S. 148-157.

Nohl, A.-M. (2001): Migration und Differenzerfahrung. Junge Einheimische und Migranten im rekonstruktiven Milieuvergleich. Opladen: Leske + Budrich.

Nohl, A.-M./Ortlepp, W. (2007): Bildung und Gedächtnis im Cyberspace. In: Marotzki, M/Sander, U./von Gross, F. (Hg.): Internet – Bildung – Gemeinschaft. Wiesbaden: VS, S. 79-99.

Otyakmaz, B.Ö. (1995): Auf allen Stühlen. Das Selbstverständnis junger türkischer Migrantinnen in Deutschland. Köln: ISP.

Portes, A./Guarnizo, L.E./Landolt, P. (1999): The study of transnationalism: pitfalls and promise of an emergent research field. In: Ethnic and Racial Studies 22, S. 217-237.

Prengel, A. (2006³): Pädagogik der Vielfalt. Verschiedenheit und Gleichberechtigung in Interkultureller, Feministischer und Integrativer Pädagogik. Wiesbaden: VS.

Pries, L. (1996): Transnationale Soziale Räume. Theoretisch-empirische Skizze am Beispiel der Arbeitswanderungen Mexico-USA. In: Zeitschrift für Soziologie, H. 6, S. 456-472.

Pries, L. (1998): Transnationale Soziale Räume. In: Beck, U. (Hg.): Perspektiven der Weltgesellschaft. Frankfurt a.m., S. 55-86.

Pries, L. (2001): Migration und Integration in Zeiten der Transnationalisierung oder: Warum braucht Deutschland eine ‚Kulturrevolution'? In: Zeitschrift für Migration und soziale Arbeit, Heft 1, S. 14-19.

Pries, L. (2002): Transnationalisierung der sozialen Welt? In: Berliner Journal für Soziologie, Heft 2, S. 263-272.

Portes, A./Guarnizo, L.E./Landolt, P. (1999): The study of transnationalism: pitfalls and promise of an emergent research field. In: Ethnic and Racial Studies 22, 1999, S. 217-237.

Rammert, W. (1998): Die Form der Technik und die Differenz der Medien. Auf dem Weg zu einer pragmatischen Techniktheorie. In: Rammert, W. (Hg.): Technik und Sozialtheorie. Frankfurt a.m./ New York: Campus, S. 293-326.

Räthzel, N. (1999): Hybridität ist die Antwort, aber was war noch mal die Frage? In: Kossek, B. (Hg.): Gegen-Rassismen. Konstruktionen, Interaktionen, Interventionen. Hamburg, Berlin: Argument, S. 204-219.

Reckwitz, A. (2001): Der Identitätsdiskurs. Zum Bedeutungswandel einer sozialwissenschaftlichen Semantik. In: Rammert, W. (Hg.): Kollektive Identitäten und kulturelle Innovationen. Ethnologische, soziologische und historische Studien. Leipzig: Leipziger Univ. Verl., S. 21-38.

Rheingold, H. (1993): The Virtual Community. Reading, Mass.

Ricoeur, P. (2004): Gedächtnis, Geschichte, Vergessen. München: Fink.

Riegel, C./Geisen, T. (2007) (Hg.): Jugend, Zugehörigkeit und Migration. Sub-jektpositionierungen im Kontext von Jugendkultur, Ethnizitäts- und Ge-schlechterkonstruktionen. Wiesbaden: VS.

Robertson, R. (1992): Globalization. London.

Robertson, R. (1998): Glokalisierung: Homogenität und Heterogenität in Raum und Zeit. In: Beck, U. (Hg.): Perspektiven der Weltgesellschaft. Frankfurt a.M.: Suhrkamp, S. 192-220.

Robins, K. (2004): Beyond Imagined Community? Transnationale Medien und türkische MigrantInnen in Europa. In: Hipfl, B./Klaus, E./Scheer, U. (Hg.): Identitätsräume. Nation, Körper und Geschlecht in den Medien. Eine Topo-grafie. Bielefeld: transcript, S. 114-132.

Robins, K./Aksoy, A. (2000): From spaces of identity to mental spaces: lessons from Turkish-Cypriot experience in Britain. In: Journal of Ethnic and Migra-tion Studies 3, S. 685-711.

Rommelspacher, B. (1995): Dominanzkultur. Texte zur Fremdheit und Macht. Berlin: Orlanda Frauenverlag.

Rosenthal, G. (1987): „wenn alles in Scherben fällt.". Von Leben und Sinnwelt der Kriegsgeneration. Opladen: Leske + Budrich.

Rushdie, S. (1997): Die satanischen Verse. München: Droemer Knaur.

Safran, W. (1991): Diasporas in modern societies: myths of homeland and return. In: Diaspora, Vol. 1, S. 83-99.

Salentin, Kurt/Wilkening, Frank (2003): Ausländer, Eingebürgerte und das Prob-lem einer realistischen Zuwanderer-Integrationsbilanz. In: Kölner Zeitschrift für Soziologie und Sozialpsychologie, 55/2, S. 278-298.

Sandbothe, M. (2001): Pragmatische Medienphilosophie. Grundlegung einer neuen Disziplin im Zeitalter des Internet. Weilerswist: Velbrück.

Sassen, S. (1991): The Global City: New York, London, Tokyo. Princeton/NJ.

Sauer, M./Goldberg, A. (2006): Türkeistämmige Migranten in Nordrhein-West-falen. Ergebnisse der siebten Mehrthemenbefragung. Essen: Stiftung Zent-rum für Türkeistudien.

Scherer, H./Wirth, W. (2002): Ich chatte – wer bin ich? Identität und Selbst-darstellung in virtuellen Kommunikationssituationen. In: Medien&Kommu-nikationswissenschaft 50/3, S. 337-358.

Scheunpflug, A. (2003): Stichwort Globalisierung und Erziehungswissenschaft. In: Zeitschrift für Erziehungswissenschaft, 6. Jg., H. 2, S. 159-172.

Schiller, H. (1970): Mass Communication and American Empire. New York: Kelley.

Schulte, J. (2003): Die Internet-Nutzung von Deutsch-Türken. In: Becker, J./ Behnisch, R. (Hg.): Zwischen kultureller Zersplitterung und virtueller Identität. Türkische Medienkultur in Deutschland III. Rehburg-Loccum: Ev. Akademie Loccum, S. 115-123.

Schultz, P.N. (2002). Providing information to patients with a rare cancer: Using internet discussion forums to address the needs of patients with medullary thyroid carcinoma. In: Clinical Journal of Oncology Nursing, 6, S. 219-222.

Senay, U. (2003): Virtuelle Welten für Migranten im World Wide Web. In: Becker, J./Behnisch, R. (Hg.): Zwischen kultureller Zersplitterung und virtueller Identität. Türkische Medienkultur in Deutschland III. Rehburg-Loccum, S. 125-134.

Sennett, Richard (1998): The corrosion of charakter. New York: W.W. Norton.

Silverstone, R. (2002): Minderheiten, Medien und die globale Allmende. In: Hepp, A./Löffelholz, M. (Hg.): Grundlagentexte zur transkulturellen Kommunikation. Konstanz: UVK, S. 725-749.

Simon, E. (2007): Migranten und Medien 2007. Zielsetzung, Konzeption und Basisdaten einer repräsentativen Studie der ARD/ZDF-Medienkommission. In: Media Perspektiven, 9/2007, S. 426-435.

Sinclair, J./Cunningham, S. (2000): Go with the Flow: Diasporas and the Media. In: Television & New Media, 1, H. 1, S. 11-31.

Slouka, M. (1995): War of the Worlds: Cyberspace and the High-Tech Assault on Reality. New York.

Smith, R. (2002): Actual and Possible Uses of Cyberspace by and among States, Diasporas and Migrants. URL: www.nautilus.org/gps/virtual-diasporas/ paper/SmithPaper.html [Stand 01.10.2008].

Smith, M.P. (2001): Transnational Urbanism: Locating Globalization. Oxford: Blackwell Publishers.

Smith, M.A/Kollock, P. (1999): Communities in Cyberspace. Routledge: London und New York.

Sökefeld, M. (2005): Integration und transnationale Orientierung: Alevitische Vereine in Deutschland. In: Weiss, K./Tränhardt, D. (Hg.): SelbstHilfe: Wie Migranten Netzwerke knüpfen und soziales Kapital schaffen. Freiburg: Lambertus, S. 47-68.

Spiegel Online 01.06.2005: Auch Muslime müssen schwimmen. Urteil zum Schwimmunterricht. URL: http://www.spiegel.de/schulspiegel/0,1518, 358424, 00.html [Stand: 06.09.2007].

Sreberny, A. (2000): Media and Diasporic Consciousness: An Exploration among Iranians in London. In: Cottle, S. (Hg.): Ethnic Minorities and the Media. Buckingham u.a., S. 179-196.

Stegbauer, Chr. (2001): Grenzen virtueller Gemeinschaft. Wiesbaden: Westdeutscher Verlag.

Stegbauer, Chr./Rausch, A (2001): Die schweigende Mehrheit – „Lurker" in internetbasierten Diskussionsforen. In: Zeitschrift für Soziologie 30, S. 48-64.

Stojanov, K. (2006): Bildung und Anerkennung. Soziale Voraussetzungen von Selbst-Entwicklung und Welt-Erschließung. Wiesbaden: VS.

Strauss, A./Corbin, J. (1996): Grounded Theory: Grundlagen Qualitativer Sozialforschung. Weinheim: Beltz.

Stubbs, P. (1999): Virtual Diaspora? Imagining Croatia On-line. In: Sociological Research Online, vol. 4/2. URL: http://www.socresonline.org.uk/4/2/stubbs.html [Stand 01.10.2008].

Taylor, Ch. (1997): Die Politik der Anerkennung. In: Gutman, A. (Hg.): Multikulturalismus und die Politik der Anerkennung. Frankfurt a.M.: Fischer, S. 13-78.

Teubener, K./ Schmidt, H./ Zurawski, N. (2005): Virtual reunification? Diasporic Culture(s) on the Russian Internet. Media Studies Nr. 23 / 2005, Warsaw University. September 2005, S. 120-146.

Thiedeke, U. (2000): Virtuelle Gruppen. Charakteristika und Problemdimensionen. Wiesbaden: Westdeutscher Verlag.

Thiedeke, U. (2004) (Hg.): Soziologie des Cyberspace. Wiesbaden: VS.

Thiedeke, U. (2007): Trust, but test! Das Vertrauen in virtuellen Gemeischaften. Konstanz: UVK.

Tomlinson, J. (1999): Globalization and Culture. Cambridge, Oxford.

Tomlinson, J. (2002): Internationalismus, Globalisierung und kultureller Imperialismus. In: Hepp, A./Löffelholz, M. (Hg.): Grundlagentexte zur transkulturellen Kommunikation. Konstanz, S. 140-163.

Tölölyan, K. (1991): The Nation-State and it's Others: In Lieu of a Preface. In: Diaspora1,1, S. 3-7.

Tönnies, F. (1887): Gemeinschaft und Gesellschaft. Grundbegriffe der reinen Soziologie. Darmstadt.

Treumann, K.P. (1998): Triangulation als Kombination qualitativer und quantitativer Forschung. In: Abel, J./Möller, R./Treumann, K.P. (Hg.): Einführung in die empirische Pädagogik. Stuttgart/Berlin/Köln: W-Kohlhammer, S. 154-182.

Turkle, S. (1998): Leben im Netz. Reinbek: Rowohlt.

Vertovec, S. (1999): Conceiving and researching transnationalism. In: Ethnic and Racial Studies, Vol. 22/2, S. 447-462.

Villányi, D./Witte, M.D./Sander, U. (2007) (Hg.): Globale Jugend und Jugendkulturen. Aufwachsen im Zeitalter der Globalisierung. Weinheim und München: Juventa.

Volkmer, I. (1999): News in the Global Sphere. Luton.

Volkmer, I. (2002): Sphären transkultureller Öffentlichkeit. In: Hepp, A./Löffel-
holz, M. (Hg.): Grundlagentexte zur transkulturellen Kommunikation.
Konstanz: UVK, S. 819-834.

Volkmer, I. (2003): The Global Network Society and the Global Public Sphere.
In: develpment, Vol. 46/1, S. 9-16.

Volkmer, I. (2007): Methodologies of Comparative Media Research in a Global
Sphere: Paradigms – Critique – Methods. Vortrag auf der ICA 2007
Preconference, 23.05.2007. Unveröffentlichtes Vortragsmanuskript.

Vorhoff, K. (1995): Zwischen Glaube, Nation und neuer Gemeinschaft: Alevitische Identität in der Türkei der Gegenwart. Berlin.

Wagner, B. (2001): Kulturelle Globalisierung. Weltkultur, Glokalität und Hybridisierung. In: Wagner, B. (Hg.): Kulturelle Globalisierung. Zwischen Weltkultur und kultureller Fragmentierung. Essen: Klartext, S. 9-38.

Wallerstein, I. (1987): The Politics of the World Economy: the States, the
Movements and the Civilizations. Cambridge.

Weiß, H.-J./Trebbe, J. (2001): Mediennutzung und Integration der türkischen
Bevölkerung in Deutschland. Potsdam.

Wellman, B. (2001): Physical Place and Cyberplace: The Rise of Personalized
Networking. In: International Journal of Urban and Regional Research 25 (2),
S. 227-252.

Wellman, B./Gulia, M. (1999): Virtual Communities as Communities. Net
surfers don't ride alone. In: Smith, M.A./Kollock, P. (eds.): Communities in
Cyberspace. London, New York: Routledge, S. 167-194.

Welsch, W. (1992): Transkulturalität. Lebensformen nach der Auflösung der
Kulturen. In: Information Philosophie 2/ 1992, S. 5-20.

Welsch, W. (2000): Virtual to Begin With? In: Sandbothe, M./Marotzki, W. (Hg.):
Subjektivität und Öffentlichkeit. Köln: Herbert von Halem Verlag, S. 25-60.

Yang, G. (2002): Information Technology, Virtual Chinese Diaspora, and
Transnational Public Sphere. URL: http://www.nautilus.org/gps/virtual-
diasporas/paper/Yang.html [Stand 01.10.2008].

Zirfas, J./Jörissen, B. (2007): Phänomenologien der Identität. Human-, sozial-
und kulturwissenschaftliche Analysen. Wiesbaden: VS.

Žižek, S. (1999): Das Unbehagen im Multikulturalismus. In: Kossek, B. (Hg.):
Gegen-Rassismen. Konstruktionen, Interaktionen, Interventionen. Hamburg,
Berlin: Argument, S. 151-166.

Abbildungsverzeichnis

Tabellenverzeichnis

Anhang

Interviewleitfaden

Ich werde Dich in unserem Gespräch häufig bitten, mir Situationen zu erzählen, in denen Du bestimmte Erfahrungen mit türkischen Kommunikationsforen gemacht hast.

A) Türkische Kommunikationsforen und Informationsseiten im Internet, andere türkische Medien

Wenn Du an türkische Kommunikationsforen im Netz denkst. Welche besuchst Du selber?
– Lieblings-Forum?

Wie war es für Dich, als Du *das erste Mal* in einem türkischen Webforum einen Beitrag geschrieben hast? Erzähl doch mal die Situation.
– Themen – Zeitpunkt – Gründe

Welche Bedeutung haben türkische Foren im Netz *heute* für Dich? Erzähl doch mal eine Situation, an der dies deutlich wird.
– Warum besuchst Du sie heute nicht mehr? nicht mehr so oft? häufiger als früher?
– Themen, die Dich in türkischen Kommunikationsforen am stärksten interessieren
– Welche anderen Bereiche – jenseits der Foren – besuchst Du in dem türkischen Internetportal?

Was ist bisher Deine *wichtigste Erfahrung* in einem türkischen Kommunikationsforum gewesen? Kannst Du mir diese Situation erzählen?
– Themen – Emotionen – Personen

Kannst Du mir eine typische Situation erzählen, in der Du *deutsche* Kommunikationsforen im Netz besuchst?
– Themen

Gibt es Situationen, in denen auch andere türkische Medien (z.B. Satellitenfernsehen) eine Bedeutung für Dich haben? Erzähl doch mal eine Situation, an
der dies deutlich wird.
– Im Vergleich: Bedeutung der türkischen Medien, die die Eltern nutzen

B) (Mehrfach-)Zugehörigkeit

Welche Bedeutung hat die Türkei in Deinem Leben? Was verbindest Du mit der
Türkei?

Was ist für Dich das Besondere der türkischen Kultur? Wo in Deinem Leben
kommst Du in Kontakt mit der türkischen Kultur (z.B. Urlaub in der Türkei,
Kontakt zu Verwandten, Familie, türkisch Kochen etc.)?

Welche Bedeutung hat Deutschland in Deinem Leben? Was verbindest Du mit
Deutschland?

Fühlst Du Dich eigentlich als Türke oder als Deutscher oder Sowohl-als-auch?
Könntest Du mir mal eine Situation erzählen, an der Dir für Dich der Unterschied – bzw. das „Sowohl-als-auch" – deutlich wird?

Gibt es Situationen in den türkischen Kommunikationsforen, im Netz/in den türkischen Portalen, wo Du Dich eher deutsch oder eher türkisch oder „sowohl-als-
auch" fühlst? Kannst Du mir mal eine Situation erzählen, an der dies klar wird?

C) Deutsch-türkische Jugendkultur, Peergroup

Was bedeuten für Dich Informationen im Internet über türkische Stars und
türkischen Lebensstil (Musikszene, Fernsehen, Fußball etc.)? Kannst Du mir eine
Situation/ein Beispiel nennen, an der/dem dies deutlich wird?

Wenn Du Dir Kommunikationsforen im Netz anschaust: Welche Bedeutung hat
es für Dich, mit anderen Personen im Netz zu diskutieren, die ebenfalls einen
türkischen Migrationshintergrund haben? Erzähl mir doch mal dafür eine
typische Situation.
– Freundeskreis überwiegend türkisch, überwiegend deutsch oder zu gleichen
Teilen türkisch und deutsch, Bedeutung von Diskussionen mit Personen aus
der gleichen Stadt/Region

Kennst Du jemanden in der Türkei, mit dem Du Dich schon einmal übers Internet/Foren unterhalten hast? Kannst Du mir eine Situation nennen?
   – Worüber? Gemeinsamkeiten, über die Ihr Euch unterhalten könnt? Schwierigkeiten?

D) Sprache, Sprachgebrauch (im Internet)
Wenn Du an die Verwendung von Sprache in türkischen Kommunikationsforen denkst. Wann sprichst Du dort am liebsten Deutsch, wann Türkisch? Erzähl mir doch mal eine beispielhafte Situation.
   – Unterschiede zum Umgang offline (z.B. in der Familie, Freunde, Geschwister etc.)?

Was ist das besondere für Dich, zwei Sprachen zu sprechen (im Vergleich zum Sprechen nur einer Sprache)?
   – Mischung der Sprachen, Verstehen können, soziale Abgrenzung, Missverständnisse
online

E) Computervermittelte Kommunikation (CVK)

Wenn Du mal an Dein Nickname/Deine Nicknames denkst, was verbindest Du mit diesem Nick/dieses Nicks?
   – Reaktionen auf das Nick innerhalb der Community

Wenn Du Dir die Gespräche in türkischen Kommunikationsforen anschaust, was war Deine bedeutsamste Erfahrung mit Missverständnissen und mit Beschimpfungen? Erzähl doch mal.

Wenn Du Dir die Gespräche in türkischen Kommunikationsforen anschaust, welche Rolle spielt es für Dich, dort auch unterschiedliche Identitäten ausprobieren zu können? Kannst Du mir eine Situation schildern, in der dies deutlich wird?
   – Anonymität, Tabubrüche, Spaß haben, Vergleich Offline-Identität, Wahrnehmung als Ausländer

Welche Bedeutung hat es für Dich, in türkischen Kommunikationsforen Deine Alltagsthemen vertiefen oder Probleme behandeln zu können? Bitte schildere doch mal eine entsprechende Situation.
   – Unterschiede zur Offline-Welt; Situationen, in denen dies verhindert wird
   – Was sind Themen, wie z.B. „Türkin in Pornofilm?", „Zwangsehe"?

F) Online-Community

Welche Bedeutung haben für Dich die Personen, die Du bisher in türkischen
Foren näher kennen gelernt hast (z.b. als „Freunde" markiert)? Erzähl doch mal
eine Situation, in der deutlich wird.
   – Wie viele als „Freunde" markiert, Dauer der Bekanntschaft, Offline
Treffen?

G) Online – Offline

Mit wem sprichst Du sonst (also offline) über die Themen, zu denen Du in den
Foren Beiträge schreibst (z.b. Eltern, Freunde, Geschwister)? Könntest Du mir
eine Situation nennen, in der dies deutlich wird?
   – Online-Diskussionen Anlass für Offline-Diskussionen (und umgekehrt)?

Ausschnitt aus der Netiquette von Aleviler.de
„Beiträge mit folgendem Inhalt sind untersagt:

Jegliche Art von Beleidigung, Belästigung oder Aggressivität z.b. im Chat, Forum, Gästebüchern bzw. in anderen Bereichen von Aleviler.de.

Eigenwillige Propaganda für andere Internetseiten ohne die Einwilligung der Webmaster.

Das weitergeben unserer Downloadlinks oder Homepage Inhalts an andere Internetpräzenzen ohne die Einwilligung der Webmaster.

Nicknamen, die Wörter wie sexy, Playboy, Playgirl oder sonst obszönes enthalten.

Hochladen von Mitglieder Bildern mit politischen, obszönen oder vergleichbaren Hintergründen sowie Fahnen jeglicher Herkunft.

Die Registrierung einer Person unter verschiedenen Nicknamen.

Das Erstellen von politischen Nicknamen die z.b. in Verbindung mit einer Partei oder ähnlichem stehen könnten.

Beiträge, die gegen geltendes Recht verstoßen!!!
Politische Diskussionen, die in die radikal rechte oder linke Szene einzustufen sind
Beiträge mit rassistischem Inhalt
Beiträge mit pornografischem Inhalt
Diskriminierende Beiträge
Beiträge, die bewusst falsch und/oder verleumderisch sind
Beiträge, deren Ziel es ist, einen privaten Streit öffentlich auszutragen
Beiträge, in denen Real-Namen Dritter, soweit diese keine Personen des öffentlichen Lebens sind, genannt werden.
Beiträge, welche Verlinkungen zu anderen Seiten beinhalten, solange diese durch den Administrator nicht ausdrücklich genehmigt wurden.
Der Administrator und die Moderatoren behalten sich vor, auch Beiträge zu löschen, die nicht explizit in dieser Liste enthalten sind.
Es sollte in den Beiträgen auf korrekte Umgangsformen geachtet werden.

Ebenfalls untersagt ist die Verwendung der Foren und Gästebücher für Werbe-
und sonstige kommerzielle Zwecke. In den Foren und Gästebüchern sind Links,
die Rechte Dritter verletzen grundsätzlich verboten! Dies gilt nicht nur für
Pornoseiten, Warenseiten, Seiten mit rassistischen und menschenverachtenden
Inhalten. Wir überprüfen regelmäßig unsere Foren, sollten wir Einträge dieser
Form finden, werden diese ohne einen Hinweis von uns gelöscht."

Newsletter-Mitteilung von Aleviler.de über ein Mitgliedertreffen in Bielefeld

Liebe Mitglieder,

auf Eure Anfragen hin haben wir, das Aleviler.de – Team, beschlossen auch dieses Jahr einen Treff zu orgenisieren. Dabei haben wir einige Eurer Anliegen berücksichtigt, und werden daher unser diesjähriges Aleviler.de – Treffen im nördlichen Teil NRW's (Bielefeld) stattfinden lassen.
Uns war wichtig eine Location zu finden, die für unser Treffen in jeder Hinsicht geeignet ist. Die Veranstaltung sollte allen Ansprüchen und Besonderheiten, auf die wir Wert legen, entsprechen: Es sollte aus finanzieller Hinsicht für jeden unserer Mitglieder die Möglichkeit bestehen an diesem Treff teilnehmen zu können. Des Weiteren sollten Übernachtungsmöglichkeiten für diejeniogen ermöglicht ewrden, die nach der Veranstaltung die Rückfahrt nicht antreten können.

Zuletzt war es uns wichtig, eine Räumlichkeit zu finden, in der wir uns wohl fühlen und gemeinsam gelassen einen schönen Abend verbringen können. Erfreulicherweise ist es uns gelungen eine Räumlichkeit zu finden, die unseren Vorstellungen entspricht.
Es ist das Musik-Cafe „Melodita".

Hier einige zusätzliche Informationen zum dem Abend.

Der Eintrittspreis beträgt 10 Euro und beinhaltet folgendes:

1. nicht alk. Getränke nkönnen unbegrenzt getrunken werden
2. kalte Vorspeise
3. ein kleiner Happen (Lahmacun)

Die alk. Getränke werden für einen angemessenen Preis angeboten.

Für die musikalische Unterhaltung sorgen User aus unseren eigenen Reihen, natürlich mit unserer tatkräftigen Unterstützung.

Adresse: Musik Cafe Melodita
Waldhof 15
33602 Bielefeld
(www.melodita.de)

Datum: 11.05.2007

Uhrzeit: 20.00 bis Ende offen

Infos unter: www.aleviler.de
Bei weiteren Fragen steht das Aleviler.de – Team Euch gerne zur Verfügung.

Wir verbleiben mit der Hoffnung Euch am Freitag, den 11.5.07 wieder zu sehen.

Euer Aleviler.de – Team

**Internetlandschaft für Türken der zweiten und dritten
Migrantengeneration in Deutschland:
Übersicht wichtiger Angebote (Stand: 01.10.2008)**

Webangebote	Klassifizierung	Selbstverständnis
http://www.vaybee.de	Online-Community	Online-Community für türkische Migranten, Online-Community, Unternehmen
http://www.turkwelt.de/	Online-Community	Online-Community für türkische Migranten (Sprache ausschließlich türkisch)
http://politikcity.de	Online-Community	Deutsch-türkische Community, Forum, Blogs
http://www.turkish-talk.com	Online-Community	deutsch-türkische Community, Forum, Meinungsportal
http://www.delidivane.de	Online-Community	deutsch-türkische Schwulen&Lesben Community
http://www.turkin.net	Online-Community	deutsch-türkisch-englisches Business Community/Geschäftsplattform für türkische Unternehmen (Kommu-nikations-, und Geschäftsplattform
http://www.berlin-turkish.com	Online-Community	deutsch-türkisches Networking und Business Portal
http://www.gezegen.de	Online-Community	deutsch-türkisches Community der türkischen Jugendszene in BRD/ türkischen Service- und Entertainment-portal im deutschsprachigen Internet
http://www.turkdunya.de	Online-Community	Online-Community für türkische Migranten, Unternehmen / interaktives Kommunikations- und Interaktions-plattform für die türkische Bevölkerung in Deutschland
http://www.bizimalem.de	Online-Community	Online-Community für türkische Migranten, Online-Community
http://www.aleviler.de (seit Juli 2007 offline)	Online-Community	deutsch-türkische Community / Größte Alevitisches Portal der BRD
http://www.kesmeseker.de	Online-Community	„Junge türkische Community, die das Le-ben auf eine niveauvolle, virtuelle Ebene überträgt. Das Miteinander findet hier auf kultivierte und offene Weise statt".

Dienstleistungen/Angebote	Betreiber
E-Commerce Services, interaktive Community Services, Contents (News, Unterhaltung, Lifestyle, Bildung, Business und Reisen) für deutsch- türkische Migranten	vaybee.com AG Kommerziell Vorstand: Akgün Kulmac, Hasim Kulmac, Tamer Kulmac
Forum, Chat, Video-Portal, redaktionell aufbereite Informationen für türkische Migranten, Messenger, Online Spiele	Turkwelt Internet Solutions, Tarkan Yilmaz
Deutsch-türkische Internet-Plattform für politisches Engagement und Partizipation	Linalkan Business Solutions Ltd.; redaktionelle Leitung Durmus Bilgili
ausschl. Forum (Meinungs- und Erfahrungsaustausch)	Turgay Albayrak/Privat Person
Forum, Chat, spezielle Informationen über Homosexualität bei Migranten, Lifestyle	MILES - Zentrum für MigrantInnen, Lesben und Schwule: LSVD Berlin-Brandenburg e.V.
Internet-Branchenverzeichnis für türkische Unternehmen, Internet - Suchmaschine innerhalb der Seite, Shop-System	Tunay Tiryaki / Kommerziell
Aktuelle Nachrichten/Informationen über Türken aus Berlin und allgemein, Forum	berlin-partner GmbH / Kommerziell
Portal unterteilt in Folgende Webseiten:(Party) Community, E-Mail, Games, Magazin, Chat und Reisen	Accentive Heidelberg GmbH / Kommerziell
Community mit Chat, Forum und Kontaktanzeigen. Zudem ein Webkatalog mit Links	EAP TürkNet Media GmbH / Kommerziell
Forum, Chat, Contents für deutsch-türkische Migranten (Politik, Kultur, Lifestyle), Kontaktanzeigen	Smart Web Business AG / Kommerziell
Forum, Chat, Contents für deutsch-türkische Migranten (Politik, Kultur, Lifestyle, Alevitentum), Kontaktanzeigen	Canay Yorulmaz
Eventkalender zu unterschiedlichen Veranstaltungen, Partybilder, Blog-Einträge über Eindrücke, Feedbacks zu Partys und allgemeine Ansichten möglich; Forum, Board, Radio	Olivium New Media. Agentur für Neue Medien und Ethno-Marketing

Webangebote	Klassifizierung	Selbstverständnis
http://www.tsvm-online.de	Verband/Verein	Türkischer Studentenverein Münster e.V.
http://www.tabb-bonn.de	Verband/Verein	Türkischer Akademiker Bund Bonn
http://www.tev-stutensee.de/	Verband/Verein	Türkischer Elternverein Stutensee e.V., Aktive Unterstützung türkischer Migranten und deren Kinder
http://www.ankaya.de	Private Homepage	Private Homepage aus Ludwigsburg, Webseite dient zur Vorstellung der eigenen Person
http://www.beepworld.de/members8 4/ayse1608/me.htm	Private Homepage	Private Homepage von Ayse „Babygirl" aus München, Webseite dient zur Vorstellung der eigenen Person
http://www.hakan-yasar.com/	Private Homepage	Private Homepage aus Hamburg, Webseite dient zur Vorstellung der eigenen Person
http://www.ispiyon.de/	Online Szenemagazin	„Die türkische Nightlifecommunity"
http://www.jurblog.de	Blog	JurBlog ist ein juristisch-politischer Blog der „dritten Generation". Schwerpunktthemen sind das Ausländerrecht, Integration und die Politik rund um Ausländer.
http://www.migrantenkind.net	Blog	Ein Blog über Integration, Migration, Islam, Gott und die Welt

Dienstleistungen/Angebote	Betreiber
Deutsch-türkische Kulturaktivitäten (Lesungen, Bücher Rezensionen), Alles rund ums Studium	Türkischer Studentenverein Münster e.V. V.i.S.d.P. Osman Öztürk
Die Vereinigung versteht sich als „Plattform für den interkulturellen Gedanken- und Erfahrungsaustausch und zur politischen Willensbildung".	Banu Avuk (Vorstand)
Der Verein verfolgt den Zweck, die Schwierigkeiten der türkischen bzw. türkischstämmigen Kinder in deutschen Schulen zu mindern, der Schulleitung, den Eltern und den Kindern bei der Bewältigung und der Lösung der vorliegenden Probleme zu helfen und mit ihnen zusammenzuarbeiten (vgl. Vereinssatzung)	Ahmet Sener (Vorstand)
Presseartikel u.a zum Thema „Wie man sich als Deutscher und Türke fühlt", „Islamismus".	
Gästebuch, Diverse Liebestests	Ayse (Nachname nicht bekannt)
Vorstellung von privaten Projekten wie bspw. seine Band, sein Buch als Autor	
Bekanntgabe unterschiedlicher Partys und Events in den Bundesländern Bayern, Baden-Württemberg, Nordrhein-Westfalen, Berlin, Hamburg, Hessen, Niedersachsen und Rheinland-Pfalz sowie Schweiz und Österreich	
Primäres Ziel, ist die Behandlung unterschiedlicher Themen rund um Migrationsthemen, die „aus einer anderen Perspektive betrachtet oder angesprochen werden, die nicht der Mainstreamberichterstattung entsprechen".	Ekrem Senol
Auf diesem Blog werden unterschiedliche Themen aus dem Blickwinkel bzw. der Perspektive eines jungen Migranten angesprochen und thematisiert	Kadir Yücel

Neu im Programm
Bildungswissenschaft

Neu im Programm
Soziale Arbeit

GPSR Compliance
The European Union's (EU) General Product Safety Regulation (GPSR) is a set
of rules that requires consumer products to be safe and our obligations to
ensure this.

If you have any concerns about our products, you can contact us on

ProductSafety@springernature.com

In case Publisher is established outside the EU, the EU authorized
representative is:

Springer Nature Customer Service Center GmbH
Europaplatz 3
69115 Heidelberg, Germany